"생각하는 그리스도인이라면 누구나 이 책을 읽어야 한다. 이 책은 교회가 당면한 여러 문제를 부활, 구원, 복음, 하나님 나라에 대한 본질적이고 근원적인 이해를 통해 정면으로 훌륭히 다루고 있다."

— 달라스 윌라드, 「하나님의 모략」 저자

"진심으로 이 책을 권한다. 톰 라이트는 증인된 우리 그리스도인들의 '복된 소망'에 대해 타협이나 변명 없이 강력한 주장을 펼친다. 고민해 볼 만한 이 폭넓은 주제들과 씨름하는 동안 당신은 어느새 놀라게 될 것이며, 마침내 희망이 가득 넘치게 될 것이다."

— 리처드 포스터, 「영적 훈련과 성장」 저자

"톰 라이트는 미래와 소망과 부활, 그리고 하나님 나라의 삶에 대한 현 시대의 시급한 질문들을 그의 방대한 학식으로 풀어나간다. 이 책은 믿을 만할 뿐 아니라 이해하기도 쉬우며, 우리가 믿는 바를 명확하게 해줌으로써 다시금 확신 가운데 거하게 한다."

— 월터 브루그만, 「구약 개론」 저자

"지금까지 나온 톰 라이트의 책 가운데서 단연 돋보인다. 그는 현실도피와 후퇴를 거듭하는 진부한 신학들의 껍데기를 벗겨버림으로써 오늘을 사는 우리 모든 세대들이 예수님의 혁명을 지금 여기에서 확실히 경험하도록 이끈다."

— 랍 벨, 「당당하게 믿어라」 저자

"대단한 설명이다. 이 훌륭한 작품은 그리스도인들의 소망을 위트와 지혜와 지성과 은혜로 확실히 해명해 주고, 증명해 주며, 변호해 준다. 간단히 말해 이 책은 '그리스도인의 소망'이라는 내용에 대해 우리에게 주어진 책들 중 단연 최고다."

— 윌리엄 윌리먼, 연합감리교회 감독, 「설교에 기초한 바르트와의 대화」 저자

IVP(InterVarsity Press)는
캠퍼스와 세상 속의 하나님 나라 운동을 지향하는
IVF(InterVarsity Christian Fellowship)의 출판부로
생각하는 그리스도인을 위한 문서 운동을 실천합니다.

Copyright © 2007 Nicholas Thomas Wright
Originally published in English under the title
Surprised by Hope by Society for Promoting Christian Knowledge
Translated and used by the permission of SPCK,
36 Causton Street, London SW1P 4ST, U. K.
All rights reserved.

Korean Edition © 2009 by Korea InterVarsity Press
156-10 Donggyo-ro, Mapo-gu, Seoul 04031, Republic of Korea

이 한국어판의 저작권은 알맹2를 통하여
SPCK와 독점 계약한 IVP에 있습니다.
신 저작권법에 의하여 한국 내에서 보호받는 저작물이므로
무단 전재와 무단 복제를 금합니다.

마침내 드러난 하나님 나라

Surprised by Hope

톰 라이트 지음
양혜원 옮김

Ivp

차례

서문   9

1부 배경 설정

1. 잘 차려 입었는데 갈 곳이 없다?   17
들어가는 말 | 희망에 대한 혼란: 교회 바깥의 세계
여러 종류의 믿음들

2. 낙원에 대해 혼란스러워하다?   43
희망에 대한 그리스도인들의 혼란 | 어떠한 선택들이 가능한가?
혼란의 영향 | 혼란이 지닌 더 큰 함의들 | 핵심 질문들

3. 역사적 배경에서 살펴본 초기 그리스도인들의 희망   75
들어가는 말
고대의 이교주의와 유대교에서 바라본 부활과 죽음 이후의 삶
초기 그리스도인들이 가졌던 희망의 놀라운 특징

4. 부활절의 특이한 이야기   107
선례가 없는 이야기들 | 부활절과 역사 | 나오는 말

2부 하나님의 미래 계획

5. 우주의 미래: 진보인가, 절망인가?   143
들어가는 말 | 선택1: 진화론적 낙관주의 | 선택2: 이동하는 영혼

6. 이 세상이 기다리고 있는 것   161
들어가는 말 | 희망의 근본적 구조 | 파종과 추수 | 승리의 전쟁
하늘의 시민-땅의 식민화 | 만유 안에 계실 하나님
새로운 탄생 | 하늘과 땅의 결혼 | 나오는 말

7. 예수님, 천국, 새 창조   183
승천 | '재림'은 무엇을 말하는가?

8. 그분이 나타나실 때   203
들어가는 말 | 오심, 나타남, 드러남, 왕의 현존

9. 심판하러 오시는 예수님   223
들어가는 말 | 재림과 심판

10. 우리 몸의 구속   235
들어가는 말 | 부활: '죽음 이후의 삶' 이후의 삶
고린도서에서 말하는 부활 | 부활: 후대의 논쟁들
부활을 다시 생각하다: 누가, 어디서, 무엇을, 왜, 언제 그리고 어떻게

11. 연옥, 낙원, 지옥   261
들어가는 말 | 연옥 | 낙원 | 희망을 넘어, 동정을 넘어
나오는 말: 인간의 목적과 새 창조

3부 희망의 실천: 부활과 교회의 사명

12. 구원을 다시 생각하다: 하늘, 땅 그리고 하나님 나라　　293
　들어가는 말 | '구원'의 의미 | 하나님 나라

13. 하나님 나라를 위한 건설　　317
　들어가는 말 | 정의 | 아름다움 | 전도 | 나오는 말

14. 사명을 위한 교회의 재구성(1): 성경적 근거　　353
　들어가는 말 | 복음서와 사도행전 | 바울

15. 사명을 위한 교회의 재구성(2): 미래를 살다　　383
　들어가는 말: 부활절을 어떻게 경축할 것인가?
　공간-시간-물질: 구속된 창조계 | 부활과 선교
　부활과 영성

부록: 두 종류의 부활절 설교　　431
주　　439
성경 색인　　467
인명 색인　　471
주제 색인　　475

서문

우리는 궁극적으로 무엇을 기다리고 있는가? 기다리는 동안 우리는 무엇을 할 것인가?

이 책은 크게 이 두 가지 질문을 다룬다. 첫째, 이 책은 기독교 복음이 제시하는 궁극적 미래의 희망이 무엇인지 이야기한다. 여기에서 말하는 희망이란 '구원', '부활', '영생' 그리고 거기에 따라오는 여러 가지 것들에 대한 희망이다. 둘째로, 이 책은 현재의 세상에서 희망을 발견하는 것에 대해 이야기한다. 어떠한 이유에서건 희망이 없는 공동체와 개인에게 희망이 생길 수 있는 실제적인 방법들에 대해서 이야기하고 있다. 첫 번째 사실을 받아들이면 두 번째 사실도 자연스럽게 따라오는데, 그것 또한 이 책이 다루는 내용이다.

내 경험으로 보자면, 많은 그리스도인들을 포함해서 대부분의 사람들은 기독교에서 말하는 궁극적인 희망이 정말로 무엇인지 모르고 있다. 그리고 슬프게도 많은 그리스도인들을 포함해서 대부분의 사람들은, 현재 세계의 희망에 대해 그리스도인들이 별로 할 말이 없다고 생각한다. 그들은 이 두 가지가 서로 상관이 있을 것이라고는 전혀 생각하지 않는다. 그래서 이와 같은 책 제목이 탄생했다 (이 책의 원제는 Surprised by Hope임—편집자 주). 희망은 여러 가지 차원에서 동시에 놀라움으로 다가오는 것이다.

일차적으로 이 책은 당연히 죽음에 대한 것이며, 죽음 이후에 대해 기독교는 무엇이라고 말하는지를 살펴보고 있다. 죽음과 그 결과에 대한 신체적·의학적 분석은 시도하지 않을 것이며, 죽음과 관련된 믿음과 관습에 대한 심리학적·인류학적인 설명 역시 하지 않을 것이다. 그러한 내용을 다루는 책들은 많이 있다. 따라서 나는 이 질문을 성경 신학자의 입장에서 접근하면서, 다른 분야에서 다루는 내용들을 사용하기는 하지만 거기에서 일반적으로 부족한 부분을 메우기를 바라는 마음으로, 죽음과 그 이후의 문제에 대한 기독교의 표준적 답변을 제시할 것이다. 그 답변은 교회가 회복해야 할 부분이라고 내가 생각하는 바이기도 하다. 오늘날 (세상에서든 교회에서든) 사람들은 그것을 믿지 않는다기보다는 아예 그것이 무엇인지조차 모르고 있다. 1995년 영국에서 실시한 죽음 이후의 삶에 대한 설문 조사 결과를 보면, 대부분의 사람들이 어떤 식으로든 삶이 지속될 것이라고 믿기는 했지만, 교회에 다니는 사람들조차도 아주 소수의 사람들만이 전통적 기독교의 입장, 즉 미래에 있을 육체의 부활을 믿는 것으로 나타났다. 실제로 그리스도인들이 '부활'이라는 단어를 지금도 사용하기는 하지만, 그들은 그 단어를 '죽음 이후의 삶' 혹은 '천국행'의 동의어 정도로 취급하고 있으며, 조금 더 집요하게 질문을 해 보면 이 주제에 대해서 세상 사람들과 같은 혼란에 빠져 있는 경우가 많음을 나는 종종 발견하였다. 그리고 죽음을 주제로 글을 쓴 일부 기독교 저자들도, 부활과 그에 따르는 모든 것을 주변적인 문제로 만들어 버리면서도, 그것이 어떤 큰 해를 끼치리라고는 전혀 생각하지 않는다.

어떻게 보면 나는 죽음이라는 주제에 대해 이야기할 자격이 충분하지 않음을 미리 밝혀두고 싶다. 50대 후반에 접어든 나는 내가 아는 사람들 중에서 주변에 사망한 사람이 가장 적은 중년의 사람이다. 나는 살면서 놀라울 정도로 비극을 적게 경험했다. 대부분의 친척들이 다 장수했던 것이다. 그 사실에 놀랍고 감사하며, 결코 그것을 당연하게 받아들이지 않는다. 게다가 안수를 받은 지 30년이 넘었지만, 나는 대학으로 부르심을 받았고 또 교구 주교로서 교구의 중심 교회에서 섬겼기 때문에 대부분의 성직자들이 부임 초기 2-3년 동안 집례하는 횟수만큼의 장례식과 추모 예배를 집례하지 않았다. 임종의 자리에 있은 적도 거의 없다. 그러다 보니 죽음과 관련된 모든 문제에 대해서 직접적인 경험이 부족한 것은 사실이다. 그러나 나는 그러한 부족함을 초기 그리스도인들의 삶과 사상을 깊이 있게 연구하는 것으로―나와 같은 방식으로 깊이 연구할 기회를 얻는 사람이 많지는 않을 것이다―보충했다고 생각한다.[1] 그 작업을 하면서 나는 초기 그리스도인들이 생각했던 바를 오늘날의 사람들이 믿지 않는다기보다는, 전혀 들어본 바가 없는 것 같다는 느낌을 자주 받았다. 이 책을 통해서 나는 그 당시의 그리스도인들이 믿었던 바를 재조명하여 그 내용을 다시 살려 내고자 한다. 나는 그들의 신앙이 우리에게 최상의 희망을 제공해 줄 뿐만 아니라, 최상의 **근거를 가진** 희망을 제공해 준다고 믿으며, 더 나아가 앞에서 말한 대로, 현재 세계에서 우리가 감당하는 하나님 나라의 일에 마땅히 활력을 불어넣어야 하는 희망과 연결되는 희망을 제공해 준다고 믿는다.

그렇다면 두 번째로 이 책은, 하나님 나라가 임함으로써 우리가 살고 있는 이 실제적이고도 고통스러운 세계의 문제가 해결되기를 바라는 우리의 사명을 기독교적으로 고찰하는, 실천 신학과 정치 신학의 기초 작업을 하고 있다. [이 책의 이러한 성격 때문에 도서관 사서들이 겪을 혼란에 대해 사과한다. 도대체 이 책을 '종말론'(죽음, 심판, 천국과 지옥)으로 분류해야 할지, 아니면 '정치학'으로 분류해야 할지 좀 혼란스러울 것이다.] 여기에서도 내가 미리 밝혀야 할 사실이 있다. 나는 직책상 영국 상원에 속해 있기는 하지만, 정치인은 아니다. 나는 공직에 출마한 적도 없고, 내가 믿고 있는 많은 대의들을 위해서 적극적으로 캠페인―연설하고, 기고하고, 운동을 벌이고, 사람들을 설득한다는 의미에서―을 벌인 적도 없다. 물론 다른 방법을 통해서는 힘을 보태려고 노력했다. 그러나 내가 전문적으로 연구한 주제들의 차원에서 보거나 지난 50년간 자행된 정체불명의 학대로 인해 군데군데 심한 고통을 받은 교구에서 날마다 직면하는 목회적 상황들을 볼 때, 공적이고 정치적인 세계에서 희망을 재발견하는 일에 대해서 그리스도인들이 무엇을 말하고 무엇을 생각해야 하는지를, 적어도 부분적으로라도 재고해 보아야 한다는 확신이 내 안에서 점점 더 커졌다. 그렇게 재고해 보는 가운데 나는 희망의 이 두 가지 차원이 서로 연결되어 있음을 거듭 발견하게 되었다. 내가 고백한 이 두 가지 사실, 즉 큰 슬픔을 겪은 적도 별로 없고 정치적인 경험도 없다는 사실에 대해서 누구든지 자유롭게 비판할 수 있다고 생각한다. 그럼에도 불구하고 나는 두 가지 영역 모두에 대해서 기독교의 희망이 주는 놀라움이, 임종을 앞둔 자와 사회적으로 소외된 자들을 위해서 나보다 더 많은 일을 하고 있는 사람들에게 새로운 활력을 불어넣어 주고 신선한 자극을 주기를 바란다.

한 가지만 더 언급하겠다. 미래에 대한 모든 언어는, 경제학자나 정치학자라면 누구나 말하듯이, 안개 속을 가리키는 이정표일 뿐이다. 성 바울은 앞에 놓인 미래를 응시하면서, 우리는 거울을 통해 희미하게 볼 뿐이라고 말했다. 이 세상과 우리 자신의 미래를 묘사하는 우리의 모든 언어는, 궁극적 실재와 잘 맞아들 수도 있고 맞아들지 않을 수도 있는, 복합적인 그림으로 구성되어 있다. 그렇다고 해서 누구나 생각하기 나름이라거나, 모든 의견이 다 똑같다는 뜻은 아니다. 게다가 우리를 만나기 위해 그 안개 속에서 누군가가 걸어 나왔다고 한다면 어떻겠는가? 그것이 바로 기독교의 핵심적인, 그러나 종종 무시되는 신앙이다.

이 책은 2001년 한 해 동안 웨스트민스터 성당(Westminster Abbey)에서 했던 강연을 토대로 한 것이다. 그 중 일부는 2003년 봄에 쉐필드(Sheffield)에서 열린 스티븐슨 강좌(Stephenson Lectures)에서 다시 사용하기 위해 손을 보았고, 일부는 마찬가지로 2003년 봄에 길포드(Guildford)에 있는 홀리 트리니티 교회(Holy Trinity Church)에서 강연을 했고, 또 일부는 2005년 10월 맨체스터(Manchester)에 있는 나사렛 대학(Nazarene College)의 디즈버리 강좌(Didsbury Lectures)를 위해 다시 한 번 손질했다. 나머지 글들은 2005년 1월에 사우스캐롤라이나 주 찰스턴에 있는 성 앤드류 교회(St. Andrew's Church)에서, 2005년 3월에 플로리다 주 잭슨빌에 있는 성 마가 감독 교회(St. Mark's Episcopal Church)에서, 마찬가지로 2005년에 뉴캐슬에 있는 시티 처치(City Church)에서, 2006년 4월에 캔버라에 있는 성 마가 신학 센터(St. Mark's Theological Center)에서, 2007년 3월에 버지니아 주 로어노크(Roanoke) 지역의 교회 연합회에서, 그리고 패러데이 강좌(Faraday Lecture) 형태로 2007년 5월에 케임브리지에서 했던 강의들이다. 이 모든 행사에 나를 초대하고 환영하고 접대해 준 모든 사람들에게 매우 감사한다. 특히 질문과 날카로운 논평으로 이 주제들을 더 깊이 생각할 수 있게 해주고 적어도 몇 가지 실수들은 피해갈 수 있도록 도와준 사람들에게 감사드린다. 내가 마지막에 포함시킨 부록을 싣도록 주선해 주고 약간의 수정을 거쳐 다시 출간하도록 허락해 준 '바보들의 배'(Ship of Fools) 웹사이트에 감사드린다. 그리고 웨스트민스터 성당에서 일하는 동안 당시의 초고를 읽어 주고 도움이 되는 온갖 제안을 해준 닉 페린 박사에게도 감사드린다. 그리고 언제나 영원히, 사이먼 킹스턴, 조아나 모리아티 그리고 SPCK의 열정적이고도 신중한 직원들에게 감사드린다.

오크랜드 캐슬(Auckland Castle)에서
톰 라이트

제1부
배경 설정

1. 잘 차려 입었는데 갈 곳이 없다?

들어가는 말

이 책이 던지는 두 가지 질문의 배경을 잘 보여 주는 다섯 가지 사례들이 있다.

1997년 가을, 영국은 다이애나 비에 대한 전국적인 애도 주간에 들어갔고, 웨스트민스터 성당에서 열린 특이한 장례 예배에서 그 애도는 절정에 달했다. 영국 전역에서 그리고 세계 곳곳에서 사람들은 꽃과 곰 인형과 그 외의 다른 물건들을 교회와 성당과 시청으로 들고 왔고, 방명록에 때로는 낯간지럽기까지 한 감동적인 글들을 남기기 위해 여러 시간 줄을 섰다. 이와 비슷하지만 다소 규모가 작다고 할 수 있는 공적인 애도의 예로는, 많은 축구 팬들이 압사당한 1989년의 힐즈버러 참사(Hillsborough disaster)와 1995년의 미국 오클라호마시티 연방청사 폭파 사건이 있다. 사람들은 죽은 자들의 운명에 대해 여러 가지 믿음, 의혹, 감정 그리고 미신 등의 혼란을 드러냈다. 그러한 사건들을 바라보는 교회의 반응은 이 주제에 대한 전통적인 기독교의 가르침으로부터 우리가 얼마나 많이 벗어났는가를 여실히 보여 주었다.

두 번째 장면은 좀 우스운 사건인데, 그 이면의 의미는 결코 우습지 않다. 1999년 초에 아침 라디오 방송에서 어느 공인(公人)이 내세에 대해 이교적인 발언을 했다는 이유로 해고되었다는 소식을 들었다. 나는 귀를 기울였다. 급진적인 주교나 신학자가 드디어 폭로된 것일까? 곧이어 믿기지 않는, 그러나 분명한 사실이 들려 왔다. 그는 바로 축구 코치였다. 잉글랜드 팀의 매니저였던 글렌 호들(Glenn Hoddle)이 특정한 형태의 환생을 믿는다고 선언했는데, 그 신앙에 의하면 한 생에서 지은 죄는 다음 생에서 불구로 태어남으로써 벌을 받는다는 것이었다. 이에 따라 장애인들을 대변하는 단체들이 강력하게 반발했고, 호들은 해고당했다. 그러나 당시의 논평은, 우리 사회에 환생에 대한 믿음이 놀랄 만큼 대중화된 상황에서 (그와 비슷한 신앙을 가진) 힌두교도는 국가 대표 스포츠 팀 코치에서 원칙적으로 배제한다면 매우 이상하지 않겠느냐고 지적했다.

세 번째 장면은 어느 한 순간에 일어난 사건은 아니지만 아마도 모두에게 친숙한 장면일 것이다. 스무 명 혹은 서른 명의 사람들이 서행하는 차를 타고 도시 외곽에 있는 허름한 건물 앞에 도착한다. 쨍쨍거리는 전자 오르간으로 슈퍼마켓에서나 들을 법한 음악을 연주한다. 몇 마디 말이 있고 난 후 단추를 누르면 장의업자는 엄숙한 표정을 짓는다. 그러고는 모두가 다시 밖으로 나와 집으로 돌아가서 차를 마시며 돌연 이 모든 것의 의미를 궁금해한다. 백 년 전까지만 해도 영국에서는 거의 알려지지 않았던 화장이 이제는 실제로 사람들이 그렇게 하건 안 하건 다수가 선호하는 장례 방식이 되었다. 이러한 현실은 죽음에 대한 태도와 죽음 이후의 희망에 대한 태도에 미묘하면서도 큰 변화가 일어나고 있음을 반영하는 동시에 그러한 변화를 일으킨다.

이 세 가지 장면 묘사는 2001년 초에 썼던 것들이다. 그 해 말 즈음 우리는 네 번째 장면을 목격하게 된다. 굉장히 잘 알려진, 그러나 동시에 자세히 설명하거나 논의하기에는 너무도 끔찍한 사건이었다. 그 해 9월 11일에 일어난 사건은 전 세계 사람들의 기억 속에 깊이 각인되었다. 그 때 죽은 수천 명의 사람들과, 사별을 겪은 수만 명의 사람들을 생각하면 사랑의 감정과 기도가 우러나온다. 그 날에 대해서는 더 이상 말하지 않겠지만, 그 사건은 많은 사람들로 하여금 이 책이 논하고자 하는 질문을 다시 한 번, 아주 날카롭게 던지게 만들었다. 마찬가지로 2004년과 2005년의 대대적인 '자연 재해'라고 불리는 사건들, 즉 2004년 12월 26일 아시아에서 일어난 지진해일, 2005년 8월 미국의 걸프 해안에서 일어나 특히 뉴올리언스 지역에 장기적인 황폐화를 초래한 허리케인, 그리고 같은 해 10월 파키스탄과 카슈미르에서 일어난 끔찍한 지진 같은 사건들도 비록 방식은 다를지라도 같은 질문을 던지게 만들었다.

다섯 번째 장면은 약간 다르다. 더럼 주(County Durham)의 역사적인 마을인 이징턴(Easington)에서 바다를 향해 언덕을 걸어 내려가다 보면 이징턴 탄갱(Easington Colliery)이라는 도시가 나온다. 그 도시의 이름은 변함이 없지만 거기에는 이제 탄갱이 없다. 한때 수천 명의 사람들이 일하면서 다른 탄갱에서보다 더 많은 석탄을 더 빨리, 더 효율적으로 캐내던 구덩이가 있던 자리에는 이제 부드럽고 평평한 잔디가 깔려 있다. 눈에 보이지는 않지만 거기에는 사별의 상실이 배어 있다. 지역 지도자들의 헌신적인 노력에도 불구하고 사방에는 후기 산업주의의 황폐한 그림자가 드리워져 있다. 다른 사람들의 권력 게임에서 밀려난 낙오자의 모습이 거기에는 있다. 그리고 그 현장은 내게 하나의 상징으로, 더 적절하게는 상징적 의문으로 남아 있다. 자신들의 길, 삶의 길, 서로 간에 연결된 응집성, 자신들의 **희망**을 잃어버린 공동체에는 과연 어떤 희망이 남아 있을까?[1]

이 책은 종종 완전히 별개로 다루어져 온, 그러나 서로 긴밀하게 연결되어 있다고 내가 열렬하게 믿는 두 가지 질문을 던지고 있다. 첫 번째는 "기독교의 궁극적인 희망은 무엇인가?"이다. 두 번째는 "현재 세계 안에서의 변화, 구출, 변혁, 새로운 가능성에 대해서는 어떤 희망이 있는가?"이다. 그리고 이 질문에 대한 주된 대답은 이렇게 말할 수 있을 것이다. 우리가 '기독교의 희망'을 '천국행' 혹은 본질적으로 이 세상에서 **벗어나는 것**을 의미하는 '구원'의 관점에서만 본다면, 이 두 질문은 서로 상관이 없어 보일 수밖에 없다. (실제로 어떤 사람들은 두 번째 질문을 하는 것 자체가 진짜로 중요한 첫 번째 질문을 무시하는 것이라고 분개한다. 반대로 어떤 사람들은 부활에 대해 이야기하면 화를 낸다. 마치 그러한 이야기가 정말로 중요하고 긴급한 사안인 현재의 사회 문제로부터 주의를 빼앗기라도 하는 것처럼 말이다.) 그러나 만약 '기독교의 희망'이 **하나님의 새로운 창조**, 즉 '새 하늘과 새 땅'(new heavens and new earth)을 바라는 희망이라면, 그리고 그 희망이 나사렛 예수 안에서 이미 실현이 되었다면, 이 두 질문을 서로 연결시킬 이유는 충분하고도 남는다. 그리고 만약 그것이 사실이라면, 하나의 질문에 답하는 것은 또 다른 하나의 질문에 답하는 것이 됨을 알게 된다. 나는 많은 사람들, 특히 많은 그리스도인들이 이 말을 듣고 놀라는 것을 보았다. 즉 기독교의 희망이 자신들이 생각했던 것과는 무척 다르다는 사실과, 바로 그 희망이 오늘날 이 세상에서 우리가 하는 일에 온전한 기초를 제공해 주고 활력의 근원이 된다는 사실에 놀란다.

이 첫 번째 장에서는 오늘날 우리가 사는 세상, 그러니까 교회 문 바깥의 더 넓은 세상이 죽음 이후의 삶에 대해 어떠한 혼란을 가지고 있는지를 살펴봄으로써, 앞으로의 논의를 위한 배경을 설정하고 여러 질문을 전개할 것이다. 그리고 두 번째 장에서는, 내가 보기에 걱정스러울 만큼 이 문제에 대해 교회 밖의 세상과 마찬가지로 불확실함을 느끼는 교회 안을 들여다 볼 것이다. 그렇게 하고 나면 우리가 던져야 하는 핵심 질문들이 부각되고, 그 질문들에 답할 수 있는 틀이 생길 것이다.

교회 생활을 하는 많은 그리스도인들을 포함해서 대부분의 사람들이 이 주제에 대해 혼란스러워하고 잘못 알고 있으며, 그러한 혼란 때문에 우리의 생각, 기도, 전례, 실천 그리고 특히 선교가 꽤 심각한 오류에 빠지는 것이라고 나는 확신한다. 게다가 이번 장의 서두에서 제시한 예들이 보여 주는 것처럼 비기독교 세계, 특히 현대 서구의 비기독교 세계는 자신들이 무엇을 믿어야 할지 혼란스러워하고 있을 뿐 아니라 그리스도인들이 무엇을 믿고 있는지에 대해서도 혼란을 느낀다. 사람들은 종종 그리스도인들이 그저 가장 일반적인 의미의 '죽음 이후의 삶'을 신봉하는 사람들이라고 생각하며, 부활, 심판, 예수님의 재림 등과 같은 좀더 특수한 개념들이 서로 어떻게 맞물리고 해석이 되는지는 전혀 아는 바가 없다. 상황이 그렇다 보니 그 개념들이 오늘날 실재 세계의 긴급한 관심사들과 어떻게 연결이 되는지에 대해서는 말할 것도 없다.

게다가 이 문제는 단순히 죽은 사람은 어떻게 되는지, 그리고 자신이 죽고 나면 어떠한 운명에 처하게 되는지에 관한 믿음의 내용을 정리하는 것으로 끝나지 않는다. 물론 그 두 가지 모두 중요하지만 이 문제는 하나님과, 이 우주를 향한 하나님의 뜻, 그리고 그 뜻을 이루기 위해 그분이 이미 하고 계시는 일에 대한 우리의 생각을 바로잡아야 하는 문제다. 플라톤에서 헤겔 그리고 그 이후의 철학자들에 이르기까지 위대한 철학자들은, 우리가 죽음과 그 이후의 삶에 대해서 생각하는 바가 다른 모든 것에 대한 진지한 생각의 열쇠이며, 무엇에 대해서건 진지하게 생각해야 하는 주된 이유가 된다고 주장했다. 기독교 신학자라면 이러한 주장에 진심으로 찬성하는 것이 마땅하다.

이제 더 이상 지체하지 않고 이 주제에 대해 더 큰 세상, 즉 교회 문 바깥의 세상이 가지고 있는 혼란을 살펴보겠다.

희망에 대한 혼란: 교회 바깥의 세계

죽음과 그 이후의 삶에 대한 믿음은 참으로 다양한 모양과 색채와 크기를 가지고 있다. 주요 종교들의 전통에 대한 표준적인 관점들만 훑어보아도 모든 종교는 기본적으로 다 같다고 하는 오랜 생각이 거짓임이 입증된다. 이스라엘 군인에게 살해당한 팔레스타인 소년은 곧바로 천국으로 간다고 믿는 무슬림들과, 카르마의 철저한 지배를 받으며 다음 생에서는 다른 몸으로 환생함으로써 자신의 운명을 단계적으로 밟아간다고 믿는 힌두교도 사이에는 엄청난 차이가 있다. 또한 모든 의인은 부활 때 개별적으로 새로운 육체를 입고 살아날 것이라고 믿는 정통 유대교인과, 죽고 나면 바다의 물방울처럼 사라져 이름도 없고 형태도 없는 머나먼 저편으로 흡수되어 자아를 상실하게 되기를 바라는 불교도 사이에도 엄청난 차이가 있다.[2] 그리고 물론 이 위대한 종교들 안에서도 서로 다른 분파나 학파에 따라 주요 차이점들이 있다.

따라서 죽은 자들이 지금 현재 무엇을 하고 있는지에 대한 믿음도 상당히 다양하다. 아프리카의 여러 지역에서는 지금도 조상들이 공동체와 가족 생활에 큰 역할을 한다고 믿으며 그들의 도움을 구하거나, 적어도 그들이 해를 끼치지 않도록 막는 복잡한 신앙 체계가 널리 확산되어 있다. 이러한 관습은 서구의 세속주의자들이 교만하게 가정하는 것처럼 소위 '원시적인' 사람들에게만 국한된 것이 아니다. 인류학자 나이젤 발리(Nigel Barley)는 아프리카 중북부의 차드 공화국에 있을 때 가까이에서 일했던, 학문적 수련을 많이 쌓은 일본인 동료에 대해 이야기한 적이 있다. 발리는 '뼈와 두개골의 분쇄 그리고 죽은 자와 산 자 사이에 오가는 온갖 종류의 교류를 포함하는 복잡한 형태의 조상 숭배'가 매우 흥미로웠다고 한다. 그러나 그의 일본인 친구에게는 별로 신기할 게 없는 일이었다. 발리는 이렇게 말한다.

물론 그는 자신의 거실에 돌아가신 부모님의 신당을 두고 거기에 정기적으로 제물을 바치는 불교도였다.…그는 돌아가신 아버지의 다리뼈를 조심스레 흰 보자기에 싸서 아프리카로 가져왔는데, 현장에서 일할 때

보호를 받기 위해서였다. 내게 조상 숭배는 설명과 분석의 대상이었다. 그러나 그의 경우, 산 자와 죽은 자 사이에 그러한 연결이 **없는 것**이 오히려 특별한 설명을 요구하는 일이었다.[3)]

조금 더 가까운 예를 들어 보면, 오늘날 우리가 살고 있는 문화에서도 사람들이 공적으로 인정하는 신앙은 놀라울 정도로 다양하며, 죽음과 그 이후의 삶에 관한 관습 역시 다양함을 알 수 있다. 나는 이 주제에 대한 기독교의 정설이 영국 사람들 다수의 신앙이 되었던 적은 한 번도 없다고 생각한다. 빅토리아 시대만 해도 이미 다양한 신앙들이 있었고, 사람들은 여러 각도에서 믿음과 의심의 문제를 가지고 씨름했다. 1855-1856년에 헨리 알렉산더 보울러(Henry Alexander Bowler)가 그린 "의심: 이 마른 뼈들이 살 수 있을까?"(The Doubt: Can These Dry Bones Live?)라는 제목의 유명한 그림이 이 문제를 요약해서 보여 준다. 이 그림에서는 젊은 여인이 신실한 요한(John Faithful)이라는 사람의 묘비에 기대어 있고, 그 묘비에는 "나는 부활이요 생명이니"라고 적혀 있다. 그 옆에 있는 묘비에는 RESURGAM("나는 일어날 것이다")이라는 단어가 새겨져 있는데, 이 단어는 당시 많은 묘비에 새겨졌던 단어다. 그 무덤에는 마로니에 나무가 싹트고 있고, 형체를 드러낸 두개골 위에 영혼을 상징하는 나비가 앉아 있다. 이 그림이 제시하고 있는 온갖 의문과 의혹의 태도는 시인 테니슨(Tennyson)의 위대한 시 "인메모리엄"(In Memoriam, 원제는 In Memoriam A. H. H.로 'A. H. H.를 추모하기 위하여'라는 뜻—역주)이 제시하는 비슷한 의문들과 짝을 이룬다. 죽음을 3년 정도 남겨 놓은 시점인 1889년에 쓴 시 모음집

맨 마지막에 나오는 시를 보면, 테니슨도 바다의 물방울처럼 흡수된다는 불교적인 관점으로 기우는 듯 보이는 순간이 있는데, 결국에는 기독교적인 어조로 돌아온다.

햇님이 지자 저녁 별이 떴네.
똑똑히 나를 부르는 저 소리!
내가 바다로 나갈 때
모래톱은 슬퍼하지 말았으면.

끝없는 저 깊은 곳에서 몰려왔던 파도가
다시 옛집으로 돌아갈 때는
물결은 잠자듯이 움직여
소리도 거품도 없네.

저녁놀 지자 울리는 종소리
뒤따라 찾아오는 어둠!
내가 출항할 때
이별을 슬퍼하지 말았으면.

이 세상의 시간과 장소에서
물결은 나를 멀리멀리 싣고 가리라,
마침내 모래톱을 지나서야 비로소 서로 만나게 되겠지.
이제까지 나를 이끌어 준 인도자의 그 얼굴을.[4]

반대로 1892년에 루디야드 키플링(Rudyard Kipling)이 쓴 시는 더 확고하게 정통적인 관점을 보여 주고 있다. 키플링 자신이 그것을 얼마나 믿었는지는 나도 모르며, 물론 이 시 자체도 미래의 삶과 관련된 이론을 다루었다기보다는 예술을 노래한 것이다. 그러나 자신의 생각을 담는 틀로서, 그는 일정 기간 동안의 쉼이 있고 나면 새로운 삶, 새로운 몸이 주어질 것이라는 기독교 신앙을 확실히 사용하고 있다.

지구의 마지막 그림이 그려지고 물감 튜브도 비틀어져 말라버렸을 때, 가장 오래된 색채마저 희미해져 버리고, 가장 젊은 비평가마저 죽어버렸을 때.
우리는 쉴 것이며, 참으로, 우리에게 그 쉼이 필요할 것이다. 한 영겁, 혹은 두 영겁 그렇게 누워서 쉬라.
모든 충실한 직공들의 주인께서 우리로 새롭게 일하게 하실 때까지.

충실했던 이들은 행복할 것이며, 그들은 금 의자에 앉을 것이다.
그들은 혜성의 털로 만든 붓으로 10리그 길이의 캔버스에 칠을 할 것이다.
그들은 막달라 마리아, 베드로, 그리고 바울과 같은 성자들을 직접 보고 그릴 것이다.
그들은 한번 앉으면 한 세대 동안 일할 것이고 그래도 결코 피곤해지지 않을 것이다!

그리고 오직 주인만이 우리를 칭찬하실 것이고, 오직 주인만이 우리를 나무라실 것이다.

그리고 그 누구도 돈을 위해 일하지 않을 것이요, 명성을 위해 일하지 않을 것이며,

일하는 것 자체의 즐거움을 위해 일하고, 각자가 자기 자신만의 별에, 자신이 보는 그대로의 사물을 있는 그대로 그 모든 것의 하나님을 위해서 그릴 것이다![5]

19세기 말엽에 나타났던 이와 같은 다양한 신앙들은, 앞으로 살펴보겠지만, 교회가 사용했던 찬송가와 기도에도 밀접하게 반영되었다.[6]

조금 더 시대를 거슬러 올라가서, 셰익스피어를 한번 생각해 보자. 「자에는 자로」(Measure for Measure)에서 공작은 유죄 선고를 받은 클로디오에게 죽음을 직면하라고 격려하며 연설을 한다. 그는 인생 자체가 그다지 큰 가치가 없으며, 죽음도 인생만큼이나 좋을 수 있다고 말한다.

너의 최상의 휴식은 잠,
그래서 매일 잠을 청하지만 잠에 불과한
죽음만은 그렇게도 무서워하지. 삶이란 자력갱생도 못해.
네가 끝까지 붙잡으려 하는 알량한 삶이란 흙에서 나온
곡식이 없으면 견디지도 못해. 삶은 행복하지도 못해.
없을 때는 그렇게 가지려고 애쓰다가도,
얻고 나면 그만 잊어버리니…삶이란 부자라 해도 가난뱅이 신세야.
허리가 휘어지도록 황금의 짐을 진 나귀처럼,

부에 끌려 다니다가 마침내는 죽음에게 모두
빼앗기지.…이 같은 삶에
무슨 보람이 있다는 것인가? 우리들 삶 가운데 이미
수천의 죽음이 도사리고 있는데도 죽음을 두려워하다니,
죽음이란 모든 것을 공평하게 해주는데.

클로디오는 순간 이 논증에 설득된 것처럼 보인다.

정말 감사합니다.
살려고 바득바득 애쓰는 것은 오히려 죽음을 재촉하는 것이요,
죽음을 구하는 것은 곧 사는 것이다. 죽음이여, 어서 오라.

그러나 잠시 후 클로디오는 그를 구하기 위해 자신의 명예를 희생하겠다고 제안하는 이사벨라와 대화하면서 딜레마에 직면하게 된다. 죽음이란 두려운 것이라고 그는 말한다.

그래, 그렇지만 죽어서 어딘지도 모르는 곳으로 끌려가,
차디찬 구덩이 속에 부질없이 갇힌 채로, 썩어 가겠지.
이 살이 있는 따스한 몸뚱이도 이겨놓은
진흙으로 변하고, 그리고 내 유쾌한 영혼이 불바다 속을
헤맨다거나, 아니면 차디찬
얼음장 속에 갇혀 버릴거야.
내가 형체도 없는 바람에 실려
허공을 미친 듯이 방황하게 될 것을 생각하면,

아니면 설상가상으로 질서도 없고
법칙도 없고 상상도 할 수 없는 고통에 시달리게
될 것을 생각하면, 너무나도 무서운 일이다.
늙고 병들고 굶주리고 감옥에 갇히는 것 같은
피하고 싶은 인간사의 일들도
죽음의 공포에 비하면 천국과도
같은 것이다.[7]

위로마저도 차갑게만 느껴지고, 암울한 현실은 그대로다.

우리가 사는 시대와 좀더 가까운 시기로 돌아와서, 제1차 세계대전은 갑작스런 죽음을 양산했을 뿐 아니라 그 의미에 대한 성찰도 상당히 많이 일어나게 했다. 어떤 역사가들은 19세기에 신학자들로부터 이미 공격을 받고 있던 지옥에 대한 믿음이, 세계대전을 통해 가장 큰 부상을 입었다고 주장했다. 지구상에서 이미 너무도 많은 지옥을 맛보았기에 사람들은 하나님이 저 세상에도 그러한 곳을 만드셨을 것이라고는 믿을 수가 없었다. 그렇다고 해서 사람들이 기독교적 만인구원설, 즉 모든 사람 혹은 적어도 대부분의 사람이 기독교의 천국에 가거나 혹은 부활할 것이라고 믿었다는 뜻은 아니다. 그보다는 오히려 많은 사람들이 매우 다른 방향으로 나아갔는데, 키츠(Keats)를 위해 셸리(Shelley)가 쓴 추도 시에 이미 그 윤곽이 나타나 있다.

안심하라, 평안하라! 그는 죽지 않았으며, 잠자지 않았으니
그는 삶의 꿈에서 깨어났으니

격정의 비전에 빠져 길을 잃고 유령들과
부질없는 투쟁을 하는 것은 우리일세.…

그는 자연과 하나가 되었으니, 그의 음성을
그녀의 모든 음악에서 들을 수 있네, 천둥의
신음에서부터, 한밤중의 달콤한 새소리에 이르기까지,
그는 느끼고 알 수 있는 현존이라네,
어둠에서나 빛에서나, 풀에서나 돌에서나,
힘이 움직이는 곳 어디서든 그는 자신을 펼치네,
그를 자신 안에 끌어들인 그 힘을 따라.…

그는 그 아름다움의 일부.
한때는 그가 그것을 더 아름답게 했었는데, 그는
자신의 몫을 지니고 있는 반면, 그 한 가지 혼의 유연한 압력은
둔하고 조밀한 세상을 훑고 지나가네.…
나는 무서우리만치 멀리서 어둡게 태어났으나,
아도네이스의 영혼은 마치 별처럼,
천국의 가장 깊은 베일을 뚫고 타오르면서,
영원한 존재들이 거하는 그곳에서 빛을 비추어 주네.[8]

무신론자 셸리는, 영혼이 이 우주가 지닌 아름다움의 일부로 변형된다는 자신의 신플라톤주의적 관점이 전통적인 기독교의 가르침과는 거리가 멀다는 것을 잘 알고 있었다. 오늘날의 역설은, 많은 사람들이 셸리와 비슷한 정서를 표현하면서 그것이 기독교적인 것

이라 생각하고는 교회가 장례식 때 그의 시 낭송을 허용해 주리라 기대한다는 것이다. 이에 대해서는 잠시 후에 좀더 자세히 살펴보겠다. 루퍼트 브룩(Rupert Brooke)도 1914년에 쓴, 친구들에게 부탁하는 내용의 시를 보면 그와 비슷한 입장을 가지고 있음을 알 수 있다.

만약 내가 죽으면, 단지 나에 대해 이렇게 생각해 달라,
외국 전쟁터에 어딘가에
영원히 영국인 어떤 구석이 있다고.
그 풍요로운 땅에 보다 풍요로운 흙이
숨겨져 있으리라. 영국이 낳고, 만들고, 알게 하고,
사랑할 꽃과 배회할 길을 주었던 흙이,
강에 씻기고 고국의 태양에 의해 축복받을,
영국의 공기를 숨쉬는, 영국의 육신이.

그리고 생각하라, 이 마음이 모든 악을 떨치고,
고동치는 영원한 정신이
영국이 준 생각을 어디엔가 주리라고,
영국의 풍광과 소리, 영국 시절만큼 행복한 꿈,
그리고 친구에게서 배운 웃음,
영국 하늘 아래 평화로운 마음에서 나오는 점잖음을 주리라고.[9]

영국의 하늘일지는 모르나, 기독교 전통의 혹은 신약성경의 천국과는 거리가 멀다. 이와 비슷한 관점은 조지 엘리어트(George

Eliot) 같은 작가에게서도 흔히 볼 수 있다. 그는 "다시 사는 불멸의 죽은 자/ 그들의 존재로 정신은 진보했다"라고 말했다.[10]

다이애나 비의 죽음에 대한 애도의 물결만큼 강렬했던 사건은 1920년 11월에 있었던 무명 병사의 장례식이었다. 그 때 가족의 일원을 전쟁에서 잃어버린—그 중 많은 이들이 폭격에 몸이 산산조각 났거나 아예 시신을 찾지도 못했다—수백만의 사람들은 이 무명 병사가 마치 자신의 아들 혹은 남편인 양 슬퍼할 수 있었다. 당시에는 너무도 많은 죽음이 너무도 많은 사람에게 영향을 미쳤고, 그로부터 불과 한 세대도 지나기 전에 사람들은 다시 2차 세계대전을 겪었기에 내가 읽은 자료에 나타난 20세기 영국인들의 죽음에 대한 태도는 그저 감당하기에 너무 벅차다는 것이었다. 나는 죽음에 대해 침묵하는 문화 속에서 자랐다. 1950년대의 아이들은 죽음과 격리되어 있었다. 나는 거의 스무 살이 될 때까지 장례식에 참석해 본 적이 없다. 이는 어쩌면 신파로 여겨지던 빅토리아식의 임종과 장례 관습에 대한 반작용이었는지도 모른다. 그리고 어쩌면 어른들이, 자신들의 엄청난 그리고 마음 깊이 매장된 슬픔으로부터 스스로를 보호하기 위해 은연중에 짜낸 전략이었는지도 모른다. 어린 아이의 순진한 반응은 그러한 슬픔을 감추지 않기 때문에 어른들이 꾹꾹 눌러 놓은 슬픔을 표면화할 위험이 있었던 것이다.

그러나 죽음과 그 이후의 삶이 1950년대에는 결코 언급할 수 없는 무엇이었다면, 지금은 확실히 그렇지가 않다. 영화, 연극, 소설은 온갖 각도에서 그것을 탐구했다. "네 번의 결혼식과 한 번의 장례식"(Four Weddings and a Funeral) 그리고 "어쩌면 꿈꾼다는 것"(Perchance to Dream)과 같은 영화들은 새로운 세대가 묻지 않았던 질문, 그리고 만족할 만한 답도 알고 있지 않은 그 질문을 가지고 그들의 관심을 끌어내었고, 심지어 그들을 매료시켰다. 영화 시장의 좀더 어두운 쪽에서는 죽음에 탐닉하는데, 폭력의 장면에서뿐만 아니라 '도색' 영화 같은 경우는 아예 죽음이 궁극적인 전율이 되어버린다. 세속주의가 낳은 허무주의는 많은 이들에게 삶의 이유를 주지 못했고, 다시 한 번 죽음이 문화를 휩쓸게 되었다.

내가 런던에 살 때 보았던 가장 뛰어난 연극은, 퓰리처상을 수상했고 조지아 주 애틀랜타에서 교사를 하는 마가렛 에드슨(Margaret Edson)이 각본을 쓴 "재치"(Wit)였다.[1] 여주인공 비비언 베어링은 존 던(John Donne)의 성시(Holy Sonnets)를 전공한 유명한 전문가인데, 연극의 배경은 그녀 자신이 죽어가고 있는 암 병동이다. 그녀는 죽어가면서 던의 위대한 소네트 "죽음이여 뽐내지 마라"(Death be not proud)를 가만히 되새기는데, 그 시는 잠시 후에 살펴보겠다. 이 연극은 런던보다 뉴욕에서 더 인기가 있었다. 어쩌면 영국인들은 우리의 미국인 사촌들만큼이나 중년의 죽음을 온전히 탐험해 볼 준비가 아직은 안 되어 있는지도 모르겠다.

그러나 죽음과 관련된 질문들은 언제나 우리 주변을 떠나지 않는다. 내가 이 책의 초안이 된 강의안을 쓰고 있을 때 존 다이아몬드(John Diamond)라는 칼럼니스트가 자신의 말기 식도암에 대해서, 그리고 죽음 너머의 구원을 이런 저런 모양으로 제시하는 모든 제안과 모든 위로를 거부하는 자신의 확고한 무신론에 대해서, 대수롭지 않다는 듯 재치 있게 글을 써서 전국적인 인기를 누리고 있었다. 지금 그는 죽고 없다. 그의 칼럼에 대한 관심, 그리고 그 칼럼을 둘러싸고 오갔던 글이나 이야기는 죽음과 그 이후에 놓여 있는,

혹은 놓여 있지 않은 삶에 대해 우리 사회가 다시 관심을 기울이기 시작했음을 보여 준다.

그렇다면 이러한 상황에서 지금 우리가 서 있는 자리는 어디인가? 얼마 전 "더 타임즈"(The Times)지의 종교부 기자 루스 글레드힐(Ruth Gledhill)이 기사를 하나 썼는데, 거기에서 그녀는 주류 교회와 여러 가지 뉴에이지 철학, 컬트 그리고 미신의 '마술' 사이에 넘어설 수 없는 커다란 간극이 생겼다고 주장했다. 그러자 한 독자가 답문을 보냈는데, 그 독자는 겉으로 보기에는 주류 교회들 자체가 마술을 믿고 있는 것 같다고 했다. "비그리스도인들 입장에서 보자면, 영국 국교회 교인들은 육체가 다시 살아나는 것을 믿는 것으로 보인다"라고 썼는데, 여기에서의 함의는 그게 마술이 아니라면 도대체 무엇이 마술이겠느냐는 것이다.

글쎄, 그것은 정말로 마술일까, 아닐까? 사람들이 부활절에 대해 이야기할 때 **도대체** 무엇을 믿는다는 것일까? 그리고 그 믿음과, 주류 교회의 신조가 우리의 미래 운명을 놓고 "나는 육체의 부활을 믿습니다"라고 선언하는 내용은 서로 어떻게 연관이 될까? 첫 세대의 그리스도인들이 이 말을 사용했을 때 그 의미는 무엇이었으며, 그것이 오늘날 의미하는 바는 무엇인가? 오늘날 우리는 죽음 이후에 대해 어떠한 희망을 가지고 있는가? 우리가 사는 도시와 마을에서 비공식 투표를 한다면 이 질문에 대해 어떤 답을 얻게 될까? 한편 좋은 신학은 결코 다수표와 관련된 문제가 아닌 이상, 이 주제에 대한 성경의 가르침은 무엇일까? 예수님과 사도들의 가르침은 무엇일까?

여러 종류의 믿음들

현재의 풍조에서 떠오르는 주요 신앙은 내가 보기에 세 가지인 것 같고, 그 어느 것도 기독교의 정설에는 부합하지 않는다. 좀더 전통적인 관점을 다른 식으로 표현해 보고자 하는 시도가 여전히 있기는 하다. 윌리엄 골딩(William Golding)의 어둡지만 대단히 멋진 소설, 「핀처 마틴」(Pincher Martin)이 그런 예라고 나는 생각한다. 그러나 전반적인 분위기는, 심판과 지옥 그리고 부활에 대한 전통적인 신앙이 현대인의 감성에는 불쾌감을 준다는 것이다.[12]

현대인의 첫 번째 주된 신앙은, 완벽한 멸절을 믿는 것이다. 이는 인간의 운명에 대한 설명으로는 상당히 불만족스러울지 몰라도, 적어도 깨끗하고 깔끔하다. 이러한 신앙은 아마도 딜런 토마스(Dylan Thomas)가 자기 아버지의 죽음 앞에서 분노에 차 외친 말 이면에 깔려 있는 신앙일 것이다.

그 좋은 밤으로 결코 온화하게 들어가지 마소서.
스러져가는 빛 앞에서 화를 폭발하소서.[13]

그러나 어떠한 형태로든 미래의 삶이 존재한다는 것을 전적으로 부인하는 믿음을 유지할 수 있는 사람은 많지 않다. 아무 서점에나 가서 '종교' 섹션을 보면 오늘날 갈수록 더 많은 사람들이 어떠한 형태로든 환생을 믿는 것 같다는 인상을 받을 것이다. 이것은 힌두교 신앙을 실천하는 사람들이나 글렌 호들 같은 어설픈 힌두교 회심자들에게만 국한된 현상이 아니다.

윌 셀프(Will Self)의 섬뜩하지만 흥미로운 소설, 「죽은 자는 어떻게 사는가」(How the Dead Live)에는 런던 태생의 심술궂은 여성이 주요 등장인물로 나온다. 그녀는 죽은 직후에 런던을 모방한 유령의 도시에서 살게 되는데, 거기에서 지하 세계의 안내자가 '은혜의 고리와 눈'(hooks and eyes of grace)이라고 부르는 것을 붙잡지 못하면 정기적으로 환생하는 운명에 처하게 되리라는 사실을 알게 된다. 그것을 통해야만 계속되는 순환에서 벗어날 수 있는 것이다.

이 바퀴에서 벗어날 수 있는 마지막 기회가 아직 있다, 얘야,…아직 은혜의 고리와 눈을 붙들 시간이 있다. 네가 원하기만 한다면. 네가—아주 잠시 만이라도—생각을 하나로 모으는 단계에 도달할 수만 있다면.[14]

하지만 그녀는 그렇게 하지 못하고 결국 환생하게 되는데, 야만성에 노출되어 짧막한 인생을 살다 갈 운명의 불행한 아기로 태어난다. 윌 셀프는, 산만하고 정처 없는 정신과 영혼을 대체하는 정신적 성취—'짧은 순간의 집중된 사고'—를 이루는 것이 영원히 계속되는 죽음과 탄생의 순환에서 벗어나는 열쇠라고 하는 일종의 힌두교 교리를 염두에 둔 것 같다. 이를 다르게 적용하는 사람들이 있는데, 책에서 읽은 내용으로 미루어 말하자면 그들은 윤회를 정신분석학의 또 다른 수단으로 사용한다. 즉 현재의 인성 중에서 이전 생애에 당신이 누구였고, 당신에게 무슨 일이 일어났는지 등에 의해 형성된 부분을 발견해 가는 것이다. 이러한 것들이 모여 더 큰 뉴에이지 문화를 구성하는데, 거기에는 이런저런 비밀 종교의 신앙과, 자아 수양과 자기 충족의 꿈이 혼합되어 있다.

또한 다양한 뉴에이지 사상의 외곽에서 셸리에게서 보았던 것과 같은, 불교의 요소를 가진 일종의 저급한 단계의 대중적 자연 종교가 되살아나는 것을 보게 된다. 즉 사람이 죽으면 더 큰 세계로, 바람과 나무들 가운데로 흡수되어 버린다는 믿음이 되살아나고 있다. 북아일랜드로 떠나는 어떤 병사가 자신이 죽을 경우를 대비해서 남긴 익명의 시에 그런 신앙이 잘 나타나 있다.

> 내 무덤 앞에 서서 울지 마오.
> 나는 거기에 없소. 나는 잠을 자는 것이 아니라오.
> 나는 이리저리 부는 수천 갈래의 바람이고,
> 다이아몬드처럼 반짝이는 흰 눈이고,
> 잘 익은 곡식에 비치는 햇빛이고,
> 부드러운 가을의 비라오.…
> 내 무덤 앞에 서서 울지 마오.
> 나는 거기에 없소. 나는 죽지 않는다오.[15]

다이애나 비가 죽은 후 런던에 남겨진 어떤 메시지는 마치 다이애나 비 자신이 직접 말하는 것 같은 내용이 담겨 있다. "나는 결코 여러분을 떠난 것이 아닙니다. 나는 지금도 여러분과 함께 있습니다. 햇빛 가운데 있고 바람 가운데 있습니다. 심지어 빗속에도 있습니다. 나는 죽지 않았습니다. 여러분과 함께 있습니다."[16] 많은 장례식과 추도 예배에서 그리고 심지어 비문에서도 이와 같은 신앙을 볼 수 있다. 그리스도인이라고 자처하는 많은 사람들은, 그런 식으로 지속되는 삶이 바로 영혼의 불멸이나 죽은 자의 부활에 대한 전통적인 가르침이 의미하는 바라고 스스로를 그리고 다른 사람들을 납득시키려 노력한다. 그러나 그와 비슷한 노선을 택하고 있는 유명한 아동 작가 필립 풀먼(Philip Pullman) 같은 사람들은 자신이 그러한 노선을 택한다는 것은 곧 전통적인 기독교 신앙을 공격하고 해체하는 것이며 다른 것을 제안하는 것이라고 분명하게 말한다.[17]

닉 혼비(Nick Hornby)의 「피버 피치」(Fever Pitch, 문학과사상사 역간)에서 뜻하지 않게도 이러한 예에 대한 인상적이고 날카로운 묘사를 볼 수 있다. 이 책은 축구, 그중에서도 특히 영국 프로축구팀 아스날에 대한 자신의 사랑 이야기를 열정적이고도 재밌게 들려준다. 길에 축구 팬이 죽은 채 누워 있는 모습을 본 그는 죽음과 축구에 대해서 생각하게 된다. '시즌 중간에 죽는 바람에 시즌 결과가 어떻게 되었는지를 모른다면 끔찍하지 않을까?' 하지만 인생이란 그런 것 아닌가.

어쩌면 우리는 우리 팀이 웸블리 경기장에 등장하기 전날 밤에 죽을 지도 모른다. 아니면 유러피언 컵 1차전 다음 날 죽거나, 프로모션 캠페인 중간에 혹은 하위 리그로 강등되는 팀이 결정되는 경기(relegation battle) 도중에 죽거나. 그리고 내세에 대한 많은 이론에 따르면, 우리는 그런 경기들의 최종 결과를 알지 못할 가능성이 크다. 은유적으로 말하자면, 죽음이란 주요 트로피들이 수여되기 전에 오는 것이 거의 확실하다.[18]

하지만 이러한 생각은 매우 만족스럽지 못한 것이어서 혼비는 결국 (당연히) 축구가 여전히 핵심적인 역할을 하는 내세가 존재할 가능성은 얼마나 되는지 생각해 본다. 화장도 하나의 가능성을 제공해 준다.

생각해 보면 나는 자기 재를 하이버리 경기장(Highbury pitch)에 뿌리는 것을 좋아할 사람 중 하나다. (물론 거기에는 제한이 있다는 것을 나도 안다. 너무 많은 미망인들이 그곳을 찾아오게 될 것이고, 또 계속해서 쌓이는 유골을 잔디가 별로 달가워하지 않으리라는 두려움도 있다.)…나는 확실히 대서양 바다에 던져지거나 혹은 무슨 산 위에 남겨지는 것보다는 이스트 스탠드(East Stand)에 뿌려지는 편이 더 낫다.

그러면서 그는 또 다른 종류의 '생존'이 가능하게 될지도 모른다고 생각한다.

나는 어떠한 형태로든 경기장 안에 머물면서 어느 토요일에는 1군 경기를 보고 그 다음 토요일에는 2군 경기를 볼 수 있다면 좋겠다. 내 자녀들과 손자 손녀들도 아스날 팬이 되어 나와 함께 경기를 볼 수 있다면 좋겠다. 영원을 그렇게 보내는 것도 나쁘지 않을 것 같다.…나는 유령이 되어 하이버리 경기장에서 2군 경기를 보며 여생을 보내고 싶다.[19]

여기에서 우리는 죽음 이후의 삶에 대한 현재의 완벽한 혼란, 말하자면 삶의 특정 영역에 대한 편집광적 강박(혼비 자신을 가리키는 표현)으로 인해 나타나는 혼란을 보게 된다.

오늘날 생겨난 (혹은 다시 나타난) 장례식 관습도 그와 같은 혼란을 보여 준다. 죽은 자가 앞으로 맞이할 생애에 대비해 그를 위로하거나 돕기 위한 물건을 관에 함께 집어넣는 관습은, 최근까지만 해도 문화를 공부하는 학생들이 근대 서구에서는 더 이상 볼 수 없는 흥미로운 관습이라고 묘사하던 행위다. 그러나 사진, 액세서리, 곰 인형 같은 물건들을 죽은 자를 위한 선물로 관 속에 집어넣는 이러한 관습이 되살아나고 있다.[20] 나이젤 발리는 화장터의 직원에게 들은 이야기를 하면서, 미망인들이 관 안에다가 비스킷 한 통이나 죽은 사람의 여벌 안경과 의치를 집어넣기도 한다고 했다. 한번은 어떤 미망인이 남편이 살았을 때 가발을 붙이기 위해 사용했던 스프레이 접착제 두 캔을 관에 집어넣는 바람에 폭발이 일어나 화장터 아궁이의 문이 휘어진 적도 있다고 한다.[21] 이러한 모든 관습이 반영하는 믿음은—거기에 믿음이 있다고 한다면—과연 무엇인가?

마지막으로 대중적인 차원에서는, 유령에 대한 믿음과, 죽은 자와 영적으로 접촉할 수도 있다는 믿음이 한 세기 동안의 세속주의에도 굴복하지 않고 굳건하게 남아 있다. 앞서 말했듯 이 책은 원래 웨스트민스터 성당에서 했던 일련의 강의를 토대로 쓴 것인데, 그때 첫 번째 강의를 광고한 주간 소식지는 그 성당에 기거하는 17세기 유령 중 하나가 그 무렵에 연례적으로 출현할 수도 있다는 소식을 공지했다. 또 대서양 양쪽에서 나타나는 수많은 대중적 현상들이 있다. 예를 들어 미국에서 지금도 계속되는 엘비스 프레슬리 숭배 열기처럼 말이다. 하지만 이러한 현상들은 따로 분류해서 설명해야 할 것이다.

내가 지금 묘사하고 있는 현상들은 독자들도 이미 알고 있는 일들이라고 생각한다. 나의 목적은 그 내용을 전부 나열하는 것이 아니라 그러한 현상들의 몇 가지 특징에 주의를 기울이게 하는 것이다. 아울러 그 특징들이 정통 기독교 신앙이라고 불리는 것과는 상당히 거리가 멀 뿐 아니라, 내가 아는 한 **대부분의 사람들이 정통 기독교 신앙이 무엇인지를 아예 모른다**는 놀라운 사실에 주의를 기울이게 하는 것이다. 사람들은 그리스도인들이, 어떠한 형태의 '생존'도 직설적으로 부인하는 것과 대립되는 의미로서 죽음 이후의 삶을 믿는다고 생각하며, 따라서 어떠한 종류든지 '죽음 이후의 삶'은 기독교적인 것과 상당히 비슷한 종류일 거라고 생각한다. 대부분의 현대 서구 사람들은, '죽음 이후의 삶'이라는 일반적인 개념 안에도 다양한 차이가 있을 수 있고 그러한 여러 개념들이 하나님과 세상에 대한 믿음에 매우 중요한 차이를 가져 오며, 현재를 어떻게 살아야 하는지에 대해서도 매우 중요한 차이를 낳는다는 생각을 한 번도 해 본 적이 없다. 특히 '부활'이라는 단어가 실제로 무엇을 의미하는지, 혹은 왜 그리스도인들이 그것을 믿는다고 말하는지에 대해서 아무런 생각이 없다.

더 걱정스러운 것은, 이러한 복합적인 무지가 교회 안에서도 종종 나타난다는 사실이다. 이것이 바로 다음 장의 주제다.

2. 낙원에 대해 혼란스러워하다?

희망에 대한 그리스도인들의 혼란

20세기에 가장 많이 인용된 영국 국교회의 한 설교는, 불행하게도 가장 오해하기 쉬운 설교 중 하나다. 비종교적인 장례식을 주관하는 데 널리 사용되는 안내서에는 성 바오로 성당의 참사회 회원인 헨리 스캇 홀랜드(Henry Scott Holland)의 글이 아예 서문으로 인용되어 있고, 수많은 사람들이 그 글을 장례식이나 추도식 때 읽어달라고 요청한다.

죽음은 아무것도 아니다. 아무런 의미가 없다. 나는 그저 옆방으로 넘어갔을 뿐이다. 아무 일도 일어나지 않았다. 모든 것이 원래 있던 그대로다. 나는 나고 너는 너이며, 우리가 서로 그렇게 즐거워하며 함께 살았던 옛 생은 손상되지도 않고 달라지지도 않은 채 그대로 있다. 과거에 우리가 서로에게 어떠한 존재였건 간에, 지금도 우리는 그때 그대로다. 나를 예전에 부르던 그 친숙한 이름으로 불러다오. 늘 하던 대로 나에 대해서 편하게 이야기해 다오. 어조를 바꾸지 말고, 억지로 근엄하거나 슬픈 분위기를 띠지 말고…인생은 그 어느 때건 그것이 의미했던 바 그 대로다. 인생은 그 어느 때나 똑같다. 거기에는 절대적이고 단절되지 않는 연속성이 있다. 이 죽음은 그저 사소한 사고일 뿐이다. 내가 보이지 않는다고 해서 잊혀져야 할 이유가 무엇이란 말인가? 바로 저기 모퉁이 너머에서, 아주 가까운 어딘가에서, 나는 너를 기다리고 있고 또한 막간 휴식을 기다리고 있다. 만사가 순조롭다. 아무것도 훼손되지 않았고, 아무것도 잃지 않았다. 잠시 잠깐이면 모든 것이 이전과 같을 것이다. 우리가 다시 만나고 나면 이별의 아픔이 얼마나 우스워 보이겠는가!"[1]

아무도 지적하지 않는 사실은, 이것이 스캇 홀랜드가 지지하는 관점이 아니라는 사실이다. 그는 단지 '우리와 매우 가깝고 소중했던 사람'의 '잠잠한 얼굴을 내려다볼 때' 흔히 떠오르는 생각이 아니겠냐고 말한 것이었다. 1910년 에드워드 왕 7세가 죽었을 때 그는 같은 설교의 다른 부분에서도 마찬가지로 죽음에 따라오는 다른 감정들에 대해 이야기하고 있다.

참으로 설명할 수 없고, 무자비하고, 어리석어 보이는…잔인한 매복 공격의 덫에 걸린 것과도 같은…그것은 무심하게 그리고 비인간적으로 우리를 무시하며 잔인하게 우리의 기쁨을 침해한다.…저 어둠 너머로 자신의 불가해한 비밀을 숨기고 있다.…밤처럼 말이 없다. 그 끔찍한 침묵!

스캇 홀랜드는 이어서 죽음에 대한 이 두 관점의 화해라고 할 만한 것을 시도한다. 신약성경에 의하면 그리스도인은 "이미 죽음에서 생명으로 옮겨"갔으므로, 실제로 죽음이 왔다고 해서 그것을 그렇게 끔찍하게 여겨서는 안 된다. 또한 (그는 주장하기를) 우리는 죽음 너머의 삶을, 현재에서처럼 하나님에 대한 지식이 계속해서 성장하고 개인의 성화가 계속해서 이루어진다는 관점에서 생각해야 한다. 이러한 주장은 이 책의 현 단계에서는 다룰 수 없는 의문들을 제기하게 하는데, 일단은 참으로 자주 인용되는 문단을 원래 전해졌던 설교의 문맥에서 분리해 내는 행위가 저자의 의도를 얼마나 심각하게 침해하는지 분명하게 확인된 셈이다. 그렇게 문맥에서 분리된 본문이 초래하는, 죽음에 대한 엄청난 부인이 우리는 놀라울 따름이다. 그 내용만 가지고 본다면, 모든 죽음이 가져오는 실재적이고 잔인한 단절과, 생명이 가진 선함을 부정하는 죽음의 잔혹함을 그 본문은 사실대로 말하려 하지 않는다. 나의 이 책이 기독교 장례식에서 스캇 홀랜드의 설교를 사용하는 데 도전이 된다면 참으로 좋겠다. 그러한 내용은 공허한 위로를 줄 뿐이다. 아무런 논평 없이 그 자체만 놓고 본다면 그것은 거짓말이다. 그 설교는 심지어 기독교적 희망의 서툰 모방조차 되지 못한다. 오히려 그것은 문제가 하나도 없다고 부인하며, 애초부터 희망이 필요하지 않았다고 말한다.

이 설교문과 대조되는, 전통적 기독교 신학의 확고한 태도를 보여 주는 유명한 글을 한번 보자. 그 글은 성 바오로 성당의 수석 사제였던 존 던의 글이다.

죽음아, 뽐내지 마라, 비록 어떤 이들은 네가
억세고 무섭다 했지만, 넌 안 그렇기 때문.
네가 쓰러뜨렸거니 하는 자들은

죽지 않으며, 가련한 죽음아, 너는 날 죽일 수도 없기 때문.
네 영상에 불과한, 휴식과 잠으로부터,
많은 쾌락이라면, 너에게선 반드시 더 흘러나오리라.
그리고 가장 선한 자들이 가장 일찍 너와 함께 가노니,
이는 육체의 안식이며 영혼의 구원이니라.
너는 운명과 기화(奇禍)와 군주들과 절망자들의 노예,
그리고 독약과, 전쟁과, 질병과 동거하는데,
아편이나 마약도 우리를 똑같이 잠들게 할 수 있고,
네 타격보다 좋도다, 그런데 너는 왜 으스대느냐?
잠깐 한잠 자고 나면, 우리는 영원히 잠 깨어,
죽음은 이제 없으리라, 죽음아, 네가 죽으리라.[2]

얼핏 보면 이 시도 스캇 홀랜드의 설교와 어느 정도 비슷해 보일 수 있다. 죽음이 아무 것도 아니라고? 죽음이 결국에는 위대하지도 무시무시하지도 않다고? 하지만 그렇지 않다. 마지막 두 행이 그 모든 것을 말해 준다. 죽음은 대단한 적이지만, 그것은 정복되었고 결국에는 온전하게 다 정복될 것이다. "잠깐 한잠 자고 나면, 우리는 영원히 잠 깨어,/ 죽음은 이제 없으리라, 죽음아, 네가 죽으리라." 스캇 홀랜드의 본문에서는 정복할 것이 아무것도 없다. 존 던의 경우, 죽음은 중요하다. 죽음은 적이다. 그러나 그리스도인에게 있어서 죽음은 **짓밟힌** 적이다. 전통적 기독교 사상과 상당히 일치하고, 앞에서 우리가 살펴본 키플링의 시와도 일치하는 점인데, 던은 죽음 이후의 삶을 두 단계로 본다. 첫 번째는 짧은 잠, 그 다음은 영원한 깨어있음이다.[3] **더 이상 죽음은 없을 것이다.** 앞으로 살펴보겠지

만, 던은 신약성경의 핵심적 신앙이라고 할 수 있는 부분을 포착했다. 즉 마지막에 가서는 죽음이 그냥 새롭게 정의되는 것이 아니라 정복된다는 것이다. 죽음이 우리에게 자기 마음대로 행하도록 내버려 두는 것은 하나님의 뜻이 아니다. 그저 불멸의 영혼이 필멸의 육체를 두고 떠나오는 것이 우리에게 약속된 궁극적 미래라면, 여전히 죽음이 다스리는 것이 된다. 왜냐하면 그것은 죽음의 **패배**를 말하는 것이 아니라, 죽음을 어느 각도에서 보느냐에 따른 설명의 차이에 불과할 것이기 때문이다.[4]

하지만 내가 너무 논의를 앞서 나가는 것 같다. 전통적 기독교의 입장은 초기 신조들에 표명되어 있다. 그 신조들 자체는 신약성경에 의존하고 있는데 이에 대해서는 나중에 살펴보겠다. 내가 속한 교회에서는 날마다 그리고 매주 우리가 '육체의 부활'을 믿는다고 선언한다. 하지만 정말로 그러한가? 많은 그리스도인 교사들과 신학자들이 최근 몇 십 년 동안 이 용어의 적합성에 대해 의문을 던졌다. 죽음과 내세를 주제로 하는, 그림이 주를 이루고 글은 부활에 대한 특이한 사항을 이야기하는 것으로 겨우 네 페이지 채운, 최근에 출간된 어느 가벼운 책은 "현재의 정통 기독교는 더 이상 육체의 부활을 믿지 않으며, 영혼이 영원히 존재한다는 개념을 선호한다. 비록 일부 신조는 아직도 옛날 사상을 붙잡고 있지만 말이다"라고 담담하게 선언한다.[5] 다시 한 번 분명히 하자. 만약 이것이 사실이라면, 죽음은 정복된 것이 아니라 다르게 설명되었을 뿐이다. 죽음은 더 이상 적이 아니라 「햄릿」에서 말하는 것처럼 불멸의 영혼이 세상의 번뇌에서 벗어나는 수단에 불과한 것이 된다.[6]

어떠한 선택들이 가능한가?

오래된 교회나 기념 건물을 돌아다녀 보면 알 수 있듯이, 사실 죽음에 대한 반응은 양극을 오가는 추와도 같았다. 어떤 사람들은 죽음을 먹이를 추적하는 끔찍한 적으로 보았다. 이러한 관점은 종종, 비록 죽음이 적이기는 하지만 결국에는 패배당할 것이라고 하는 확고한 선언과 결합되었다. 우리가 앞의 장에서 살펴본 "나는 살아날 것이다"라는 뜻의 RESURGAM이라는 문구를 새겨 넣는 전통은 던과 키플링처럼, 거기에 묻힌 자들이 중간 상태의 잠을 자고 난 후에 미래의 어느 시점엔가 새로운 육체를 입고 살아날 것을 믿었음을 의미한다. 그래서 사람들은 동쪽을 향해 묻혔는데, 주께서 오실 때 일어나서 그분을 맞이하기 위해서였다. 비록 가장 근래에 부활을 묘사하는 그림을 그린 화가 중에서 스탠리 스펜서(Stanley Spencer)는 반(半)사실주의를 선호해서 그 부분을 무시한 채 쿠컴(Cookham) 교회 묘지의 시체가 무덤 사방에서 빠져나오는 그림을 그렸지만 말이다. 이 부분에 대해서는 10장에서 특별히 살펴보겠다.

그 반대 극단의 믿음은 성 프란체스코의 찬송가 "하나님 우리 왕의 모든 피조물"에 잘 나타나 있는데, 그 중에서도 "그대, 가장 사랑스럽고 친절한 죽음이여, 우리의 마지막 숨결을 잠재우고자 기다리는 그대여"라는 놀라운 청원에서 가장 두드러지게 나타난다. 많은 찬송가와 기도와 설교들이 죽음을, 우리를 더 좋은 곳으로 데려가려고 오는 친구로 제시함으로써 죽음의 타격을 완화하고자 했다. 이것은 19세기에 익숙한 주제였는데, 자발적인 안락사를 지지하는 현대의 운동에서 그 세속적 반향을 볼 수 있다. 이처럼 기독교 사상은 죽음을 야비한 적으로 보는 것과 좋은 친구로 보는 것 사이를 오갔다.

물론 전통적으로 우리는 기독교가, 구원받은 혹은 복 받은 사람들이 가게 될 위에 있는 천국과, 악하고 회개하지 않는 사람들이 가게 될 아래에 있는 지옥에 대해 가르친다고 생각해 왔다. 지금도 여전히 교회 안팎의 많은 사람들은 이것이 교회의 공식적 입장이라고 생각하고 있으며, 그것을 받아들이거나 아니면 받아들이지 않거나 할 수 있다고 생각한다.

한 가지 놀라운 예가 얼마 전 우편으로 내게 배달되었다. 아놀드 슈왈제네거의 아내이자 존 F. 케네디의 조카인 마리아 슈라이버(Maria Shriver)가 쓴 「착한 사람이 가는 곳, 하늘나라」(*What's Heaven?*, 파랑새어린이 역간)라는 책이었는데, 베스트셀러였다. 이 책은 아이들을 겨냥해서 쓴 책이었는데, 푸른 하늘에 솜털 같은 푹신한 구름이 크게 그려진 그림이 많이 있었다. 페이지마다 아주 큰 글자체로 한 문장씩 인쇄되어 있어서 이 책이 전하고자 하는 기본적인 메시지가 분명하게 드러났다. 슈라이버에 의하면 천국은,

> 네가 믿는 어떤 곳인데…푹신한 구름 위에 앉아서 거기에 있는 다른 사람들하고 이야기할 수 있는 아름다운 장소란다. 밤이 되면 이 우주에서도 가장 밝게 빛나는 별 옆에 앉아 있을 수도 있단다.…평생 착하게 살았다면,…이 땅에서의 삶이 끝날 때 천국에 가게 되는데, 하나님이 천사를 보내셔서 하나님과 함께 있도록 천국으로 데려가신단다.…[그리고 할머니도] 내 안에 살아 계신단다.…무엇보다도 중요한 것은 할머니가 내게 나 자신을 믿으라고 가르쳐 주셨다는 거야.…할머니는 별들과 함

께, 하나님과 그리고 천사들과 함께 안전한 곳에 계시고…저 위에서 우리를 지켜보고 계신단다.…

[여자 주인공이 자신의 증조할머니에게 말한다] "할머니, 비록 할머니가 더 이상 여기에 계시지는 않지만, 할머니의 혼은 언제나 내 안에 살아있을 거예요."[8]

이것은 서구 사회에 사는 수많은 사람들이 오늘날 믿고, 진리로 받아들이고, 자신의 자녀들에게 가르치는 내용을 비교적 정확하게 보여 준다. 이 책은 사별을 경험하는 아이들을 위해 일하는 친구가 내게 보내 주었는데, 그는 이 책이 "아이들에게는 최악의 책 중 하나"라고 말하면서, "어떤 말을 하면 안 되는지를 아는 데 이 끔찍한 책이 도움이 되기를 바란다"라고 했다! 정말로 그 책은 그쪽 분야에서는 최고의 사례다. 성경이 가르치는 진리는 여러 가지 차원에서 그것과는 너무나 다르다.

사람들은 성경이 사실상 무엇을 가르치고 있는지를 듣게 되면 충격을 받는다. 성경은 '사후 천국행'에 대해 말하는 바가 거의 없으며, 지옥행에 대해서도 말하는 바가 많지 않다. 단테의 고전적 작품에 의해 부추겨지긴 했으나 그 작품 때문에 생겼다고 할 수는 없는, 천국과 지옥에 대한 중세의 그림은 서구 그리스도인들의 상상력에 엄청난 영향을 미쳤다. 많은 그리스도인들은 신약성경에 '천국'이라는 말이 나오기만 하면 그것을 구원받은 사람이 죽은 후에 가는 장소라고 생각하며 자란다. 마태복음을 보면 다른 복음서에서 '하나님 나라'(kingdom of God)라고 표현한 것을 '천국'(kingdom of heaven)이라고 표현하고 있는데, 대개 사람들은 마태복음을 먼저 읽기 때문에 예수님이 '천국에 들어가는 것'에 대해 말씀하시는 것을 보고는 자신들이 생각하는 바가 맞았다고 여기고, 예수님이 정말로 천국 가는 방법에 대해 말씀하고 계시다고 생각하게 된다. 하지만 그것은 결코 예수님이나 마태가 염두에 두었던 내용이 아니다. 이러한 가정을 토대로 많은 그림들이 그려졌고, 이제 사람들은 이것을 '성경이 가르치는 것' 혹은 '그리스도인들이 믿는 것'이라고 생각한다.[9]

그러나 신약성경에서 사용되는 천국이라는 용어는 그런 의미가 아니다. 예수님의 설교에 나오는 '하나님 나라'는 사후의 운명을 일컫는 말도 아니고, 우리가 이 세상에서 벗어나 다른 세상으로 가는 것을 의미하는 말도 아니다. 이것은 '하늘에서와 같이 땅에서도' 임하는 하나님의 주권적 통치를 일컫는 말이다.[10] 이러한 오해의 뿌리는 매우 깊은데, 특히 기독교 사상 전체에 영향을 미친 플라톤주의의 잔재는 사람들을 오도해서, 그리스도인은 현재 세상과 현재 우리 몸을 가치 없는 것으로 여겨야 하고, 그것을 초라한 혹은 부끄러운 것으로 여겨야한다고 생각하게 만들었다.

마찬가지로 계시록에 나오는 천국에 대한 그림 역시 상당히 오해되었다. 스물네 명의 장로들이 유리 바다 곁에서, 하나님과 어린 양의 왕좌 앞에 자신들의 관을 던지는 모습을 아름답게 묘사한 계시록 4-5장의 내용은, 찰스 웨슬리의 위대한 찬송가 가사에도 불구하고, 모든 구원받은 자들이 드디어 천국에 가 있는 최후의 날을 그린 것이 아니다.[11] 이것은 **현재**의 실재를 그린 것이다. 즉 우리가 사는 현재 삶 가운데서 천국의 영역을 그린 것이다. 성경에서 말하는 천국은 미래의 운명이 아니라 일상적인 삶의 다른 영역, 숨겨진 영역을 말하는 경우가 많다. 하나님의 영역이라고 해도 좋을 것이다. 하나님은 하늘과 땅을 만드셨고, 마지막에 그 둘을 다시 만드셔서 영원히 연결시키실 것이다. 계시록 21-22장에서 나오는 실제 종말의 그림을 보면, 우리는 속죄받은 영혼들이 육체가 없는 천국으로 가는 것이 아니라 새 예루살렘이 하늘에서 땅으로 내려와서 하늘과 땅을 영원히 감싸며 결합되는 모습을 보게 된다.[12]

불행히도 오늘날 대부분의 그리스도인들은 이것에 대해서 전혀 생각하지 않는다. 그들은 기껏해야 위대한 성경적 희망을 생략하고 왜곡되게 해석한 것들에 만족한다. 실제로 이러한 대중적인 이해는 찬송가, 기도, 기념물 그리고 심지어 꽤 진지한 신학책과 역사책을 통해서도 반복해서 강화된다. '천국'이라는 단어가 **궁극적** 종착지, 최종적 '고향'을 일컫는 적절한 용어라고 그냥 생각하고, '부활'의 언어 그리고 새 하늘뿐만 아니라 새 땅의 언어도 어떻게든 그 안에 끼워 맞춰야 하는 것이라고 생각한다.[13]

오늘날 교회의 모습은 내가 생각하기에 몇 가지 것들의 혼란스런 조합이다. 또 한편으로는 과거의 천국-지옥 관점이 공격을 받은 까닭에 이제는 많은 사람들이 지옥을 전혀 믿으려 하지 않는다. 하지만 지난 세기 동안 나타난 역설적인 현상은, 지옥을 부인하는 자세가 확고해지면서 역으로 천국에 대한 확신은 약해졌다는 것이다. 아마도 사람들은 모든 사람이 같은 궤도에 있는데 몇몇 사람만 사후의 긴 여정을 계속 이어가지 않고 목적지로 곧장 가는 것이 불공정하다고 생각했는지도 모른다. 오늘날 많은 사람들은 죽음 이후에 이와 같은 '여정'이 있다고 생각한다. 물론 그것 또한 성경이나 초기 기독교 사상이 전혀 보증하지 않는 생각이지만 말이다. 또한 연옥이라고 하는 옛 이론이 근대적인 형태로, 더 다듬어진 모양새로 회복되기도 했다. 연옥이란 말하자면, 죽을 때도 우리는 여전히 창조자를 만날 준비가 덜 되어 있을 것이기 때문에 빛을 향해 성장해 가는 정화의 시기가 필요할 것이라는 주장에서 비롯된 개념이다. (오늘날 이러한 생각을 가지고 있는 사람들은 '죄의 일소'라든가 그 외에 다른 불편한 것들을 강조하는 표현보다는, '정화'라든가 '빛을 향해 성장해 간다'는 식의 표현을 선호하는 경향이 있다.)[14] 많은 사람들이 만인구원설을 받아들이고 있는데, 이것은 모든 사람이 하나님의 사랑에 굴복할 때까지 하나님은 회개하지 않는 자들에게 믿음을 선택할 기회를 계속해서 주실 것이라는 생각이다.[15] 어떤 사람들은 전통적으로 그려지는 천국—구름 위에 앉아서 언제나 하프만 켜고 있는 모습—이 참을 수 없을 정도로 지루해 보인다며, 천국을 아예 믿지 않거나 아니면 믿더라도 가고 싶지 않다고 말한다. 또 어떤 사람들은, 늘 경배받기 원하는 하나님은 존경할 만한 인물이 아니라고 다소 오만하게 말한다. 정통 기독교가 제시하는 천국의 그림은 새 하늘과 새 땅에서 하나님의 형상을 반영하며 사는 생기 있고 적극적인 인간의 삶이라고 주장하는 우리 같은 사람들은 때때로 현재의 활동적 삶을 미래에 투사하고 있다는 비난을 받는다.

혼란의 영향

이러한 여러 가지 측면의 혼란은, 우리가 부르는 찬송가에서, 우리가 교회력을 기념하는 방식에서, 그리고 우리가 치르는 장례식이나 화장식에서 그 모습을 드러낸다. 그 각각에 대해 몇 마디 덧붙여

보면 내가 의미하는 바를 이해할 수 있을 것이다.

우선 찬송가부터 이야기하겠다. 평균적인 찬송가를 훑어보면 죽음 이후에 오는 미래의 삶에 대한 많은 언급들이 정통 기독교보다는 테니슨이나 심지어 셸리에 더 가까운 것을 볼 수 있다.

당신의 사랑의 바다에 빠져
위에 있는 천국에서 우리 자신을 잃을 때까지.

이 가사는 경건한 신자였던 존 케블(John Keble)이 지은 것이지만, 여기에서 케블은 기독교가 아니라 죽어서 바다 속의 물방울이 된다는 불교의 종말론에 잠시 빠져 있다.[16] 그와 함께 옥스퍼드 운동(Oxford Movement)에 참여했던 존 헨리 뉴먼(John Henry Newman)의 경우는 어떤가. 그는 거의 영지주의적인 구절을 썼다.

이제까지 당신의 권능이 내게 복을 주셨으니, 앞으로도 나를 인도하리,
광야와 늪을 건너, 험준한 바위와 급류를 넘어 나를 인도하리, 밤이 지나갈 때까지.
아침이 오면 천사들이 웃으며 나를 맞이하리,
오래 전부터 사랑했으나, 잠시 잃어버렸던 그 천사들이.

뉴먼은 **정말로** 자신이 잉태되기 전에 혹은 유년기 초에 천사들과 함께 살았던 때가 있었고, 때가 되면 거기로 돌아갈 것이라고 믿은 것일까? 외로운 순례자가 "친절한 빛"(kindly light, 이 찬송가 영어 제목의 한 구절이다—역주)을 따라 광야와 늪을 지나간다는 생

각은 강렬하고 낭만적이기는 하지만, 정말로 그는 현재의 세계, 현재의 삶을 단순히 '밤'으로 묘사할 수 있다고 생각한 것일까?[17]

혹은 "나와 함께 하소서"라는 찬송가의 노골적인 플라톤주의는 어떤가. 이 찬송가는 일부 진영에서 여전히 애창되고 있다.

하늘의 아침이 열리면, 땅의 헛된 그림자는 도망가리.
(한글 찬송가 531장 "때 저물어 날 이미 어두니"이다—역주)

이와 같은 생각을 구체화하는 찬송가와 성가들이 상당히 많다. 예를 들어 본(Vaughan)의 "내 영혼아, 저기 한 나라 있으니"라든가, 아이작 와츠(Isaac Watts)의 "순전한 기쁨의 땅이 있으니"를 생각해 보라. 나는 본보다 와츠가 낫다고 생각한다. 적어도 그는 요단강을 건너 약속의 땅으로 들어간다는 성경의 표식을 사용하고 있지만, 본은 뻔뻔하게도 플라톤적인 위층/아래층의 세계를 제시하는데, 내가 생각하기에 기독교의 실제 내용은 거의 담겨 있지 않다. 찬송가를 대충 훑어만 봐도 그와 같은 예를 십여 개 정도는 더 발견할 수 있는데, 지배적인 신학이 그러했던 시기에 선정된 찬송가들이라고 하는 것만으로는 다 설명되지 않는다.

혹은 "그 맑고 환한 밤중에"(한글 찬송가 112장—역주)라는 찬송가는 어떤가. 이 찬송가의 마지막 소절은 이렇다.

오, 옛 선지자들이 예언한 것처럼
그 날이 빨리 오고 있도다.
영원히 순환하는 햇수와 함께

황금의 시대가 돌아오는 그 때가,
평화가 온 땅 위에
그 고대의 찬란함을 펼칠 때가.
그 때에 온 세상이 그 노래를 돌려주리,
지금 천사들이 부르는 그 노래를.

이 찬송가는 많은 사랑을 받고 있는 성탄 캐럴인데, 여기에서 말하는 역사의 순환이라든가 궁극적으로 황금기로 돌아간다든가 하는 사상은 기독교적인 것도 유대교적인 것도 아니고, 확실히 이교적이다. 캐럴에 대한 이야기를 꺼냈으니 "구유에 누인"(한글 찬송가 113, 114장 "그 어린 주 예수" — 역주)도 한번 생각해 보자. 이 캐럴은 "당신과 함께 천국에서 살도록 우리를 합당하게 만드소서"라고 기원할 뿐 부활도 없고, 새 창조도 없고, 하늘과 땅의 결혼도 없다. 게다가 찬송가에, 낭만주의적인 자연 종교와 만인구원설이 노골적으로 드러나 있는 폴 게르하르트(Paul Gerhardt)의 시, "충절의 날이 이제 마감되네"(The duteous day now closeth)까지 들어있는 것을 보고 나면, 누가 찬송가를 편찬했든 그가 첫 소절만 보고 나머지 소절의 신학을 확인하는 것까지는 미처 신경 쓰지 못한 것이라고 생각해도 큰 잘못은 아닐 것 같다. 그렇지 않고서야 현재 세계에서 믿음 없이 살아도 창조계로부터 도피하여 플라톤적인 미래의 구원으로 들어갈 수 있다는 주장에 누군가는 의혹의 눈초리를 던졌어야 하는 것 아닌가.

필멸의 그가 잠시 보지 못하여

하나님의 친절한 사랑을 놓치고
신앙 없이 씨름하며 더듬어 찾을 수 있지만
인생의 날이 지나고 나면
죽음의 맑은 밤이 발견하게 되리,
영원한 생명의 들판을.

신약성경에서 죽음은 결코 '맑은 밤'이 아니다. 죽음은 예수님이 정복하신 그러나 아직은 최종적 패배를 기다리고 있는 적이다.

부흥주의와 은사주의 전통에 있는 몇몇 찬송가에도 그러한 실수가 쉽게 보이는데, 앞으로 살펴보겠지만 '재림'에 대해서도 예수님이 자신의 백성을 땅에서 하늘에 있는 '고향'으로 데리고 가기 위해 돌아오실 것이라고 하는 잘못된 관점을 가지고 있다. "위대하신 주님"(How great thou art, 찬송가 40장 "주 하나님 지으신 모든 세계"—역주)이라는 멋진 찬송가는 마지막 소절에서 이렇게 선포한다.

환호와 외침 가운데서 그리스도께서 다시 오셔서
나를 고향으로 데려가실 때, 내 마음이 얼마나 기쁘겠는가.
(한국어 가사는 "내 주 예수 세상에 다시 올 때 저 천국으로 날 인도하리"이다—역주)

(나중에 이루어질 우리의 논의를 예상케 하는 말을 미리 하자면) 두 번째 행은 "이 세상을 치유하실 때…"라고 하는 것이 낫다. 사실 이 찬송가의 원곡에 해당하는 스웨덴어 가사에는 그리스도께서 나를 고향으로 데려가러 오신다는 내용이 없다. 그 부분은 번역자가

각색한 것이다. 원래의 찬송가는, 시간의 베일이 걷히고 믿음으로 보던 것을 눈으로 직접 보고 영원의 종이 울리며 우리를 안식의 쉼으로 부르는 것에 대해서 이야기하고 있는데, 전부 영어 번역보다 훨씬 더 추천할 만한 내용이다.[18]

물론 이러한 경향을 따르지 않는 찬송가들도 있다. "예루살렘 금성아"(찬송가 538장-역주)는 계시록의 결정적인 마지막 장들에 주목한다. 또 몇몇 찬송가들은 '마지막 때의 무서운 외침에 깨어나는' 것이나, '마지막 날 영광스럽게 깨어나는' 것에 대해 이야기하고 있다. 어떤 위대한 찬송가는 하나님이 자신의 목적을 이루셔서 "물이 바다를 덮음같이 하나님의 영광이 이 땅 위에 가득하기를" 노래하기도 한다. 그리고 이 모든 찬송가들 위에 우뚝 서 있는 찬송가는 바로 모든 성인의 날(All Saints' Day)에 부르는 "모든 성인을 위하여"이다. 이 찬송가에 나와 있는 일련의 사상은 신약성경이 강조하는 바를 정확하게 포착하고 있다. 앞 절에서는 성인들의 삶을 축하하고, 4절에서 그들과 우리의 친교를, 그리고 5절에서 그들이 우리에게 힘을 준다는 내용을 노래한다. 그 후에 6절에서는 그 성인들이 현재 거주하고 있는 그곳에 우리도 합류하게 된다고 이야기하는데, 그곳은 최종적 안식의 장소가 **아니라** 우리가 안식과 기쁨을 누리고 다시 힘을 얻는 중간 장소이며, 그 중간 장소를 일컫는 이름 중 하나가 바로 낙원이다.

황금 빛 황혼이 서쪽에서 밝아 오고,
곧, 곧 충실한 전사들에게 쉼이 오리니,
복된 낙원의 고요함은 달콤하도다. 할렐루야! 할렐루야!

그 **다음**에야 부활이 있다.
그러나 보라! 그보다 더 영광스러운 날이 밝아 오리니,
승리한 성인들이 밝게 정렬하여 일어날 것이며,
영광의 왕이 그리로 지나가시리라. 할렐루야! 할렐루야!

그러고서 드디어 새 예루살렘에 도착하는 승리에 찬 마지막 절이 나온다.[19]

찬송가가 이와 같은 우리의 혼란을 보여 준다면, 교회력을 지키는 방식도 마찬가지다. 나는 최근에 이틀간의 축일을—우리가 그렇게 부를 수 있다면—보내도록 허용한 것은 순전히 혼란에서 비롯된 것이라는 글을 쓴 적이 있다. 즉 모든 성인의 날(All Saint's Day)과 위령의 날(All Souls' Day)을 별도의 축일로 보내는 것인데, 그 전에 할로윈 축제까지 있어서 더 혼란스럽기만 하다. 이 이중의 (혹은 삼중의) 축일을 지키는 사람들 중 소수는 그것을 어느 정도 설명해 주는 중세의 신학을 믿는 것 같다. 그러나 이 현상은 그러한 신학에서 비롯되었다기보다 더 이상 천국을 확실히 믿지도 않고 아마 지옥도 분명히 믿지 않는, 그리고 그 두 가지 보다는 좀더 온화한 형태의 연옥을 선호하는 교회, 그러나 육체의 부활, 새 창조, 하늘에서 땅으로 내려오는 새 예루살렘이 끼어들 여지는 전혀 없는 교회의 혼란을 반영한다.[20]

그러나 이것은 혼란의 일부일 뿐이다. 최근 일부 영국 국교회의 교회 계획표를 보면, 한 부분 전체에 대해 애매한 태도를 취하고 있다. 성탄절 전에 오는 네 번의 일요일에 해당하는 대강절은 재림, 하나님의 심판, 그리고 인간의 최종적 운명에 초점을 맞추는 기간이

었다. 그러나 오늘날 (교회에서 낭독하는) 성구 모음집은 그것을 다 바꾸어서 성탄절을 준비하는 다양한 측면들이 그 자리를 대신하게 했다. 대강절 이전의 한 달 정도―대체로 11월 한 달 전체―는 한때 (1990년대에) '하나님 나라 시즌'(Kingdom Season)으로 다시 이름이 붙여지기도 했는데, 죽음과 그 이후에 무엇이 오는가에 대해 특이하고도 일관성 없는 가정을 하게 만들었다. 그 특정 명칭은 이제 더 이상 사용하지 않지만 혼란은 여전히 남아 있으며, '성인들이 누리고 있는 하나님 나라의 빛'에 대해서 이야기하는 여러 가지 전례 기도에 그러한 혼란이 반영되어 있다. 이러한 혼란은 신약성경이 말하는 바에도 불구하고 마치 하나님의 '나라'는 '천국'이라고 불리는 어떤 장소이고, 죽은 그리스도인들 중 일부가 이미 도착해 있는 장소인 양 보고 있다.

성탄절 자체가 이제는 교회력의 핵심인 부활절보다 더 크게 부각되고 있다. 이러한 추세는 신약성경이 강조하는 바를 완전히 뒤집는 것이다. 우리는 때로 찬송가와 기도와 설교를 통해 아예 신학 전체를 성탄절에 기초해서 세우려 하지만, 사실 성탄절은 그것을 지탱할 수 없다. 그리고는 사순절과 성주간, 성금요일을 너무 철저하게 지킨 나머지 부활절을 위해서는 첫 번째 밤과 낮을 지키는 것을 제외하고는 더 이상 무엇을 할 힘이 거의 남아 있지 않게 된다. 하지만 중심이 되어야 하는 것은 부활절이다. 그것을 없애 버리면 정말이지 아무것도 남지 않는다.

장례식을 치르는 과정에서도 마찬가지의 혼란이 분명하게 나타난다. 최근 새로운 장례 의식에 대한 책이 많이 집필되고 출간되었는데, 오랜 논쟁 끝에 그러한 성과물이 나온 경우가 많다. 하지만 그 내용을 다루기 전에 먼저 매장보다는 화장을 선호하는, 많은 사람들이 가지고 있는 암묵적 신학에 대해서 한 마디 해야겠다. 물론 위생과 토지 과밀의 문제 때문에 지난 세기말에 개혁가들이 이러한 제안을 하게 되기는 했지만, 정통 유대교와 이슬람교뿐 아니라 동방 정교회도 여전히 화장을 반대하고 있다. (적어도 그리스의 경우, 토지 면적이 부족함에도 불구하고 그러한 입장을 고수하고 있다.) 서구 그리스도인들이 다 이러한 사실을 아는 것은 아니다. 그러나 화장은 전통적으로 힌두교나 불교의 신학과 더 연관이 있는데도, 앞에서 이미 살펴본 대로 대중적 차원에서는 우리 문화가 그러한 방향으로 빠르게 변하고 있다. 사람들이 자신의 재를 자신이 좋아하는 언덕이나 강 혹은 해변에 뿌려 달라고 요청할 때 우리는 그 정서에는 동조할 수 있다. (비록 남아 있는 사람들이 애도하러 갈 수 있는 장소를 남겨 두지 않는다는 사실에는 동조하지 않을지라도 말이다.) 그러나 그 이면의 함의, 즉 새로운 육체를 얻어서 살아가게 될 미래의 삶이 있음을 확신 있게 단언하지 못하고 창조계 속으로 다시 융합되기를 바라는 마음은 전통적인 기독교 신학과 정면으로 대립되는 것이다.

물론 나는 화장이 이교적이라고 말하는 것은 아니다. 화장과 부활한 몸과의 관계는 순차적으로 다루게 될 것이다. 내가 말하고자 하는 것은, 지난 세기에 우리 문화가 그런 방향으로 크게 움직인 것은 교회와 이 세상의 혼란이 어느 정도는 반영된 현상이라는 것이다. 또 한 가지 내가 지적하고 싶은 것은, 다른 용도로는 전혀 쓰이지 않는 건물에서 치러지는 장례식은 그 후에 화장을 하건 하지 않건 날마다 그리고 주마다 기도, 성만찬, 축하, 세례식과 결혼식 등

공동체의 예배가 이루어지는 건물에서 치러지는 장례식과는 매우 다른 행사라는 것이다. 다른 관점에서 말해 보자면, 지나온 세월 동안 그 교회에서 예배를 드렸던 사람들이 묻혀 있는 묘지를 지나 교회 건물 안으로 들어가는 일에는 경이롭고 심오한 무언가가 있다. 하지만 이 역시 본론에서 벗어난 이야기다.

장례식 자체의 문제를 놓고 보자면, 다른 영역에서의 혼란이 여기에서도 매우 (이러한 표현을 쓸 수 있다면) 신실하게 반영되어 있는 것을 볼 수 있다. 각기 다른 교회에서 일어난 일들이 다 다르기 때문에 내가 속한 교회(영국 국교회)와 관련해서 매우 선택적으로밖에는 말할 수가 없지만, 다른 어느 교회의 경우를 살펴보아도 영국 국교회에만 국한된 문제가 아님을 어렵지 않게 알 수 있다. 20세기 말 영국 국교회에 새로운 장례식 전례가 등장했을 때 민감하고 까다로운 이 목회적 기회를 성직자들이 최대한 잘 활용하도록 도와주는 몇몇 자료들이 출간되었다. 그 중 하나가 국교회의 공식 출판사에서 출간하고 교회의 비중 있는 연장자들이 추천한 책인데, 이 책은 정말로 모든 것을 담고 있는 놀라운 안내서다. 다만 책 전체를 통틀어서 부활은 한 번도 언급되지 않았다는 사실을 제외한다면 말이다.[21] 새로운 장례 예배를 살펴보면 이것은 그리 놀라운 일이 아닐지도 모른다. 감사하게도 거기에서 부활이 사라진 것은 아니지만 분명히 침묵하고 있으며, 갈수록 지배적인 관점이 되어가고 있는, 한 단계로서의 사후 종착지 관점을 지지하는 것이 전반적인 경향이다("죽음의 어두움을 새로운 생명의 여명으로 바꾸고, 이별의 슬픔을 천국의 기쁨으로 바꾸어 주소서"라고 어느 기도문은 명시하고 있다[22]). 이렇게 말할 수 있겠다. 즉 전통적 유대교와 기독교가 이 주제에 대해서 무엇을 가르치는지에 대해 전혀 아는 바가 없이 그런 장례 예배에 참석한 사람이 있다면, 그는 그 예배를 통해 전통적인 가르침을 확인하기는 힘들 것이고, 그가 오해하고 있는 부분이나 이미 빠져 있는 혼란을 확증할 여지는 많을 것이다.

"의탁과 맡김의 기도"도 이 부분에 대해서는 별 도움이 되지 못한다.

…우리는 (이름)이/가 죄의 용서를 받고
당신의 영광의 나라에서 영원히
행복과 빛과 평화의 자리를 함께 할 것을 믿으면서
그를 당신의 자비의 품에 의탁합니다.

…하나님께서 이제 천국에 있는 당신의 식탁으로 (이름)을/를 맞이하셔서
모든 성도와 함께 영원한 생명을 누리게 하십니다.

우리는 (이름)을/를 당신의 자비에 의탁하며
당신께로 그를 이끄실 때
우리에게도 당신의 평화의 복을 주시기를 기도합니다.…

우리는 (이름)을/를 당신의 자비에 맡기며
우리에게 생명의 길을 보여주시고
영원토록 당신의 임재 가운데 누리는
온전한 기쁨을 보여 주시기를 기도합니다.[23)]

이러한 일련의 기도문 중에서 하나의 기도가 눈에 띄는데, 이 기도는 초기 그리스도인들이 하고 싶었을 말을 분명하게 확인해 준다.

당신의 신실함을 신뢰하며
우리가 (이름)을/를 당신의 자비에 의탁합니다.
그와 함께 우리를 승리 가운데 생명으로 일으키셔서
그리스도 안에서 새롭게 만들어진 창조계 전체와 함께
당신의 하늘나라의 영광 가운데서
당신 앞에 서게 될 그 위대한 날을
우리가 기다립니다.

이 마지막 행("하늘나라"가 나오는 부분. 한국어 번역으로는 밑에서 세 번째 행—역주)이 앞 행의 내용을 곧바로 뒤집는 것 아닌가 하고 우리는 마땅히 의아해할 수 있다. 왜냐하면 최종적인 새 창조와 부활에 관한 그의 요점은 '하늘나라'가 온전히 그리고 최종적으로 **이 땅에 오는 것**이기 때문이다.

이제까지 살펴본 바에 의하면 영국 국교회의 새 장례 예배는 전통적 기독교 신앙에 대해 암시하는 바가 거의 없다고 할 수 있겠다. 세 개의 기도문으로 끝나고 있는 "재를 묻음"(burial of ashes)도 마찬가지다.

하늘에 계신 아버지,
사랑하지만 더 이상 보지는 못하는 사람들로 인해 감사드립니다.

지금 이 자리에서 우리가 (이름)을/를 기억하면서,

우리의 시작과 끝,

우리가 처음 만들어진 재

그리고 우리가 향해서 가고 있는 죽음을 우리 앞에 들고,

당신의 영원한 사랑과 우리를 향한 목적을 굳건하게 소망하며

[예전 같으면 이 지점에서 '부활에 대한 확실하고도 견고한 소망을 가지고' 라거나 그와 비슷한 의미의 표현을 했을 것이다.]

우리 주 예수 그리스도의 이름으로 기도합니다. 아멘.

소망의 하나님,

당신을 믿은 모든 사람과 더불어 우리도

당신의 사랑을 온전히 아는 지식에 연합하게 하시고

밝게 보이는 당신의 영광에 연합하게 하소서.

우리 주 예수 그리스도의 이름으로 기도합니다. 아멘.

무한하시고 영광스런 삼위일체,

성부, 성자, 그리고 성령께서

선한 일로 우리의 삶을 이끄시고

이 세상 여정이 끝날 때에

모든 성도들과 함께 우리에게 영원한 안식을 허락하소서. 아멘.[24]

    이것은 감동적이고, 겸손하며, 정중한 기도다. 그러나 기독교의 특징적인 소망은 언급하지 않는다. 나는 이 책의 주장을 진지하게 받아들이는 사람들이 공식적 전례에서부터 그것을 둘러싸고 있는

온갖 비공식적 부분들에 이르기까지 현재 교회에서 행해지고 있는 관습을 잘 살펴보게 되기를 바란다. 그래서 지금까지 우리가 살펴본, 형체도 분명하지 않고 제대로 이해도 안 되는 모호한 이론과 견해 대신 신약성경이 실제로 가르치고 있는 바를 표현하고 구현하고 가르칠 수 있는 새로운 방법들을 발견하고자 노력하기를 바란다. 솔직히 말해서 지금 우리가 가지고 있는 것은 과거의 전례들이 말하는 것과 같은 '죽은 자의 부활에 대한 확실하고도 견고한 소망'이 아니라, 결국 어떻게든 모든 일이 잘 될 것이라고 하는 모호하고 애매한 낙관주의다.

현재의 장례 전례와 관련해서는 최근 여러 논쟁들이 일어나고 있지만[25] 여기에서는 그 논쟁을 자세하게 다룰 수 없다. 다만 '부활'이 실제로 무엇을 의미하는지를 제대로 생각해 보지 못한 사람들에게서, 전형적인 얼버무림의 말이 되어버린 언어적 현상을 우리가 반복해서 보게 된다는 점만 지적하겠다. 즉 '부활'의 언어가 '천국행'의 언어로 붕괴된 현상을 우리는 반복해서 보게 된다. 예를 들어 폴 셰피(Paul Sheppy)는 다음과 같은 말을 '부활의 말씀'(The Word of Resurrection)으로 제시한다.

주님, 당신은 이 땅 위를 새롭게 하십니다.
우리가 사랑했던 (이름)을/를 당신에게로 거두어 가셔서,
눈으로도 보지 못하고, 귀로도 듣지 못하고,
인간의 마음이 상상하지도 못했던
그러한 것들을 그에게 허락하소서.[26]

하지만 이것도, 예수님 자신의 부활에 뿌리를 두고 있고 새 하늘과 새 땅에 대한 약속 안에 있는 '육체의 부활에 대한 확실하고도 견고한 소망'은 아니다. 그것보다는 일단 복된 불멸의 상태로 들어서고 나면 단계적인 구분 없이 그 상태가 미래로 지속되기를 바라는, 일반화된 경건주의적 소망이다. 게다가 하나님의 백성이 죽을 때 들어가는, 복되지만 한시적인 상태와, 창조계가 지금도 기다리는 최종적 부활을 구분하지 못하는 현상은 성만찬 기도나 다른 전례들 그리고 경건 자료에까지 영향을 미치고 있다. 앞으로 이 책의 논제가 더 전개되면 이러한 현상은 그저 어깨 한번 으쓱하면서 "뭐, 이 주제에 대해서는 서로 관점이 다르니까"라고 말하며 넘어갈 수 있는, 그러한 종류의 문제가 아니라는 사실이 분명해질 것이다. 우리가 죽음과 부활에 대해 무엇을 말하느냐가 다른 모든 것의 모양과 색채를 결정한다. 우리가 조심하지 않으면 죽음과 부활은 더 이상 놀라움으로 다가 오지 않고 현재의 삶과 사회를 변화시키지도 못하고, 더 나아가 예수님 자신의 부활에서 비롯된 것도 아닌, 약속된 새 하늘과 새 땅을 바라보지도 않는 그러한 '희망'을 제시하게 될 것이다.

찬송가, 교회력 그리고 죽음과 관련된 의식들 모두가 이와 비슷한 이야기를 들려 준다. 이 같은 현재의 혼란과 평행선 상에 있는 더 큰 신학, 그리고 더 넓은 세계관도 마찬가지로 중요할 것이다.

혼란이 지닌 더 큰 함의들

무덤 이후의 삶에 대한 믿음은 그리스도인의 삶과 사상에서 직면하게 되는 더 큰 이슈들과 관련해 어떤 역할을 하는가?

칼 마르크스는 종교는 인민의 아편이라는 유명한 말을 남겼다. 그는 압제하는 지도자들이 민중에게 기쁨에 찬 미래를 약속하면서 그것을 이용해 반란을 막으려 한다고 생각했다. 그리고 실제로 그러한 경우도 종종 있었다. 내가 생각하기에는 '종교'가, 육체를 비롯한 창조 질서 전반을 플라톤주의식으로 비하하면서 그것을 이 땅의 '헛된 그림자'로 간주하고, 죽을 때는 그 모든 것을 기쁘게 두고 떠날 것이라는 관점을 가지고 있을 때 바로 그렇게 되는 것 같다. 곧 풀려날 거라면 왜 굳이 현재의 감옥 상태를 개선하려 하겠는가? 곧 낭떠러지 아래로 내동댕이쳐질 기계에 기름칠을 할 이유가 무엇이란 말인가? 이것이 바로 '구원'이 현재의 세상이 돌아가는 방식과는 아무런 상관이 없다고 진심으로 믿는 일부 경건한 그리스도인들이 오늘날까지 미치고 있는 영향이다.

그와는 대조적으로, 새 창조의 일부로서 부활을 믿는 유대교와 기독교의 확고한 교리를 보면, 현재의 세상과 우리의 현재 육체에 더 많은 가치가 부여되는 것을 볼 수 있다. 전통적 유대교와 전통적 기독교에서 이 교리는, 현재의 세상(그리고 현재의 상태)과 (어떠한 형태로 주어지건 간에) 미래의 세상 사이에는 불연속성뿐 아니라 연속성도 있다는 인식을 심어 주며, 그 결과 현재에 우리가 하는 일이 상당히 중요하게 여겨진다. 바울은 현재 시점에서 우리의 육체를 제대로 다루어야 하는 주된 이유로 미래의 부활을 이야기하고 있으며(고전 6:14), 뒤로 물러앉아서 무슨 일이든지 그저 이루어지기만을 기다리는 것이 아니라 주님 안에서, 성령의 능력 안에서, 현재에 행해지는 그 어떠한 일도 하나님의 미래에서는 낭비되는 일이 없을 것이라는 사실을 인식하면서 지금 열심히 일해야 하는 이유로 미래의 부활을 제시하고 있다(고전 15:58). 이 부분은 나중에 다시 다루겠다.

전통적 기독교 교리는 플라톤화된 교리보다 실제로 훨씬 더 강력하고 혁명적이다. 기독교 시대의 첫 세기에 카이사르에 맞서서 대항한 사람들은, 부활에 대한 주장을 굽히고 그저 영적인 생존만을 택한 사람들이 아니라 부활을 확고하게 믿은 사람들이었다. 죽음을 '드디어 본향으로 가는' 순간으로, 우리가 '하나님의 영원한 평화로 부름 받는' 시기로 보는 경건성은, 자신들의 목적에 따라서 이 세상을 재단하려고 하는 사람들과 논쟁을 벌이지 않는다. 반면에 부활은 언제나 하나님의 정의와 하나님이 선한 창조자라는 확고한 관점을 수반했다. 이 한 쌍의 믿음은 이 세상의 불의에 대한 온순한 묵종이 아니라 그것에 대항하는 확고한 결의를 불러일으킨다. 영국의 복음주의자들이 부활을 확고하게 믿는 것을 포기하는 대신 육체 없는 천국을 믿는 정도에 만족하게 되는 시기와, 사회를 개선시켜야 한다는 (18세기 말과 19세기 초에 활동한 윌버포스가 가졌던 것과 같은) 긴박한 의무감이 사라지는 시기가 거의 일치한다는 사실이 그것을 잘 보여 준다. 이 핵심적인 주제에 대해서는 이 책의 끝에 가서 다시 다루겠다.

핵심 질문들

이 첫 두 장에서 내가 보여 준 간략한 개관이, 오늘날 우리가 세상에서든 교회에서든 가는 곳마다 마주치게 되는 매우 혼란스러운 그림을 적어도 맛보기로는 충분히 제시했기를 바란다. 이제 우리는 이 책 전체의 이면에 깔려 있는 핵심적 질문들을 나열하고, 앞으로 이어지는 장에서 내가 펼쳐 나갈 논의와 그 해결책들을 미리 내다 보아야 할 시점에 왔다.

앞으로 나열하는 질문들 중 첫 두 개의 질문은, 특별히 별도의 장으로 다루지는 않았지만 이 책 전체의 전제로서 계속 던져지는 질문이다. 첫 번째 질문은 "우리가 이 모든 것에 대해서 어떻게 아는가?"이다. 내가 속한 교회, 즉 전 세계 성공회 교회의 일부인 영국 국교회는 자신들의 교리가 성경, 전통, 그리고 이성의 적절한 조화에 근거하고 있다고 선언한다.[27] 그러나 현재 우리가 갖고 있는 죽음과 그 이후의 삶에 대한 관점의 상당 부분은 이 세 가지 중 그 어느 것에서도 비롯되지 않고, 기껏해야 반(半)기독교적인 비공식적 전통들을 만들어 낸 이 문화의 욕구에서 비롯되었다는 것이 나의 주장이다. 이러한 문화의 비공식적 전통들은 이제 성경의 분명한 조명 하에 제대로 재검토되어야 한다. 사실상 성경은 미래의 삶에 대해 대부분의 그리스도인들과 비그리스도인들이 한 번도 들어본 적이 없는 것들을 가르친다. 물론 유사 심리학과 그와 비슷한 학문들, 그리고 소위 '임사'(臨死) 체험이라고 하는 것들의 증거도 중요하지 않은 것은 아니지만, 그러한 것들은 그동안 누적되어 온 민속 차원의 지혜와 쉽게 혼합된다. 우리의 주된 관심은 그러한 차원을 넘어서서, 성경을 중심에 두고, 사람들이 잘 잊어버리는 기독교 전통 자체의 풍성함을 탐험하는 것이다.

두 번째 질문은 "우리는 불멸의 영혼을 갖고 있는가, 만약 그렇다면 그것은 무엇인가?"이다. 이번에도 마찬가지로 많은 기독교와 하위 기독교 전통은, 우리에게 실제로 '영혼'이 있고 그 영혼은 '구원'이 필요하며, '구원'을 받는다면 바로 그 '영혼'이 '우리가 죽으면 천국으로 가는 부분'이 될 것이라고 생각해 왔다. 그러나 예수님의 가르침을 포함해서 신약성경은 이러한 생각을 지지하지 않는다. 신약성경에는 '영혼'이라는 단어가 매우 드물게 나오며, 혹 그 단어가 나올 때에는 폐기 가능한 겉껍데기인 육체 안에 숨겨져 있는 비물질적 실체를 지칭하는 것이 아니라 하나님이 대면하시는 '인격' 전체 혹은 '인성' 전체를 지칭하는 헬라어나 아람어의 의미를 반영한다. 불멸성에 대해서 디모데전서 6:16은 오직 하나님 자신만이 불멸성을 가지고 계시다고 선언하며, 디모데후서 1:10은 불멸성이 이제야 나타났고, 따라서 오직 복음을 통해서만 얻을 수 있을 것이라고 선언한다. 다시 말해 모든 인간이 자신의 '진짜' 부분인 불멸의 영혼을 소유하고 있다는 생각은 성경에서 별로 지지 받지 못하고 있다.

 세 번째로, 이 주제 전체에 대한 기독교적 사고의 출발점은 예수님 자신의 부활이어야 한다는 것이다. 그러나 이것을 이해하기 위해서는, 그리고 1세대의 제자들에게 이것이 무엇을 의미했는지, 또 왜 그들이 그 사건으로부터 그러한 결론을 이끌어내었는지를 이해하기 위해서는 예수님 당시의 세계, 즉 구약성경의 뿌리를 가지고 있고 헬라와 로마라는 주변 환경을 배경으로 하는 1세기의 유대교 세계가 죽음 이후의 삶에 대해 어떻게 생각했는지를 살펴보아야 한다. 따라서 세 번째 장에서는 고대 세계가 죽음 이후의 삶에 대해서 무엇을 믿었는지를 살펴볼 것이고, 예수님 당시에 번창했던, 부활에 대한 유대인들의 믿음이 얼마나 급진적이고 혁명적이었는지를 살펴볼 것이다. 또한 그러한 맥락에서 네 번째 장은 "예수님 자신의 부활에 대해서 우리는 무엇을 말할 수 있는가?" 하는 질문을 다룰 것이다.

그리고 나면 우리는 이 책의 핵심적 부분인 제2부로 넘어가게 되는데 거기에서 나는 "그렇다면 이 세상 전체와 우리 자신을 위한 기독교의 궁극적 희망은 무엇인가?"라는 질문을 던질 것이다. 이 질문은 세 개의 주제로 나뉘는데, 각 주제마다 또 나름대로 세분화된다. 첫 번째 주제는 "이 우주 전체의 미래에 대해서 우리는 무엇을 말할 수 있는가?"이고, 두 번째 주제는 "예수님이 '산 자와 죽은 자를 심판하러 다시 오신다'라고 말할 때 그 의미는 무엇인가?"이고, 세 번째 주제는 "'육체의 부활과 영원히 사는 것'의 의미는 무엇이며 그것과 관련해서 우리는 무엇을 믿어야 하는가?"이다. 이 모든 것과 나란히 가는 질문이 하나 더 있는데, 그 내용이 너무도 중요하다고 생각해서 별도의 작은 책으로 묶었다.[29] 거기에서 다루는 내용은 다음과 같다. 지금 죽은 자들은 어디에 있는가, 특히 죽은 그리스도인들은 어디에 있는가? 그들에 대해서 우리가 현재 말할 수 있는 것은 무엇인가? 우리는 그들을 위해서 기도해야 하는가, 혹은 심지어 그들**에게** 기도해야 하는가? 그들과의 접촉이 허용되는가? 성자의 교통(Communion of Saints, 본문에서는 산 자와 죽은 자 사이의 영적 교통까지 포함하는 의미임—편집자 주)란 무엇인가? 그리고 무엇보다도 그리스도인들은 어떻게 적절하게 애도할 수 있는가? 이 책에서는 이러한 주제들을, 최종적 상실(지옥과 관련된 논의를 말한다—역주)에 대한 전망을 다루는 부분과 함께 하나의 장으로 요약했다.

그리고 이 책의 마지막 부분인 제3부에서는, 과거(제1부)와 미래(제2부)에서 다시 현재로 돌아와서, 이러한 특별한 희망을 지금 우리의 현실과 문화에서 어떻게 적절하게 축하할 수 있으며 어떻게 그 희망에 따라 살 수 있는지를 묻는다. 특히 이 세상에서 교회가 감당해야할 사명과 과업은 무엇을 의미하는지, 궁극적 미래에서만이 아니라 좀더 가까운 미래에서는 그러한 '희망'이 어떠한 모습을 가질 수 있는지, 또 거기에는 어떠한 놀라움이 준비되어 있는지를 묻는다.

이처럼 이 책 전체에 "나라가 임하시오며…하늘에서 이룬 것같이 땅에서도 이루어지이다"라는 주님의 기도(the Lord's Prayer, 한국교회에서는 '주기도문'으로 통용된다—역주)를 그대로 반영하고자 했다. 이 문구는 지금도 우리가 말할 수 있는 가장 강력하고 혁명적인 문구 중 하나다. 내가 보기에 이 기도는 첫 번째 부활절에 강력하게 응답되었고, 새 예루살렘에서 새 하늘과 새 땅이 만나게 될 때 비로소 완전히 응답될 것이다. 부활절은 희망이 몸소 미래에서 현재로 잠시 들어옴으로써 이 세상 전체를 놀라게 한 사건이었다. 궁극적인 미래의 희망은 여전히 놀라움으로 남아 있다. 그것이 언제 올지 모르기 때문이기도 하고, 현재로서는 그것에 대한 이미지와 은유만이 있는데 실재는 그것보다 더 위대하고 더 놀라울 것이라 추측하게 만들기 때문이기도 하다. 그리고 중간 단계의 희망—부활절을 지키는 그리고 마지막 날을 예상하게 하는 현재에 일어나는 일들—은 언제나 놀랍다. 그러한 희망이 없다면 우리는 현재의 혼란과 공모하여, 세상이 더 나빠지는 것인지도 모르지만 우리가 딱히 할 수 있는 일은 없다고 하는 전반적인 신념을 묵묵히 따르게 되기 때문이다. 하지만 그런 생각은 틀린 것이다. 현재에 주어진 (하나님이 허락하신다면 이 책도 그 일부를 구성하기를 바라는) 우리의 임무는, 부활 백성으로서 첫 부활의 징표가 되고 마지막 부활의 예견이 되면서, 함께 그리고 따로 예배하고 선교하며 마지막 때까지 기독교적 삶을 사는 것이다.

3. 역사적 배경에서 살펴본 초기 그리스도인들의 희망

들어가는 말

1946년 10월 25일 금요일 저녁 8시 30분, 케임브리지 대학 킹스 칼리지(King's College)의 커다란 방에서 20세기의 유명한 철학자 두 사람이 처음이자 마지막으로 직접 만났다. 즐거운 만남은 아니었다. 그 후에 그 자리에 함께 있었던 사람들이 기록한 내용을 비교해 보았을 때는, 정확하게 무슨 일이 일어난 것인지 아무도 확실하게 일치를 볼 수가 없었다.

그 두 철학자는 바로 루드비히 비트겐슈타인과 칼 포퍼였다. 비트겐슈타인은 이미 자신의 탁월함으로 명성을 얻은 뒤였고, 그의 혁명적 사상에 많은 이들이 매료되어 있던 때였다. 그는 케임브리지 도덕 과학 클럽(Cambridge Moral Science Club)의 의장이었다 (케임브리지에서는 '도덕 과학'이 '철학'을 뜻한다). 그러나 포퍼를 포함한 많은 철학자들이 그에 대해서 깊은 불신을 품고 있었다. 그 무렵 자신의 대작인 「열린 사회와 그 적들」(*Open Society and its*

Enemies, 민음사 역간)의 영어 번역본을 출판한 포퍼는 이제 막 이름을 알리고 있었다.¹⁾ 두 사람 모두 전쟁 전의 비엔나 문화에 동화된 유대인으로 성장했으며, 비트겐슈타인은 유복한 가정에 태어나 남부러울 것 없이 자랐고, 포퍼는 좀더 평범한 가정에서 자랐다. 포퍼는 비트겐슈타인의 어리석음을 증명해 보일 기회를 노리고 있었는데, 이제 그 기회가 온 것이다. 그는 이 위대한 사람을 정면으로 공격할 논문을 발표하기 위해 케임브리지로 왔다. 그날 저녁은 쌀쌀했기 때문에 벽난로가 지펴져 있었고 비트겐슈타인은 난로 곁에 앉아 있었다. 버트런드 러셀, 피터 기치(Peter Geach), 스티븐 툴민(Stephen Toulmin), 리처드 브레스웨이트(Richard Braithwaite) 등 그 자리에 있었던 많은 사람들은 철학 분야에서 이미 알려져 있거나 앞으로 알려질 사람들이었다. 그 외에 다른 사람들은 법학 같은 다른 분야로 진출했다. 그중 많은 사람들이 아직도 살아 있고 그 사건을 잘 기억하고 있다. 혹은 그렇게들 말한다.

포퍼는 비트겐슈타인이 논문을 끝까지 듣는 습관을 갖고 있지 않다거나, 거만하고 무례한 것으로 유명하다거나, 모임이 끝나기 훨씬 전에 자리를 뜨는 경우가 많다는 사실을 알지 못했다. 그날 저녁 얼마 못가—바로 이 시점에서 그 날에 대한 이야기들이 서로 어긋나기 시작한다—비트겐슈타인은 포퍼의 말을 막았고 두 사람은 짤막하게 신랄한 말을 주고받기 시작했다. 어느 시점엔가 비트겐슈타인이 벽난로에서 부지깽이를 집어 들고는 휘둘렀다. 그리고 잠시 후 그는 자리를 떴고 다시 돌아오지 않았다.

짧은 시간 안에 소문이 말 그대로 온 세계에 퍼졌다. 포퍼는 비트겐슈타인이 벌겋게 달아오른 부지깽이로 그를 위협한 것이 사실

이냐고 묻는 편지를 뉴질랜드에서 받았다. 그날부터 오늘에 이르기까지 그 자리에 있었던 위대한 지성들은 정확하게 무슨 일이 일어났는지에 대해 확실하게 합의하지 못하고 있다. 어떤 사람들은 그 부지깽이가 벌겋게 달아 있었다고 말하고, 어떤 사람들은 식어 있었다고 말한다. 어떤 사람들은 비트겐슈타인이 자신이 말하는 바를 강조하기 위해 그것을 휘둘렀다고 하고(그렇게 했다고 해도 이상한 일은 아니었을 것이다), 포퍼를 포함한 몇 사람들은, 비트겐슈타인이 그것으로 상대를 위협하는 것 같았다고 한다. 어떤 사람들은 비트겐슈타인이 화를 내며 러셀과 몇 마디 주고받더니 자리를 떠났고 그가 떠난 후에 포퍼가, 자명한 도덕적 원칙의 예로서, "방문 강사를 부지깽이로 위협하지 말 것"을 제안했다고 한다. 포퍼를 포함한 몇 사람들은, 포퍼가 비트겐슈타인에게 직접 그 말을 하자 그가 자리를 떠났다고 한다. 어떤 사람들은 문을 쾅 닫고 나갔다고 하고, 어떤 사람들은 조용히 나갔다고 한다. 이것은 참으로 재미있는 이야기며, 최근에 매우 새로운 시도의 책으로 출간되었다.[2] 그 책의 주된 결론은, 아마도 비트겐슈타인이 포퍼가 그 말을 하기 전에 자리를 떠났으리라는 것이다. 아마도 포퍼의 기억이 포퍼 자신을 속였을 거라고 그 책은 말하는데, 포퍼로서는 개인적으로 또 경력상으로 너무도 많은 것이 그 사건에 달려있었기 때문에 그 이야기를 자신이 승리한 이야기로 들려주고 싶었을 것이라는 설명이다. 그래서 그는 곧 그렇게 했고, 그래서 머지않아 그가 자기 자신의 해석을 믿게 되었다는 것이 그 책의 결론이다.

모든 사람이 정확한 내용에 대해서는 일치를 보지 못하고 있다. 그러나 그날 그 모임이 있었다는 사실만은 아무도 의심하지 않는다. 비트겐슈타인과 포퍼가 두 명의 주요 맞수였고 러셀이 일종의 중재 역할을 했다는 사실 또한 아무도 의심하지 않는다. 어쨌거나 비트겐슈타인이 부지깽이를 휘둘렀고, 그가 꽤 갑작스럽게 그 자리를 떠났다는 사실도 역시 의심하지 않는다.

내가 이 이야기로 이번 장을 시작하는 데는 분명한 이유가 있다. 변호사들이 일을 하다보면 목격자들끼리도 증언이 일치하지 않는 경우가 비일비재한데, 그렇다고 아무 일도 일어나지 않은 것은 아니다. 증인들이 모두 박식하고 지식과 진리의 문제를 전문적으로 다루는 사람들일 때 오히려 진술이 일치하지 않는다는 사실이 더 놀라울 따름이지만 현실은 그렇다. 그런데 기독교의 복음은, 그 사건을 가장 상세하게 기록한 문서가 생기기 약 50년 전에 일어났고 또 그 기록들마저도 모두 정확하게 일치하지 않는 어떤 사건을, 그 사건이 없으면 아예 복음 자체가 없었을 핵심적인 사실로 단언한다. 어떤 사람들은 그 같은 기록의 불일치 때문에 그 첫 번째 부활절에 무슨 일이 정말로 일어나기나 한 것인지 의심이 생긴다고도 했다. 네 개의 복음서에는, 그리고 아울러 사도행전과 바울 서신에는 비트겐슈타인의 부지깽이와 관련된 여러 가지 이야기에 필적할 만한 1세기의 사건이 기록되어 있다. 이제 나의 질문이 명쾌해졌다. 그 사건은 어떤 사건이었는가? 도대체 부활절 아침에 그 무덤은 어떤 식으로 비어 있었단 말인가?

이 질문과 함께 우리는 한 세기가 족히 넘는 세월 동안 서구의 주류 교회를 괴롭혀 온 여러 논쟁 중 한 가지의 한복판에 곧바로 뛰어들게 된다. 윌리엄 템플(William Temple)은 캔터버리의 대주교로 임명되기 전에, 자신이 예수의 육체적 부활을 정말로 믿는다고 결심할 때까지 안수를 받지 않았다. 많은 주교들을 포함해서 그의 뒤를 이은 성직자들은 그러한 노선을 택하지 않았고, 데이비드 젠킨스(David Jenkins)는 빈 무덤, 예수님의 뼈, 그리고 마술 기법에 대한 자신의 견해를 밝힘으로써 대단한 논쟁을 불러일으켰다. 비록 그의 말은 포퍼와 비트겐슈타인 사이에 오고간 말처럼 구전 전통과 기록 전통에 흥미로운 자취를 남겼지만 말이다. 그렇다면 우리는 예수님의 부활에 대해 무엇을 믿어야 하며, 왜 믿어야 하는가?

이 질문은, 서로 연관은 있지만 사실은 별개인 몇 가지 다른 질문들과 뒤섞이는 바람에, 진짜로 문제가 되는 것에 집중할 수 있도록 생각을 정리하는 것이 쉽지 않게 되어버렸다. 문제는 성경이 진리인가, 아닌가가 아니다. 문제는 기적은 일어나는가, 일어나지 않는가가 아니다. 문제는 우리가 '초자연적인 것'이라고 불리는 것을 믿는가, 믿지 않는가가 아니다. 문제는 예수님이 오늘날도 살아계셔서 우리도 그분을 알아갈 수 있는가, 아닌가가 아니다. 우리가 부활절의 문제를 그저 이와 같은 논쟁의 선례적 사례로만 다룬다면, 우리는 요점을 놓치는 것이다.

또한 우리가 1세기 사람들과 달리 자연법칙을 알기 때문에 이제는 예수님이 죽음에서 부활했을 수 없다는 것을 안다고 말할 수도 없다(사실 이것은 많은 사람들이 쓰는 수법이다). 내가 다른 곳에서 상당히 자세하게 쓴 것처럼, 유대인들을 제외하고 고대 세계의 사람들은 죽은 사람은 결코 부활할 수 없다고 굳건하게 믿었다. 그리고 유대인들 역시 실제로 누군가가 부활**한 적이 있다**고 믿지 않았고, 총체적인 부활이 일어나기 전에 누군가가 먼저 스스로의 힘으로 부활**할 수 있다**고 믿지도 않았다.[3] 그러나 우리가 이와 같은 오해들을 해결한다 하더라도, 깊은 차원의 질문들은 여전히 남아 있다. 초기 그리스도인들이 믿었던 것은 정확히 무엇인가? 왜 그들은 자신들의 신앙을 표현하기 위해 부활이라는 말을 썼는가? 빈 무덤과 육체의 부활을 입증하는 혹은 그것을 반증하는 역사적인 근거를 댈 수 있는가, 아니면 그것은 언제나 믿거나 말거나의 문제가 될 것인가? 역사는 어느 정도까지 해답을 줄 수 있으며, 거기에서 믿음의 역할은 무엇인가? 또 그 둘은 서로 어떻게 작용하는가? 문제는 단지 우리가 **무엇을** 알 수 있는가가 아니라 우리가 **어떻게** 알 수 있는가 이며, 지금 이 시점에서는 우리가 아는 모든 것이 의문의 대상이 된다.

에드먼즈(Edmonds)와 에이디노(Eidinow)는 포퍼와 비트겐슈타인의 만남에 대한 조사를 두 가지 주요 법칙을 가지고 전개해 나간다. 첫째, 분명한 직접적 증거를 확실하게 검토할 수 있도록 목격자들에게 질문을 한다. 둘째, 두 인물의 복잡한 삶과 의제들의 관점에서 그 만남의 배경을 꼼꼼하게 재구성한다. 그러고서 그들은 연결된 하나의 역사적 내러티브 관점에서 자신들의 결론을 이끌어낸다. 그것이 절대적인 사실이라고 주장하는 것이 아니라 여러 가지 주장들을 조화시키는 가장 그럴듯한 방법이라고 주장하면서 말이다.

빈 무덤과 부활절 사건을 바라보는 문제에 있어서도 우리는 그와 비슷한 작업을 해야 한다. 목격자들—그들을 그렇게 부를 수 있다면—이 누구인지는 잘 알려져 있다. 바로 신약성경에 나와 있다. 유대인의 신앙과 기대, 그리고 예수님 자신의 공적 경력과 예수님의 추종자들이 가졌던 신앙과 희망에 대해서는 그 배경을 꽤 제대로 재구성할 수 있다. 하지만 여기에는 세 번째 요소가 있는데, 이것은 1946년의 그 케임브리지 논쟁에서는 찾아볼 수 없는 요소다. 그 때 토론의 중심에 놓인 철학적인 이슈들, 그리고 그것이 발생시킨 뜨거운 논쟁은 당대의 것이었고 이제는 지나간 것이 되어버렸다. 포퍼는 갈수록 '구닥다리'가 되어가고, 비트겐슈타인의 좀더 탁월한 유산도 이제는 모호하기만 하다. 그 이후 철학의 흐름을 보면, 그 날 저녁 그 논쟁에서 누가 '이겼다'고 할 수나 있는 것인지 알 수가 없다. 둘 중에 한 사람의 업적이 오늘날 더 우월하게 여겨진다 하더라도, 그것은 그날 저녁 케임브리지에서 있었던 10분간의 열띤 논쟁과는 아무런 상관이 없을 수 있다. 그러나 부활절의 경우는 그렇지가 않다. 그 당시에 무슨 일이 일어났건 간에 그것은 상당히 새로운 무언가를 발생시켰다. 특별한 방식들로 자라고 발전하게 된 무언가가 발생했는데, 그 무엇은 언제나 이 순간을 자신의 기원으로 삼고 있다. 그렇다면 우리가 하는 연구는, 당시에 부상하던 기독교 운동을 살펴보고 무엇이 그 운동을 일으켰는지를 주요하게 물어야 한다. 우리의 목격자들이 자세한 내용에서는 서로 일치하지 않을지라도, 무슨 일인가가 일어난 것만은 분명하다.

이 부분에 대해서는 다른 곳에서 광범위하게 다루었기 때문에 여기에서는 그 문제의 핵심으로 바로 들어가도 되겠다. 지금 이 장에서는 죽음 이후의 삶에 대한 초기 그리스도인들의 신앙이 고대의 관점에서 볼 때 어느 지점에 서게 되는지를 살펴볼 것이며, 고대의 이교와 유대교 모두의 관점에서 살펴볼 것이다. 여기에서 얻는 인상적인 결론은 다음 장에서 다시 부활절 내러티브 자체로 돌아가서 그것의 성격과 유래에 대해 새롭게 조사해 보고, 역사가들이 선택할 수 있는 몇 가지 대안들에 대해서 곰곰이 생각해 보게 해줄 것이다.

고대 이교주의와 유대교에서 바라본 부활과 죽음 이후의 삶

그렇다면 우선, 무덤 너머의 삶에 대해서 고대인들은 무엇을 믿었던 것일까? 지금 여기에서는 내가 다른 글에서 제시했던 많은 증거들을 요약해서 보여 주겠다.

고대의 이교 세계가 아는 한, 지하 세계로 가는 길은 오직 한 가지 방향으로만 나 있었다. 죽음은 전능한 것이었다. 우선 죽음이 오는 것을 피할 수가 없고, 일단 죽음이 오면 그 힘을 꺾을 수도 없었다. 사실 죽음에 대해서는 아무런 해답이 없다는 것을 모든 사람이 알고 있었다. 그와 같은 전제를 공유한 고대의 이교 세계는 그 다음에 크게 두 개의 갈래로 나뉜다. 호메로스의 글에 나오는 그림자처럼 새로운 육체를 원했을 수도 있지만 어쨌거나 그것을 가질 수는 없다고 믿었던 사람들이 한 갈래이고, 플라톤 계열의 철학자들처럼 육체 없는 영혼의 상태가 훨씬 더 좋은 것이라고 생각해서 아예 육체를 원하지 않았던 사람들이 또 다른 한 갈래였다.

그와 같은 고대 세계에서는 '부활'이라는 단어를 헬라어나 라틴어, 그에 상응하는 다른 언어로도 '죽음 이후의 삶'을 의미하는 단어로 쓴 적이 없다. '부활'은 '죽음 이후의 삶'이 어떠한 형태로 존재하건 간에 그것이 있고 난 **이후에** 오는 새로운 육체적 삶을 의미하는 단어였다. (모든 이교도들이 그랬던 것처럼) 부활을 부인하기 위해서든, (일부 유대인들이 그랬던 것처럼) 부활을 지지하기 위해서든, 고대인들이 부활에 대해서 이야기할 때는 그것을 두 단계로 보았는데, 육체적 죽음이라고 하는 중간 단계의 시기가 먼저 오고 그 이후에 새로운 육체적 생명을 의미하는 부활이 있다고 보았다.

따라서 '부활'은 죽음 직후에 사람들이 들어가는 상태를 극적으로 혹은 생생하게 표현하는 말이 아니었다. 그것은 죽음 **이후에** 어느 정도 시간이 흐르고 나서 일어날 수 있는—비록 대부분의 사람들이 그런 일은 일어나지 않을 것이라고 믿었지만—일을 의미했다. 이와 같은 부활의 의미는 후기 기독교가 2세기의 영지주의와 결합하기 이전까지 고대 세계 안에서 변하지 않고 머물러 있었다. 대부분의 고대인들은 죽음 이후의 삶을 믿었다. 어떤 사람들은 죽음 이후의 삶에 대해 복잡하고 매혹적인 신앙들을 발전시켰는데, 우리는 이제 막 그에 대해 언급하기 시작했을 뿐이다. 그러나 유대교와 기독교를 (그리고 비록 그 연대에 대해서는 논쟁이 있지만 혹 조로아스터교 정도까지) 제외하고는 부활을 믿는 사람들은 없었다.

내용 면에 있어서 '부활'은 특히 육체에 일어나는 일과 관련되었기 때문에 하나님이 그 일을 어떻게 하시느냐, 기존에 남아 있는 뼈를 가지고 하시느냐 아니면 새로운 뼈를 가지고 하시느냐 등에 대한 논쟁이 훗날 생겨나게 되었다. 이와 같은 논쟁은, 말하자면 무언가 결국 손에 만져지는 물리적인 것으로 남게 된다는 사실이 꽤 분명할 때만 가능하다. 모든 사람이 귀신, 유령, 환영, 환각 등에 대해서 알고 있었다. 고대 세계에 살았던 대부분의 사람들은 그러한 것들을 믿었다. 하지만 그들이 말하는 '부활'은 분명히 그러한 것을 의미하지 않았다. 헤롯이 예수님을 세례 요한이 부활한 것으로 생각했다는 기록은 그가 예수님을 귀신으로 생각했다는 말이 아니다.[4] 부활은 육체를 의미했다. 우리는 이 사실을 계속해서 강조해야 하는데, 많은 현대의 글들이 계속해서 '부활'이라는 단어를 대중적인 의미의 '죽음 이후의 삶'과 같은 뜻의 단어로 쓰면서 사람들을 크게 오도하고 있기 때문이다.

유대교의 자료를 살펴보기 전에 우선 지금까지의 내용에서 한 가지 중요한 결론을 얻어낼 수 있다. 초기 그리스도인들이 예수님이 죽음에서 부활하셨다고 말했을 때는, 그 누구에게도 일어나지 않았던, 그리고 그 누구도 일어나리라고 기대하지 않았던 일이 예수님에게 일어났다는 의미였다. 그들은 예수님의 영혼이 천국의 희열 가운데로 들어갔다고 말하는 것이 아니었다. 그리고 예수님이 이제 신성을 지니게 되신 것이라고 혼란스럽게 말하는 것도 아니었다. 그들이 말하는 바는 그런 의미가 아니었다. 유대인의 경우건 이교도의 경우건, 부활과 신성화 사이에는 아무런 암묵적 연결성이 없었다. 고대의 로마인들이 최근에 죽은 황제가 천국에 가서 이제 신이 되었다고 선언할 때도 그 황제가 죽음에서 부활했다고 말하는 것은 결코 아니었다. 그러한 말은 아예 할 생각조차 들지 않았다. 이 경우 예외가 오히려 그 규칙을 입증해 주는데, 네로가 살아났다고 믿었던 사람들은 이제 그가 천국에 있는 것이라고 **결코** 생각하지 않았다. (오늘날의 경우로 말하자면 엘비스가 살아났다고 믿는 무리와 비슷하다고 할 수 있다. 비록 엘비스의 무덤이 유명하고 많은 사람들이 그곳을 방문함에도 불구하고 말이다.)

그렇다면 고대의 **유대교** 세계는 어땠을까? 어떤 유대인들은, 어떠한 형태로든 미래의 삶을 부인하는, 특히 육체를 다시 얻게 되는 미래의 삶을 부인하는 이교도들의 견해에 동의했다. 이와 같은 입장을 취한 사람들로는 사두개인들이 유명하다. 또 어떤 사람들은 사람의 영혼이, 영광스럽기는 하지만 육체는 없는 상태로 미래를 살아가게 될 거라 생각했던 이교도들과 생각을 같이 했다. 이러한 입장을 취했던 사람의 대표적인 예는 철학자 필로다. 그러나 당시 대부분의 유대인들은 궁극적인 부활을 믿었다. 즉 사람이 죽고 나면 하나님께서 그 영혼을 돌보시다가 마지막 날에 하나님이 이 세상 전체를 심판하시고 재창조하실 때 자기 백성에게 새로운 몸을 주실 것이라고 믿었다. 이것이 바로 마르다가 나사로의 무덤 옆에서 예수님과 대화할 때 예수님의 말이 의미하는 바라고 생각했던 내용이다. "마지막 날 부활 때에는 다시 살아날 줄을 내가 아나이다."[5] 이것이 바로 '부활'의 의미였다.[6]

짧은 공생애 기간 동안 예수님이 가르치셨던 내용은 유대인들이 이미 가지고 있던 그림을 더 강화시켰을 뿐이다. 예수님은 당시 널리 유포되었던 많은 사상들을 다시 정의하셨는데, 특히 '하나님 나라'가 그와 같은 재정의의 당연한 대상이었다. 예수님은 여러 가지 비유와 상징적인 행동을 통해서, 하나님의 주권적인 구속적 통치가 (비록 당시 사람들이 생각하고 바랐던 모습으로는 아니지만) 바로 지금 침입하고 있다고 간접적으로 설명하셨다. 그러나 부활의 개념은 다시 정의할 시도조차 하지 않으셨다. 예수님이 간략하게 그리고 다소 신비롭게 그것을 설명하려 하셨을 때는, 곧 살펴보겠지만, 그의 가장 가까운 추종자들조차도 도대체 예수님이 무엇을 말씀하시려는 건지 도무지 이해하지 못했다.

사두개인들이 부활이라는 사상을 터무니없는 것으로 만들어 버리려고 계략을 써서 예수님에게 질문을 던지는 바람에, 이 주제에 대해 정면으로 토론이 벌어졌다. 예수님은 꽤 전통적인 방식으로 대답하셨는데, 바리새인들이 그 질문을 다루었을 법한 방식보다는 더 잘 해내셨지만 당시의 표준적인 유대인이 가졌던 관점을 크게 넘어서지 않으셨다.7) 예수님은 '부활'을, 모든 의인들이 부활하게 될 미래에 완성되는 사건으로 말씀하셨고, 이 부활의 상태에서는 몇 가지 것들이 지금과는 다르리라는 암시를 주시면서, 따라서 사두개인들이 예수님을 꼼짝 못하게 만들려 했던 요점인, 현재의 삶에서 누가 누구와 결혼했었는지는 전혀 문제되지 않을 것이라고 말씀하셨다. [한편 사람들이 때로 주장하는 것과는 달리 예수님은 부활의 때에 하나님의 백성이 천사가 **될** 것이라고 말씀하신 것이 아니라 어떤 측면에서는 천사와 **같을** 것이라고(마태복음, 마가복음) 혹은 천사와 **대등할** 것이라고(누가복음) 말씀하셨다.] 이 논쟁을 제외하고는, 복음서에서 '부활'에 대해 전체적으로 언급하는 거의 유일한 부분은 마태복음 13:43인데, 여기에서 예수님은 마지막 날에 의인들이 자기 아버지의 나라에서 해 같이 빛날 것이라고 선언하신다. 이 말씀이 다니엘 12:3의 반향인 것으로 미루어 이것은 부활을 염두에 두고 하신 말씀이 분명하다. 하나님의 백성이 받을 보상에 대해서 예수님이 말씀하실 때는 일반적인 유대교의 방식으로 '의인들의 부활'이라는 표현을 사용하셨다(눅 14:14). 요한복음에서 하신 예외적인 말씀(요 5:29)에서는 의인과 악인 모두의 부활에 대해서 말씀하신다. 여기까지는 예수님도 1세기의 유대인들이 믿었던 내용에서 전혀 벗어나시지 않는다. 하나님 나라와 메시아를 다시 정의하신 경우와는 달리 이 주제에 대해서는 새롭게 하실 말씀이 거의 혹은 전혀 없었던 것 같다.

그런데 그 후에 예수님은 자신의 추종자들에게 자기 자신이 죽임을 당할 것이고 사흘 후에 다시 살아날 것이라고 말씀하기 시작하셨다. 물론 많은 학자들은 이 말씀을 훗날 교회가 예수가 죽고 난 후에 역으로 추적해 낸 가짜 '예언'이라고 생각했다. 나는 그 반대의 관점을 길게 논의한 바 있다. 요약하자면 예수님이 하셨던 것과 같은 일을 하고, 예수님이 생각하셨을 것이 분명한 그러한 일들을 생각하는 사람은 자기 자신의 죽음을 미리 내다보았을 가능성이 크고, 묵시적인 이미지와 은유로 그것에 대해서 이야기하고, 자신의 죽음에—마카비우스를 따랐던 순교자들이 그랬을 것으로 여겨지는 것처럼—일종의 구원의 의미를 부여했을 가능성이 크다는 논지였다. 그 세계에서는, 그와 같은 일을 생각하는 사람이라면 거기에다 '하나님께서 내가 죽은 후에 나의 정당함을 입증하시리라'라고 덧붙였을 것이다. 그리고 그러한 사람이 기대했을 정당함의 입증 방식은 마카베오 2서가 증언하는 것처럼 당연히 부활일 것이다.

그러나 제자들은, 복음서가 반복해서 주장하듯이 예수님의 말씀을 도무지 이해하지 못했다. 예수님의 비밀스런 말씀은 어쨌거나 인자에 대한 묵시적인 은유에 감추어져 있었고, 분명히 그 암호를 풀어야 한다는 것은 알고 있었지만 어떻게 풀어야 할지를 몰랐다. 그들이 전혀 상상하지 못했던 것은, 하나님 나라를 임하게 하는 이 사람, 하나님의 메시아일지도 모른다고 서서히 믿게 된 이 예수가 이교도 점령 세력의 손아귀에 죽을 것이라는 사실이었다. 우리는 그 어느 시점에도 누군가가 "그래, 뭐, 괜찮아. 우리를 구원하시려면 죽으실 수밖에 없지. 하지만 머지않아 다시 살아나실 거야"라는 말을 했다는 암시조차 받지 못한다. 따라서 부활이 우선은 전적으로 예수님 자신의 힘에 의해 먼저 일어날 것이라고 넌지시 알려주심으로써 부활에 대한 유대인의 신앙을 정말로 다시 정의하시려는 것처럼 보이는 그 한 때 조차도, 그들은 예수님이 도대체 무슨 말씀을 하시는 것인지 전혀 이해하지 못했다. 예수님이 변모하신 후에 "인자가 죽은 자 가운데서 살아날 때까지" 한 마디도 입 밖에 내지 말라고 예수님이 말씀하셨을 때 그들은 다소 당혹스러워하며 '죽은 자 가운데서 살아난다'라는 이 말이 무슨 뜻인지 서로 의아해하며 이야기를 나누었다.[8] 그들이 부활을 모르기 때문이 아니었다. 그것보다는, 헤롯이 세례 요한에 대해서 한 말에도 불구하고 그들은 부활이라는 것이, 예수님이 그렇게 암시하고 계시는 것 같기는 하지만 다른 모든 사람보다 앞서서 한 사람에게 먼저 일어나는 일일 것이라고는 한 번도 생각해 본 적이 없었던 것이다. 이와 같은 시나리오는 예수님의 경우나 제자들의 경우 모두에 전적으로 신뢰할 만한 시나리오다. 그들의 상황과 그들의 이해 그리고 그들의 동기에 대해 우리가 알고 있는 다른 모든 것과도 잘 맞아든다.

그리고 물론 예수님의 십자가형은 그들이 가졌던 모든 소망의 끝이었음을 우리는 보게 된다. 그 누구도 "괜찮아. 며칠 후면 다시 돌아오실 거야"라는 말은 생각조차 하지 못했다.[9] 혹은 그 누구도 "그래도 뭐, 이제 그분은 하나님과 함께 천국에 계시니까"라는 말도 하지 않았다. 그들은 그러한 '나라'를 찾고 있는 것이 아니었다. 어쨌거나 예수님 자신도 그들에게 하나님 나라가 '하늘에서와 같이 땅에서도' 임하기를 기도하라고 가르치시지 않았던가. 그들이 했던 말은—이것 또한 1세기의 진리에 부합하는 말이다—"우리는 이 사람이 이스라엘을 속량할 자라고 바랐노라"(눅 24:21)와 같은 말들이었다. 그 말의 함의는 '하지만 그들이 그를 십자가형에 처했으니, 그 사람은 아니었나보다'이다. 십자가는 그리스도인들에게 새로운 의미가 되기 오래 전부터 로마 세계 전체에 이미 상징적인 의미를 가지고 있었음을 우리는 알고 있다. 그 의미는 '우리 로마인들이 이곳을 운영한다. 누구든지 우리를 방해하는 자가 있다면 그를 말살해 버릴 것이고, 그것도 꽤 잔인하게 해버릴 테다'라는 것이었다. 십자가형은 하나님 나라가 온 것이 아니라 오지 않았음을 의미했다. 메시아일 수도 있었던 사람이 십자가형에 처해졌다는 것은 그가 메시아가 아님을 의미했다. 예수님이 십자가형에 처해졌을 때 모든 제자들은 그 의미를 알고 있었다. 우리가 베팅을 잘못 했구나, 게임 끝났구나. 그들의 기대가 무엇이었건, 그들의 기대를 예수님이 어떻게 다시 정의하려 하셨건, 그들이 아는 한 희망은 짓밟혀 재가 되었던 것이다. 그들은 자신이 살아남은 것만도 다행이라는 사실을 알고 있었다.

바로 이러한 배경에서 초기 기독교가 새로운 것으로, 그러나 그렇게 새로운 것만은 아닌 것으로 등장하고 있다. 이와 같은 갑작스런 운동을, 더 큰 이교도의 맥락 속에 놓인 고대 유대교의 지형에 가져다 놓으면 어떻게 될까?

초기 그리스도인들이 가졌던 희망의 놀라운 특징

그 질문에 대한 대답은, 간단하게 말하면 죽음 너머의 소망에 대한 초기 기독교의 신앙은 분명 이교도가 아닌 유대교의 지형 안에 자리잡은 신앙이지만 일곱 가지 중요한 방식으로 놀랍게 수정되었으며, 그러한 변형은 1세기 중반 바울에서부터 2세기 말 터툴리안과 오리게니우스 그리고 그 이후 저자들에 이르기까지 놀라운 일관성을 가지고 구성해 낼 수 있다는 것이다.

그렇다면 우선 초기 그리스도인들이 미래에 대해 가졌던 희망은 확고하게 부활을 중심으로 하고 있었다는 말부터 해야겠다. 초기 그리스도인들은 그냥 '죽음 이후의 삶'에 대해서 믿었던 것이 아니다. 그들은 '죽으면 천국에 간다'는 식의 이야기를 한 번도 한 적이 없다. (이 주제를 다루는 인기 있는 좋은 책의 제목을 넌지시 암시하면서 내가 종종 말하듯, 천국도 중요하지만 그것이 종말은 아니다.[10]) 그리고 그들이 사후의 목적지로서 천국에 대해서 이야기할 때는, 그 '천국의' 삶을 궁극적인 육체의 부활로 가는 도중에 일시적으로 거치는 단계로 보았다. 예수님이 강도에게 바로 그 날 그가 자신과 함께 낙원에 있을 것이라고 말씀하셨을 때의 '낙원'은 그 다음 장에서 누가가 분명하게 보여 주고 있듯이 결코 궁극적인 목적지가 될 수 없다. '낙원'은 하나님의 백성이 부활 이전에 안식하는 지극히 행복한 동산이다. 예수님이 아버지의 집에 거할 곳이 많다고 말씀하셨을 때 "거할 곳"을 일컫는 단어는 '모네'(monē)인데, 이 단어는 한시적인 거처를 의미한다. 바울이 "떠나서 그리스도와 함께 있는 것이 훨씬 더 좋은 일"이라고 말했을 때 그는 죽음 직후에 주님과 함께하는 지극히 행복한 삶을 염두에 두고 있었던 것이 분명하지만, 이것은 부활의 서막에 불과하다.[11] 앞 장에서 논의한 내용과 관련해서 말하자면, 초기 그리스도인들은 미래가 두 단계로 이루어진다는 신앙을 확고하게 갖고 있었다. 첫 번째는 죽음과 (어떠한 형태이건 간에) 그 직후의 상태로 머무는 단계이고, 두 번째는 새롭게 재창조된 세상에서 새로운 육체를 가지고 사는 단계다.

이교주의에는 이것과 조금이라도 비슷한 것이 전혀 없다. 이와 같은 신앙은 가장 유대교적이라고 할 수 있는 신앙이다. 그러나 이러한 유대교적 신앙도 초대교회 안에서 일곱 가지의 수정을 거치는데, 그 하나하나가 바울에서부터 밧모 섬의 요한에 이르기까지, 누가에서부터 순교자 저스틴(Justin Martyr)에 이르기까지, 마태에서부터 이레나이우스(Irenaeus)에 이르기까지, 매우 다양한 작가들에게서 공통적으로 나타난다. 이것은 매우 중요한 사실인데, 왜냐하면 사람들이 죽음 이후의 삶에 대해 무엇을 믿느냐 하는 문제는 매우 보수적인 경향이 있기 때문이다. 사별 앞에서 사람들은 자신들이 전에 들었거나 배운 것의 안전함으로 급히 기울게 된다. 그러나 초기 그리스도인들은 모두 다음의 일곱 가지 면에서 매우 새로운 신앙을 표명하고 있으며, 그 사실에 대해 역사가들은 "왜?"라고 물어야 할 것이다.

(1) 그러한 수정 가운데서 첫 번째는 초기 기독교에는 죽음 이후의 삶에 대해 믿음의 편차가 사실상 없었다는 사실이다. 사람들이 죽음 이후의 삶에 대해서 무엇을 믿는지, 그리고 그러한 믿음이 사회적·문화적으로 어떻게 표현되는지는 한 문화가 가지는 특징 중에서 가장 보수적인 것으로 악명 높다. 그러나 초기 그리스도인들은 여러 갈래의 유대교에서 유입되었고 또한 회심한 이교도들 사이에서도 각자 그 이교의 배경이 매우 다양해서 죽음 이후의 삶에 대해 서로 매우 다른 믿음을 가지고 있었음이 분명함에도 불구하고, 그들은 모두 자신의 신앙을 수정해서 사후 세계와 관련된 믿음의 스펙트럼 중 단 하나의 지점에 초점을 맞추었다. 이러한 면에서 보자면 기독교는 바리새파 유대교의 한 분파처럼 보인다. 거기에는 사두개파의 관점이나 필로의 관점의 흔적이 전혀 없다.

고린도 교인들은 혼란에 빠진 이교도 출신들이었기에 그들 중 일부가 부활을 부인했던 것으로 보인다. 그럴 수밖에 없었을 것이다. (그러나 그러한 관점도 그리 오래 가지는 않았다.[12]) 목회서신에 언급된 두 명의 스승은 부활이 이미 지나간 것이라고 주장했다.[13] 이러한 오해는 일어날 수도 있는 것이었다. 어쩌면 훗날 부활과 관련된 문제 전체에 대해 영지주의적인 재해석이 가해지는 사건을 예상할 수 있는 부분이기도 하다. 그럼에도 불구하고 이 문제에 그리스도인들이 만장일치를 보여 주었다는 압도적인 인상에는 변함이 없다. 또한 뒤에 나올 논의를 미리 앞당겨 언급하자면, 오늘날 일부 사람들이 생각하는 것처럼, 그 같은 만장일치가 고압적인 정통파들이 기독교 초기에 나타났던 좀더 다양한 흔적들을 다 지워버렸기 때문에 나타난 현상이라고 생각해서는 안 된다. 온갖 문제들에 대한 논쟁이 있었다는 증거는 많이 남아 있다. 그렇기 때문에 부활에 대해서 실재적인 만장일치가 이루어졌다는 사실이 오히려 눈에 띄는 것이다. 예수님이 살다 가신 지 150년이 지난 2세기 말에 가서야 우리는 사람들이 '부활'이라는 말을 유대교와 초기 기독교가 의미했던 것과는 상당히 다른 무엇—즉 현재의 '영적 체험' 그리고 이어서 미래에 얻게 될 육체를 벗어난 삶에 대한 소망—을 의미하는 말로 사용하는 것을 보게 된다.[14] 첫 두 세기의 거의 모든 시기 동안에는 전통적인 의미의 부활이 무대의 중심을 차지할 뿐만 아니라 무대 전체를 차지한다.

(2) 이 사실은 이어서 두 번째의 변형을 제시해 준다. 제2성전기의 유대교에서는 부활이 중요하기는 하지만 그렇게까지 중요하지는 않았다. 부활의 문제에 대한 답은 고사하고 이 문제 자체를 언급하지 않는 방대한 작업들이 당시에는 많았다. 사해 사본의 저자들

이 이 주제에 대해 어떻게 생각했는지는 지금도 여전히 확신하기가 어렵다. 마카베오 2:7에서처럼 간혹 강조되는 경우 외에는 부활은 주변적인 주제일 뿐이다. 그러나 초기 기독교에서는 부활이 주변에서 중심으로 옮겨 왔다. 바울의 사상은 부활 없이는 생각할 수가 없다. 요한의 사상도 부활을 빼고 생각해서는 안 된다. 비록 일부 사람들이 그러한 시도를 해 보았지만 말이다. 부활은 클레멘트와 이냐시오, 저스틴과 이레나이우스에게도 매우 중요한 주제였다. A.D. 177년 리용에서 이교도들이 격분하여 위대한 이레나이우스 바로 앞의 주교를 포함한 일부 그리스도인들을 학살하게 만들었던 몇 가지 핵심 신앙 중 하나가 바로 이 부활이었다. 육체의 부활에 대한 믿음은 이교도 의사였던 갈레노스가 그리스도인들에 대해 지적한 두 가지 핵심적인 사항 중 하나였다(다른 하나는 그들의 놀라운 성적 자제력이었다). 예수님의 탄생 이야기를 빼버리면 마태복음의 두 장과 누가복음의 두 장을 잃어버릴 뿐이다. 그러나 부활을 빼버리면 신약성경 전체와 2세기 교부들의 저작 거의 대부분을 잃게 된다.

(3) 앞의 이 두 가지 변형은 초기 기독교 안에서 부활이 차지하게 된 새로운 위치와 연관이 있다. 그 위치는 그것이 원래 유대교 안에서 차지했던 위치와 대립된다. 세 번째의 변형은 부활이 정확히 무엇을 **의미하느냐**라고 하는 좀더 유기적인 문제와 관련된 것이다. 유대교에서는 부활한 자들이 어떠한 육체를 가지게 될지에 대해서 언제나 좀 모호한 자세를 취해 왔다. 마카비우스를 따르던 순교자들은 현재의 몸과 어느 정도 비슷한 형태의 육체일 것이라고 생각했다. 이 문제를 다루고 있는 대부분의 유대교 텍스트들은, 간혹 '영광'이라는 말을 아마도 빛이라는 의미에서 언급하고 있는 것

을 제외하고는, 부활한 육체에 대해 그 이상의 말은 별로 하지 않는다. 그러나 초기 기독교에서는 새로운 육체란 비록 그것이 시간과 공간을 차지하는 물리적인 객체라는 의미에서 확실히 육체**이기는** 하겠지만 **변형된** 육체, 즉 이전의 재료들이긴 하지만 새로운 속성을 가진 재료들로 만들어진 육체일 것이라는 인식이 처음부터 부활에 대한 믿음의 한 부분을 차지하고 있었다. '부활'의 실제 내용이 매우 정교해졌던 것이다.

자주 오해되고 있는 본문인 고린도전서 15장에서 이 문제를 가장 명쾌하게 설명하고 있는 사람, 그리고 비록 모두는 아니지만 이후에 많은 저자들이 참조했던 사람은 물론 바울이다. 그는 두 종류의 육체에 대해서 말하고 있는데, 하나는 현재의 육체이고 또 하나는 미래의 육체다. 그는 이 두 종류의 육체를 설명하기 위해 두 개의 핵심 형용사를 사용한다. 불행히도 많은 번역본들이 이 지점에서 바울을 근본적으로 오해함으로써 바울이 새로운 육체를 '비물질적인' 육체라는 의미의 '영적인' 육체로 본 것 같다는 추측을 널리 퍼뜨렸다. 그렇게 '비물질적인 육체'라면 예수님의 경우 그 무덤은 비어 있는 상태가 아니었을 것이다. 문헌학적으로 그리고 석의학적으로, 바울은 결코 그러한 육체를 의미한 것이 아니라는 사실을 매우 자세하게 증명해 보일 수 있다. 바울이 제시하고 있는 것은 우리가 말하는 식의, 현재의 '물리적인' 육체와 미래의 '영적인' 육체의 대조가 아니라 평범한 인간의 영혼에 의해 살아가는 현재의 육체와 하나님의 영에 의해 살아가는 미래의 육체의 대조다.[15]

그리고 미래의 육체에 대한 요점은 그것이 부패하지 않을 것이라는 사실이다. 현재의 살과 피는 부패하는 것들로서 썩고 죽을 수밖에 없다. 그렇기 때문에 바울이 "혈과 육은 하나님의 나라를 유산으로 받지 못한다"라고 말하는 것이다. 새로운 육체는 부패하지 않는 육체다. 가장 길게 이어지는 바울의 논쟁 중 하나이자 그 편지 전체의 핵심적 절정에 해당하는 그 장은 새로운 창조, 즉 창조주 하나님께서 창조계를 다시 만드시는 내용을 다루고 있으며, 영지주의자들을 포함한 온갖 부류의 플라톤주의자들이 원하는 것처럼 그 창조계를 저버리는 것에 대해서는 말하지 않고 있다.

그러나 이와 같이 변형된 신체성[혹은 내가 「하나님의 아들의 부활」(*The Resurrection of the Son of God*, 크리스챤다이제스트사 역간)에서 쓴 표현대로 하자면, '초신체성'(transphysicality)]은 광체로 변형된 신체성이 아니다. 이 부분도 많은 사람들이 잘못 이해하고 있는데, 사람들은 '영광'이라는 단어를 하나님의 세계에서 차지하는 지위로 이해하기 보다는, 물리적으로 빛을 발한다는 의미로 오해한다. 성경에서 부활을 이야기하는 본문 중 가장 잘 알려진 본문인 다니엘 12장이 부활한 의인들이 별처럼 빛날 것이라고 말하고 있기 때문에 이러한 오해는 더욱 주목받게 된다. 그러나 놀랍게도 이 본문은 신약성경에서 부활한 육체에 대해서 이야기할 때 전혀 인용되지 않는 본문이며, 다만 한 가지 비유를 해석하는 부분에서만 인용이 되고 있다.[16] 혹 그 본문이 인용될 때는 현재의 그리스도인들이 세상에서 증인이 되는 것을 은유적으로 말하는 경우다.[17] 그렇다면 초기 그리스도인들의 부활 신앙에서 우리가 발견하게 되는 것은, 새로운 육체가 주어지면 그것은 변형된―그러나 주요 성경 본문이 암시했을 수도 있는 단 하나의 방식으로 변형되지는 않는―신체성을 지니게 될 것이라고 하는 관점이다.

(4) 초기 그리스도인들이 가졌던 부활 신앙이 입증하는 네 번째 놀라운 변형은, 하나의 사건으로서 '부활'이 두 개로 나누어졌다는 것이다. 이번에도 마찬가지로 고린도전서 15장이 주요 본문이 되는데, 이것은 첫 두 세기 내내 사람들이 당연하게 받아들였던 사실이기도 하다. 부활절이 있기 이전 1세기 유대인들은 그 누구도 '부활'이 하나님 나라가 드디어 하늘에서와 같이 땅에서도 임하는 갑작스런 사건의 일부로서, 하나님의 백성 모두에게 혹은 인류 전체에 일어나는 광범위한 사건 이외에 다른 모습을 지닐 것이라고는 생각하지 못했다. 다른 모든 사람보다 앞서서 한 사람이 먼저 죽은 자 가운데서 부활할 것이라는 암시는 어디에도 없다. (에녹과 엘리야처럼) 때로 인용이 되는 '예외'들은 해당이 되지 않는다. 왜냐하면 (a) 그들은 죽지 않은 것으로 간주되었고, 따라서 '부활'(육체적 죽음 이후에 오는 새로운 삶)과는 상관이 없기 때문이며, (b) 그들은 하늘에 있는 것이지 새로운 육체를 입고 이 땅에 있는 것이 아니기 때문이다.[18] 우리가 언제나 기억해야 하는 사실은, '부활'은 '천국에 가는 것'을 의미하거나 혹은 '죽음을 면하는 것'을 의미하거나 혹은 '사후에 영광스럽고도 존귀하게 존재하게 되는 것'을 의미하는 것이 아니라, '육체의 죽음 이후에 다시 육체의 삶으로 돌아오는 것'을 의미했다는 점이다. 그렇기 때문에 예수님이 변모하신 후에 제자들에게 인자가 죽은 자 가운데서 부활할 때까지는 그 사건에 대해서 언급하지 말라고 말씀하셨을 때 (우리가 조금 전에 살펴보았던 것처럼) 제자들이 이상하게 여기고 이 '죽은 자 가운데서 부활한다는 것'이 무엇을 의미하는지 의아해했던 것이다. 부활을 하나님의 새로운 세계 전체가 태어나는 사건으로 이야기하는 것이 아니

라, 예수님 생애의 한 부분으로 이야기하게 되는 그러한 부활이 무엇인지 그들은 이해하지 못했던 것이다.

물론 초기 기독교와 비슷한 시기에 존재하면서 일종의 '이미 임한 종말론'(즉 종말이 어떤 의미에서 이미 시작되었다고 하는 믿음)을 주장했던 다른 유대교 운동들도 있었다. 사해 사본이 보여 주는 것처럼, 에세네파는 언약이 궁극적 대단원에 앞서 비밀리에 자신들과 다시 체결되었다고 믿었다. 그러나 부활이 마지막 때에 위대하게 일어나기 전에 역사 도중에 한 사람에게 먼저 일어남으로써, 역사의 종말에 하나님의 백성이 최종적으로 부활할 것을 예견하고 보장할 것이라는 내용의 이미 임한 종말론을 믿는 무리는 기독교를 제외하고는 없었고, 그 신앙은 기독교의 핵심이 된다.

(5) 앞으로 제시하는 유대교의 부활 신앙이 다섯 번째로 변형된 부분에 대해서는 도미니크 크로산(Dominic Crossan)이 강조한 내용을 토대로 했다. 2005년 3월, 뉴올리언스 주에서 열린 공개 토론에서 크로산은 이 변형을 '협력적 종말론'(collaborative eschatology)이라고 이름 붙였다. 그러한 명칭에 대해 크로산이 의도하는 바라고 내가 생각하는 것은 이렇다. 초기 그리스도인들은 '부활'이 예수님과 함께 시작되었고 마지막 날 최종적 부활에서 완성되리라고 믿었기 때문에, 그들은 하나님께서 자신들을 성령의 능력으로 하나님과 함께 일하도록 부르셨다고 믿었다. 개인의 삶과 정치적 삶에서, 또 자신들의 사명과 거룩함에 있어서 예수님의 성취를 실행하고, 그럼으로써 최종적 부활을 기대하며 살도록 부르셨다고 믿었다. 그냥 하나님이 '종말'을 시작하신 것이 아니라, 만약에 메시아이신 예수님이 인격으로 친히 임한 종말이고 하나님의 미래가 현

재에 임한 그 분이시라면, 예수님께 속하고 예수님을 따르는 사람들 그리고 성령의 능력을 입은 사람들은 자신들이 할 수 있는 한 미래의 관점에서 현재를 변화시키는 책임을 맡고 있다고 믿었다.

(6) 유대교 신앙에서 일어난 여섯 번째 놀라운 변형은 '부활'이라고 하는 말을 매우 다른 은유적 용법으로 사용한 것이다. 유대교에서 부활은 유배로부터의 귀환을 의미하는 은유이자 환유로써 사용되었다. 에스겔 자신도 37장에서 부활을 분명 은유로 사용하고 있다. 랍비들이 그 사상을 받아들였을 무렵에는, 그리고 실제로 이미 마카베오 2서와 에스라 4서 그리고 그 외에 다른 곳에서, 또한 복음서에서도[19] 그것은 환유로, 즉 위대한 종말론의 한 부분으로서 종말론 전체를 대표하는 것으로 사용되었다. 그리고 이 유대교의 은유가 의미하는 구체적인 내용은 이스라엘의 민족적·인종적·지리적 회복이었다. 따라서 '부활'이라는 말이 유대교에서 은유적으로 사용이 될 때는 이스라엘의 회복을 의미했다. 그러나 기독교에서는, 혹 사도행전 서두에 제자들이 의아해하며 던지는 질문에서 언뜻 비쳐지는 것("주께서 이스라엘 나라를 회복하심이 이때이니까")[20]을 제외하고는, 아주 초기부터 그러한 의미가 사라지게 된다. 이러한 사실은 기독교가 유대교의 메시아 운동에서 시작되었다는 점을 생각해 볼 때 더 놀랍게 다가온다.

그러한 의미 대신에, 마찬가지로 놀랍게도 부활에 대해 새로운 은유적 의미가 생긴 것을 보게 된다. 그것은 바울 시대에 이미 굳건히 뿌리를 내리고 있는 의미였다. 즉 부활은 은유적으로 그리스도와 함께 죽고 다시 사는 세례를 의미하는 부활이었고, 성령께서 가능하게 하시는 윤리적 순종에 힘쓰는 새로운 삶, 신자가 헌신한 새로운 삶을 의미하는 부활이었다. 이러한 은유적인 의미가, 예를 들어 로마서에서처럼 미래의 실제적인 육체의 부활이라고 하는 문자적 의미가 강조되는 본문에 나란히 나오는 경우도 많다는 사실에 우리는 주목해야 한다. 다시 말해서 이러한 은유적인 의미 때문에 비육체적인 의미의 부활로 빠지는 것이 아니다. 또한 이러한 은유적인 의미가, 후대의 영지주의자들이 좋아했던 추상적인 혹은 '영적인' 지시물이 아니라, 구체적인 지시물—세례와 윤리—을 지금도 가지고 있다는 사실에 우리는 주목해야 한다.

이것이 바로 유대교 신앙의 여섯 번째 변형이다. 즉 부활이 미래의 육체적 실존을 일컫는 문자적인 언어로 여전히 수용되면서, 동시에 이전에 존재하던 이스라엘의 인종적 회복과 관련된 강력한 은유적인 의미를 버리고, 전반적인 인간 존재의 회복이라는 새로운 의미를 얻게 되었다. 사실 초기 기독교 안에서 우리는 유배로부터의 귀환, 즉 이스라엘의 인종적·영토적 회복을 말하는 언어 자체가 이제는 현재의 인간 존재의 회복과 그들의 궁극적인 육체적 부활 모두를 일컫는 의미로 은유적으로 사용되는 현상을 보게 된다. 다시 한 번 말하지만, 이러한 모든 의미들은 유대교의 사상 체계 안에서만 이해할 수 있다. 그 어떠한 이교도도 이와 비슷한 것을 생각해 낸 적이 없다. 그러나 또한 기독교가 생기기 전까지는 그 어떠한 유대인도 이와 같은 신앙의 갈래에는 도달하지 못했다. 이제 우리는 유대교 내부에서 일어난 또 하나의 놀라운 변형을 보게 될 것이다.

(7) 유대교의 부활 신앙 안에서 일어난 일곱 번째이자 마지막 변형은 그것이 메시아주의와 연결되었다는 점이다. 유대교에서는 그 누구도 메시아가 죽을 것이라고 예상하지 못했고, 따라서 자연스럽

게 그 누구도 메시아가 죽은 자 가운데서 부활할 것이라고 생각하지 못했다. 이것은 부활 신앙 자체만의 놀라운 변형이 아니라 메시아 신앙 자체의 변형으로까지 이어진다. 메시아에 대한 추론이 존재하던 곳에서는 (마찬가지로 모든 유대교 텍스트들이 메시아에 대해서 이야기 한 것이 아니며, 그 개념은 초기 기독교에 와서야 중심 개념이 되었다) 메시아가 악한 이교도들에 대항해서 하나님이 승리하는 전투를 치를 것으로 여겨졌다. 그래서 성전을 재건하거나 정화하고, 하나님의 정의를 이 세상에 가져올 것이라고 생각했다. 그런데 예수님은 이 중에서 그 어느 것도 하지 않으셨다. 예수님은 이 세상의 전형적인 불의를 직접 당하셨고, 성전에서 별 효과도 없는 이상한 시위를 하셨고, 전투에서 영광스럽게 이교도들을 물리치신 것이 아니라 그 이교도들의 손에 죽으셨다. 그 당시 메시아 사상의 어법이 어떠했는지를 조금이라도 아는 유대인이라면, 예수님이 십자가 처형을 당한 이후에도 여전히 나사렛 예수가 참으로 하나님의 기름부음 받은 자라고는 도무지 생각할 수 없었다. 그러나 바울 이전에 확립된 초기 신경(creed)의 단편으로 여겨지는 것들이 보여주는 것처럼, 아주 일찍부터 그리스도인들은 바로 부활 때문에 예수님이 참된 메시아라고 단언했다.

이 지점에서 우리는, 곁가지의 이야기이지만 중요한 이야기로서, 부활이 없다면 초기 그리스도인들이 예수님을 메시아로 믿은 사실을 설명하기가 불가능하다는 점을 지적해야 할 것이다. 그 외에 다른 몇 가지 유대교의 운동들, 즉 메시아 운동이나 예언자 운동이 예수님의 공생애 이전과 이후의 1세기나 2세기 정도에 걸쳐 있었다는 증거들이 있다. 그러한 운동들은 모두 핵심 인물의 폭력적인 죽음으로 끝이 났다. 그리고 그 운동의 일원들은 (언제나 자신들은 무사히 위험을 피했다고 생각하면서) 두 가지 중 하나의 선택을 할 수밖에 없었다. 투쟁을 그만두거나, 아니면 새로운 메시아를 찾거나. 만약 초기 그리스도인들이 후자의 길을 가기 원했다면 그들에게는 명백한 후보가 있었다. 바로 예수님의 동생인 야고보였는데, 그는 위대하고 신실한 스승으로서 초기 예루살렘 교회의 중심인물이었다. 그러나 그 누구도 야고보를 메시아라고는 생각하지 않았다. 요세푸스는 다소 경멸스럽게 그러나 당시의 사람들이 야고보에 대해서 썼을 법한 어투로 야고보를 "소위 메시아라고 불리는 자의 형제"라고 묘사했다.[21]

이 말은 최근에 참으로 많은 저자들이 제시했던 예수님의 부활에 대한 수정주의적 입장들이 이미 논의의 대상에서 제외될 수 있음을 뜻한다. 그들의 주장에 의하면, 초기의 제자들이 예수님의 죽음 앞에서 너무도 큰 슬픔에 압도당한 나머지 자신들의 문화로부터 부활이라고 하는 개념을 택해서 그것에 매달렸고, 그럼으로써 사실은 예수님이 죽은 자 가운데서 부활하시지 않았음을 앎에도 불구하고 그분이 부활하신 것이라고 스스로를 설득했다는 것이다. 어떤 사람들은 초기 그리스도인들이 예수님이 죽으신 이후에 천국으로 올라갔다는, 혹은 하나님 나라를 임하게 하는 예수님의 사명이 이제는 새로운 방식으로 진행되고 있다는 이상한 '느낌'을 받았고, 그러한 믿음 때문에 예수님이 죽은 자 가운데서 부활한 것이라고 말했다고 주장했다.

그러나 이러한 주장들이 말이 되는가? 우리는 간단한 실험으로 이러한 주장들을 시험해 볼 수 있다. A.D. 70년에 로마인들이 예루살렘을 정복했고, 그들은 수천 명의 유대인들을 포로로 잡아 로마로 이송했는데, 그 중에는 그들이 유대인 저항의 지도자라고 간주했던 사람도 포함되어 있었다. 그는 '유대인의 왕'이라고 불렸는데, 그의 이름은 시몬 바 지오라(Simon bar Giora)였다. 그는 승리의 행진 맨 뒤에 끌려가 로마로 입성했는데, 그 장관의 마지막 장면은 시몬이 채찍질을 당한 후에 사형에 처해진 것이었다.[22]

그러면 이제 그로부터 사흘 혹은 삼 주 후에 몇몇 유대인 혁명가들이 어떠한 생각을 했을지 한번 상상해 보자. 그 혁명가 중 첫 번째 사람이 이렇게 말한다. "있잖아, 내 생각에는 시몬이 정말로 메시아였던 것 같아. 지금도 그렇고!"

다른 사람들은 어리둥절해할 것이다. 당연히 그는 메시아가 아니다. 로마인들이 늘 그렇듯 그를 잡아서 죽였다. 만약 메시아를 원한다면 다른 사람을 찾아야 할 것이다.

"하지만 나는 그가 죽은 자 가운데서 부활했다고 믿어"라고 그 첫 번째 사람이 말한다.

"무슨 말이야?" 그의 친구들이 묻는다. "그 자는 죽었고 땅에 묻혔다고."

"아니야." 첫 번째 사람이 대답한다. "나는 그가 하늘로 올라갔다고 믿어."

다른 사람들은 혼란스러워 한다. 모든 의로운 순교자들은 하나님과 함께 있다. 그것은 누구나 아는 사실이었다. 그들의 영혼이 하나님의 손 안에 있다. 하지만 그렇다고 해서 그들이 **이미** 죽은 자 가운데서 부활했다는 뜻은 아니다. 어쨌거나 부활은 마지막 때에 우리 모두에게 일어날 일이지, 역사가 진행되는 도중에 어떤 한 사람에게 일어나는 일은 아니지 않은가.

"아니야." 첫 번째 사람이 말한다. "너희들이 이해를 못하는 거야. 나는 하나님의 사랑이 나를 감싸는 것을 강력하게 느꼈어. 하나님이 나를 용서하시는 것을, 우리 모두를 용서하시는 것을 느꼈다고. 내 마음이 이상하게 뜨거워지는 것을 느꼈어. 게다가 지난밤에 나는 시몬을 봤어. 그가 나와 함께 있었어…"

다른 사람들은 결국 화가 나서 그의 말을 끊는다. 누구나 환상을 볼 수 있다. 많은 사람들이 최근에 죽은 친구들에 대해서 꿈을 꾼다. 어떤 때는 그 꿈이 매우 생생할 때도 있다. 하지만 그렇다고 해서 그들이 죽은 자 가운데서 부활한 것은 아니다. 게다가 그들 중 한 사람이 메시아라는 뜻은 더더군다나 아니다. 그리고 만약 네 마음이 뜨거워졌다면, 시편이나 한 구절 노래할 일이지 시몬에 대해서 말도 안 되는 주장을 하지는 말아라.

이것이 바로 수정주의자에 의하면, 누군가가 생각해 내었을 것이 분명한 예수님이 부활했다는 생각의 시초가 되는 주장인데, 당시에 누구든지 이런 주장을 했다면 그 주변 사람들은 위와 같이 반응했을 것이다. 그러한 식의 해결책은 믿기 힘들 뿐만 아니라 불가능하다. 수정주의자들이 주장하는 바대로 누군가가 그렇게 말했다면, 바로 위와 같은 종류의 대화가 이어졌을 것이다. 소위 역사 비평이라고 하는 엄청난 지식의 축적물을 날려 버리기 위해서는 약간의 훈련 받은 역사적 상상력만 있으면 된다.

게다가 (유대교 신앙 안에서 일어난 이 마지막 변형을 마무리하자면) 초기 그리스도인들이 예수님을 메시아로 믿었기 때문에, 예수님이 주(Lord)이고 따라서 카이사르는 주가 아니라고 하는 신앙이 아주 일찍부터 발전할 수 있었다. 이것은 또 다른 기회에 다뤄야 하는, 전적으로 다른 주제이기는 하지만 바울에게도 이미 예수님의 부활과 미래에 있을 그 백성들의 부활이, 세상의 왕과는 다른 왕, 다른 주께 충성하는 기독교적 입장의 토대가 되는 것을 볼 수 있다.[23)] 죽음은 폭군(사탄을 일컬음—역주)의 마지막 무기인데, 많은 오해에도 불구하고 부활의 요점은 죽음이 정복당했다는 것이다. 부활은 죽음을 다르게 설명한 것이 아니다. 부활은 죽음이 타도된 것이며, 죽음에 의존해서 권력을 휘두르던 자들이 타도된 것이다. 현대 일부 학자들의 냉소와 비방에도 불구하고, 화형을 당하고 사자 밥이 되었던 사람들은 바로 육체의 부활을 믿은 사람들이었다. 부활은 결코 존경받는 자리를 차지하는 길이 아니었다. 바리새인들도 그 정도는 알고 있었다. 박해를 피한 사람들은 영지주의자들이었다. 그들은 부활의 언어를 개인의 영성과 이원론적 우주론으로 해석함으로써 오히려 그 의미를 정반대로 바꾸어 버렸다. 자신의 백성이 **도마의 복음**을 읽는다고 해서 밤에 잠도 못 자고 걱정하는 황제가 어디에 있겠는가? 부활을 믿는 사람은 곤경에 처할 수밖에 없었고, 실제로 자주 그랬다.[24)]

이렇게 해서 우리는 유대교 안에서 일어난 부활 신앙의 일곱 가지 주요 변형을 모두 살펴보았다. 그 일곱 가지 모두는 첫 두 세기 동안 기독교 안에서 핵심적인 자리를 차지했다. 부활에 대한 초기 그리스도인의 신앙은 이교주의보다는 1세기 유대교의 지형 안에 확실히 자리잡고 있다. 그러나 유일신, 선택, 그리고 종말론이라는 유대교의 신학 안에서 기독교는 역사, 희망, 그리고 해석학을 바라보는 전적으로 새로운 길을 열어 주었다. **그리고 이것은 역사적인 설**

명을 요구한다. 왜 초기 그리스도인들은 유대교의 부활 언어를 일곱 가지 방식으로 바꾸었으며, 어떻게 일관되게 그렇게 할 수 있었는가? 우리가 이러한 질문을 던지면, 그들은 당연히 예수님이 죽으신 지 사흘째 되는 날에 예수님에게 일어났다고 자신들이 믿는 일 때문에 그렇게 했다고 대답할 것이다. 이 대답은 다음 장의 주제로 넘어가면서 다음과 같은 질문을 던지게 만든다. 그렇다면 그들이 그 첫 번째 부활절에 일어났던 사건들을 설명하면서 들려주는 매우 이상한 이야기를 우리는 어떻게 받아들여야 하는가?

4. 부활절의 특이한 이야기

선례가 없는 이야기들

첫 번째 부활절 날의 이야기—네 개의 정경 복음서 마지막 장들에 나오는 이야기—를 파고 들어가 보면 우리는 비트겐슈타인의 부지깽이 사건으로 돌아가게 된다. 부활절의 이야기는 서로 깔끔하게 들어맞지 않는 것으로 유명하다.[1] 도대체 몇 명의 여자들이 무덤으로 갔으며, 거기에서 그들은 몇 명의 천사들 혹은 남자들을 만난 것일까? 제자들은 예수님을 예루살렘에서 만난 것일까, 아니면 갈릴리에서 만난 것일까, 아니면 두 군데 모두에서 만난 것일까? 그러나 1946년의 케임브리지 사건처럼, A.D. 30년(혹은 그 때가 언제였건 그 해)의 예루살렘 사건도 표면적으로 여러 내용들이 불일치한다고 해서 아무 일도 일어나지 않은 것은 아니다. 그러한 불일치는 오히려 무언가 놀라운 일이 일어났음을 짐작케 하는 합리적인 징조다. 너무도 놀란 나머지, 그 사건의 첫 목격자들은 서로 다른 이야기들을 들려 줄 정도로 당황했던 것이다.

내가 다른 책에서 전개시킨 더 큰 논증의 일부로서 여기에서는 네 개의 정경 복음서가 공유하고 있는 네 가지 특이한 특징들에 주목하고자 한다. 이 특징들 때문에 우리는 복음서의 이야기가 흔한 주장처럼 나중에 만들어진 것이 아니라, 아주 초기에 전해진 것임을 진지하게 받아들일 수밖에 없다.[2)]

(1) 첫째, 우리는 이 이야기에서 이상하게도 성경이 침묵하고 있는 것을 보게 된다. 지금까지는 네 명의 복음서 저자들 모두가 성경의 인용과 암시와 반향을 상당히 많이 끌어오면서 예수님의 죽음이 '성경에 기록된 대로'였다는 것을 분명히 하고자 노력했다. 심지어 매장 내러티브도 성경의 내용을 따르고 있다. 그러나 부활 내러티브에는 두 개의 작은 예외만을 빼면 그러한 인용이 거의 없다. 이것이 더 놀라운 이유는, 바울이 활동하던 시기부터 일찌감치 공동의 신경에서는 부활도 '성경에 기록된 대로' 일어난 일임을 선언하고 있기 때문이다. 그리고 바울 자신도 다른 초대교회 교인들처럼 시편과 예언서들을 샅샅이 뒤지면서 이제 막 일어난 부활 사건을 설명해 주고 그 사건을 하나님과 이스라엘에 대한 긴 이야기 안에 위치시키고 또한 그 이야기의 절정으로 위치시킬 수 있는 본문들을 찾았다. 그렇다면 왜 복음서의 부활 내러티브는 그러한 일을 하지 않는 것일까? 마태라면 성취된 성경의 예언을 한두 개 정도는 쉽게 인용할 수 있었을 텐데, 그는 그렇게 하지 않는다. 요한은 제자들이 아직 메시아가 부활할 것이라는 성경의 가르침을 몰랐다고 말하지만, 자신이 염두에 두고 있는 본문을 인용하지는 않는다.

물론 지금 우리가 가지고 있는 형식대로 그 이야기들을 쓴 사람이 누구이건 간에 그가 그 내용을 살펴보면서 약삭빠르게도 마치

그 이야기가 아주 오래된 것처럼 보이도록 몇 가지 재료들을 뺐을 것이라고 말할 수도 있다. 1세기나 그 전에 지어진 집처럼 보이게 하려고 일부러 집안에 있는 모든 전기 장치들을 빼버리는 사람처럼 말이다. 이 이야기들이 2세대 그리스도인들의 시대, 예를 들어 A.D. 80년대나 90년대가 되어서 뒤늦게 만들어진 것이라는 많은 학자들의 일반적인 가정도 마찬가지다. 비록 그 이야기의 내용들이 흥미롭게도 (우리가 앞으로 살펴보겠지만) 바울의 신학을 구현하고 있기는 하지만, 그 이야기의 저자들은 고린도전서 15장과 같은 본문에서 이미 풍성하게 나타나고 있는 성경적인 암시들을 아주 조심스럽게 모두 제거하고 그 이야기를 쓴 것으로 보인다고 밖에는 말할 수 없다.

우리에게 단 하나의 이야기만 있다면, 혹은 그 네 개의 이야기들이 서로 영향을 받아 파생된 것이 분명하다면 그와 같은 일이 조금은 가능할 수도 있다. 그러나 실제는 그렇지가 않다.³⁾ 네 명의 매우 다른 저자들은 초대교회의 신학에 기초하면서도 성경의 반향이 느껴지는 부분은 모두 제거하여 각자 부활절 내러티브를 기록하기로 결정했고, 그러한 기록을 신학적으로는 서로 일관되지만 그 방식은 매우 다르게 한 것이라고 보거나, 아니면 (내가 보기에 훨씬 더 그럴듯하기로는) 비록 그 이야기들이 한참 후에 기록되기는 했지만 서로 다른 이야기꾼들의 기억 속에 형성되어 굳건히 자리를 잡은 아주 초기의 구전 전통으로 거슬러 올라가는—성경적으로 그 내용을 반추해 볼 시간조차도 없었던 아주 초기로 거슬러 올라가는—이야기들이라고 보는 수밖에 없다.

(2) 이 이야기들의 두 번째 특이한 점은 좀더 자주 거론되는 특

징인데, 주요 증인으로서 여자들이 등장한다는 점이다. 좋든 싫든 여자들은 고대 세계에서 신뢰할 만한 증인으로 간주되지 않았다. 부활 전통이 나름대로 정리되고 우리가 고린도전서 15장에서 보게 되는 것 같은 전통이 확고해질 무렵에는 여자들은 그 장면에서 조용히 사라지게 된다. 유감스럽게도 그들은 당황스러운 존재인 것이다. 그러나 네 개의 복음서 이야기에는 여자들이 전면에 그리고 중심에, 첫 증인으로서, 첫 사도로서 자리를 차지하고 있다. 그것은 그 누구도 만들어 낼 수 없는 이야기다. 우리가 고린도전서 15장에서 보게 되는, 오직 남성만이 등장하는 형식에서 그 부활 전통이 시작되었다면, 결코 우리가 복음서에서 보게 되는 것과 같은 여성 우선의 이야기로 그리고 그토록 다양한 방식으로 발전되지 않았을 것이다.

(3) 세 번째 특이한 점은 예수님 자신에 대한 묘사다. 만약에 많은 수정주의자들이 주장하는 것처럼 복음서 이야기들이, 사람들이 성경을 숙고하다가 만들어 낸 것이거나 혹은 내적·주관적 조명의 체험으로부터 만들어진 것이라면, 한 가지 분명하게 예상되는 것은 부활하신 예수님이 별처럼 빛나는 모습이었을 것이라는 점이다. 다니엘이 예언하는 내용이 바로 그것이다. 내적 조명의 체험이 초래했을 결과도 바로 그것이다. 예수님이 변모하신 사건에서 우리는 바로 그러한 경우를 보게 된다. 그러나 그 어떤 복음서도 부활절의 예수님에 대해서는 그러한 이야기를 하지 않는다. 실제로 예수님은 어떤 면에서 매우 정상적인 육체를 가진 인간으로 나타나시는데, 정원사로 혹은 같이 길을 가는 동료 여행자로 오해될 수도 있는 정상적 육체를 가진 존재로 나타나셨다. 그러나 또한 그 이야기에는

그 몸이 변형된 몸이라는 결정적인 징후들도 포함되어 있으며, 바로 이 점이 그 이야기들을 가장 신비로운 이야기로 만들고 있다. 그 몸은 확실히 물리적이었다. 그 몸은 (말하자면) 십자가에서 죽은 그 몸의 재료들이 다 사용된 육체다. 그래서 그 무덤은 비어 있었다. 그러나 또한 그 몸은 잠긴 문도 통과해 다니고, 사람들이 늘 알아보는 것도 아니고, 마지막에는 유대인들이 하나님의 공간과 인간의 공간을 나누는 것이라고 대개 생각했던 얇은 막을 통과해 하나님의 공간, 즉 '천국'으로 사라져 버린다. 이와 같은 이야기는 전례가 없는 이야기다. 그 어떠한 성경 본문도 부활이 이와 같은 육체를 포함할 것이라고 예견하지 못했다. 그 어떠한 추론 신학도 복음서 저자들이 추적할 수 있는―다시 한 번 우리가 주목하자면 흥미롭게도 다양한 방식으로 추적할 수 있는―그와 같은 실마리를 남기지 못했다.

특히 이러한 사실은, 가장 명백하게 '육체적인' 누가와 요한의 이야기가 가현설(예수님이 실제로 인간이셨던 것이 아니라 인간인 것 '처럼' 보였을 뿐이라고 하는 관점)에 대항하기 위해서 1세기 말에 기록된 문서라고 하는 터무니없는 오랜 생각에 종지부를 찍어야 할 것이다.[4] 만약에 예수님이 구운 고기를 드시는 장면이나(누가복음), 도마더러 자신을 만져보라고 하신 일(요한복음)만 기록되어 있다면 그와 같은 설명도 약간은 그럴듯해 보일 수 있을 것이다. 그러나 만약 누가와 요한이 단순히 가현설에 대항하기 위해서 그 내러티브를 만들어 낸 것이었다면, 부활하신 예수님이 잠긴 문을 뚫고 나타나시고, 다시 사라지시고, 어떤 때는 알아보겠다가 어떤 때는 알아보지 못하겠다가 하시고, 마지막에는 천국으로 올라가신 일들을 기록한 것은 자기 발등을 찍어도 제대로 찍는 일 아니겠는가.

(4) 부활 이야기의 네 번째 특이한 점은 그 이야기들이 결코 미래의 기독교적 희망에 대해서 언급하지 않는다는 사실이다. 신약성경의 거의 모든 곳에서 예수님의 부활 이야기는 예수님께 속한 자들이 언젠가는 예수님처럼 부활할 것이라고 하는 최종적 희망과 연결되어 있고, 그와 같은 신자들의 부활은 현재에 세례와 태도의 변화를 통해서 예견되어야만 한다는 간략한 덧붙임 말이 따라오고 있다. 우리가 부르는 수많은 부활절 찬송가와 우리가 듣는 수많은 부활절 설교에도 불구하고, 복음서에 나오는 부활 내러티브는 "예수님이 부활하셨다. 따라서 우리도 죽으면 천국에 갈 것이다"라는 말은 둘째 치고, "예수님이 부활하셨다. 따라서 죽음 이후의 삶이 있는 것이다"라는 식의 말도 결코 하지 않는다. 심지어 정통 1세기 그리스도인들 방식에 좀더 가깝게 "예수님이 부활하셨다. 따라서 우리도 죽음이라고 하는 잠을 자고 난 후에는 부활할 것이다"라는 식의 말도 하지 않는다. 그러한 말은 어디에도 없다. 복음서에 기록된 대로 해석하자면, 부활은 매우 현 세상적이고 현 시대적인 의미를 가지고 있다. 예수님이 부활하셨다, 따라서 그분이 메시아시다, 따라서 그분이 이 세상의 진정한 주시다. 예수님이 부활하셨다, 따라서 하나님의 새로운 창조가 시작되었다, 그리고 그분의 추종자로서 우리들이 해야 할 일이 있다! 예수님이 부활하셨다, 따라서 우리는 예수님의 전령이 되어 그분의 주되심을 온 세상에 공표하고 그분의 나라가 하늘에서와 같이 땅에서도 임하게 해야 한다! 일찍이 바울 때부터 예수님의 부활과 마지막 때 모든 하나님 나라 백성의 부활이 확실하게 연결되어 있었던 것은 사실이다. 만약 부활의 이야기들이 1세기 말에 만들어진 것이라면, 모든 하나님 나라 백성의 최종

적 부활을 분명히 언급했을 것이다. 그러나 그러한 언급은 어디에도 없다. 왜냐하면 그 때에 만들어진 것이 아니기 때문이다.

　복음서의 부활 내러티브에 대해서는 아직도 할 말이 많이 있다. 그러나 이번 장의 첫 번째 부분은 다음과 같은 제안으로 결말을 맺으려 한다. 즉 이 이야기들은 본질적으로 바울 이전의 매우 이른 시기의 것이며, 그 이후 전달이나 편집 과정에서 개인적으로 약간 다듬은 것을 제외하고는 실질적으로 변경된 부분이 없다고 믿는 것이 훨씬 더 쉽다는 것이다. 물론 서로 다른 복음서 저자들이 서로 다른 신학적 관심을 가지고 있었음을 보여 주는 징후들은 있다. 마태의 부활 이야기가 전형적으로 마태의 주제들을 강조하고 있는 것처럼 말이다. 그러나 그것은 서로 다른 화가들이 같은 사람의 초상화를 그릴 때와 같은 현상이다. 저 그림은 확실히 렘브란트의 그림이고 저 그림은 의심의 여지없이 홀바인(Holbein)의 그림이고 하는 식으로 말이다. 개별 화가의 손길을 분명하게 알아챌 수 있다. 그러나 초상화의 모델도 온전히 알아볼 수 있다. 그 화가들은 그 모델의 머리 색깔이나 코 모양이나 특징적인 어렴풋한 미소를 바꾸지 않았다. 마찬가지로 왜 그토록 다양한 방식의, 그러면서도 이런 저런 특징들이 흥미롭게도 일관된 그러한 이야기들이 그토록 일찍부터 생겨날 수 있었느냐고 묻는다면, 모든 초기 그리스도인들은 분명하게 대답할 것이다. 그러한 일이 실제로 일어났기 때문이라고. 비록 당시에는 설명하기 어려웠고 그 후로도 여전히 믿기 힘든 일이지만 말이다. 약간의 편집을 거쳤고 나중에 기록되기는 했지만 그 이야기들은 기본적으로 아주 일찍부터 있었던 이야기들이다. 그 이야기들은, 그토록 자주 주장되는 것과는 달리 본질적으로 사적이고 내면적인 체험에 가짜로 역사적인 기초를 제공하기 위해서 한참 후에 기록된 전설이 아니다.

그렇다면 이것이 바로 초기 그리스도인들의 대략적이고 보편적인 증언이다. 새로운 종교적 체험이나 통찰 때문이 아니라 실제로 일어난 어떤 일, 십자가에 달리신 예수님에게 실제로 일어난 어떤 일, 예수님이 결국 메시아였고 하나님의 새로운 시대가 결국에는 현재의 시간 안으로 뚫고 들어옴으로써 자신들에게 새로운 임무가 주어진 것이라고 그들이 단번에 그 의미를 해석하게 된 어떤 일, 그들로 하여금 유대교의 부활 신앙을 이교의 다른 신앙으로 대체하게 하는 것이 아니라 그 안에서 몇 가지 서로 다른 그러나 일관된 변형을 일으키면서 오히려 그 부활 신앙을 다시 확인하게 해준 어떤 일, 그 어떤 일 때문에 그들은 그러한 존재가 되었고, 그러한 일을 했고, 그러한 이야기들을 들려주었다. 그렇다면 이제는 이번 장의 두 번째 부분에서 다음의 질문을 던질 차례다. 역사가들은 이 모든 일을 어떤 식으로 받아들일 수 있는가?

부활절과 역사

우선 나는 내가 고정된 역사적 관점이라고 간주하는 것에서부터 출발하고자 한다. 지금까지 우리가 살펴본 현상을 설명할 수 있는 유일한 방법은 두 갈래의 가정을 제안하는 방법 뿐이다. 첫째, 예수님의 무덤은 정말로 비어 있었다. 둘째, 제자들은 예수님을 실제로 만났고 부활한 예수님이 단지 귀신이나 환상이 아니라는 것을 확신할 수 있었다. 각각의 가정에 대해 짤막하게 몇 마디 덧붙이겠다.

만약 제자들이, 자신들이 그저 예수님이라고 생각한 사람을 보았거나 혹은 예수님을 보았다고 착각했다면 그 자체만으로는 지금 같은 이야기가 생겨나지 않았을 것이다. 고대 세계에서는 때로 사람들이 이상한 체험을 하기도 한다는 것이 당연하게 여겨졌고, 그러한 체험 중에는 죽은 자, 특히 최근에 죽은 자를 만나는 일도 포함되어 있었다. 그들은 그러한 환상, 귀신과 꿈에 대해서 적어도 오늘날 우리가 아는 것만큼은 알고 있었고, 그러한 일들이 사별이나 애도의 상황 가운데서 일어나는 경우가 많다는 사실도 알고 있었다. 그러나 이러한 현상을 지칭하는 말이 '부활'로 여겨지지는 않았다. 그들이 얼마나 많은 환상을 보았든 간에 그들은 예수님이 죽은 자 가운데서 부활했다고는 말하지 않았을 것이다. 그러한 부활은 그들이 기대하는 바가 아니었다.

어쨌든 사람들이 종종 무시하거나 망각하는 점은, 예수님이 유대교의 특정 전통에 따라 장사되었다는 사실이다. 그 전통은 두 단계로 이루어지는데, 첫 단계에서는 시신을 향신료와 아마포로 조심스럽게 싸서 동굴 안에 있는 단 같은 곳에 올려 놓는다. 그 다음 그 시신이 다 썩고 나면—향신료는 바로 이런 이유 때문에 사용한다. 동굴 안에는 한 구 이상의 시체가 안치되기 때문에 냄새가 많이 난다—뼈를 수습해서 경건하게 싼 다음 유골함에 보관한다. 만약 예수님이 부활하지 않았다면, 조만간 누군가 가서 그의 유골을 챙겨 보관해야 했다. 따라서 누군가 예수님이 죽은 자 가운데서 부활했다고 주장한다 하더라도 그러한 절차 자체만으로도 그 주장을 반박하기에 충분했을 것이다. 유대교 세계에서는 그 누구도 누군가가 죽은 자 가운데서 이미 부활했다고 말하지 않았을 것이다.

따라서 무덤이 비어 있지 않았다면 제자들은 '환상'을 본 것이 틀림없었을 것이다. 예수님과 '만났다'는 주장은 무시되었을 것이다. 귀신을 본 것이 분명하니까 말이다.

마찬가지로, 빈 무덤은 그 자체로는 아무것도 증명하지 못한다. (많은 사람들이 주장했던 것처럼) 다른 무덤을 들여다 본 것일 수도 있다. 물론 그 문제야 간단한 점검만으로도 해결이 되었겠지만 말이다. 군인이나, 정원사나, 대제사장이나, 다른 제자들이나, 혹은 또 다른 누군가가 어떤 이유에서건 시신을 가져갔을 수도 있다. 무덤 도굴은 익히 알려진 일이었다. 요한복음에서 마리아가 내린 결론이 바로 그것이었다. 사람들이 예수님의 시신을 가져갔는데, 어쩌면 정원사가 그랬는지도 모른다고 말이다. 마태에 따르면 유대교 지도자들이 바로 그러한 결론을 내렸다. 그들은 예수님의 제자들이 그 시신을 가져갔다고 했다. 온갖 종류의 비슷한 설명들이 제시되었을 수 있고, 실제로 제시되었을 것이다. 예수님을 직접 목격하고 만나는 사건이 동반되지 않았다면 말이다. 어떻게 모든 초기 그리스도인들이 그와 같은 신앙, 즉 예수님이 부활했다고 하는 신앙을 가지게 되었는지가 역사적으로 설명되려면 적어도 이 점 만큼은 분명해야 한다. 수의 조각을 제외하고는 무덤이 비어 있어야 하고, 그들이 실제로 신체적인 모든 면에서 분명히 예수님과 같은 외양을 가진—비록 자신들이 말로 온전히 다 설명할 수 있는 차원을 넘어서까지 이상하게 변모된 예수님이기는 했지만—누군가를 눈으로 보고 그와 이야기를 나누었어야 한다.

따라서 한편으로는 그 만남이 있어야 하고 다른 한편으로는 빈 무덤이 반드시 있어야 그러한 신앙이 생겨난 이유와 지금 우리가 가지고 있는 이야기가 기록된 이유를 설명할 수 있다. 그 두 가지 중 어느 것도 하나만으로는 충분하지가 않다. 그러나 두 가지를 같이 모아 놓으면 초기 기독교 신앙의 발생이 완전하게 그리고 일관되게 설명된다.

이밖에 다른 설명이 있을까? (부활은 불가능하다고 하는) 고대의 이교적 관점과 그 관점에 상응하는 여러 현대적 관점들이 틀렸다고 말하는 불편한 상황을 면하게 해줄 다른 설명이 있을까? 없다. 여기에서 다루는 다른 모든 내용과 마찬가지로 이 대답 역시 훨씬 더 자세히 설명할 수 있지만 지면 관계상 생략할 수밖에 없다. 하지만 적어도 이 같은 설명의 대안으로 자주 제시되는 수정주의적 제안이 사실은 아무것도 설명해 주지 못한다는 점 만큼은 분명하게 알아야 한다.

'인지적 부조화'라는 현상의 예를 들어 보자. 이 현상에 대해서는 지난 반세기 동안 많은 글들이 쓰였다. '인지적 부조화'란 사람들이 무엇인가가 사실이었으면 하고 절실하게 바라지만 그것에 반대되는 증거가 확실하게 있을 때, 그 반대되는 자료를 무시하고 오히려 더 요란하게 자신들의 주장을 선언하는 현상이다. 이 이론은 처음 보기에는 그럴듯한 면이 있다. 그런 식으로 행동하는 사람들에 대한 흥미로운 예들 또한 더러 있다. 그러나 그러한 이론들이 초기의 기독교 현상을 설명하지는 못한다. 사실 내가 다른 곳에서 이미 보여 준 것처럼 그 이론이 원래 근거하고 있는 연구 자체가 이미 심각한 결함을 안고 있다.[5]

그러나 더 분명하게는, 그러한 설명은 부활절에 일어난 일과 도무지 들어맞지를 않는다. 제자들은 예수님이 역사의 중간에 온전히 자신의 힘으로 죽은 자 가운데서 부활하리라고는 전혀 기대하지 않았다. 그들이 제2성전기의 유대인들이었다고 하는 사실과, 부활이 일부 사람들이 말했던 것처럼 '소문처럼 떠도는 이야기'였다는 사실은, 우리가 앞에서 살펴본 유대교 신앙 내에서의 급진적인 변화나 부활절 이야기 자체의 놀라운 특징들을 설명해 주지 못한다.

마찬가지로 일부 사람들은, 초기 제자들이 은혜의 새로운 체험을 함으로써 새롭게 용서받은 것 같은 느낌을 받았고, 하나님의 능력에 대해 새로운 믿음을 갖게 되었고, 하나님 나라 프로젝트가 예수님의 죽음에도 불구하고 여전히 진행 중이라는 새로운 확신을 갖게 된 것이라고 주장했다.[6] 하지만 이러한 주장 또한 말이 되지 않는다. 앞에서 살펴본 것처럼, 누군가가 은혜를 새롭게 체험했거나 그 비슷한 어떤 체험을 한 것은 자신이 따르던 지도자가 죽은 자 가운데서 부활했다고 말하는 것과는 전혀 별개의 문제다. 부활이 은유로 사용된 것은 사실이지만, 새로운 종교적 체험에 대한 은유로 사용된 것은 아니었다. 유대교에는 이미 그러한 체험을 표현해 주는 은유들이 풍부했다. 죽은 자 가운데서 부활하지 않았는데도 '그가 죽은 자 가운데서 부활했다'고 말하는 것은 역사적으로 설명이 불가능하다. 존 업다이크(John Updike)의 날카로운 시가 생각이 난다.

> 우리 은유를 가지고 하나님을 조롱하지 말자,
> 유추, 회피, 초월로도 하지 말자,
> 사건을 비유로, 과거에 쉽게 믿던 때에 그려진 상징으로 만들어 버리지 말고,

직접 그 문을 걸어서 지나가자.

우리의 편의를 위해서, 우리의 미적 감각을 위해서,
덜 충격적으로 만들려고 애쓰지 말자.
생각지도 못한 때에 깨어나 그 기적에 우리가 당황하고
그 항의에 완전히 뭉개지지 않도록.[7]

이 지점에서 우리가 끌어올 수 있는 작은 논증들이 여럿 있는데, 여기에서는 요약만 하겠다. 우선 부활 사건에 대한 초기 기독교의 설명과 경쟁 관계에 있는 다른 설명으로 자주 거론되는 주장들을 살펴보자.

1. 예수님은 사실 죽은 것이 아니었다. 누군가가 그에게 죽은 것처럼 보이게 하는 약을 먹였고 예수님은 무덤 안에서 소생한 것이다.
 이 주장에 대한 대답: 로마 군인들은 사람을 죽이는 법을 알고 있었고, 두들겨 맞고 약물에 취한 예수님을 보고 그가 죽음을 정복하고 자신의 나라를 시작하신 것이라고 속을 만한 제자는 하나도 없었다.
 2. 여자들이 무덤으로 갔을 때 그들은 다른 사람(어쩌면 예수님을 닮은 그의 형제 야고보)을 만난 것이고, 어슴푸레한 빛 때문에 그를 예수님으로 착각한 것이다.
 이 주장에 대한 대답: 그들은 조만간 알아챘을 것이다.
 3. 예수님은 자신을 믿는 사람들에게만 나타나셨다.
 이 주장에 대한 대답: 부활에 대한 기록을 보면 도마와 바울은 그 범주 안에 들어가지 않는다는 것을 분명하게 알 수 있다. 그리고 사실 예수님의 제자들 중 그 누구도 예수님이 죽은 후에는, 예수님이 어떠한 의미로든 신성을 가지고 있다는 사실은 둘째 치고라도, 그가 정말로 메시아였다고 믿지 않았다.

4. 우리가 가진 기록들은 편견을 가지고 있다.

이 주장에 대한 대답: 모든 역사, 모든 저널리즘도 마찬가지다. 모든 사진은 누군가가 특정 각도에서 찍은 것이다.

5. 그들은 사람들이 순교자에 대해 말하듯이 "그가 부활할 것이다"라고 말한 것인데, 그 말이 와전되어 "그가 부활했다"로 전해졌다. 이것은 기능적으로는 같은 의미였다.

이 주장에 대한 대답: 그렇지 않다.[8]

6. 많은 사람들이 사랑하는 사람이 죽고 나면 그 직후에 그에 대한 환상을 본다. 제자들에게도 바로 그런 일이 일어난 것이다.

이 주장에 대한 대답: 그들도 그런 일에 대해 잘 알고 있었고, 그런 현상을 일컫는 언어도 가지고 있었다. 따라서 그들이 본 것이 환상이었다면 그들은 "죽은 자의 천사다" 혹은 "그의 혼이다" 혹은 "그의 귀신이다"라고 말했겠지,[9] "그가 죽은 자 가운데서 부활했다"라고 말하지는 않았을 것이다.

7. 가장 유명한 주장은 아마도 다음의 주장일 것이다. 그 때 실제로 일어난 일은 그들이 일종의 풍부한 '영적' 체험을 한 것인데, 그들은 그것을 유대교의 범주 안에서 해석한 것이다. 어쨌거나 영적인 의미로 말하자면 정말로 살아계셨고, 그들은 계속해서 그분과 접촉할 수 있었다.

이 주장에 대한 대답: 이것은 단순히 고귀한 죽음에 대한 묘사일 뿐이고 플라톤주의적인 불멸성을 표명하는 것일 뿐이다. 부활은 죽음을 좀더 좋게 **묘사**한 것이 아니라 죽음의 **정복**이었고 지금도 그러하다. 그리고 부활은 죽고 난 **이후의** 어느 시점에 일어나는 일이지 죽음과 동시에 일어나는 일이 아니다.

마찬가지로 예수님이 실제로 죽은 자 가운데서 부활했다고 하는 믿음을 지지하기 위해서 자주 그리고 마땅히 제시되는 수많은 논거들 중 세 가지만 언급하겠다.

1. 유대교의 무덤은, 특히 순교자의 무덤은 받들어 모셔질 뿐 아니라 종종 성지가 되었다. 예수님의 무덤에 대해서는 그러한 일이 일어났다고 하는 흔적이 전혀 없다.

2. 초대교회가 한 주간의 첫째 날을 자신들의 특별한 날로 강조한 것은, 그 날 무엇인가 아주 놀라운 일이 실제로 일어나지 않았다면 설명하기가 매우 힘들다. 점진적으로 믿음이 생겼다는 사실만으로는, 심지어 그 믿음이 갑작스레 생겼다 할지라도 그러한 현상을 설명하기에 충분치 않다.

3. 제자들이 사실에 굳건히 기초하고 있지도 않은 신앙을 위해 고난받고 죽었을 가능성은 거의 없다. 그들이 정말로 오해한 것이라고 하는 반박, 즉 그들이 예수님의 부활을 사실이라고 믿었고 그 믿음에 기초해서 행동했지만 오늘날 우리는 그들이 틀렸다는 것을 안다는 반박 앞에서는 취약한 논거이긴 하지만 이것은 매우 중요한 점이다.

이 모든 것들이 우리로 하여금 궁극적인 질문에 대면하게 해준다. 빈 무덤과 예수님과의 만남은 내가 제시한 논거들에 의해서 그 어떠한 역사적 자료 못지않게 확실한 자료가 되었다. 그 두 가지 전제는 서로 결합해서, 예수님을 따르는 자들 사이에서 어떻게 그렇게 빨리 그 이야기와 신앙이 자라났는지를 유일하게 설명해 준다. 그렇다면 이제 우리는 **그것을** 어떻게 설명하는가?

다른 역사적 질문이라면 그 대답은 너무도 자명해서 말할 필요도 없을 것이다. 물론 여기에서는 그 자명한 대답("실제로 일어난 일이다")이 너무나 충격적이고 너무나 놀라워서 우리는 미지의 영역으로 뛰어들기 전에 마땅히 멈칫하게 된다. 그리고 이 지점에서, 나의 몇몇 회의적인 친구들이 쾌활하게 지적해 준 것처럼, 누구라도 여기까지 논의를 따라오고 난 후에 이렇게 말할 수 있다. "빈 무덤과 예수님의 출현이 무엇 때문에 일어난 것인지 잘 설명할 수는 없지만, 죽은 사람은 다시 살아나지 않는다는 나의 신념을 유지하기로 나는 선택하며, 따라서 그 때에 다른 일이 일어난 것이 분명하다고 결론을 내린다. 비록 그 다른 일이 무엇인지는 알 수 없지만 말이다." 그럴 수 있다. 나는 그런 입장을 존중한다. 그러나 내가 간단하게 지적하고 싶은 것은, 그렇다면 그것은 참으로 선택의 문제이지 '과학적 사료 편집'이라는 것으로 결론을 내릴 수 있는 문제는 아니라는 것이다.

그러나 지금은 이 논증의 모든 이정표들이 한 가지 방향을 가리키고 있다. 나를 포함한 다른 많은 사람들이, 고대의 것이건 현대의 것이건 초대교회와 그들의 신앙 형태의 부상에 관한 모든 대안적 설명들을 꽤 광범위하게 연구했다.[10] 단연 최고의 역사적 설명은 나사렛 예수가 완전히 죽고 묻혔다가 정말로 세 번째 날에 (사람들이 때로 무시하듯이 말하는 것처럼 단순히 '심폐 소생된 시체'가 아니라) 새로운 육체를 가지고 부활했다는 것이다. 예수님이 원래 가졌던 몸의 재료를 '다 사용했기' 때문에 빈 무덤만이 남았고, 아무도 기대하거나 상상하지 못했던, 그러나 그 육체를 만난 사람들은 생각을 크게 바꿀 수밖에 없었던 새로운 성질을 가진 새로운 **종류**의 물리적 몸을 가지고 부활했다는 것이다. 만약에 이와 같은 일이 실제로 일어났다면, 왜 기독교가 시작되었고 왜 기독교가 그러한 형태를 띠게 되었는지를 완벽하게 설명해 줄 것이다.

만약 그러한 일이 정말로 일어났다면, 그것은 그 자체로 역사의 중심으로 간주되어야 할 뿐만 아니라 인식론의 중심, 즉 우리가 **무엇**을 아느냐가 아니라 **어떻게** 그것을 아느냐의 중심으로 간주되어야 마땅하다. 바로 이 지점에서 나는 어떠한 일을 합리주의의 기반 위에 서서 '수학적'인 방식으로 '증명'하고자 해서는 안 된다고 말한 신학자들의 경고에 주의를 기울이고 싶다. 다시 말해서, 나는 그러한 방식으로 부활을 어떤 중립적인 입장에서 '증명'했다고 주장하는 것이 아니다. 그것보다도 나는 부활에 대한 다른 설명들 그리고 그 설명들에 의미를 부여해 주는 다른 세계관들에 대한 역사적인 도전을 제시하는 것이다. 바로 이 지점에서 우리는 세계관 차원의 문제에 직면하게 되기 때문에 이제는 중립적인 지대란 없으며 인식론이라고 하는 거대한 바다에서 서로 교전 중인 대륙들 가운데 아직 점령당하지 않은 섬이란 없다. 그 누구도 역사적 논증만으로는 예수님이 죽은 자 가운데서 부활했다고 믿도록 강제할 수 없다. 그러나 역사적 논증은 온갖 종류의 회의주의들이 오랫동안 숨어 있던 덤불을 치우는 데 매우 효과적이다. 예수님이 죽은 자 가운데서 육체적으로 부활했다는 주장은 초기 기독교의 중심에 있는 역사적 자료를 가장 잘 설명해 주는 주장이다. 우리는 이러한 주장이 개인적·집단적인 차원에서 쉽게 받아들이기 힘든 큰 도전이라는 사실 때문에 그 주장을 진지하게 받아들이기를 주저해서는 안 된다. 처음부터 이 질문을 다루기 시작했을 때 그저 장난삼아 해 보는 것이 아니었다면, 마땅히 진지하게 생각해 볼 일이다.

결국 '앎'에는 여러 가지 종류가 있다. 과학적 연구는 반복이 가능하다. 그러나 역사적 연구는 반복되지 않는다. 카이사르는 루비콘 강을 단 한 번 건넜으며, 만약 그가 그 강을 다시 건넜다면 그 두 번째는 의미가 달라졌을 것이다. 최초의 달 착륙 사건은 단 한 번밖에 없었고, 그럴 수밖에 없다. 예루살렘 제2성전의 파괴는 A.D. 70년에 있었고 다시는 그 일이 일어나지 않았다. 역사가들은 당연히 이것을 문제로 여기지 않으며, 비록 그 사건들을 실험실 안에서 반복할 수 없다 하더라도 그러한 일들이 일어났다고 선언하기를 주저하지 않는다.

그러나 사람들이 "하지만 그런 일은 일어났을 수가 없다. 왜냐하면 그런 일이 실제로 일어나지 않는다는 것을 우리가 알기 때문이다"라고 말할 때는 역사를 과학적인 것처럼 보이게 하려는 **유추**의 원칙에 호소하는 것이다. 유추의 문제점은 그것이 우리가 원하는 것을 줄 수 없다는 점이다. 역사에는, 일어날 것 같지 않은 일이 일어나기도 하는데 그것도 어쩌다 딱 한 번 일어날 때가 많으므로, 유추는 기껏해야 부분적인 역할만 하게 된다. 어쨌거나 만약 누군가가 "어떤 종류의 일들은 정상적으로는 일어나지 않는다"라고 말한다면, "누가 그러는데?"라는 대꾸를 받기 십상이다. 그리고 사실 이 문제와 관련해서는, 초기 그리스도인들이 예수님의 부활을 다른 곳에서도 때때로 일어나는 어떤 사건의 한 사례라고 생각하지 **않았다**는 사실에 우리는 주목해야 한다. 이것은 자명한 사실임에도 불구하고 우리는 그 점을 자주 간과한다. 그들이 그 사건을 언젠가는 다른 모든 사람에게 일어날 일의 첫 번째 사례, 보증 사례로 보았던 것은 사실이다. 그러나 그들은 미래에 일어날 일의 유추로서 지금 그 일이 실제로 일어난 것이라고 주장하지 않았다. (즉 "언젠가는 모든 사람에게 일어날 일이기 때문에, 이번 한 번만은 그 일이 미리 일어났어도 문제가 없다"라는 식으로 말하지 않았다.)

그렇다면 우리가 정상적으로 기대하지 않는 일들을 역사적 증거가 보여 줄 때 역사가들은 어떤 식으로 작업을 하는가? 부활은 그러한 경우에 대한 가장 중요한 예이기 때문에 지금과 같은 메타 차원의 논의에서는 그 질문 자체에 대한 유추를 만들어 내기도 힘들다. 그러나 언젠가는 세계관의 문제들이 저 뒤에서 어렴풋이 나타나기 시작할 것이고, 역사가가 어떠한 종류의 자료가 등장하도록 허락할 것인가 하는 문제는 그가 가진 세계관의 영향을 받을 수밖에 없을 것이다. 그리고 바로 이 지점에서 우리는 다시 과학자의 반대에 직면한다. 죽은 시체에 일어나는(지금까지 늘 일어났었고 앞으로도 계속해서 일어날 것으로 보이는), 철저하게 반복되는 결과가 보여 주는 증거가 너무도 크기 때문에 과학자가 되기를 포기하지 않고서는 부활을 믿을 수 없다는 것이다.

하지만 그와 같은 '과학적' 입장은 어디까지 끌고 갈 수 있는 것일까? 우리가 어떠한 사안을 놓고 "과학자는 무엇을 믿을 수 있는가?"라고 물을 때 우리는 두 단계의 질문을 던지는 것이다. 첫째, 우리는 '과학적인 방법'이 탐구할 수 있는 것들은 무엇인지, 그리고 그 방법을 통해서 어떻게 알고 믿을 수 있는지를 묻는 것이다. 둘째, 우리는 과학적 지식에 헌신한 사람은 삶의 다른 영역에 대해 어떤 종류의 헌신을 해야 하는가를 묻는 것이다. 예를 들어, 과학자는 음악을 듣는 것에도 '과학적' 접근을 해야 하는가? 축구 경기를 관람하는 것은? 사랑에 빠지는 것은? 과학자가 예수님의 부활을 믿을 수 있는가 없는가의 문제는 내가 생각하기에, '부활'(특히 '예수님의 부활')이 과학자의 관심 영역을 침범할 수도 있다는 가정 하에 던져지는 질문인 것 같다. 마치 누군가가 "과학자는 태양이 하루에 두 번 뜰 수도 있다고 믿을 수 있는가?" 혹은 "과학자는 나방이 달까지 날아갈 수도 있다고 믿을 수 있는가?"라고 말하는 것처럼 말이다.[1] 다시 말해서 이것은 "과학자는 슈베르트의 음악이 아름답다고 믿을 수 있는가?" 혹은 "과학자는 자신의 남편이 자신을 사랑한다는 것을 믿을 수 있는가?"라고 말하는 것과는 다르다. 그리고 물론 부활을 단순히 제자들의 마음과 정신의 내면에서 일어난 영적 체험으로 만들기 위해서 부활의 의미를 다시 정의하고 그럼으로써 부활과 관련된 이 질문을 앞의 두 질문보다는 뒤의 두 질문에 더 가깝게 만드는 사람들도 있다. 그러나 우리가 곧 살펴보겠지만, 1세기에 부활의 언어를 사용했던 사람들이 어떤 의미로 그 단어를 사용했는가를 보면 그러한 시도는 불가능함을 알 수 있다. 1세기에 '부활'이라는 단어는, 육체적으로 철저하게 죽었던 사람이 육체적으로 철저하게 다시 살아난 것을 의미했다. 단순히 '살아남는 것' 혹은 '순전히 영적인' 세계—그 세계가 어떠한 세계건—로 들어가는 것을 의미하지 않았다. 따라서 '부활'은 공적 세계를 침범할 수밖에 없다.

그러나 이 시점에서 우리는 '앎'의 세 번째 요소를 만나게 되는데, 그것은 (원칙적으로 실험실에서 반복될 수 있는 것을 '아는') 과학을 넘어서는, 그리고 우리 자신의 경험에 비추어 유추해야만 이해가 되는 것을 '안다'고 주장하는 '역사'를 넘어서는 당혹스러운 영역이다. 때로 인간은—개인이나 공동체는—명백하게 거절하거나, 아니면 그것을 받아들일 경우 자신의 세계관을 개조할 수밖에 없는 무엇과 직면하게 된다.

이 점을 이야기하기 위해서 나는 한때 가상의 옥스브리지(Oxbridge) 시나리오를 상상해 본 적이 있다. 나이 많고 부유한 동창이 모교에 아름답고 대단한 그림을 선물했는데 대학 안에 있는 그 어떠한 공간에도 어울리지 않는다. 그런데 그 그림이 너무도 장엄하고 멋있어서 결국에는 당국이 건물을 허물고 이 위대하고 예상치 못한 선물을 중심으로 건물을 다시 짓기로 결정을 한다. 그 일을 하는 과정에서 그 대학의 모든 것들이 새로운 건물 구조로 인해 더 향상되고 사람들이 인식하고 있던 모든 문제들도 다 해결이 된다. 부족한대로 이 예화를 통해 말하고자 하는 핵심은, 기존의 대학이 그 그림을 받아들이는 시점이 있을 수밖에 없다는 것이다. 다시 말해, 대학 직원들이 중대한 결심을 하게 되는 어떤 인식론적 중첩 지점이 있을 수밖에 없다. 그 기부자가 임의로 양해도 구하지 않고 대학을 허물고 그림을 주면서 "이제 어떻게 할지 생각해 보시오"라고 말한 것이 아니다. 내 요점은 예수님의 부활이, "초기 기독교의 발생을 어떻게 설명하는가?"라는 질문에 대한 자명한 답변이 됨과 동시에, 진지한 역사적 연구에 이 예화가 말하는 것과 같은 영향을 미치고,

더 나아가 역사가와 과학자의 세계관에 이러한 도전을 던진다는 것이다.

이 도전은 사실상 **새 창조**의 도전이다. 가장 간단하게 표현하자면, 예수님의 부활은, 그리스도인이나 신학자 못지않게 역사나 과학을 공부한 사람에게도 지금 있는 그대로의 세계 안에서 일어난 아주 이상한 사건이 아니라 이제 시작되는 세계 안에서 일어난 매우 특징적이고, 원형적이고, 토대적인 사건이다. 그것은 옛 세상에서 일어난 부조리한 사건이 아니라 새로운 세상의 상징이자 시발점인 것이다.[12] 기독교가 내세우는 주장은 그 정도로 중요하다. 즉 나사렛 예수님은 단지 새로운 종교적 가능성이 아니라, 단지 새로운 윤리 혹은 새로운 구원 방식이 아니라, 새로운 창조를 가져온다.

이와 같은 주장은 신학적일 뿐만 아니라 인식론적인 선제 공격으로 보일 수 있다. 만약 실제로 새로운 창조가 일어나고 있다면 역사가들은 그것을 설명할 유추를 하나도 찾지 못할 것이고, 과학자는 그 현상의 특징적인 사건들을 공개적인 조사가 가능했을 다른 사건들과 나란히 놓을 수 없을 것이다. 그렇다면 우리는 어떻게 해야 하는가?

근대 서구 세계 안에서 잉태된, 있는 그대로의 세계를 (정당하게) 관찰하는 과학이라고 하는 프로크루스테스의 침대 위에 놓인, 역사만으로는 마치 홍해 해변에서 두려움에 떨고 있는 이스라엘 자녀들과 같은 처지에 놓인 것 같다. 뒤에는 회의주의의 세력이 바로의 무리처럼 우리를 잡으려고 조롱하고 고함치며 달려오고 있다. 앞에는 혼돈과 죽음을 대변하는 바다가 놓여 있다. 한 번도 패배당한 적이 없는 세력들이다. 이제 우리는 어떻게 해야 하는가? 되돌아가는 길은 없다. 회의주의가 기독교의 증언을 비웃어 온 이천 년의 세월 동안, 어떻게 무덤이 비어 있을 수 있는지, 어떻게 제자들이 예수님을 보게 되었는지, 어떻게 그들의 삶과 세계관이 변화되었는지를 만족스럽게 설명해 줄 수 있는 다른 설명이 제시된 적이 없다. 다른 설명도 사실 놀랄 만큼 얄팍하다. 나는 최근의 것들을 거의 대부분 읽어 봤는데, 그중 많은 것들이 우스운 수준이었다. 역사는 마치 우리를 해변에 서서 떨도록 내버려 두는 것만 같다. 역사는 기독교 신앙이 답이라고 말할 수밖에 없도록 더 세게 밀어붙일 수도 있다. 그러나 바로의 군대와 깊은 바다 사이에 그냥 서 있기로 선택한 사람을 강제로 앞으로 나아가게 할 수는 없다.[13]

그렇다면 모든 것이 역사가 이루어지는 맥락에 달려 있게 된다. 인생에서 우리가 내리는 가장 중요한 결정들은 후기 계몽주의의 왼쪽 뇌의 합리성만으로 이루어지는 것이 아니다. 나는 이 세계를 단순히 관찰하는 것에만 의존하는 순수한 인간의 이성으로는 기독교 신앙의 핵심 진리를 논증할 수 있다고 생각하지 않는다. 사실 그것이 불가능하다는 것은 자명하다. 마찬가지로 이런 식의 역사적 연구는 아무런 역할도 하지 못하며 우리에게 요구되는 것은 맹목적 신앙의 비약일 뿐이라고도 생각하지 않는다. 하나님은 우리에게 생각할 수 있는 지성을 주셨다. 이러한 질문은 적절하게 제기되어 온 질문이다. 기독교는 역사에 호소하고 역사로 돌아갈 수밖에 없다. 그리고 예수님의 부활에 대한 질문도, 비록 그것이 어떤 의미에서는 역사의 범주를 넘어서기도 하겠지만, 마찬가지로 역사 안에 머물고 있다. 그렇기 때문에 그 질문이 그토록 중요하고, 그토록 불편하고, 그토록 삶과 죽음의 문제에 근접해 있는 것이다. 우리는—이 세상은—제자들의 생각과 마음속에 그저 아름다운 생각으로 남아 있는 예수님은 감당할 수 있다. 그러나 이 세상은 무덤에서 나오시는 예수님, 옛 창조의 한 가운데서 하나님의 새로운 창조를 시작하시는 예수님은 감당할 수가 없다.

그렇기 때문에 이 문제에 제대로 접근하기 위해서는 우리의 역사 연구를 더 큰 인간적 맥락, 개인과 집단 모두의 복합적 맥락 안에 위치시킬 필요가 있다. 물론 이것은 역사가와 과학자 뿐만 아니라 어떠한 세계관을 가지고 있든지 그 세계관 안에서 익숙하게 사는 모든 인간에게 도전이 된다. 바로 여기에 세계관의 문제가 걸려 있는 것이고, 이 문제에 대해서 옛날의 자유주의 전략을 써서 (내 초기 작업들을 논평한 일부 서평가들이 주장한 것처럼) 예수님의 부활을 믿는 일은 '실재에 대한 현재의 패러다임'을 받아들이는 사람들에게는 불가능한 일이라는 식의 핑계를 대서는 안 된다. 그것은 흄을 비롯한 계몽주의 사상가들의 세계관을 수용하라는 뜻인데, 그렇다면 나는 21세기 초반인 현재에는 지금의 패러다임에 의문을 가질 온갖 이유들이 있다고 대답할 것이다. 어쨌거나 우리가 살펴본 대로, 고대의 세계관과 근대의 (혹은 심지어 탈근대의) 세계관 중에서 하나를 선택할 수밖에 없다고 말하는 것은 틀린 것이다. 호메로스, 플라톤, 키케로, 그리고 나머지 다른 고대 사상가들의 세계관에도 부활이 들어설 자리가 없기는 마찬가지였다. 여기에서 문제가 되는 것은 창조와 정의의 하나님을 허용하는 세계관과 허용하지 않는 세계관 사이의 충돌이다.

오늘날에도 많은 사람들은 신앙을 사적인 영역에 존재하는 것으로 여기고 있다. 역사가 반갑지 않은 침해를 해 올까봐 역사로부터 스스로를 차단해서 사적인 영역 안에 신앙을 가두는 것이다. 한편 또 다른 많은 사람들은 역사가 눈으로 볼 수 있는 원인과 결과의 폐쇄적 연쇄로만 구성되어 있을 뿐이고, 새롭게 일어나는 그 어떠한 것에도 결코 그 문을 열지 않는다고 여긴다. 부활절 이야기가 하는 일 그리고 아주 초기 시절부터 교회의 존재 자체가 하는 일이라고 내가 주장하는 그 일은 우리에게 거대한 질문을 던진다. 궁극적으로 우리는 적어도 복음을 믿고 삶으로 진리를 살아내고자 하는 공동체와 대화하면서 그 질문을 던져야 한다. 성경을 읽으면서 그 질문을 던져야 한다. 성경은 그 전체 서사를 통해서 성경을 설명해 주는 세계관을 제시한다. 우리는 성경이 말하는 하나님―단지 이 세상 안에 존재하는 신적인 존재가 아니라 이 세상을 창조하신 하나님, 정의와 진리의 하나님―앞에서 개인적으로 마음을 열고 이 문제를 잘 생각해 보아야 한다. 이러한 자세는 역사적 연구를 대체하는 것도 아니고, 역사적 연구에 어설픈 무언가를 덧붙이는 것도 아니다. 그것은 하나님의 세계, 지금 있는 그대로의 창조 세계 안에서뿐만 아니라 새로운 창조 세계 안에서 결국 무엇이 정말로 가능한지를 볼 수 있도록 생각과 마음의 창을 여는 자세다. 내가 생각하기에 역사는, 정말로 빈 무덤이 있었고, 정말로 예수님을―같은 예수님이지만 변화된 예수님을―목격하는 사건들이 있었다고 우리가 말할 수밖에 없는 지점으로 우리를 데려간다. 그러고서 역사는 이렇게 말한다. 그렇다면 그 사건을 어떻게 설명하겠는가?

  이 지점에서 우리가 쉽게 빠져나갈 수 있는 길은 없다. 빠르고 쉬운 길들은 다 시도가 되었었고, 그 어느 것도 들어맞지가 않았다. 역사가 그 질문을 던진다. 그리고 기독교 신앙이 그 질문에 답할 때,

침착하고 겸손하게 질문을 던진 역사는 (이미 이 사안을 결정해 버린 오만한 합리주의와는 반대로) "나로서는 만족스러운 답변이다"라고 대답할 지도 모른다.

  요한복음 20장에 나오는 도마 이야기는 이 모든 문제에 대한 비유가 될 것이다. 도마는 훌륭한 역사가처럼 보고 싶어하고 만지고 싶어한다. 예수님은 그에게 자신을 보여 주면서 만져 보라고 청한다. 그러나 도마는 만져 보지 않는다. 그는 자신이 사용하고자 했던 앎의 방식을 초월해서 더 높고 풍요로운 앎의 방식으로 들어간다. 내가 앞에서 사용한, 홍해 앞에 선 이스라엘 이미지에서는 이 장면이 이렇게 전개될 것이다. "부활절 오라토리오"(Easter Oratorio)[14]에 나오는 말을 인용해서 표현하자면, 도마가 먼저 의심을 보인다.

  바다는 너무 깊고
  하늘은 너무 높네,
  나는 헤엄을 칠 수도 없고
  날 수도 없네.
  나는 여기에 있어야 하네,
  여기에 있어야 하네,
  내가 어떻게 알 수 있는지
  그것을 알고 있는 이곳에,
  내가 어떻게 알 수 있는지
  그것을 알고 있는 이곳에.

  그러나 예수님이 다시 나타나셔서 도마에게 보고 만져 보라고 청하신다. 갑자기 도마 앞에 새로운, 그를 뒤흔드는 가능성이 펼쳐진다.

바다가 갈라졌다. 바로의 무리 -
절망, 그리고 회의, 그리고 두려움, 그리고 교만 -
그런 것들이 더 이상 우리를 두렵게 하지 않네.
반드시 반대편으로 우리는 건너가야만 하네.

하늘이 머리를 숙이네. 상처 입은 손으로
우리의 유배당한 하나님이, 우리의 수치당하신 주님이
우리 앞에 살아서 숨쉬며 서 계시네,
그 말씀이 가까이 왔고, 우리의 이름을 부르시네.

회의하는 지성에 새로운 앎이,
보지 못하는 눈에 새로운 시각이 생겨나네,
회의하는 자가 새로운 신뢰를 찾기를,
믿음으로 아는 새로운 희망을 찾기를.

이 말과 함께 도마는 깊은 숨을 들이 쉬며 순식간에 역사와 신앙을 한 자리에 가져온다. "나의 주, 나의 하나님."

이것은 역사에 반하는 진술이 아니다. 여기에서 문제가 되는 '주'는 이스라엘 역사의 절정이신 바로 그분이시면서 또한 새로운 역사의 창시자시다. 일단 부활을 받아들이고 나면, 그 순간에 대한 부분적인 유추와 그 순간을 준비시켜 주는 유추가 이스라엘 역사에 가득하다는 것을 알게 된다. 궁극적 부활과 새로운 창조에 대한 약속만이 이러한 인식론을 지탱하는 것이 아니라 과거에 하나님이 하셨던 위대한 행동의 내러티브도 그 인식론을 지탱하고 있다.

이것은 또한 과학에 반하는 진술도 아니다. 새로운 창조의 세계는 말 그대로 새로운 **창조**의 세계다. 그러므로 그 세계에서도 인간은 일을 할 수 있고, 사실 그 세계는 인간의 노동을 열망한다. 마술적 기법으로 그 세계를 조작한다는 의미도 아니고 창조의 세계 자체가 신성한 것인 양 그것에 굴종하기 위해서도 아닌, 그 세계의 청지기로서 인간의 노동을 기대한다. 그리고 청지기들은 자신들이 맡고 있는 그 대상에 충실해야 하고 세심한 주의를 기울여야 한다. 그것을 더 잘 섬기고 그것이 의도된 대로 풍성하게 열매를 잘 맺을 수 있게 하기 위해서 말이다.

내가 주장하고자 하는 것은, 죽은 자 가운데서 부활하신 예수님을 믿는 신앙은 우리가 역사라고 부르는 것 그리고 우리가 과학이라고 부르는 것을 **초월하지만 또한 포함한다**는 것이다. 이 같은 믿음은 모든 역사와 과학을 거절하는 맹목적 신앙이 아니다. 혹은 역사와 과학 모두와 단절된 채 전적으로 다른 영역 안에 존재하는 신앙도 아니다. 차라리 그렇다면 훨씬 더 '안전'했을 것이다! 모든 지식은 대상에 따라 앎의 방식이 정해지며 이러한 종류의 신앙 역시 그 대상에 따라 신앙의 방식이 정해지는데, 그 신앙은 바로 창조주 하나님에 대한 신앙이다. 마지막에 가서는 모든 것을 바로 잡겠다고 약속하신 하나님, 역사 **안에서** 다른 모든 사람과 마찬가지로 과학자에게도 설명을 요구하는 증거를 남긴 채 예수님을 죽은 자 가운데서 일으키신—역사와 과학이 만나는 예리한 순간이었다—하나님에 대한 신앙이다. 자신이 작업하고 있는 패러다임에 맞지 않는 무엇인가가 나타났거나 이런저런 방법을 다 시도해 보았는데도 해결되지 않을 때 선택할 수 있는 과학적 방법 한 가지는 바로 패러다임 자체를 바꾸는 것이다. 그 때까지 자신이 알고 있던 모든 것을 다 배제하기 위해서가 아니라 더 큰 전체 안에 그것을 포함시키기 위해서 말이다. 그것이 바로 도마가 받은 도전이다.

도마가 역사적·과학적 앎을 초월하면서도 포함하는 믿음의 인식론을 대변한다면, 바울은 희망의 인식론을 대변한다고 말할 수 있을 것이다. 고린도전서 15장에서 그는 하나님이 이루시는 새 창조의 일부로서 미래에 부활이 있을 것이라는, 그러니까 로마서 8장에서 말한 것과 같은 우주 전체의 구속이 있을 것이라는 자신의 논증을 대략적으로 펼치고 있다. 그리스도인들의 희망은 긍정적 사고나 단순한 맹목적 낙관주의가 아니다. 그것은 앎의 방식인데, 그 방식 안에서는 새로운 일들이 가능하고, 선택도 가능하고, 새로운 창조도 일어날 수 있다. 여기에 대해서는 할 말이 더 많지만 다음 기회로 미루겠다.

그 다음에 우리가 보게 될 사람은 바로 베드로다. 역사적·과학적 앎을 초월하면서 또 포함하는 믿음의 인식론과 희망의 인식론은 사랑의 인식론으로 이어진다. 이것은 내가 버나드 로너건(Bernard Lonergan)에게서 처음 접한 생각이지만, 그가 처음 생각해 낸 것은 아니다. 요한복음 21장의 이야기가 이 사실을 예리하게 잘 보여 준다. 베드로는 알다시피 예수님을 부인했다. 그는 결국에는 압제자가 이기고 그 압제자의 눈 밖에 난 사람들하고는 어울리지 않는 것이 더 좋은 일반적인 세상에서 살기로 선택했다. 그런데 이제 부활절과 함께 베드로는 새롭고도 다른 세계에서 살도록 부름받았다.

도마가 새로운 종류의 믿음으로 부름받았고, 바울이 근본적으로 새롭게 된 희망으로 부름받았다면, 베드로는 새로운 종류의 사랑으로 부름을 받았다.[15]

여기에서 나는 다시 한 번 비트겐슈타인의 이야기로 돌아가고자 한다. 이번에는 부지깽이 때문이 아니라 그의 유명한 경구 때문이다. "부활을 믿는 것은 **사랑**이다."[16] "요한의 아들 시몬아, 네가 나를 사랑하느냐?"라고 예수님은 물으셨다. 그 질문에는 하나의 세계가 들어 있다. 인격적인 초대와 도전의 세계, 불충과 파국 이후에 인간이 고침을 받는 세계, 우리가 어떻게 알 수 있는가의 문제, 즉 인식론의 문제가 실재는 무엇으로 구성되어 있는가의 문제, 즉 새로운 존재론의 문제에 상응하도록 고침을 받는 세계가 그 안에 들어가 있다. 부활의 실재는 부패와 부인, 압제자와 고문, 불순종과 죽음이라고 하는 옛 세계 안에서 그냥 '알 수' 있는 것이 아니다. 그러나 그것이 바로 요점이다. 반복해서 말하지만, 부활은 **현** 세계 안에서 일어난 매우 독특한 사건이 아니다(비록 그러한 면도 있기는 하지만 말이다). 부활은 원칙적으로 예수님과 함께 탄생하게 되는 새로운 창조 세계의 결정적 사건이다. 우리가 이 새로운 세상에 들어가는 것은 둘째 치고 그것을 잠깐 보기만 하려해도 우리에게는 다른 종류의 앎이 필요할 것이다. 우리를 새로운 방식으로 참여시키는 앎, 객관적 자세로 연구하는 유사 과학 연구의 냉정한 평가만이 아니라 전인격적으로 참여하고 개입하는 인식론이 필요하다. 그러한 인식론을 가장 잘 요약해서 표현한 말이 '사랑'이며, 요한이 말하는 온전한 의미의 '아가페'다. 몇몇 동료 과학자들과 이야기를 나누면서 내가 알게 된 사실은, 과학자가 자신이 연구하는 문제에 너무도 완벽하게 자신을 투신한 나머지, 새로운 가설이 막 탄생하려는 듯해 보일 때 바로 이와 비슷한 일이 이미 작용한다는 것이다. 그 가설은 다른 곳에서 얻은 데이터를 추상적인 뇌(육질로 만들어진 컴퓨터라고나 할까?)로 처리하는 과정을 통해서 얻어진다기보다는 아는 자와 알려지는 대상, 사랑하는 자와 사랑받는 대상의 부드럽고도 신비로운 공생을 통해서 얻어진다.[17]

회의주의자는 나의 이런 설명이 부활절의 진리를 다시 한 번 단순한 주관주의로 축소시키는 것일 뿐이라고 단번에 주장할 것이다. 그러나 그렇지가 않다. 부활을 믿기 위해 '아가페'가 필요하다고 해서, 그때 일어난 일이 베드로와 그 외에 다른 사람들이 자신들의 마음이 이상하게 뜨거워지는 것을 느낀 것에 지나지 않는다는 뜻은 아니다. 우리가 여기에서 이야기하는 것이 바로 **사랑**이기 때문에, 그것은 사랑하는 자 외부에 존재하는 상호 관계적인 실재를 필요로 한다. 사랑은 가장 깊은 앎의 방식이다. 왜냐하면 자기 자신이 아닌 다른 실재에 완벽하게 관여하면서, 동시에 자기 자신이 아닌 그 실재를 확인하고 축하하는 것이 바로 사랑이기 때문이다. 바로 이 지점에서 많은 근대적 인식론이 무너진다. 사물은 객관적으로 사실이거나 (따라서 냉정한 관찰자에 의해서 그렇게 지각될 수 있거나) 아니면 주관적으로 사실이거나 (따라서 실재적 공공 세계에 대한 설명으로서는 쓸모가 없거나) 둘 중 하나라고 말하는 '객관'과 '주관'의 진부한 반정립이 사랑의 인식론에 의해서 극복되는 것이다. 새로운 공공 세계, 부활절에 시작된 세계, 예수님이 주이시고 카이사르는 주가 아닌 세계에서 살게 될 사람들에게 필요한 앎의 방식으로 대두되는 것이 바로 사랑의 인식론이다.

그렇기 때문에 예수님의 육체적 부활에 대한 역사적 논증이 참으로 강력함에도 불구하고 그것이 도마와 바울, 베드로가 직면했던 질문들, 즉 믿음, 소망, 사랑의 질문들을 던지는 것보다 더 큰 일을 하리라고 생각해서는 안 된다. 우리는 '객관적'으로 여겨지는 역사적 인식론을 부활절의 진리를 주장하는 궁극적인 근거로 사용할 수가 없다. 그렇게 하는 것은 마치 태양이 떴는지를 보기 위해서 촛불을 켜는 것이나 마찬가지일 것이다. 역사학이라고 하는 촛불이 하는 일은, 그 방이 지난밤과 같은 모습이 아니라는 것을 보여 주고, '정상적' 설명으로는 이 현상을 설명할 수 없다는 것을 보여 주는 것뿐이다. 역사적 논증이 자신의 몫을 다 하고 나면 우리는 어쩌면 아침이 왔고 이 세상이 깨어난 것인지도 모른다고 생각할 수 있다. 그러나 그것이 사실인지를 확인하기 위해서는 위험을 무릅쓰고 떠오르는 태양을 향해 커튼을 열어야 한다. 그렇게 할 때 우리는 더 이상 촛불에 의존하지 않을 것이다. 증거와 논증을 믿지 않아서가 아니라 증거와 논증이 기대고 있고, 지시하고 있고, 더 큰 새로운 집을 발견하게 되는 더 큰 실재가 등장했기 때문이다. 모든 앎은 하나님이 주신 선물이다. 믿음, 소망 그리고 사랑의 앎뿐만 아니라 역사적 앎과 과학적 앎도 마찬가지다. 그러나 그중에서도 제일은 사랑이다.

나오는 말

마지막으로 한 마디 덧붙이겠다. 지난 이백 년 동안 예수님의 부활이 실제로 일어났다고 주장하는 것은 시대에 뒤떨어지는 일이며 심지어 창피스런 일이라고 여기게 만든 회의주의의 기후는 결코 사회적으로나 정치적으로 중립적이었던 적이 없으며 지금도 마찬가지라고 나는 확신하게 되었다. 계몽주의의 지적 쿠데타는 "이제 우리는 죽은 사람이 부활하지 않는다는 것을 안다"라는 생각이 마치 근대에 발견된 새로운 생각인 양 많은 사람들을 설득했지만, 사실 이것은 호메로스나 아이스킬로스가 당연하게 받아들였던 것을 재차 확인한 것에 불과하다. 이것은 계몽주의의 다른 제안들과도 밀접하게 연관되어 있는데, 특히 우리가 이제는 성년이 되었기 때문에 하나님은 위로 보내버리면 되고, 외부의 간섭 없이 우리의 유익에 따라서 이 세상을 재단하고 우리가 원하는 대로 운영할 수 있게 되었다는 제안도 그 중 하나다. 그러한 면에서 지난 세기의 전체주의들은 사상과 문화의 전체주의가 다양하게 나타난 것일 뿐이며, 그러한 전체주의에 대항해서 이제는 포스트모더니티가 (내가 보기에는 온당하게) 반항을 하고 있다. 결국 죽은 자의 부활을 원하지 않았던 사람은 누구인가? 그저 지적으로 소심한 사람들이나 합리주의자들이 아니었다. 그때나 지금이나 그런 사람들은 권력을 가진 사회적·지적 압제자와 폭군들이었다. 압제자의 마지막 무기인 죽음 자체를 패배시킨 이 세상의 주라는 존재에 대해 위협을 느낄 카이사르와 같은 자들, 유대인의 진정한 왕이 죽고 난 후에 비준이 되는 것에 경악할 헤롯과 같은 자들이었다.[18] **바로 이 지점에서 예수님의 부활을 믿는 일은, 1세기에 일어난 오래된 사건을 연구하는 문제가 아니라 21세기에 다시 희망을 발견하는 문제가 된다.** 희망은 다른 세계관—부자와 권세 있는 자와 부도덕한 자가 최종적 발언을 하는 세계관이 아닌—이 가능하다는 것을 갑자기 깨달을 때 생겨난다. 예수님의 부활이 요구하는 이러한 세계관의 전환은 우리를 통해 이 세상을 변화시킬 전환이기도 하다.

오스카 와일드의 희곡「살로메」에 나오는 아름다운 장면을 한 번 생각해 보라. 바로 헤롯이 나사렛 예수가 죽은 자를 부활시켰다는 보고를 듣는 장면이다.

"그가 그런 일을 하게 해선 안 돼." 헤롯은 말한다. "그가 그런 일을 하는 것을 금한다. 그 누구도 죽은 자를 살려내는 것을 허용하지 않는다. 이 자를 반드시 찾아서 내가 죽은 자를 부활시키는 것을 금한다고 말해야 한다."

바로 여기에 자신의 권력이 위협받는 것을 아는 압제자의 허세가 있다. 그리고 나는 그와 같은 어조의 음성을, 자신들의 유익에 따라서 이 세상을 재단하고 싶어 하는 정치가들에게서 뿐만 아니라 거기에 동조해 온 지적 전통 안에서도 듣는다.

그러나 그 다음에 나오는, 뇌리를 떠나지 않는 대사 한 줄은 헤롯에게 뿐만 아니라 우리에게도 참으로 정곡을 찌르는 말이다. "그 자가 어디에 있느냐?" 헤롯이 물었다. "곳곳에 다 있습니다. 내 주, 왕이여." 신하가 대답했다. "하지만 그를 찾기가 힘듭니다."[19]

제2부
하나님의 미래 계획

5. 우주의 미래: 진보인가, 절망인가?

들어가는 말

이 책의 1부에서 나는, 현재의 세상과 교회는 미래의 희망에 대해 커다란 혼란을 안고 있지만, 초기 그리스도인들은 예수님과 그분의 부활에 대해 그리고 하나님이 자신의 모든 백성에게 약속하신 미래의 삶에 대해 매우 정확하고 독특한 믿음을 가지고 있었음을 밝혔다.

이것은 고대의 사람들은 쉽게 믿고 현대의 사람들은 회의적이라는 문제가 아니다. 지금 우리가 사는 세상에도 여전히 쉽게 믿는 경향의 사람들이 많이 있고, 마찬가지로 고대 세계에도 회의적인 사람들이 상당히 많이 있었다. 이것은 오히려 예수님과 관련된 사건들, 그 중에서도 특히 부활절 사건이 발생시킨 매우 특수한 세계관과 연관이 있는 문제다.

초기 그리스도인들은 그 위대한 사건을 기뻐하며 회상했다. 그러나 하나님을 창조주이자 구속주로 믿는 자신들의 유대교 신앙 때문에 그리고 이 신앙이 예수님의 부활이라는 예기치 못했던 사건에서 확인되었기 때문에 그들은 부활절에 시작된 일이 완성될 앞으로의 사건 또한 간절히 기대했다. 이처럼 아직 미완으로 남아 있는, 미래의 회복이라는 더 큰 그림이 이 책 제2부의 주제다.

이 시점에서 복음이 모든 신자에게 주는 개인적 소망에 대해 이야기하는 것도 괜찮을 것이다. 그 첫 번째 부활절에 하나님이 예수님을 위해 하신 일과, 또 그분이 그리스도 안에 있는 모든 사람, 그리스도의 성령이 거하시는 모든 사람을 위해서 약속해 놓으신 일을 이야기할 수도 있을 것이다. 그것이 바로 인간으로서 우리 자신이 기대할 수 있는 성경적이고 역사적인 기독교의 희망이다. 그러나 이 부분에 대해서는 나중에 순차적으로 다루고자 한다.

그 문제부터 짚고 넘어가지 않는 타당한 이유가 있다. 지난 이백 년 동안 서구 사상은 하나님의 창조라는 더 큰 그림을 희생시키면서까지 개인을 지나치게 강조해 왔다. 게다가 중세 이후로 서구 신앙의 많은 부분이 헬라 철학의 영향을 크게 받았고, 그 결과 사람들이 갖게 된 미래에 대한 기대는 새 하늘과 새 땅이라는 성경적 그림보다는 영혼이 육체를 벗은 희열의 상태로 들어간다는 플라톤의 시각과 더 많이 닮게 되었다. 만약 우리가 미래에 대한 희망의 문제를 개인 차원에서 거론하기 시작하면 그것을 모든 것의 진정한 중심으로 이해하게 될 것이고, 창조에 대한 희망은 그저 가장자리의 장식 정도로만 취급받게 될 위험이 함의적으로나마 언제나 존재하게 된다. 실제로 그런 일은 자주 일어났다. 나는 자세한 설명뿐만 아니라 논증을 해 나가는 구조를 통해 그러한 위험을 배제하려 한다.

따라서 논의의 순서는, 개인에게 주어진 약속을 먼저 보고 거기에서부터 창조의 회복으로 가는 대신에, 미래 세계에 대한 성경적 비전, 창조주이자 구속주이신 하나님에 의해서 위에서부터 아래로 회복되는 현 우주에 대한 비전에서부터 시작될 것이다. 그 맥락 안에서야 우리는 예수님의 '재림'을 이야기할 수 있을 것이며, 그 다음에 육체의 부활을 이야기할 수 있을 것이다.[1]

그 다음에는, 우주 전체의 거대한 희망 안에서 우리의 작은 드라마들이 연극 안의 연극이 되어버리는 위대한 드라마를 살펴볼 것이다. 이 세계 전체에 대한 하나님의 목적은 무엇인가?

이 질문에 답하기 위해서 우리는 먼저 이번 장에서 매우 인기 있으며 선택 가능한 두 가지 길을 살펴본 후, 다음 장에서 신약성경 자체가 제공하는 그 두 가지에 대한 대안적 선택을 살펴볼 것이다 (비록 현대 기독교를 통해서는 그 대안적 선택이 무엇인지 알기 힘들겠지만 말이다).[2]

선택1: 진화론적 낙관주의

지나친 단순화라는 위험을 무릅쓰고, 우리는 역사 이래 세상의 미래를 바라보는 서로 다른 두 가지 관점이 있어 왔다고 말할 수 있다. 이 두 가지 방식은 모두 때로 기독교의 희망과 혼동되었고, 각각의 방식이 자신의 웅대한 이야기를 들려줄 때 기독교적 희망의 요소들을 일부 사용한 것도 사실이다. 그러나 그 두 가지 중 그 어느 것도 우리의 신약성경이 가지고 있는 그림 근처에도 오지 못하며 구약의 경우는 말할 것도 없다. 기독교적 답변은 그 두 가지의 중간쯤에 온다기보다 두 가지의 장점은 결합시키고 약점은 제거하는 성경적인 답변이 될 것이다.

첫 번째 입장은 진보의 신화다. 많은 사람들이 특히 정치가들과 언론 등에 나오는 세속적 시사 해설자들이 여전히 이 신화를 가지고 살며, 거기에 호소하고, 우리도 그것을 믿도록 부추긴다. (내가 잠시 곁길로 나가도 된다면) 정말이지 오늘날 진지한 정치적 담론의 종말은 특히나 이런 진보의 신화에서 비롯된다고 할 수 있다. 정치가들은 여전히 자신들 나름의 신화를 가지고 대중을 열광시키려 하지만—불쌍하게도 그게 그들이 아는 유일한 담론이다—사람들은 이미 그 단계를 넘어섰다. 그런 면에서 그들은 마치 해변으로 배를 저어 가려고 애를 쓰지만 강한 조류가 그 배를 바다 쪽으로 더 멀리 보내 버리는 상황에 처한 사람들과 같다. 그들은 잘못된 방향을 바라보고 있기 때문에 자신들의 노력이 헛되다는 것을 알지 못한 채 해변을 향해 가는 자신들의 멋진 여행에 합류하라고 다른 배들에게 소리친다. 그렇기 때문에 정치가들은 우리에게 제시해야 한다고 생각하는 근대주의적이고 진보주의적인 프로젝트("우리를 위해서 투표하면 살기 좋아질 겁니다!")를 과장과 자극의 포스트모던적인 기법으로 치장할 수밖에 없는 것이다. 진정한 희망이 없다면 남는 것은 느낌뿐이다. 설득으로는 되지 않을 것이다. 왜냐하면 우리는 절대로 믿지 않을 것이기 때문이다. 우리에게 필요해 보이는 것, 따라서 사람들이 우리에게 주는 것은 바로 오락이다. 어떤 기자가 최근에 말한 것처럼, 우리의 정치가들은 자신을 록 스타로 대해 줄 것을 요구하는 반면 우리의 록 스타들은 정치가 행세를 하고 있다. 이와 같은 혼란을 정리한다는 것은, 다른 많은 것들 중에서도 특히 진정한 정치적 담론의 회복을 의미해야 할 것이다. 우리에게는 그런 회복이 절실히 필요하다. 기독교의 희망에 대해 현재 사람들이 가지고 있는 견해에도 불구하고 이러한 혼란을 정리하는 데는 기독교의 희망이 제격이다.

하지만 이제 우리의 주요 주제로 다시 돌아가자. 진보의 신화는 현대 서구 문화에 깊이 뿌리를 두고 있으며, 그 뿌리 중 일부는 기독교에서 비롯된 것이기도 하다.[3] 인간의 프로젝트가, 그리고 이 우주의 프로젝트가 계속해서 자라고 발전할 수 있고 실제로 그러할 것이며, 그 결과 인간이 무한히 개선되면서 유토피아를 향해 갈 것이라고 하는 생각은 르네상스 시대로 거슬러 올라가는데, 18세기 유럽의 계몽주의가 그러한 생각의 결정적인 견인차가 되었다. 이러한 사상은 한편으로는 과학적 진보와 경제적 진보가 결합되고 다른 한편으로는 민주주의적 자유와 더 넓은 교육 기회를 누리면서 역사가 놀라운 목표를 향해 빠르게 진전하고 있다는 느낌이 강력했던 19세기의 유럽에서 온전하게 꽃을 피웠다. 이 세상이 평화롭게 살아갈 황금기인 엘도라도가 바로 저 모퉁이만 돌면 있을 것 같았다. 계몽된 유럽과 미국에서 시작된 번영은 온 세상에 다 뻗어 나갈 것이다. 물론 백 년 전에 살았던 사상가들 모두가 이 범주에 속하는 것은 아니지만 헤겔처럼 큰 영향을 미친 사람들을 포함한 많은 사람들이 정말로 그렇게 생각했다. 오늘날 일부 정치인들이 여전히 영감을 얻는 근원 또한 바로 그것이다.

이러한 유토피아적인 꿈은 사실 기독교적 비전의 서툰 모방이다. 그 꿈은 한 마디로 다음과 같다. 하나님 나라와 이 세상 나라가 하나가 되어 목표를 향해 앞으로 나아가는 역사적 비전을 만들어 내게 되는데 이 목표는 어딘가 다른 곳에서 주어지는 새로운 선물이 아니라 그 안에서 부상하는 목표다. 인간은 완전해질 수 있고, 실제로 그 지점을 향해서 불굴의 의지로 진화하고 있다. 이 세상은 우리가 발견하고, 이용하고, 즐겨야 할 대상이다. 하나님의 은혜에 의지하는 대신에 교육을 받고 열심히 일함으로써 우리의 잠재력이 온전히 다 발현될 것이다. 창조와 새 창조 대신 과학과 기술이 이 세상의 원료를 유토피아의 재료로 바꿀 것이다. 신화에 나오는 프로메테우스가 신들의 뜻을 따르지 않고 자기 자신의 방식대로 이 세상을 운영하려 한 것처럼 자유주의적 모더니즘은 영광스러운 미래로 가는 위대한 행진이 잘 전진하도록 도우면 이 세상이 우리가 원하는 대로 다 될 것이라고 생각했다.

이 간략한 묘사에서 찰스 다윈의 역할은 잠시 무시했는데 그의 아이콘적 지위는 지금까지도 일부 현대적 논의의 주변을 배회하고 있다. 이 이야기 가운데 특이하면서 어쩌면 시적이라고도 할 수 있는, 예기치 못한 전개 중 하나는 오늘날 많은 사람들이 인식하고 있듯이 다윈은 뜬금없이 급진적인 사상을 가지고 등장한 위대한 새 사상가라기보다는 정확하게 자기 시대의 산물이었다는 사실이다. 그는 홍수처럼 밀려오는 자유주의 모더니즘의 낙관적인 돌진에서 눈에 띄는 위치에 있기는 했지만 서구 사상의 특정 발전 단계의 산물일 뿐이었다. 그의 사상이 원래 속한 협소한 생물학의 영역에서뿐만 아니라 사회학이나 정치학 같은 훨씬 더 넓은 분야에서도 열렬히 수용되고 재적용되었다는 사실은 당시의 분위기를 잘 보여 준다. 사람들은 인류와 세계가 멈출 수 없는 내재적 과정으로서 앞으로 위로 행진해 가고 있으며, 그 결과 곧 위대한 미래가 올 것이라고 생각했다. 이처럼 진보라고 하는 좀더 일반적인 의미의 진화를 이미 많은 사람들이 믿고 있었던 것이다. 그것은 자신의 거대한 산업적·제국주의적 확산을 정당화하고 싶어 하는 사람들에게 매우 편리한 철학이었다. 다윈은 거기에 과학적 정당성을 부여해 주었고, 사람들은 그것을 재빠르게 포착해서 불과 반세기 안에 우생학에서부터 전쟁에 이르기까지 모든 것을 정당화하기 위해서 그것을 사용했다. 물론 약간의 세부 내용만 수정하면 칼 마르크스의 경우도 마찬가지일 것이다.[4]

당시 많은 기독교 사상가들이 주요 흐름으로 자리잡아 가는 듯이 보이는 이 진보의 사상에 동조했다. 많은 사람들이 (예를 들어) 자신들이 구약성경에서 문제라고 느꼈던 것을 해결하는 방법으로 다윈의 사상을 수용했고, 또 많은 사람들이 사회적 다윈주의가 이 세상이 앞으로 나아갈 길이라고 열심히 설명했다. 심지어 일부 사람들은 인간 종족 중에서 누가 가장 적자인지, 누가 가장 생존할 가치가 있는지를 시험해 보는 타당한 방법으로써 전쟁을 격려하기까지 했다. 많은 그리스도인들이 기독교의 메시지가 약속하는 것을 사회에서 실천하기 위해 '사회 복음'(social gospel)이라는 것을 수용했다. 그것을 통해서 좋은 일이 많이 행해진 것도 사실이다. 비록 그로부터 1세기가 지난 오늘날 우리는 그것이 충분한 답변이 아니라는 것을 알지만 말이다.

그러나 진보의 신화가 기독교적인 형태로 발전한 것 중에서 가장 잘 알려진 것은 바로 피에르 테야르 드 샤르댕(Pierre Teilhard de Chardin)의 사상이었다. 이 프랑스인 예수회 수사는 1881년에 태어났는데, 그는 인류의 기원을 연구한 탁월한 과학자였고, 하나님의 임재를 이 자연계 어느 곳에서도 발견할 수 있다고 믿었던 열렬한 기독교 신비가였다. 그는 이 살아 있는 세계가 모든 것을 포함하는 '우주적·그리스도적·신적 환경'으로서 스스로를 드러낸다고 믿었다. 이 세상의 혼란과 고통에도 불구하고 그는 이 세상이 '생기를 얻어 하나님을 향해 끌려 올라가고 있다'고 믿었다. 거룩한 영이 진화 과정의 모든 단계에 관여해서 '우주적이고 인간적인 진화가 성령의 더 온전한 드러냄을 향해서 계속해서 앞으로 나아가서 "그리스도-오메가"에서 절정을 이룬다'고 그는 믿었다.[5] 모든 역사가 그리스도가 출현하는 오메가 지점을 향해 움직이고 있듯이 모든 창조 역시 그분 안에서 성취되는 절정이자 목표를 향해 가고 있다고 그는 생각했다. 테야르 드 샤르댕의 가장 유명한 책인 「인간현상」(*The Phenomenon of Man*, 한길사 역간)은 2차 대전 이전에 쓰였지만 그의 사후인 1955년에야 출판되었는데 베스트셀러가 되어 기독교 영성과 과학적 사고를 결합시키고 싶어 했던 당시의 모든 사람에게 영향을 미쳤다. 근래의 한 열정적인 저자는, '성육신에 대한 그의 강력한 긍정 그리고 진화론적 관점 안에서 그가 가진 보편적·우주적 그리스도에 대한 비전은 '과학주의 시대에 기독교 신앙의 핵심을 재확인하게' 해주었다고 주장했다.[6] 테야르 드 샤르댕은 '자신의 기원인 그분을 통해 모든 것이 완성의 상태로 돌아간다'고 말하는 기도문이 최근에 인기를 얻고 있는 현상에까지 영향을 미치고 있는 것인지도 모른다.[7]

테야르 드 샤르댕의 사상은 다양한 측면을 가지고 있고 모호하기도 한데, 여기에 그의 사상에 대한 비평이나 해설을 덧붙이진 않겠다. 일부 사람들의 말처럼 그를 앞서간 뉴에이지 영성의 선지자라고 말하는 것은 과장된 면이 있다. 또 그의 사상에 범신론적인 요소가 있는 것 같아 보이기는 하지만 그는 범신론자도 아니었다. 그러나 그가 당대의 진화론적 낙관주의의 약점을 공유하고 있었던 것은 사실이며, 이제 우리가 살펴보겠지만, 특히 근본적 악의 문제를 자신의 사상에 포함시키지 못했다는 약점을 갖고 있다(흥미롭게도 그가 처음으로 자신의 교회를 비판적으로 바라보게 된 것은 원죄에 대한 초기의 어떤 작업 혹은 그 작업의 부재 때문이었다). 테야르와 그의 지지자들은 골로새서 1:15-20에 나오는 대로 '우주적 그리스도'라는 바울의 사상에 호소했다. 그러나 그 본문이든 아니면 또 다른 본문이든 바울의 사상은 테야르가 세우기를 바라는 구조를 지지한다고 볼 수 없다. 장기적으로 볼 때—물론 그가 호소한 것도 장기적인 관점이기는 했지만—그는 진화론적 낙관주의의 시대에 기독교적인 형태를 띠고 활짝 피었던 위대한 꽃들 중 하나로 보인다. 그런데 그 진화론적 낙관주의에 대해 우리의 후기 과학주의 세대는 갈수록 회의적인 입장을 취하고 있다. 이 부분에 대해서는 잠시 후에 더 살펴보겠다.

진보의 신화가 갖는 진짜 문제는, 내가 조금 전에 암시한 것처럼 그것이 악의 문제를 다룰 수가 없다는 것이다. 내가 '다룬다'는 말을 할 때는 그저 지적으로만 다루는 것을 의미하는 것이 아니라—물론 그것도 포함하지만—실제적으로 악을 다루는 것을 의미한다. 그 신화는 이 세상에 존재하는 심각한 악의 문제를 다룰 수가 없다. 그렇기 때문에 지난 이백 년 동안의 진화론적 낙관주의는 세계대전, 마약 범죄, 아우슈비츠, 인종분리 정책 앞에서 그리고 아동 포르노그래피와 그 외에 우리의 오락을 위해 진화론이 20세기에 만들어 낸 다른 흥미로운 부업들 앞에서 무력한 것이다. 진보의 신화를 가지고는 그것을 설명할 수 없을 뿐 아니라 뿌리 뽑지도 못한다. "이 세상을 설명하는 것이 아니라 이 세상을 변화시킨다"라고 하는 마르크스 자신의 의제도 성취되지 못한 채 남아 있다. 물론 20세기는 진보의 신화가 어떤 결과를 가져오는지 꽤 제대로 보여 주었고 (예를 들어 칼 바르트 같은) 많은 사람들이 1차 세계대전을 통해서 그것을 보다 명확히 인식했다. 그럼에도 불구하고 여전히 진화론적 낙관주의를 믿고 선전하는 사람들이 많은 것을 보면 놀라울 따름이다. 테야르 자신도 세계대전 중에는 전장에서 들것을 들고 다니는 사람이었고 그 경험이 그에게 큰 영향을 미쳤지만, 그 영향 때문에 오히려 그는 인간의 고통을 자신의 공식에 끼워 맞추려 했다. 망명을 시도하는 사람이나 중동 문제에 대한 오늘날의 쟁점 중 하나는 정치가들이 여전히 우리에게 진보의 꿈, '자유'라고 하는 황금의 꿈을 향해 꾸준히 전진해 나아가는 그림을 제시하고 싶어 한다는 것이다. 그리고 인간의 비참함이 우리 앞에 그 모습을 드러내거나, 우리 자신과는 매우 다른 문화권에 속한 사람들이 우리가 생각했던 그러한 종류의 '자유'를 원하지 않는 것처럼 보이면 그것은 사회적으로 뿐만 아니라 이념적으로도 깔끔하지 못하고 불편한 것이 되어 버린다. 그것은 정치가들에게 자신들의 사고에 결함이 있음을 상기시켜 준다. 이 세상은 빛을 향해 행복한 전진을 하는 곳이 아니라 여전히 슬프고 악한 곳이다.[8]

진보의 신화는 세 가지 이유에서 악의 문제를 다룰 수 없다. 첫째, 악을 막을 수가 없다. 만약에 진화가 우리에게 히로시마와 강제 노동 수용소를 주었다면 진화를 좋다고만 할 수는 없다. 우리가 그저 계몽주의의 꿈을 가지고 앞으로 열심히 나아가기만 하면 그러한 문제들이 다 해결되고 결국에는 유토피아에 도달할 것이라고 가정할 만한 이유는 과학, 철학, 예술, 그 어디에도 없다. 게다가 오늘날의 최첨단 과학은, 생물학적 진화에 대해 무엇이 옳고 그르건 간에, 이 우주가 황금의 미래를 향해 진화해 가고 있지 않다는 사실을 꽤 분명히 보여 준다. 거대한 폭발(Big Bang)로 시작된 이 세상은 에너지가 서서히 고갈되어 가고 우주는 춥고 어두운 저 너머로 서서히 확장되어 가면서 거대한 냉각(Big Cool-Down)을 향해 가고 있거나, 아니면 중력이 다시 강력하게 작용하면서 모든 것이 속도를 늦추다가 그 다음에는 멈추었다가 다시 빠르게 서로 합쳐지면서 거대한 부숨(Big Crunch)을 향해 가고 있거나 둘 중 하나다. 아니면 이처럼 걱정스런 가능성 중 그 어느 것 하나가 일어나기 전에, 공룡을 멸종시켰을 것이 분명한 거대한 운석이 지구를 때려서 공룡 멸종과 비슷한 파괴적인 결과를 가져올 가능성도 꽤 크다. 이러한 시나리오 중 그 어느 것도 진보의 신화 안에서는 이해가 되지 않는다.[9]

둘째, 만약 '진보'가 결국 우리를 유토피아로 데려간다 하더라도, 지금까지 이 세상에 일어난 모든 악의 **도덕적** 문제는 다뤄지지 않는다. 예를 들어 내일 아침에 황금의 시대가 왔다고 하자. 그것이 오늘 고문으로 죽어가는 사람들에게 해줄 수 있는 말은 무엇인가? 세계의 모든 역사는 둘째 치더라도 바로 지난 세기에 일어난 거대하고 형언할 수 없는 악에 대한 만족스러운 해결책은 무엇이란 말인가? 만약 우리가 테야르 드 샤르댕과 마찬가지로 하나님을 그 모든 것의 과정으로 만들어 버린다면, 자신의 왕국을 이루는 과정에서 고통받은 사람들의 뼈와 재 위에다가 그 왕국을 세우는 신은 도대체 어떤 종류의 신이란 말인가? 이러한 그림은 자신의 책상 위에

쌓인 연구 논문이 자신의 한계를 넘어설 때마다 그 위에다가 "더 타임즈" 신문을 펼쳐 놓고 새로 시작했다던 옛날의 어느 옥스퍼드 연구원의 이야기를 생각나게 한다. 그가 죽은 후에 사람들은 그가 한 번도 다루지 못한 문제들이 마치 고고학자의 텔(tell, 중근동 지역의 유적. 한 장소에 여러 번 마을이 세워졌다가 폐허가 되고 하면서 생긴 작은 언덕—역주)처럼 몇 겹이 쌓여 있는 것을 발견했다고 한다. 이와 마찬가지로 진화론자의 하나님 나라를 세우고 난 후에도 하나님은 여전히 똑같은 문제들을 안게 될 것이다. 그렇기 때문에 고대 유대인들이 부활에 대해서 이야기하기 시작한 것이다. 진보의 신화가 실패하는 이유는 사실상 그것이 현실화될 수 없기 때문이다. 그 신화는 결코 과거로 거슬러 올라가 악의 문제를 해결하지 못한다.

세 번째로 진보의 신화는 악 자체의 성질과 힘을 과소평가하기 때문에 십자가의 핵심적 중요성을 보지 못한다. 십자가는 악에 대한 하나님의 부정인데 그 부정 다음에는 하나님의 창조에 대한 긍정이 열린다. 우리는 근대성의 세속적 이야기가 아니라 기독교의 이야기에서만 이 세상의 악이 해결되는 것을 볼 수 있다. 악은 빛으로 향해 가는 단순한 상향 운동으로 해결되는 것이 아니라 창조주 하나님이 궁지에 빠진 인류와 이 세상을 구하기 위해 어둠 가운데로 내려가신 사건에 의해 해결되는 것이다.

진보의 신화는 우리 문화에 강력한 힘을 발휘했다. 또한 지금도 여전히 강력한 힘을 발휘하고 있다. 특히 온갖 종류의 '발전'을 해방과 인간다움과 자유의 방향으로 가는 움직임이라고 정당화하기 위한 암묵적 신념으로써 그 힘을 발휘하고 있다(새로운 '도덕적' 제안에 누군가가 반대를 하면 사람들은 경멸하듯이 묻는다. "당신은 **진보**를 믿지 않는가?" 사람들이 새로운 길을 내기 위해서 오래된 나무를 쓰러뜨리는 것에 반대했을 때 그들은 그 말을 사용했다. 그러나 우리는 그러한 의미의 '진보'가 언제나 그 이름에 걸맞은 것은 아니었다는 사실을 깨닫기 시작했다). 그리스도인들은 종종 '진보'의 일반적인 의미에 동조했는데, 물론 그것이 기독교적 희망과 나란히 가기도 하지만 그 기원은 분명히 다르며 나란히 가다가도 매우 다른 쪽으로 방향을 튼다. 마치 런던에서 맨체스터로 가는 기차와 사우스햄튼에서 뉴캐슬로 가는 기차가 어느 구간에서는 겹치지만 출발지와 도착지가 다른 것과 같다. 정치가들과 미디어는 계속해서 진보의 신화를 끌어오지만 그들이 사용하는 그 장치가 오히려 그것을 전복시킨다. 마치 전동 드릴이 꽂혀 있는 전원을 바로 그 전동 드릴로 뚫으려 하는 사람처럼 말이다. 그러니 우리가 전기 접촉으로 불꽃이 튀는 자멸 에너지의 세상에서 사는 것도 당연하다. 그러나 진정한 기독교적 대안을 살펴보기 전에 먼저 다른 부정적 신화, 즉 이 세상은 악한 곳이며 아예 이곳을 벗어나는 것이 더 낫다고 말하는 이야기를 좀더 간략하게 살펴보아야 한다.

선택2: 이동하는 영혼

서구 역사에서 플라톤은 여전히 가장 영향력 있는 사상가로 남아 있다. 부처와 마찬가지로 플라톤은 시간-공간-물질로 구성된 현 세상은 환상이며 동굴 안에 어른대는 그림자이기 때문에 인간에게 가장 적절한 임무는 현상 너머에 있는 진정한 실재와 접하는 것이라고 생각했다. 플라톤에게 그것은 영원한 형태(Forms)였고, 부처에게는 영원한 무(無)였다.

다시 한 번 단순화시켜 말하자면, 플라톤은 물질과 현상을 거부했다고 말할 수 있다. 시간-공간-물질의 지저분함과 혼란스러움은, 영원한 실재를 바탕으로 깔끔하게 정돈된 철학자의 지성에 위배되었다. 봄과 여름 후에는 가을과 겨울이 오고, 노을이 지면 어둠이 찾아오고, 성장과 번영은 고통과 죽음의 전주곡에 불과하다는 사실, 이것은 세계를 망가뜨리는 악이 아니라 물질이 경험하는 변화와 부패, 덧없음일 뿐이었다.

여기에서 각각의 세계관들이 근본적으로 갈라진다. 낙관주의자, 범신론자, 진화론자, 진보 신화 학파는 모두 이것은 단지 더 크고 나아지기 위한 성장통에 불과하다고 말할 것이다. 플라톤주의자, 불교도, 힌두교도, 그리고 플라톤주의 계통의 영지주의자, 마니교도, 그리고 기독교와 유대교 전통의 변형에 속한 수많은 사람은 이것이 바로 우리가 무언가 아주 다른 것, 즉 시간-공간-물질로 만들어진 세상이 아니라 순전한 영적 존재가 사는 세상을 위해 만들어진 존재이기 때문이라고 말할 것이고, 그러한 영적 존재인 우리는 기쁘게 이 세상의 족쇄를 단번에 벗어버리게 될 것이라고 말할 것이다. 이 세계관에 의하면 필멸성에서 벗어나는 방법은 부패하여 죽는 것, 즉 우리의 물질적 존재 자체를 없애 버리는 것이다.

이와 같은 플라톤주의의 특징은 일찍부터 기독교 사상에 영향을 미쳤는데, 특히 영지주의에서 그러한 면모를 찾아볼 수 있다. 최근에 영지주의자들이 다시 돌아온 듯해 보이므로 그들에 대해서 한마디 하는 것이 적절하리라 생각된다.[10] 플라톤과 마찬가지로 영지주의자들은 물질 세계가 열등하고 어두우며 모든 면에서 악하다고 생각했기 때문에 이 세상에는 원래 이곳에 속한 사람들이 아닌 특정 사람들이 있다고 믿었다. 이 빛의 자녀들은 마치 유성처럼, 현재는 천한 물질적 육체 안에 숨겨져 있는 아주 작은 빛같은 존재지만 그들이 일단 자신이 누구인지 깨닫고 나면 이 '지식'[헬라어로 '그노시스'(gnosis)]이 그들을 영적 실존으로 들어가게 해줄 것이다. 그 영적 실존으로 들어가고 나면 그들은 이제 그 실존에 의해 살 것이며, 죽음을 지나 공간-시간-물질 너머에 있는 무한한 세계로 들어갈 것이다. 조니 밋첼(Joni Mitchell)은 천 년 전의 이 신화를 가져다가 "우리는 우주의 먼지"라고 노래했다. "우리는 황금 같은 존재, 우리는 다시 동산으로 돌아가야만 하리."[10] 영지주의 신화는 우리가 궁지에서 탈출하는 길은 원래의 원시적 상태, 즉 이 세상의 창조 이전으로 돌아가는 것이라고 주장한다. 이 관점에 의하면 진짜 악인 물질을 만들어 낸 창조 자체가 '타락'이 된다. 이 관점이 기독교의 몇몇 측면들을 얼마나 비슷하게 모방하는지 그러나 동시에 얼마나 깊이 그리고 철저하게 기독교와 다른지를 분명하게 보기 바란다.

오늘날 대부분의 사람들은 영지주의에 대해 대략적으로만 이해하면서도 다 아는 이야기라고 생각한다. 그러나 지난 이백 년 동안 우리 문화에 큰 영향을 미친 일부 사상가와 작가들의 글에서 영지주의의 요소가—영지주의는 언제나 여기저기서 취사선택을 아주 잘 하는 현상이므로—적어도 어느 정도는 발견된다는 주장이 매우 설득력있게 펼쳐졌다. 영지주의를 열렬히 지지하는 작가인 스튜어트 홀로이드(Stuart Holroyd)는 블레이크, 괴테, 멜빌, 예이츠, 융 등을 이러한 근대 서구의 흐름을 대표하는 자들로 꼽는다. 비록 그들의 통찰력이 다른 종류의 통찰력과 혼합되는 경우가 많기는 하지만 홀로이드의 주장에는 우리가 결코 무시해서는 안 될 한 가지가 있다. 기본적으로 유대교나 기독교를 받아들이지 않는 상태에서 물질주의적 낙관주의를 벗어나게 되면, 어떻게든 영지주의에 도달할 가능성이 크다는 사실이다. 낭만주의 운동의 특정 요소들에, 그리고 좀더 최근에 나타나는 낭만주의의 일부 유산에 그러한 경향이 나타난다는 것은 놀라운 일이 아니다.[12] 나그함마디(Nag Hammadi) 문서(1945년 이집트 북부에서 발견된 영지주의 텍스트 장서)의 발견은 기독교를 영지주의 영성의 원형이라는 관점에서 재해석하고자 하는 이 시대의 열망에 한 번 더 불을 붙였다. 그러나 영지주의 영성은 정경 복음서에서 예수님이 선언하신 이 땅 위의 하나님 나라와는 날카롭게 대조된다. 그러한 영지주의의 길을 따라 한참 가다 보면 「다빈치 코드」(*The Da Vinci Code*, 문학수첩 역간) 같은 뻔뻔하고 터무니없는 음모 이론에까지 도달하게 된다. 그러나 거기까지 가지 않고도 기독교를 일종의 영지주의라고 여기는 사람들은 이미 많다.

대부분의 서구 그리스도인들은—마찬가지로 대부분의 서구 비그리스도인들은—기독교가 어느 정도 플라톤의 입장을 취한다고 생각했다. 그 결과 많은 기독교의 찬송가와 시들이 생각 없이 영지주의의 방향으로 흘러갔다. '그냥 지나가네' 식의 영성("이 세상은 내 집 아니네, 나는 그냥 지나갈 뿐이네" 하는 찬송가처럼)이 어느 정도 전통적 기독교와 비슷한 부분이 있는 것은 사실이지만, 분명히 영지주의적인 태도를 부추긴다. 창조된 세계는 궁극적인 세상과 무관한 것이고, 최악의 경우 어둡고 악하고 음침한 곳이기 때문에, 원래 다른 차원에 존재하던 우리 불멸의 영혼들은 허락되는 한 빨리 그곳으로 돌아갈 날을 기다리고 있다는 식의 태도다. 그 결과 현대 그리스도인들의 주된 목적은 '천국행'이 되어 버렸다. 그리고 그런 말을 하지는 않지만, 천국이라는 말을 언급하는 본문은 '천국행'을 의미하는 것으로 읽고, 로마서 8:18-25나 계시록 21-22장처럼 그와 반대되는 본문이 나오면 마치 그런 본문은 존재하지 않는 양 무시한다.[13]

우리는 그 결과를 서구 교회와 서구 기독교가 발생시킨 세계관에서 숱하게 찾아볼 수 있다. 세속주의자들은 그리스도인들이 생태학적 재난에 기여했다고 자주 비판하는데, 그와 같은 혐의에는 일말의 진실이 들어 있다. 나는 북미에서, 머지않아 하나님이 현재의 시공간 우주를 파괴하실 것이기 때문에 우리가 현재보다 두 배나 더 많은 온실 가스를 배출해도 별 상관이 없고, 다우림과 북극 툰드라를 파괴하고 하늘을 산성비로 가득 채워도 별 상관이 없다고 진지하게 주장하는 것을 들은 적이 있다. 이것은 이 세상을 부인하는 기독교의 형태 중에서도 특히 근대적인 형태의 것이다. 이 같은 피상적인 '영적' 관점은, 무리해서라도 단기간에 이익을 챙기려는 기업의 입장을 대변하는 뿌리 깊은 물질주의에 완전히 장악되어 있다.

이 문제에 대해서는 나중에 좀더 자세히 다루겠다. 일단 지금 시점에서 나의 요점은, 오늘날 세계 곳곳의 많은 사람들이, 기독교적 미래관을 창조 질서의 궁극적 소멸과, 완전히 비물질적이라는 의미의 '영적' 운명으로 이해한다는 사실을 지적하는 것이다. 우리가 '천국'에 대해 이야기할 때 그리고 그리스도 안에서 가지는 소망에 대해 이야기할 때, 교회 안에서든 밖에서든 대부분의 사람들은 그리스도인들이 그와 같은 내용을 믿는다고 인식하고 있다.

대중적이면서도 잘못된 이 두 가지의 관점에 맞서서 기독교가 주장하는 핵심 내용은, 창조주 하나님이 예수 그리스도와 그의 부활 안에서 하신 일을 이 세상 전체를 위해서도 하시고자 한다는 것이다. 여기에서 '세상'이라는 말의 의미는 모든 역사를 포함하는 우주 전체다. 바로 이 희망이 내가 다음 장에서 다루고자 하는 주제다.

6. 이 세상이 기다리고 있는 것

들어가는 말

초기 그리스도인들은 '진보'를 믿지 않았다. 그들은 이 세상이 스스로의 힘으로, 심지어 하나님의 꾸준한 영향으로 인해 갈수록 나아지고 있다고 생각하지 않았다. 대신 그들은 이 세상을 바로잡기 위해 하나님이 무언가 새로운 일을 하셔야 한다는 것을 알고 있었다.

그렇다고 해서 이 세상이 갈수록 나빠지고 있기 때문에 아예 세상에서 벗어나는 것이 자신들의 임무라고 생각하지도 않았다. 그들은 이원론자들이 아니었다.

오늘날 이 세상의 미래에 대해 생각하는 대부분의 사람들이 그 두 가지 관점 중 하나로 기우는 경향이 있기 때문에 초기 그리스도인들이 그것과는 매우 다른 관점을 가지고 있었다는 사실은 다소 놀라운 일이다. 그들은 하나님이 부활절에 예수님에게 하신 일을 이 우주 전체를 위해서 하실 것이라고 믿었다. 이것은 참으로 놀라운 믿음이며, 기독교 안에서는 물론 교회 밖에서도 거의 고찰되지 않는 내용이다. 그렇기 때문에 여기에서는 단계적으로 그 내용을 제시하면서, 기독교 초기의 여러 저자들이 어떻게 서로 다른 이미지들을 발전시키면서 전체적으로는 미래에 대한 커다란 그림을 그려 나가는지 보여 줄 수밖에 없다. 그들은 이 세상 전체가 그 미래를 간절히 기다리고 있다고 주장했다.

희망의 근본적 구조

거시적인 차원의 기독교적 희망은 신약성경, 그 중에서도 바울의 저작과 계시록에 가장 분명하게 기록되어 있다. 이제 나는 성경의 기록을 살펴보면서 내가 대략적으로 제시한 두 개의 대립되는 관점에 대해 성경이 어떠한 해답을 주는지도 같이 그려 보고자 한다. 특히 우리는 세 가지의 주제가 어떻게 등장하는지를 볼 필요가 있다.

첫째는, **창조의 선함**이다. 1세기에 있었던 여러 세계관들의 소용돌이 속에서도 초기 기독교가 이원론적 우주론—창조 세계를 하나님이 주신 선한 것으로 간주하지 않는—에 빠진 적이 한 번도 없다는 사실은 참으로 놀라운 특징이다. 이 세상이 선한 것은 독립적이고 자족적인 '자연'으로서가 아니라 **창조물**로서 선한 것이다. 여기에는 범신론이나 심지어 만유 내재신설의 암시가 전혀 없다. 하나님과 이 세상은 같은 것이 아니다. 그리고 모든 것이 그저 '신'이라고 불리는 무엇 안에 갇혀 있는 것도 아니다. 성경 신학이 여전히 주장하는 것은 살아계신 한 하나님이 자신과는 별개인 세상, 자기 안에 포함되어 있지 않은 세상을 창조했다는 것이다. 창조는 처음부터 사랑의 행위였고 타자의 선함을 확인하는 행위였다. 하나님은 자신이 만든 모든 것을 보시고 매우 좋다고 하셨다. 그러나 창조계 자체가 신적인 것은 아니었다. 창세기 1장에 의하면 인간의 창조가 그 창조의 정점을 이루는데, 그 정점은 하나님을 **반영**하도록 고안되었다. 인간은 예배를 통해서 하나님을 향해 하나님 자신을 다시 반영해 드리고, 청지기 됨을 통해서 나머지 창조계에 하나님을 반영하도록 고안되었다. 그러나 이러한 자격이 그 자체로 신성과 같은 것은 아니다. 이러한 구분을 없애 버리는 것은 범신론으로 바짝 다가가는 것을 의미하는데, 범신론에는 악의 문제를 다루는 것은 둘째 치고 그것을 이해할 수 있는 방법도 없다.

둘째는, **악의 성질**이다. 성경 신학 안에서 악은 실재적이고 강력하지만 피조성이 곧 악을 의미하는 것도 아니고, 하나님이 아닌 다른 존재이기 때문에 악한 것도 아니고(유일하신 하나님이 사랑으로 생명을 주셨다는 사실만으로도 충분히 선하다고 할 수 있다!), 영원한 천국에서 순수한 영혼으로 남아 있는 대신 물리적인 재료로 만들어져 시공간 안에서 산다는 사실이 곧 악을 의미하는 것도 아니다. 특히 중요한 것은, 부패할 수밖에 없고 변화무쌍하다는 사실이 곧 악을 의미하지 않는다는 사실이다. 가을에 나무에서 낙엽이 지는 현상은 전혀 잘못된 것이 아니다. 황혼이 어둠 속으로 사라지는 것도 아무런 문제가 되지 않는다. 악은 그런 데 있는 것이 아니다. 오히려 선한 창조계의 그런 변화무쌍함이 창조계의 더 큰 목적을 가리키는 방향계의 역할을 하는 것이다. 창조계는 선하다. 하지만 창조계는 언제나 지향하는 바가 있었다. 변화무쌍함은 하나님이 주신 이정표의 역할을 하는데, 그 이정표는 물질적 세계에서 비물질적 세계를 가리키는 것이 아니라 **지금 현재**의 세계에서 **언젠가는**

그것이 되어야 하는 세계를 가리킨다. 다시 말해서, 현재에서 하나님이 예비하신 미래를 가리킨다. 동산을 지혜롭게 다스리는 인간의 임무는 아직 끝나지 않았으며, 만약 변화무쌍함이 없었다면 우리는 피조물을 마치 창조주인 양 대하면서 더 쉽게 우상 숭배에 빠졌을지도 모른다. 그런 우상 숭배는 변화무쌍한 지금도 충분히 쉽게 이루어지는데 변화무쌍함이 없었다면 오죽했겠는가. 이 말은 내가 첫 두 장에서 이야기한 내용을 떠오르게 해준다. 중요한 것은 종말론적 이원성(현재의 시대와 앞으로 올 시대)이지 존재론적 이원론(악한 '땅'과 선한 '천국')이 아니다.

그렇다면 악은 피조성에 있는 것이 아니라 인간이 자연 세계를 만드신 하나님 대신에 그 자연 세계의 어떤 부분들을 경배하고 예배하는 반항적 우상 숭배에 있다. 그 결과 이 우주가 엉망이 되었다. 인간은 하나님을 대리해서 지혜롭게 창조계를 다스리는 대신에 창조주를 무시하고 하나님보다 요구가 덜한 어떤 것, 그들에게 권력이나 쾌락이라는 단기적인 해결책을 제시해 줄 어떤 것을 예배하려고 한다. 그 결과 선한 창조의 자연스런 변화의 일부였던 죽음이 두 번째의 영역을 얻게 되는데, 성경은 그것을 때로 '영적 죽음'이라고 부른다. 창세기에서, 그리고 구약성경의 많은 부분에서 죽음이 갖는 지배적인 이미지는 유배다. 아담과 이브는 그들이 그 열매를 먹은 그날 죽으리라는 말을 들었다. 그러나 실제로 일어난 일은 동산에서 쫓겨난 일이었다. 살아계신 하나님을 예배하는 일에 등을 돌리는 행위 자체가 생명이 없는 것을 향해 서는 것이다. 변화무쌍한 것을 예배하면 그것은 우리에게 죽음밖에 줄 것이 없다. 그런데 그러한 우상 숭배를 실제로 행하게 되면 악이 이 세상에 고삐 풀린 채

들어와 연쇄 반응을 일으키며 상상도 못할 수많은 결과를 낳는다. 선하지만 불완전한 창조계에 필연적으로 따르는 덧없음과 부패의 성질에 악이 뒤섞이는 것이다. 그렇기 때문에 우리는 이러한 '자연 악'(natural evil)을 하늘과 땅이 최종적으로 '진동'할 것을 미리 보여 주는 예표로 볼 수 있다. 선지자들은 하나님의 궁극적인 세상이 탄생하려면 그러한 진동이 꼭 필요하다고 보았다.[1] 그런 의미에서 우리가 쓰는 '자연 악'이라는 말은 잘못된 표현인지도 모른다.

셋째, **구속의 계획**이다. 창조가 하나님의 사랑에서 비롯된 것처럼 구속 역시 그 창조의 주체가 기쁘고 즐겁게 자기 자신을 내어주면서 하게 되는 일이다. 구속의 요점은, 있는 것을 폐기하고 새로운 판에서 다시 시작하는 것이 아니라 '노예로 속박된 것을 해방시키는 것'이다. 그리고 성경은 악이 물질성에 있는 것이 아니라 반항에 있다고 분석하기 때문에, 인간과 이 세상이 속박되어 있는 원인 역시 악이 형체를 가지고 있기 때문은 아니다. 만약에 형체를 갖고 있다는 것이 문제였다면 구속이란 그저 육체가 죽고 그 결과로 혼이나 영이 자유롭게 풀려나는 것을 의미했을 것이다. 그러나 노예됨의 상태는 바로 죄에서 기인하는 것이며, 그렇기 때문에 구속이란 궁극적으로 영이나 혼의 선함만이 아니라 새로운 육체를 입은 삶도 포함할 수밖에 없다.

이것이 바로 성경이 제시하는 계획이며, 그 계획은 하나님이 구속의 수단으로 이스라엘을 선택하시고, 하나님과 이스라엘 사이의 길고도 다사다난한 이야기를 거쳐 자신의 아들 예수님을 보내는 사건으로 구체화되고 있다. 유대교 전통에서 이미 예시가 되었고, 특히 하나님이 이 땅 위에서 살기로 선택하신 장소인 성전을 통해서도 예시가 되었던 성육신은, 고대든 현대든 플라톤주의자들이 생각하는 것처럼 범주적 오류(category mistake, 의미론적 혹은 존재론적 오류로서, 특정 속성을 가질 수 없는 어떤 것에 그 속성을 부여하는 오류다―역주)가 아니다. 그것은 선하고 지혜로운 창조주가 세우신 장기적인 계획의 핵심이자 성취다.

이 이야기를 선한 창조의 관점에서 바라본다면, 예수님의 오심은 모든 창조물이 오랫동안 기다려 왔던 순간이 된다. 인간은 창조계를 돌보는 하나님의 청지기로 만들어졌다. 그렇기 때문에 영원하신 아들,―이 분을 통해서 모든 것이 만들어졌다―영원하신 지혜가 인간이 되어 진정한 하나님의 청지기로서 자신이 만든 모든 세상을 통치하는 것이다. 마찬가지로 이 이야기를 인간의 반항과 그 결과로 온 세상을 휩쓸게 된 죄와 죽음의 관점에서 바라본다면, 그렇다 해도 그 순간은 모든 창조물이 기다리던 순간이 된다. 아버지의 영원하신 사랑이 성육신으로 표현되어 자신을 내어주는 죽음을 통해, 심지어 십자가에서 죽는 죽음을 통해 이 창조계 전체를 하나님과 화해하게 한다. 이 두 가지 이야기를 합쳐 시로 표현해 보면 당신 나름의 골로새서 1:15-20을 얻게 될 것이다. 이것이 바로 신약성경의 진정한 '우주적 기독론'이다. 그것은 예수님과 단절되어 스스로의 힘으로 굴러가는 일종의 범신론이 아니라 선한 창조계가 지혜로운 창조주와 다시 조화를 이루게 되는 행위로써 십자가에 초점을 맞추면서 예수님의 관점에서 유대교의 지혜 이야기를 새롭게 들려주는 것이다.

골로새서 1장에 나오는 시의 구절들이 이루고 있는 균형은, 바울이 얼마나 강력하게 창조와 구속을 같이 붙잡아야 한다고 주장하고 있는지를 보여 준다.²⁾ 구속은 낙관주의적 진화론자가 주장하고 싶어하는 것처럼 단지 창조계를 조금 더 낫게 만드는 것이 아니다. 그리고 영지주의자들이 말하고 싶어하는 것처럼 악한 물질적 세계에서 영과 혼을 구출하는 것도 아니다. 구속은 창조계를 손상시키고 왜곡시키는 악의 문제를 해결한 후에 그것을 다시 만드는 것이다. 그리고 구속은 이제 예수 그리스도를 통해서 알려진, 처음과 동일하신 그 하나님에 의해 성취된다. 처음부터 이 세상은 예수 그리스도를 통해 만들어졌다. 골로새서 1:15-20의 위대한 시 바로 다음에 나오는 본문에서 바울이 "이 복음은 하늘 아래에 있는 모든 피조물에게 전파되었다"라고 선언하는 것은(1:23) 참으로 의미심장하다. 다시 말하자면 예수 그리스도의 죽음과 부활을 통해 일어난 일이 결코 복음을 믿어 현재와 그 이후에 새로운 생명을 얻는 사람들에게만 국한되지 않는다는 뜻이다. 우리가 온전히 보거나 이해하지는 못하지만 그 영향은 우주의 깊은 곳에까지 다 미친다.

창조, 악 그리고 구속의 계획(이것은 예수 그리스도를 통해서 드러났다). 이것이 바로 신약성경의 저자들, 특히 바울과 계시록의 저자가 표현하고자 변함없이 애쓴 주제들이다. 이제 나는 기독교적 희망의 우주적 차원에 대해서 이야기하고 있는 신약성경의 핵심 본문들을 살펴보고자 한다. 여기에서 살펴볼 주요 주제들은 모두 여섯 가지인데, 그중 몇 가지는 창조 세계에서 빌린 강력한 이미지들이다. 새로운 일이기는 하지만, 지금도 여전히 과거의 것을 긍정하고 계시는 하나님에 대해 이야기하려면 파종과 추수, 탄생과 새 생명, 그리고 결혼에 대해 이야기하는 것보다 더 좋은 방법은 없을 것이다. 그 중에서 첫 번째인 파종과 추수의 주제부터 살펴보겠다.

파종과 추수

고린도전서 15장에서 바울은 '첫 열매'라는 이미지를 사용하고 있다.[3] 이 이미지는 유월절과 오순절이라는 유대교 축제까지 거슬러 올라가는데, 두 가지 축제 모두 농업 축제이며 구원과 관련된 역사적 축제였다. 유월절에는 보리의 첫 수확을 하나님 앞에 바쳤다. 그로부터 칠 주 뒤에 오는 오순절은 밀의 첫 수확을 바치는 시기였다. 첫 열매를 바치는 행위는 앞으로 있을 큰 추수를 상징한다. 구원 역사의 차원에서 보자면 물론 유월절은 이스라엘이 이집트에서 나온 날을 기념했고, 칠 주 뒤에 오는 오순절은 시내 산에 도착한 것과 토라를 받은 것을 기념했다. 이 두 개의 가닥은 서로 엮여 있는데, 이스라엘을 해방시키시고 그들에게 율법을 주신 하나님의 약속에는 이스라엘이 땅을 유업으로 받을 것이며 그 땅이 열매를 많이 맺을 것이라는 약속도 포함되어 있기 때문이다.

바울은 이 유월절의 이미지를 예수님에게 적용시킨다. 예수님은 죽은 자 가운데서 처음으로 부활한 첫 열매다. 그러나 이 사건은 별도의 사건이 아니다. 첫 열매의 요점은 그 뒤로 더 많은 수확이 뒤따르리라는 것이다. 예수님의 유월절, 즉 갈보리와 부활절은 실제로 유월절에 일어났고 아주 초기부터 그 축제에 비추어 해석되었는데, 그 사건은 거대한 노예 소유주인 이집트, 즉 죄와 죽음 자체가 예수님이 죽음의 홍해를 지나 반대편으로 건너가셨을 때 패배당했음을 암시했다. 이어서 바울은 다음 장에서 그리스도인이 갖게 될 부활체의 성질을 예수님이 받은 새로운 몸에 기초해서 설명한다. 영지주의로 기울어진 모든 경향과는 반대로, 이 이미지가 어떻게 불연속성뿐만 아니라 연속성도 암시하고 있는지에 주목하기 바란다. 또한 모든 진화론적 낙관주의와는 반대로, 씨를 뿌리고 추수를 하는 단계로 나아갈 때에도 역시 연속성뿐만 아니라 불연속성이 포함된다는 사실을 주목하기 바란다. 특히 이 이야기를 통해 상징화된 이집트로부터의 탈출은 순전히 은혜의 행위로밖에는 볼 수가 없다. '진보'만으로는 결코 그런 일을 일으킬 수 없었을 것이다.[4]

승리의 전쟁

이어서 고린도전서에는 꽤 다른 이미지가 등장하는데, 앞의 경우처럼 창조의 자연 질서와 유기적으로 연관되어 있지는 않지만 성경에 그 선례가 많은 이미지다. 바로, 왕이 존재하는 모든 적을 진압함으로써 자신의 왕국을 설립하는 이미지다.

바울은 우주의 모든 권세가 예수님에게 복종할 때까지 예수님이 다스릴 것이라는 사실과, 하나님 아버지는 그 다스림의 대상에 들어가지 않는다는 사실을 동일하게 강조하는 데 주의를 기울인다. 이 본문이 암시하는 기독론에 대해 우리가 무엇이라고 말하건 간에 바울은 분명히 **새 창조**의 신학을 말하고 있다. 이 우주 전체에 있는 모든 세력, 모든 권위가 메시아에게 굴복할 것이고, 마지막에는 죽음 그 자체가 자신의 권력을 내놓을 것이다. 다시 말해서 우리가 이 우주의 항시적인 상태라고 간주하고 싶은 것들—엔트로피, 위협적인 혼돈 그리고 붕괴—이 창조주 하나님의 대리인으로 행동하시는 메시아에 의해 변화될 것이다. 만약 진화론적 낙관론이 오늘날 우리가 알고 있는 것처럼 이 우주의 기력이 다해 가고 있고 영원히 계속될 수는 없다고 하는 과학자들의 냉철한 의견에 의해 입을 다물 수밖에 없다면, 예수 그리스도의 복음은 하나님이 부활절에 예수님을 위해서 하신 일을 '그리스도 안에' 있는 사람들뿐만 아니라 우주 전체를 위해서 하실 것이라고 선언한다. 그것은 하나님이 예수님을 죽은 자 가운데서 일으키셨을 때 하신 새 창조의 행위에 비견될 것이며 그것으로부터 파생되는 새로운 창조의 행위가 될 것이다.

여기에서 우리는 예수님이 죽은 자 가운데서 '육체적으로' 부활했다고 말할 때 나타나는 직접적인 결과를 한눈에 다 보게 된다. 다른 곳에서 내가 이미 주장한 것처럼 만일 죽음 이후에 예수님이 비육체적으로 존재하기 시작했다면 죽음은 패배당한 것이 아니다. 죽음은 손상되지 않은 채로 있고 그저 다르게 설명될 뿐이다. 그런 상태라면 예수님도, 인류도, 이 창조계도 지금과 같이 구체적 모양을 가진 존재로 살아가는 미래를 기대할 수 없게 된다. 바울은 바로 그 점을 부인하는 것이다. 죽음은 선한 창조의 선한 일부가 아니라 최후의 적이다. 따라서 생명을 주시는 하나님이 이 세상의 진정한 주로 높임받기 위해서는 죽음이 반드시 패배당해야만 한다.[5] 그렇게 될 때에만 이 세상의 주이신 메시아 예수가 그 나라의 통치권을 자신의 아버지에게 넘겨드리고 하나님은 만유 가운데 계시게 될 것이다. 이 부분에 대해서는 곧 다시 살펴볼 것이다.

하늘의 시민-땅의 식민화

그 부분으로 넘어가기 전에 빌립보서 3:20-21에 나오는 또 다른 왕의 이미지를 먼저 살펴보자. 이 이미지는 고린도전서 15장과 주제가 매우 비슷하고, 실제로 같은 시편 8편에서 핵심 요점을 인용하면서 모든 권세 위에 있는 예수님의 권위를 강조하고 있다.

빌립보는 로마의 식민지였다. 아우구스투스는 빌립보 전쟁(B.C. 42)과 악티움 전쟁(B.C. 31) 이후에 퇴역 군인들을 그곳에 정착시켰다. 빌립보의 모든 거주민이 로마 시민이었던 것은 아니지만, 누구나 시민이 무엇을 의미하는지는 알고 있었다. 식민지를 만든 의도는 두 가지였다. 첫째는, 더 넓은 문화권 안에서 카이사르에게 충성하는 사람들의 조직망을 만들어 냄으로써 로마의 영향력을 지중해 주변으로까지 확장하는 것이었다. 둘째는, 수도 자체의 과밀화 현상을 피하는 방법 중 하나였다. 황제는 은퇴한 군인들이 (피 묻은 손으로) 한가롭게 로마를 돌아다니며 문제를 일으키는 것을 원하지 않았다. 그보다는 다른 곳에서 농장을 세우고 사업을 하는 편이 훨씬 더 나았다.

따라서 바울이 "우리는 하늘의 시민"이라고 말했을 때, 그 말은 이 생이 끝난 후에 천국에 가서 살게 될 것이라는 뜻이 결코 아니었다.[6] 그가 의미하는 바는 구원자, 주, 왕이신 예수님—물론 이것은 전부 왕에 대한 호칭이다—이 하늘**로부터** 땅**으로** 와서 사람들의 현재 상황과 상태를 바꿀 것이라는 의미다. 여기에서 핵심 단어는 '변하게 하다'(transform)이다. "우리의 낮은 몸을 자기 영광의 몸의 형체와 같이 변하게 하시리라"(빌 3:21). 그날에 예수님은 현재의 육체성이 불필요한 것이고 따라서 폐기될 수 있다고 선언하시지 않을 것이다. 또 진화의 속도를 더함으로써 그냥 육체를 개선하기만 하시지도 않을 것이다. 바울이 에베소서 1:19-20에서 말하는 것처럼 예수님 자신의 부활을 성취해 낸 것과 똑같은 위대한 권능으로 우리의 현재 몸을 **변하게** 해서 예수님과 같은 종류의 몸으로 만들어 주실 것이다. 이것은 모든 것을 자신에게 복속시키는 일의 한 부분이 될 것이다. 빌립보서 3장은 비록 인간의 부활에 대해 우선적으로 말하고 있기는 하지만, 그 일이 우주 전체를 변화시키는 하나님의 승리 안에서 일어날 것임을 암시하고 있다.⁷

만유 안에 계실 하나님

고린도전서 15장으로 돌아가면 우리는 바울이 모든 역사의 목표로서 하나님이 "만유의 주로서 만유 안에 계시려 함이라"(15:28)라고 선언하는 부분을 보게 된다. 이것은 신약성경에 나타난 미래지향적인 세계관의 핵심을 매우 분명하게 진술한 것이다.

이 단계에서 테야르식의 진화론적 낙관주의와 모든 형태의 범신론이 가진 문제는, 그것이 미래 전체를 현재 안으로, 심지어 과거 안으로 함몰시킨다는 것이다. "하나님이 만유 안에 **계시려** 함이라." 여기에서 시제는 미래다. 악에 대한 그리고 특히 죽음에 대한 최종적 승리가 오기 전까지는 하나님이 만유 안에 계시는 순간이 아직 오지 않은 것이다. 그것이 왔다고 주장하는 것은 악과 공모하는 것이며, 죽음 자체와 공모하는 것이다.

그렇다면 하나님의 창조 질서와 현재와의 관계에 대해 우리는 어떻게 지혜롭게 생각해야 하는가? 만약 하나님이 참으로 이 세상의 창조주라면 창조계가 하나님과는 별개로 존재하는 것이 중요한 문제가 된다. 이것은 때로 사람들이 (선하신 하나님이 자기 자신이 아닌 다른 것을 만든다면 그 다른 것은 하나님의 선함에까지 도달할 수 없을 것이기 때문에 그것을 만든 하나님은 선하지 않다고) 생각했던 것과 같은 도덕적인 문제가 아니다. 그리고 (만일 처음에 하나님만이 존재했다면 하나님 이외의 존재나 사물을 위한 존재론적인 공간이 어떻게 있을 수 있느냐는 식의) 논리적인 문제도 아니다. 앞에서 말한 것처럼 창조가 사랑의 행위였다면 거기에는 하나님이 아닌 다른 어떤 것의 창조를 포함할 수밖에 없다. 그렇게 창조하고 난 후에 그 사랑은 창조계가 자기 본연의 모습으로 존재할 수 있게 해주고 섭리와 지혜로 그것을 보존할 뿐 제압하지는 않는다. 논리는 사랑을 이해할 수 없다. 그러니 논리는 더 불리할 수밖에 없다.

하지만 이것이 이야기의 끝은 아니다. 하나님은 궁극적으로 모든 창조계를 자신의 존재와 사랑으로 채우시고자 한다. 이것은 '침춤'(*tzimtzum*)이라는, 랍비(16세기 카발라 학자인 이삭 루리아를 말함—편집자 주)의 교리를 부활시켜야 한다는 위르겐 몰트만의 제안에 대한 부분적인 답변은 될 것이다. 이 교리는 말하자면, 하나님이 후퇴하시면서 자기 자신 안에 공간을 만들어 자기 자신 이외의 다른 존재가 있을 수 있는 존재론적 공간이 생기게 하신다는 교리다.[8] 그러나 실제로는 그와 반대 방향으로 진행이 된다. 창조하시는 하나님의 사랑은 본질적으로 하나님과는 다른 존재들을 위한 **새로운** 공간을 만들어 낸다.

신약성경은 바로 이러한 방향으로 성령에 대한 교리를 발전시키는데, 이미 이사야에서부터 그러한 모습을 언뜻언뜻 볼 수 있다. 이사야 11장은 65-66장의 '새 창조' 본문을 예견하면서 선지자가 "물이 바다를 덮음 같이 여호와를 아는 지식이 세상에 충만할 것"이라고 선언한다.[9] 이것은 참으로 놀라운 진술이다. 어떻게 물이 바다를 덮을 수 있단 말인가? 물이 **곧** 바다가 아닌가? 이것은 마치 하나님이 이 우주를 자기 자신으로 덮어 버리고자 하시는 것처럼 보인다. 마치 우주와 이 세계 전체가 자신의 사랑을 위한 저장소로 고안된 것처럼 말이다. 우리는 심지어 기독교 미학의 일부로써 이 세상은 우리에게 그 창조주를 끊임없이 상기시킬 뿐 아니라 미래를 가리키기 때문에 아름답다고 말할 수 있을 것이다. 이 세상은 하나님으로 가득 차고, 넘쳐나고, 흠뻑 젖도록 고안되었다. 이것은 마치 성배가 아름다운 이유는 무엇보다도 그것이 무엇을 담도록 고안되었는지 우리가 알기 때문이라거나 바이올린이 아름다운 이유는 무엇보다도 그것이 어떠한 음악을 연주해낼 수 있는지를 알기 때문이라는 것과 같다. 이 부분에 대해서는 나중에 다시 다루겠다.

한편으로는 진화론적 혹은 진보적 낙관주의의 범신론과, 다른 한편으로는 영지주의 혹은 마니교의 이원론에 대한 대답이 이제 신약성경이 제시하고 있는 우주적 종말론의 형태로 온전히 그 모습을 드러내기 시작했다. 이 세상은 선하게 창조되었지만 **불완전하다**. 언젠가 반항의 모든 세력이 패배당하고 나면 그리고 창조계가 그 창조주의 사랑에 자유롭게 그리고 기쁘게 반응하게 되면 하나님은 자기 자신으로 그 세계를 채워서 그것이 하나님과는 별개의 독립적인 존재로 머무는 **동시에** 하나님 자신의 생명으로 넘쳐나게 하실 것이다. 이것이 바로 사랑의 역설인데 자유롭게 주는 사랑은 자유롭게 되돌아오는 사랑을 위한 배경을 만들어 내고, 그렇게 순환하면서 완전한 자유와 완전한 연합은 서로를 배제하지 않고 오히려 서로를 축하하며 온전하게 만들어 준다.

새로운 탄생

이제 우리는 로마서 8장을 볼 차례인데 거기에서 우리는 창조 질서 안에 깊이 뿌리박혀 있는 또 다른 이미지를 발견하게 된다. 바로 새로운 탄생의 이미지다. 이 본문은 로마서를 단순히 개별적 죄인들이 어떻게 하면 개별적으로 구원을 받는지에 대한 책으로 만들어 버리려고 했던 석의학자들과 신학자들에 의해 오랫동안 도외시되었던 본문이다. 그러나 이 본문은 사실 이 편지의 위대한 절정 중 하나이며 바울이 강조한 모든 사상의 절정 중 하나이기도 하다.

이 본문에서 바울은 다시 한 번 이집트 탈출 이미지를 사용하고 있는데, 이번에는 예수님이나 우리 자신이 아니라 창조계 전체에 그 이미지를 적용하고 있다. 그는 현재 창조계가 마치 이스라엘 자녀들처럼 노예 상태에 있다고 말한다(21절). 원래 하나님의 의도는 자신의 형상을 지닌 피조물인 인간을 통해, 생명을 주는 지혜로 이 창조계를 다스리는 것이었다. 그러나 이것은 언제나 미래를 위한 약속이었다. 언젠가 진정한 인간 존재, 하나님 자신의 형상, 하나님의 성육신한 아들이 와서 인류를 자신들의 진정한 정체성으로 이끌 것이라는 약속이었다. 한편 창조계는 하나님의 자녀들이 영광을 받을 때까지, 즉 부활절에 예수님에게 일어난 일이 예수님의 모든 백성에게 일어날 때까지는 무익함과 변화무쌍과 부패에 종속되어 있을 것이다. 바로 이 지점에서 로마서 8장은 고린도전서 15장과 짝을 이루게 된다. 그가 19절에서 말하는 것처럼, 창조계 전체는 하나님의 자녀들이 나타나는 날, 그들의 부활이 창조계 자체의 새로운 생명을 알리게 되는 그 날을 갈망하며 학수고대하고 있다.

그 다음에 바울은 해산의 고통 이미지를 사용한다. 이것은 하나님의 새로운 세대가 출현하는 것에 대한 유대교의 친숙한 은유다. 그는 23절에서 교회의 산통에 대해 또 몇 구절 뒤에는 성령의 산통에 대해 그리고 22절에서는 창조계 자체의 산통에 대해 이야기하고 있다. 그럼으로써 다시 한 번 연속성과 불연속성 모두를 강조한다. 이것은 단순히 창조계가 더 높은 삶의 방식으로 한 단계 올라가는 순탄한 진화의 이행이 아니다. 이것은 경련과 수축 그리고 어머니와 자식이 분리되어 두 개의 존재가 되는 근본적인 불연속성을 포함하는 충격적인 사건이다. 그러나 이것은 현재의 창조계가 변화무쌍하고 부패와 죽음으로 가득하기 때문에 하나님이 그것을 버리고 처음부터 다시 시작해야 한다는, 물질성을 거부하는 이원론도 아니다. 바울이 논증의 결정적인 순간을 위해 선택한 이 은유는 그가 창조계의 파괴나 그저 그것의 꾸준한 발전을 염두에 둔 것이 아니라 옛 창조의 자궁으로부터 새 창조가 격렬하고도 극적으로 탄생하는 것을 염두에 두었음을 보여 준다.

하늘과 땅의 결혼

이제 드디어 마지막 이미지, 어쩌면 성경에 나오는 새 창조의 이미지, 우주적 회복의 이미지 중에서 가장 위대한 이미지라고 할 수 있는 것에 도달했다. 계시록 21-22장에 제시되어 있는 이 장면은 충분히 알려지지도 않았고 그것에 대해 사람들이 깊이 생각하지도 않는다(그 부분을 읽기 위해서는 사실 앞에 나오는 계시록의 나머지 부분을 다 읽어야 하기 때문인지도 모른다. 그 과정이 너무 엄청나게 느껴져서 많은 사람들이 그 앞에서 주춤하게 된다). 이번에 사용되는 이미지는 결혼 이미지다. 새 예루살렘이 신랑을 위해 치장한 신부처럼 하늘에서 내려온다.

우리는 이것이 소위 기독교의 시나리오라고 하는 모든 이야기들, 예를 들어 그리스도인들이 아무런 치장도 없이 벌거벗은 영혼으로 천국으로 가서 두려움과 떨림 가운데 자신의 창조주를 만나게 되는 것으로 이야기를 마무리하는 시나리오들과 얼마나 극명하게 대조되는지 바로 알아채게 된다. 빌립보서 3장에서처럼, 우리가 천국으로 가는 것이 아니라 천국이 이 땅으로 내려온다. 실제로 교회 자체가, 천국의 예루살렘이[10] 이 땅으로 내려온다. 이러한 관점은 온갖 종류의 영지주의, 즉 이 세상이 하나님으로부터 분리되는 것, 육체와 영혼이 분리되는 것, 하늘과 땅이 분리되는 것을 최종적 목표로 보는 모든 세계관들을 궁극적으로 거절한다. 이것은 하나님 나라가 임하고 하나님의 뜻이 하늘에서와 같이 땅에서도 이루어지기를 기도하는 주기도문에 대한 최종적 응답이다. 이것이 바로 바울이 에베소서 1:10에서 이야기하는 것이다. 즉 하나님의 의도와 약속은 하늘에 있는 것과 땅에 있는 모든 것이 그리스도 안에서 총합을 이루는 것이었다. 이것은 피조물인 남자와 여자가 함께 하나님의 형상을 이 세상에 반영할 것이라는 창세기 1장의 약속이 최종적으로 성취되는 것을 풍부한 상징의 이미지로 그린 것이다. 그리고 이것은 죽음을 영원히 패배시키고 없애 버리고자 하는 하나님의 위대한 계획의 최종적 성취다. 이것은 창조계가 현재 처한 부패의 곤경으로부터 구출된다는 것을 의미할 수밖에 없다.

하늘과 땅은 결국 극과 극으로 멀리 떨어져 있는 것이 아니며 모든 천국의 자녀들이 이 악한 세상으로부터 구출되고 난 후에 서로 영원히 분리되어야 하는 것이 아니다. 그리고 하늘과 땅은 일부 범신론이 암시하는 것처럼 단지 같은 것을 다르게 바라보는 것도 아니다. 범신론은 이와 근본적으로 다르다. 그러나 하늘과 땅은 (계시록이 주장하기를) 남자와 여자처럼 서로를 위해 만들어졌다. 그것이 최종적으로 합쳐지고 나면, 결혼식과 마찬가지로 축하하고 즐거워할 일이 될 것이다. 그것은 하나님의 계획이 앞으로 나아가고 있다는 창조계의 징표이며, 창조계 안의 양극은 경쟁이 아니라 연합을 위해서 만들어졌다는 징표다. 뿐만 아니라 이 세상에서 최종적 발언을 하는 것은 미움이 아닌 사랑의 징표이며, 창조계를 향한 하나님의 뜻은 불모의 상태가 아니라 풍성한 열매 맺음의 징표다.

그렇다면 그 본문에서 약속된 것은 이사야가 미리 내다본 것이다. 즉 새 하늘과 새 땅이 부패할 수밖에 없는 옛 하늘과 옛 땅을 대체한다. 이것은 내가 계속해서 강조한 것처럼 하나님이 모든 것을 쓸어 버리고 다시 시작하신다는 뜻이 아니다. 만약 그렇다면 축하는 물론이고 죽음을 정복하는 일도 없을 것이며 드디어 완성에 도달하게 되는 오랜 준비도 없을 것이다. 본문의 내용이 전개되면서 어린 양의 아내인 신부가 아름답게 묘사된다. 그녀는 유배 시절의 선지자 에스겔이 약속한 새 예루살렘이다. 그러나 재건된 성전이 결과적으로 무대 중심을 차지하게 되는 에스겔의 환상과는 달리 이 도시에는 성전이 없다(21:22). 예루살렘 성전은 언제나 하나님 자신의 임재를 가리키는 것으로 그리고 미래에 있을 그 임재를 앞서 상징하는 것으로 고안된 것이었다. 실재가 오게 되면 이정표는 더이상 필요 없다. 로마서와 고린도전서에서처럼 살아계신 하나님이 자신의 백성과 함께 그들 사이에 거하시면서 그 도시를 자신의 생명과 사랑으로 가득 채우고 그 도시로부터 흘러나와 전 세계로 퍼져가는 생명의 강에 은혜와 치유를 부어 주실 것이다. 구속받은 자들이 하나님의 최종적인 새 세상에서 맞이하게 될 미래에 대한 징표가 여기에 있다. 하나님의 구속받은 백성은 사람들이 종종 생각하는 것처럼 구름 위에 앉아서 하프를 연주하는 모습이 아니라 새로운 세상에서 새로운 방식으로 뻗어나가는 하나님의 사랑의 대리자가 되어 새로운 창조의 임무를 성취하고, 하나님의 사랑의 영광을 축하하고 확장시킬 것이다.

나오는 말

물론 신약성경에는 새 창조에 대해 이야기하는 다른 본문들도 있다. 이상적으로는 히브리서 11-12장에 나오는, 현재에는 하늘에 있지만 땅으로 내려오게 될 영광스런 도시의 그림을 포함시키고 싶을 것이다. 그리고 이사야를 상기시키면서 정의가 머무르게 될 새 하늘과 새 땅을 기다리는 것에 대해 말하는 베드로후서의 유명한 본문도 분명 논의하고 싶을 것이다. 물론 「하나님의 아들의 부활」에서는 이 본문들을 다루었다. 여기에서는 이 주제에 대한 가장 장대한 진술 중 하나인 에베소서 1:15-23도 분명히 포함시켜야 할 것이다. 그러나 지금까지 종종 그랬던 것처럼 나는 골로새서 1장에 나오는 위대한 시로 돌아가고 싶다. 이 본문은 소위 '우주적 그리스도'라고 하는 피상적인 그림 안에 밀어 넣어지는 본문이다. 탈역사화된 예수님을 합리화하고 유대교의 창조 신학으로부터 안이하게 멀어지면서, 또 다양한 테야르식 사상들의 유연한 변이 쪽으로 기울면서 말이다. 그러나 사실 이 본문은 그러한 모든 시도에 대한 질책으로써 그 자리에 우뚝 서 있다. 무엇보다도 이 우주의 핵심이 예수님이라면 그 예수님은 물론 십자가에서 죽으시고 부활하신 예수님이 당연할 것이기 때문이다.

> 그는 보이지 아니하시는 하나님의 형상이시며,
> 모든 창조물의 첫 자녀이시다.
> 하늘과 이 땅에 있는 모든 것이
> 그분 안에서 창조되었기 때문이다.
> 우리가 보는 것과 보지 못하는 것,
> ―왕좌와 주권과 통치자와 권세―
> 모든 것이 그분을 통해서 그리고 그분을 위해서 창조되었다.
>
> 그리고 그분은 모든 것보다 앞서서 먼저 계시며,
> 그분 안에서 모든 것이 지탱된다.
> 그리고 그분 자신이 최고이시며, 몸인 교회의
> 머리시다.
>
> 그분은 모든 것의 시작이시다.
> 죽음의 영역에서 처음으로 살아난 분이시며
> 그럼으로써 모든 것에서 그분이 으뜸이 되셨다.
> 그분 안에 모든 충만함이 기쁘게 거하였고
> 그분을 통해서 모든 것이 그분에게로 화합이 되었고

십자가의 피를 통해서 평화를 이루셨다.
그렇다, 땅에 있는 것들이,
그리고 또한 하늘에 있는 것들이, 그분을 통해서.[11]

하나님이 만드시고자 하는 새로운 세상을 우리가 상상할 수 있는 방법은 물론 이미지를 통해서, 은유와 상징을 통해서 밖에 없다. 그렇게 하는 것이 옳고 타당하다. 내가 앞에서 말한 것처럼 미래에 대한 우리의 모든 언어는 밝은 안개를 가리키는 이정표와 같다. 이 정표는 우리가 그곳에 도착하면 보게 될 어떤 것의 사진을 제공해 주는 것이 아니라 우리가 가야하는 방향을 성실하게 지시해 주는 것이다. 예수님의 부활에 기초하고 있는 우주 전체의 미래 희망에 대한 신약성경의 이미지는 이 세상 전체에 약속된 미래에 대해서 우리가 가질 수 있는 만큼의 혹은 우리에게 필요한 만큼의 일관된 그림을 제시해 준다는 것이 나의 주장이다. 그 미래에는 창조주 하나님의 주권적이고 지혜로운 통치 아래서 부패와 죽음이 사라지고, 마치 어머니 앞에 선 어린아이처럼 현재의 창조가 새로운 창조 앞에 서게 될 것이다. 신약성경의 이 그림은 최첨단 물리학의 문제를 다루고 그것과 대화할 수 있는 틀(테야르 드 샤르댕과 그 외의 사람들이 제시했던 종합적 그림으로는 결코 불가능한)을 기독교의 희망에 제공해 준다. 존 폴킹혼(John Polkinghorne)과 같은 최근의 저자들이 그러한 가능성을 보여 주었다. 창조계가 필요로 하는 것은 유기 혹은 진화가 아니라 구속과 회복이며, 그 두 가지는 예수님의 부활에 의해 약속되고 보장이 되었다. 이것이 바로 온 세상이 기다리는 것이다.

이것은 이어서 기독교적인 미래 희망과 관련된 다른 주제들—예수님의 재림을 통해서 하나님이 모든 것을 바로 잡으시는 것과 육체의 부활 그 자체—로 나아갈 수 있는 길을 열어 준다.

이 세상을 위한 하나님의 미래 계획을 생각하면서 나는 위대한 스승이자 목사인 레슬리 뉴비긴(Lesslie Newbigin)을 떠올리게 된다. 언젠가 어떤 사람이 그에게, 세상의 미래가 낙관적인지 아니면 비관적인지를 물은 적이 있다. 그의 대답은 간단하면서도 특색 있었다. "나는 낙관주의자도 비관주의자도 아닙니다. 예수 그리스도가 죽은 자 가운데서 부활했습니다!" 앞 장의 논의 위에서 전개된 이번 장의 논의는 이 답변에 대한 일종의 아멘이다. 그 부활의 생명과 권능이 이 세상을 휩쓸고 지나가면서 물이 바다를 덮음 같이 하나님의 영광이 그 세상을 가득 채울 순간을 온 세상이 학수고대하며 기다리고 있다.

그러나 부활 그 자체를 논의하기에 앞서 우리는 하나님의 궁극적 미래에 대한 신약성경 그림의 다른 핵심 요소를 먼저 살펴보아야 한다. 하나님이 만드시는 새로운 세상의 베일이 벗겨지는 일의 핵심은 예수님 자신의 개인적 현존일 것이다.

7. 예수님, 천국, 새 창조

승천

신약성경을 보면 나사렛 예수의 부활을 믿는 신앙은 그의 승천을 믿는 신앙과 밀접하게 연관되어 있다. 시편의 표현을 빌리면, 예수님은 그 하늘에서 하나님의 우편에 앉아 계시다.[1] 오직 누가만이 이 사건에 대해서 분명한 이야기를 들려주고 있다(그는 마치 자기 동료들이 그 부분을 빼먹은 것에 대한 보상이라도 하려는 듯이 그 이야기를 두 번 들려주고 있는데, 한번은 자신이 쓴 복음서 끝에, 또 한 번은 사도행전 서두에서 이야기하고 있다). 이러한 누가의 증언은 초기 기독교 시절 내내 기정사실로 전제되어 있다.

뿐만 아니라 많은 사람들의 노력에도 불구하고 승천을 부활에 흡수시키거나 부활을 승천에 흡수시키는 것은 불가능하다. "예수님이 죽은 자 가운데서 부활했다"라는 말과 "예수님이 하늘로 승천하셨다"라는 말은, 서로 같은 것을 다르게 표현한 것이라는 주장으로는 해결되지 않는다. 가장 초기 저자인 바울도 그 두 가지를 분명히 구분하고 있다.²⁾ 요한의 경우도, 그가 그렇게 보고 있지 않다는 일반적인 인상에도 불구하고 그 두 가지를 별개의 사건으로 본다. 요한복음 20:17("나를 붙들지 말라. 내가 아직 아버지께로 올라가지 아니하였노라")은 다른 면에서는 혼란스러운 본문이지만 이 사실과 관련해서 만큼은 그렇지가 않다. 부활과 승천은 (물론 서로 밀접하게 연관되어 있기는 하지만) 초대교회의 사상 안에서 서로 매우 다른 역할을 한다.

사실 예수님의 승천에 대한 믿음은 때로 사람들이 생각했던 것처럼 단지 기독교 신앙에 이상하게 덧붙여진 것이 아니라 핵심적이고 중요한 특징으로써 그것이 없으면 온갖 다른 것들이 다 잘못되어 버린다는 사실이 최근에 밝혀졌다. 맥길 대학(McGill University)의 더글러스 패로우(Douglas Farrow) 교수는 자신의 주요 작업인 「승천과 교회」(*Ascension and Ecclesia*)에서 이 주제와 관련된 기독교 사상 전체를 전부 살펴보면서, 승천이 무시되거나 오해되었을 때마다 혼란스럽고도 심지어는 위험한 생각과 관습으로 빠져들곤 했던 흔적을 찾아볼 수 있음을 보여 주었다.³⁾ 오늘날 이 문제는 우리가 곧 살펴보게 될 재림의 문제와도 비슷하다. 즉 한편에서는 노골적 문자주의, 다른 한편에서는 근대적 회의주의가 마주보면서 서로를 이용하고 있다. 어떤 사람들은 예수님이 수직적 이륙을 한 것이 분명하다고 주장한다(그런데 이러한 주장을 하는 사람들은 예수님이 지금 우주 공간 어딘가에 살고 있지 않다는 것을 알고 있고, 또한 이쪽에서 일어난 수직적 이륙은 저쪽에서 보면 하강 운동이 된다는 사실 등에도 불구하고 그런 주장을 한다). 또 많은 사람들은—이것이 내 책을 읽는 많은 독자들이 배운 신학이라고 감히 말하는데—예수님의 '사라짐'이라는 표현은 말하자면 죽은 후에 그가 어느 곳에나 특히 자기 자신의 추종자들 가운데에 영적으로 존재하게 되었다는 뜻이라고 주장한다. 이것은 종종 부활을 비문자적으로 이해하는 것과 연관되는데, 즉 예수님의 몸이 부활했다고 보지 않고 예수님은 단지 '죽어서 천국에 간 것'이며 그래서 이제 우리가 어디에 있든 우리 가까이에 계시다고 이해한다. 이 관점에 의하면 예수님은 완전히 사라지셨다. 우리와 함께하는 그분의 '영적인 현존'만이 그분의 유일한 정체성이다. 그렇다면 당연히 그분의 '재림'에 대해서 이야기하는 것은 단지 그분의 현존에 대한 은유에 불과할 것이고, 부활의 경우와 마찬가지로 그저 어디에서나 영적으로 느낄 수 있는 일이 될 것이다.

사람들이 이런 식으로 생각하게 되면 어떻게 되는가? 이 질문에 대답하기 위해 우리는 한 가지의 질문을 더 던질 수 있을 것이다. 왜 승천은 현대 서구 교회에서 그토록 어렵고 인기 없는 교리가 되었는가? 그 이유는 합리주의적 회의주의가 그것을 비웃기 때문만은 아니다(예수님의 발이 구름 밑으로 삐져나온 것을 보여 주는 스테인드글라스 창문 때문에 때로 교회는 그런 비웃음을 자청하기도 했다). 그 이유는 승천이 우리에게 이 우주 전체가 어떻게 구성되었는가에 대해 다르게 생각할 것을 요구하기 때문이고, 또한 우리가 교회와 구원에 대해 다르게 생각할 것을 요구하기 때문이다. 문자주의와 회의주의는 모두 우주를 '저장소'(receptacle)의 관점으로 바라보는 것에 기초하는 경우가 많다. 승천을 진지하게 받아들인 신학자들은 그것을 이해하려면 일부 사람들이 '관계적' 관점이라고 부른 것이 필요하다고 주장했다.[4] 기본적으로 성경적 우주론에서 하늘과 땅은 공간이나 물질의 동일 연속체 안에 있는 두 개의 다른 장소가 아니다. 그것은 하나님의 선한 창조에 속한 서로 다른 두 개의 영역이다. 그리고 하늘은 두 가지 특징을 가지고 있다. 첫째, 하늘은 땅과 접하고 있기 때문에 하늘에 있는 존재는 동시에 땅의 그 어느 곳에서도 존재할 수 있다. 따라서 승천이란 사람들이 예수님을 찾으러 지구상의 특정 지점으로 여행하지 않아도 그분을 만날 수 있고 그분께 접근할 수 있다는 뜻이다. 둘째, 하늘은 말하자면 땅의 통제실이다. 그곳은 최고 경영자의 사무실이며 지시가 내려지는 곳이다. 마태복음 끝에서 예수님은 "하늘과 땅의 모든 권세를 내게 주셨으니"라고 말씀하셨다.[5]

인간 예수님이 부활한 육체의 상태로 '하늘'에 있다고 하는 생각은 그리스도인들을 포함한 많은 사람에게 충격으로 다가온다. 그 충격의 이유는 많은 사람들이 예수님이 신이었다가 신성을 버리고 인간이 되었고, 그 다음에는 잠시 인간이 되었다가 인성을 버리고 다시 신으로 돌아갔다고 믿기 때문이기도 하다(적어도 많은 사람들이 그것이 바로 그리스도인들이 믿는 바라고 생각한다). 그러나 그보다 더 큰 이유는, 우리 문화가 '하늘'이란 본질적으로 영적·비물질적 실존의 장소라는 플라톤주의적 생각에 너무도 익숙해져서, 확고한 육체가 그곳에 존재할 뿐만 아니라 자기 집처럼 그곳에 편하게 거하고 있다는 생각은 마치 범주적 오류처럼 보이기 때문이다. 승천은 이 모든 것을 다시 생각해 보게 만든다. 왜 우리는 처음부터 '하늘'이 무엇인지 안다고 생각했던 것일까? 그것은 바로 우리 문화가 그런 암시를 주었기 때문이다. 그러한 문화 안에서 예수님에 대한 진실이 무엇인지를 밝혀 내어 우리의 문화를 도전하는 것도 기독교 신앙의 한 부분이다.

이러한 사실은 예수님이 어느 궁극적 미래만이 아니라 지금 현재도 그리고 하늘뿐만 아니라 땅도 '지휘하고' 계시다는 생각에도 적용이 된다. 많은 사람들이 이 말에 콧방귀를 끼며 반감을 나타낼 것이다. 그분이 지휘하고 있는 것 같아 보이지 않는다고, 혹은 지휘하고 있다 하더라도 제대로 망치고 있다고 말이다. 그러나 그것은 요점을 벗어나는 말이다. 초기 그리스도인들도 이 세상이 여전히 엉망이라는 것을 알고 있었다. 그러나 그들은 마치 다국적 기업을 대표하는 전령사처럼, 새로운 최고 경영자가 책임을 맡게 되었다고 선언했다. 그들은 자신들의 다양한 소명을 통해 이 새로운 통치 방식이 어떻게 이루어질지를 발견했다. 그것은 (일부 사람들이 오늘날까지도 불안하게 가정하는 것처럼) 교회가 모든 사람에게 이래라 저래라 할 수 있는 일종의 '신정 정치'처럼, 그리스도인들이 통제권을 쥐고 명령을 하는 그런 문제가 아니었다. 물론 때로 그런 시도가 있기는 했지만 그 결과는 언제나 재난이었다. 그러나 그렇다고 해서 교회가 뒤로 물러나 이 세상을 자기들 좋은 대로 굴러가게 내버려 두고 일종의 사적인 영역에서만 예수님께 예배드려야 하는 문제도 아니다.

여기에는 세 번째 선택 가능한 방법이 있는데 그것에 대해서는 이 책의 3부에서 다룰 것이다. 사도행전에서 우리는 그 모습을 얼핏 볼 수 있는데 하나님 나라의 **방법**은 하나님 나라의 **메시지**와 서로 일치하게 되리라는 것이다. 하나님 나라는 성령으로부터 힘을 받은 교회가, 연약한 상태로, 고난받으며, 찬양하며, 기도하며, 오해받으며, 오판받으며, 정당성을 입증받으며, 축하하며 이 세상으로 나아갈 때 임할 것이다. 바울이 어느 편지에서 말하듯이 언제나 몸에 예수님의 죽음을 지니고서 예수님의 생명 또한 나타나게 할 때 비로소 임할 것이다.

승천을 경시하거나 무시하면 어떻게 되는가? 그 대답은 **교회가 확장되어 빈자리를 채우게 된다**는 것이다. 만약 예수님이 교회와 어느 정도 일치하게 된다면, 다시 말해 예수님이 자기 백성의 주님으로서 그 백성 위에 계시면서 하늘에서 그들의 이름을 부르시는 것이 아니라, 그 백성 가운데 계시는 존재로 예수님에 대한 논의가 축소되어 버린다면 우리는 최악의 승리주의로 가는 길을 트는 것이다. 20세기 영국의 자유주의가 바로 이 방향으로 기울어졌다. 합리주의와 타협하고, 승천이란 '사실' 예수님이 어느 곳에서든 우리와 함께 계시다는 말이라고 주장함으로써, 바울이 말하는 것처럼 예수님을 자신의 주로 그리고 자신을 이 세상의 종으로 제시하지 않았다.[9] 대신에 교회는 자신의 구조와 위계, 자신의 관습과 기벽을 사용하여 **자기 자신**을 효과적으로 제시하게 되었다. 그러나 승리주의의 다른 측면은 절망이다. 교회가 곧 예수님이라는 공식에 모든 것을 건다면, 바울이 같은 본문에서 말하는 것처럼 우리 자신이 깨진 질그릇이라는 것이 밝혀질 때 우리에게 무엇이 남겠는가?

만약 교회가 자신의 구조, 지도력, 전례, 건물 혹은 다른 그 어떤 것을 자신의 주님과 동일시한다면—승천을 무시하거나 승천은 성령에 대해 이야기하는 또 하나의 방식이라고 해버리면 그러한 동일시가 일어난다—어떻게 되겠는가? 한편으로는 셰익스피어가 "직위의 오만"이라고 부른 일이 일어날 것이고, 또 한편으로는 사람들이 그것이 효과가 없음을 깨달으면서 중세 후기의 절망이 나타날 것이다(1950년대와 1960년대의 어설픈 합리주의에 푹 빠졌던 사람들에게서 그러한 현상을 자주 본다). 교회는 예수님이 **아니고** 예수님은 교회가 **아니라**는 사실을 우리가 굳건하게 붙잡을 때에만, 다시 말해서 우리가 승천의 진리를 굳건하게 붙잡을 때에만, 성령을 통해서 우리와 참으로 함께하시는 분이 **동시에** 이상하게 부재하시고, 이상하게 우리와는 다른 존재이고, 이상하게 우리와는 대조되는 주님, 즉 막달라 마리아에게 자신을 붙잡지 말라고 말씀하신 그 주님이시라는 사실을 굳건하게 붙잡을 때에만 우리는 텅 빈 승리주의로부터 그리고 다른 한편으로는 얄팍한 절망으로부터 구출될 것이다.

역으로 예수님이 우리보다 앞서서 하나님의 공간, 하나님의 새로운 세상으로 들어가셔서 이미 합당한 주로서 이 반란의 세상을 다스리고 계시면서 동시에 아버지의 오른 편에서 우리를 위해서 중보하고 계시다는 사실을 우리가 붙잡고 축하할 때에만, 다시 말해서 우리가 승천을 통해 이해할 수 있는, 현재에도 예수님이 **인간**을 위해서 하시는 일을 붙잡고 축하할 때에만 우리는 세계 역사에 대한 잘못된 관점으로부터 구출될 것이고, 현재에 이루어야 하는 정의의 임무를 맡을 준비가 되어 있을 것이다(이 두 가지 모두에 대해서는 나중에 다시 다루게 될 것이다).[7] 우리는 또한 예수님 대신에 다른 중보자들, 특히 다른 여성 중보자를 만들어 내려고 하는 시도들로부터도 구출될 것이다.[8] 승천을 제대로 이해하면 교회, 성례전, 그리고 예수님의 어머니에 대한 관점이 다시 초점을 맞추게 될 것이다.[9]

이 모든 것을 요약해서 말하자면, 하나님에 대한 진실, 특히 예수님에 대한 진실뿐 아니라 우리 자신에 대한 진실을 이야기하려면 삼위일체의 교리가 반드시 필요하다는 것이다. 사실 삼위일체의 교리는 최근에 신학에서 다시 인기를 끌고 있는 주제이기도 하다. 삼위일체란 예수님이 하나님 그리고 성령과 여전히 동일시되면서도 (지상에서의 삶이 이후에 그냥 '다시 하나님으로 돌아간 것'이 아니라는 점에서) 하나님과 구분되고, (성령을 통해서 우리 가까이에 계시고 우리와 함께 계시기는 하지만 여전히 우리와는 별개로 존재하신다는 점에서) 성령과도 구분되는, 예수님만이 가진 인간성을 이해하고 축하하는 방식이다.[10] 이것은 그리스도인을 포함한 모든 인간의 오만에 종지부를 찍는다. 그리고 이제 우리는 드디어 왜 계몽주의의 세계가 합리주의와 회의주의의 무기를 사용해서 승천을 터무니없는 것으로 보이게 만들려고 애썼는지를 알게 된다. 만약 승천이 사실이라면 18세기 유럽과 미국의 사상이 대변하는 인간의 자기 확대 프로젝트 전체가 비난을 받고 굴복 당하게 될 것이다. 승천을 받아들인다는 것은 곧 안도의 한숨을 내쉬는 것이며, 하나님이 되고자 하는 씨름을 포기하고(아울러 우리가 그 일에 지속적으로 실패하는 데 따르는 불가피한 절망도 그만두고), **피조물**로서—하나님의 형상을 지닌 피조물이지만 여전히 피조물인—우리의 지위를 즐기는 것을 의미한다.

승천은 진정한 인간으로 남아 있는 예수님을 이야기하는 것이며, 그럼으로써 중요한 의미에서 그분의 부재를, 또 한 가지 의미에서 새로운 방식으로 우리와 함께하시는 그분의 존재를 이야기하는 것이다. 이 지점에서 한편으로는 성령이, 다른 한편으로는 성례전이 매우 중요하게 부각된다. 왜냐하면 그것이 바로 예수님이 임재하시는 수단이기 때문이다. 교회에서 우리는 종종 이 수단을 통한 예수님의 임재를 강조하는 일에 지나치게 몰두한 나머지 그분의 부재를 지적하는 데 실패하고, 사람들로 하여금 '이게 전부인가' 하는 의문이 들게 만들었다. 그러나 그게 전부가 아니다. 예수님이 이 세상의 주인이라는 사실, 이 세상의 주도권을 잡은 인간이 이미 존재한다는 사실, 바로 그분이 우리를 위해 지금 중보하고 계시다는 사실, 이 모든 것이 그분이 우리와 함께하신다는 사실보다도 우선이다. 그분이 우리와 함께하시는 것을 우리가 **느끼는 것**보다도 더욱 더 우선이다. 그러한 느낌이란 당연히 우리의 기분과 상황에 따라서 오락가락하는 것 아닌가.

물론 이것을 말로 설명하는 것과 실제로 그려 보거나 상상하는 것은 또 다른 문제다. 이 사실이 다른 모든 사실과 서로 어떻게 맞아들고 그래서 우리가 빠질 수 있는 일부 터무니없는 생각들로부터 어떻게 우리를 구해 주는지를 말로 설명하는 것과, 예수님이 여전히 실제로 **육체를 가진** 인간—사실 우리보다 **더 충실하게 육체를 가진** 인간—이지만 지금 현 세계에는 존재하지 않는다는 말의 의미가 정말로 무엇인지를 아는 것은 다르다. 사실 우리에게는 새롭고 더 나은 우주론이 필요하다. 우리의 문화, 특히 계몽주의 문화가 우리에게 남겨 준 것보다 더 새롭고 더 나은 우주론이 필요하다. 초기 그리스도인들과 그들의 1세기 유대인 동료들은, 많은 근대의 사상가들이 가정한 것과는 달리, 천국은 저 하늘 위에 있고 지옥은 자기 발 아래에 있다고 생각하는 3층 우주론에 갇혀 있지 않았다. 그들이 '위' 그리고 '아래'에 대해서 이야기할 때는, 너무 자명해서 굳이 따로 말하지 않아도 되는 은유들을 사용하는 것이었다. 헬라인들에게 나름대로 그러한 어법이 있는 것과 마찬가지였다. 최근 일부 저자들이 지적한 것처럼, 예를 들어 학생이 학교에서 5학년에서 6학년으로 '한 학년 올라간다'고 할 때, 한 층 위에 있는 교실로 옮겨 가는 것을 의미하지는 않을 것이다. 그리고 이사회의 부회장에서 회장으로 '올라가는' 것이 실제로 이제 드디어 제일 위층에 자신의 사무실을 가지게 된다는 것을 의미할 수도 있지만, 이러한 맥락에서 '올라간다'는 의미가 단순히 땅으로부터 몇 미터 더 떨어지는 것을 의미한다고 생각하는 것은 잘못일 것이다.

승천의 신비는 말 그대로 신비다. 그것은 오늘날 많은 사람들이 상상할 수 없는 일이라고 여기는 것을 상상하라고 요구한다. 즉 성경이 '하늘'과 '땅'에 대해 이야기할 때는 같은 시공간 연속체 안에 있는 서로 연결된 두 개의 지역에 대해 이야기하는 것이 아니며 '비물질적' 세계와 '물질적' 세계에 대해 이야기하는 것도 아니다. 그것은 우리가 '공간'이라고 부르는 것의 두 가지 다른 **종류**, 우리가 '물질'이라고 부르는 것의 두 가지 다른 종류 그리고 (비록 이것이 앞의 두 가지에 필연적으로 따라오는 것은 아니지만) 우리가 '시간'이라고 부르는 것의 두 가지 다른 종류(충분히 가능한 일이다)에 대해 이야기하는 것이다. 후기 계몽주의 시대의 서구인들은 참으로 비참한 2차원적 존재들이다. 뉴에이지 사상가들과 현대의 소설가들이 우리를 다른 병렬적 세계, 공간 그리고 시간들로 데려가는 일에 퍽 능숙함에도 불구하고 우리는 예수님을 생각하는 순간 자신의 합리주의적인 닫힌 체계의 우주로 곧바로 후퇴해 버린다. C. S. 루이스는 나니아 이야기와 다른 소설들에서 어떻게 두 개의 세계가 서로 연결되고 맞물릴 수 있는지를 상상해 내는 데 참으로 큰 기여를 했다. 그러나 나니아의 길을 알고 자란 세대는 어린아이의 이야기가 성인 그리스도인의 헌신과 신학의 진짜 세계로 어떻게 전환이 이루어지는지를 이해할 수 있는 도움은 별로 받지 못했다.

어떤 교회 건물들은 하늘과 땅의 상호 연관성을 암시하려고 최선을 다했다. 동방 정교회의 교회들은 '하늘'을 제단 주변의 공간인 내부의 지성소로 정하고, '땅'은 그 공간 밖에 있는 부분으로 정함으로써 그러한 연관성을 암시적으로 보여 준다. 그 두 공간은 성자들을 그린 성화의 벽으로 구분되어 있는데, '하늘'에 있는 그들의 존재는 '땅'에 있는 예배자들과 멀지 않은 거리에 있음을 암시한다. 서구의 성당들과 교회들은 종종 하늘 높이 솟은 고딕식 건축을 통해 그와 비슷한 일을 했는데, 그 건축을 통해 땅에 서 있는 우리들에게 오직 우리의 음악만이 꿰뚫고 들어갈 수 있는 빛과 아름다움의 위대한 공간에 우리가 속해 있다는(그러나 지금은 그 공간의 아주 작은 부분 안에만 거할 수 있다는) 느낌을 주었다.

이처럼 기독교적 상상력을 돕는 모든 것들은 그것이 실재로 오인되지 않는 한 당연히 환영받는다. 승천을 통해 우리가 정확하게 이해해야 하는 것은 하나님의 공간과 우리의 공간—다시 말해서 하늘과 땅—은 비록 매우 다르지만 서로 멀리 떨어져 있지 않다는 것이다. 또한 '하늘'에 대한 논의는 단지 우리 자신의 영적인 삶에 대해 이야기하는 은유적인 방법이 아니다. 하나님의 공간과 우리의 공간은 매우 다양한 방법으로 서로 맞물려 있고 교차하는데, 심지어 그 두 개가 각각 구분되는—적어도 지금은 구분되는—정체성과 역할을 유지하는 동안에도 마찬가지로 서로 맞물려 있고 교차한다. 우리가 앞 장에서 본 것처럼 언젠가 그 둘은 매우 새로운 방식으로 서로 합쳐질 것이고, 서로에게 열려 있고 서로를 볼 수 있을 것이며, 영원히 결합하게 될 것이다.

다시 말해 현재 하나님이 조성하신 공간의 핵심 인물인 예수님이—웨슬리가 표현한 대로 "수난의 그 소중한 표시를" 자신의 "빛나는 육체"에 지금도 지니고 계시는 인간 예수님이—우리가 현재 아는 것과는 근본적으로 다른 방식으로 우리에게 나타날 것이고 우리도 그분 앞에 나타날 것이다. 승천에 대한 다른 절반의 진실은 사도행전 1:11에서 천사들이 말한 것처럼 예수님이 돌아오신다는 것이다.

이 지점에서 내가 속한 전통의 일부 공식 기도문들은 우리를 실망시킨다. 그 기도문들은 사실상 "예수님이 승천하셨으며 우리도 그곳으로 올라갈 수 있기를 기도한다"라고 말한다. 에베소서 2:6 그리고 골로새서 3:1-4에서 보는 것처럼 이 말이 맞는 측면도 있다. 그러나 오늘날과 같은 혼란스러운 세계관 안에서 사람들이 (하늘로 올라가신 예수님에 대해 이야기하고, 영원히 그분과 함께 있기 위해 우리의 정신과 마음이 그곳으로 간다고 이야기하고, 그분이 가신 그곳으로 우리를 들어 올려주시는 성령에 대해 이야기하는) 그 기도문을 듣는다면, 기독교 신앙의 요점이 예수님을 따라 이 땅을 떠나 하늘로 가서 그곳에서 영원히 있는 것이라는 관점으로 굳어질 것이 거의 확실하다. 그런데 그와는 반대로 신약성경은 하늘로 올라가신 분이 다시 오실 것이라고 주장한다. 복음서나 사도행전 그 어디에서도 "예수님이 천국으로 가셨으니 우리도 그분을 따라갈 수 있도록 하자"라는 식의 말에 근접한 말은 없다. 그들은 오히려 "예수님은 이 세상을 통치하시면서 천국에 계시는데 그 통치를 완성하기 위해 언젠가 돌아오실 것이다"라고 말한다.

그런데 이 '다시 오심'은 도대체 무엇인가? 그것 또한 오늘날에는 버려야 하는 이상하고 특이한 생각 아닌가?

'재림'은 무엇을 말하는가?

우리 성공회의 성만찬에서는 이렇게 말한다. "그리스도께서 죽으셨다. 그리스도께서 부활하셨다. **그리스도께서 다시 오실 것이다.**" 그리고 물론 신경에서도 말한다. "그분이 영광 가운데 다시 오셔서 산 자와 죽은 자를 심판하실 것이다." 대강절 기간에 찬송가 한 곡만 불러도 우리는 열 번 남짓은 그 말을 하게 된다. "할렐루야! 주여 오시옵소서!"

우리가 만약 오늘날 영국의—그리고 북미의 일부 지역을 포함한 다른 많은 곳을 포함해서—평범한 주류 그리스도인이라면, 우리는 그렇게 말하면서도 '그게 무슨 말인지 나는 도무지 알지 못하지만'이라고 숨죽여 덧붙일 것이다. 소위 예수님의 '재림'이라고 하는 것은 심지어 대강절 때조차도 주류 교회에서 하는 설교의 뜨거운 주제는 아니다(물론 그것 말고는 별 다른 이야기를 하지 않는 교회들도 있다. 이것에 대해서는 잠시 후에 다루겠다). 우리 교회에서 사용하는 최근의 성구집은 우리를 재림의 교리에서 좀더 멀어지게 했다. 게다가 세계대전 후에 영국 국교회 안에서 다시 일어난 활발한 성만찬 의식은 적어도 몇몇 진영의 경우 최후의 '오심'에 대해서는 별 여지를 두지 않는 것 같아 보이는 신학을 가지고 있었다. 1970년대 성공회의 전례에서 위의 세 개의 문장이 처음 사용되었을 때, "왜 우리는 '그리스도께서 다시 오실 것이다'라고 말하는가?"라고 어느 예배자가 혼란스러워하며 물었다. "그리스도는 성만찬 때에 오신다고, 지금 이곳에 우리와 함께 계신다고 배우지 않았는가?"

그렇다면 우리는 예수님의 '재림'에 대해 무엇을 말할 수 있는가?

이제 우리는 이 질문을, 그것을 설명해 주는 더 큰 틀 안에서 던질 수 있는 지점에 왔다. 앞의 장들에서 우리는 죽음 이후의 삶과 이 세상의 미래에 대해 지금 우리 시대의 사람들이 믿는 것과 예수님 당시에 사람들이 믿었던 것을 살펴보았다. 그리고 예수님의 육체적 부활을 믿을 수밖에 없게 만드는 좋은 역사적 논증들이 있음을 살펴보았다. 특히 바로 앞장에서 나는 그리스도인들이 갖는 거시적인 미래 희망, 이 세상 전체의 회복에 대한 희망을 대략적으로 제시했다. 이제, 이 같은 사상 체계 안에서 개인이 가질 수 있는 희망은 무엇인지 또 개인의 운명은 무엇인지를 특별히 살펴보기 전에 우리는 먼저 그 거시적인 희망의 중요하고도 핵심적인 측면 하나를 살펴보아야 한다. 하나님이 이 우주 전체를 새롭게 하실 때 예수님 자신이 새로운 세계의 중심이자 핵심으로 직접 나타나실 것이라고 신약성경은 주장한다. 이 점에 대해 기독교 신앙이 가르치는 바는 무엇인가? 그것이 오늘날 우리에게 던지는 날카로운 도전은 무엇인가? 우리는 어떻게 그것을 우리의 것으로 만들 수 있는가?

지난 세기 동안 이 질문은 더욱 대답하기 어려운 질문이 되었는데 그 이유는 두 가지다. 이는 서로 어느 정도 같으면서도 반대되는 이유들이다.

예수 그리스도의 '재림'은 북미 기독교의 상당히 많은 사람들에게 매우 인기 있는 주제로 부상했다. 특히 근본주의와 세대주의 분파에서 그랬는데, 그들에게만 그랬던 것은 아니다. 19세기의 일부 천년왕국 운동들, 특히 J. N. 다비(J. N. Darby)와 플리머스 형제단과 연관된 천년운동 운동을 이어 받아서 부상하게 된 이 믿음은, 우리가 모든 위대한 예언들이 마침내 성취되는 '마지막 때'에 살고 있다고 주장하면서 수많은 사람들의 생각과 마음을 사로잡았다. 그들이 믿는 이 예언의 핵심은, 예수님이 직접 다시 오셔서 참 신자들을 지금의 악한 세상에서 데려가 자신과 함께 있게 할 것이고, 그 후 얼마 동안은 이 세상이 악의 상태에 빠져 있다가 그들이 다시 돌아와서 이 세상을 영원히 다스리게 된다는 것이다. 이러한 예언과 1960년대 그리고 1970년대의 지정학적 사건들을 서로 연관시키려고 하는 시도는 할 린지 (Hal Lindsay)의 베스트셀러 「위대한 행성 지구의 마지막 때」(*The Late Great Planet Earth*)[11]에서 정점을 이룬 후 다소 시들해졌는데, 그 자리를 팀 라헤이(Tim LaHaye)와 제리 젠킨스(Jerry Jenkins)가 쓴 소설 시리즈의 가상 시나리오가 대신 차지했다. 이 시리즈의 첫 권인 「레프트 비하인드」(*Left Behind*, 홍성사 역간)는 총 열두 권으로 이루어진 이 시리즈를 대표하는 이름이 되었는데, 이 시리즈 거의 대부분이 현재 미국의 베스트셀러 목록에서 상당히 놀라운 성과를 내었다. 이 책의 가상 시나리오에 의하면, '휴거'가 일어나 모든 진실한 그리스도인들은 이 땅에서 사로잡혀 올라갔고 '남아있는 자들'(left behind)은 악한 세상에서 살아남고자 애를 쓴다. 흥미롭고 재미있는 시나리오이기는 하다. 가짜 신학 소설이 이렇게 인기를 끌 때의 사회적·정치적 심리가 무엇인지를 파헤치는 문제는 다른 사람들의 몫으로 남겨 두겠다. 이것은 순전히 미국적인 현상만도 아니다. 이 책은 내가 사는 영국에서도 꽤 많이 팔렸다. 이 나라에서 어떤 사람들이 그 책을 사는지는 나도 모르지만 말이다.[12]

예수님의 재림에 대한 미국인들의 강박,—이 단어가 그렇게 지나친 표현이라고는 생각하지 않는다—혹은 우리가 곧 살펴보겠지만 예수님의 재림을 왜곡시킨 특정한 해석에 대한 미국인들의 강박은 지금도 사그라지지 않고 계속되고 있다. 1980년대 초 온타리오 주 썬더 베이(Thunder Bay)에서 강의를 할 때 나는 그런 현상을 직접 경험했다. 나는 역사적인 맥락 속의 예수님에 대해 이야기했는데 놀랍게도 그 이후에 나온 대부분의 질문이 나무와 물과 농작물 같은 생태학에 대한 것이었다. 사실 썬더 베이에는 그런 자연만 있다고 해도 과언이 아니었다. 알고 보니 (내가 앞 장에서 지적한 것처럼) 그 지역에 사는 많은 보수적인 그리스도인들 특히나 그곳 바로 남쪽에 있는 지역에 사는 그리스도인들은, 우리가 이 세상이 곧 끝나게 될 '마지막 때'에 살고 있기 때문에 지구를 산성비 같은 것들로 오염시키는 일을 막을 필요가 없다고 주장하고 있었다. 그런 고민을 하는 것은 '비영적인 것'이며, 심지어 믿음이 부족하다는 징조가 아니겠냐는 것이었다. 어느 날 갑자기 이 세상을 멈추는 것이 하나님의 의도라면 문제될 것이 무엇이란 말인가? 곧 아마겟돈 전쟁이 일어날 것이라면—내가 생각하기에는 사실 지금부터가 진짜 의도인 것 같은데—제너럴 모터스(General Motors)가 캐나다의 대기에 유해 가스를 계속 뿜어대도 상관이 없다.

우리는 오늘날에도 비슷한 질문에 직면하고 있다. 미국에서 '종교적 권리'를 주장하는 많은 이들의 일용할 양식인, 이른바 마지막 때 이론이라는 것은 미국의 주요 정치가들의 의제와 관련이 없다고 할 수 없다. 이것에 대해서는 잠시 후에 더 이야기하겠다. 오늘날 수많은 그리스도인들에게 재림은, 현 세상은 파괴될 운명이고 선택받은 몇 명만 천국으로 들려진다는 시나리오의 한 부분일 뿐이다.

어느 정도는 이 같은 사상에 대한 반작용으로, 또 어느 정도는 이전에 잘 나가던 계몽주의적 자유주의의 기운에 힘입어서, 서구의 주류 교회에 속한 많은 사람들은 한동안 예수 그리스도가 "영광 가운데 다시 오셔서 죽은 자와 산 자를 심판하시리라"라는 교리를 알아보지 못할 정도로 제거하는 데 최선을 다했다.

그들은 그 교리의 두 부분—다시 오신다는 부분과 심판이라는 부분—모두를 싫어했다. 예수님이 이 세상에 마치 우주인이 침공하듯 '오신다'는 생각은 많은 사람들이 평생 동안 거부하고자 애쓴 그러나 재해석하는 것밖에는 도리가 없었던 예전의 '초자연주의' 혹은 '간섭주의' 신학의 냄새를 풍긴다. 그들은 예수님이 지금도 그런 식으로 어딘가에 계시다고 생각하지 않는다. 따라서 그분의 '오심'이 이 세상의 회복을 바라는 일반적인 희망의 관점에서 재해석되어야 한다고 말한다. 어쨌거나 초대교회도 예수님이 아주 가까운 미래에 오실 것이라고 생각했지만 오시지 않았고, 때문에 이천년이 지난 오늘날에 의미를 가질 수 있도록 그들의 희망을 재해석하는 것이 당연하다는 것이다. 게다가 심판이라는 개념은 많은 사람들로 하여금 가능한 많은 사람들을 지옥에 던져버리고 싶어 하는 분노에 찬 복수의 신을 생각하게 만든다. 우리는 다른 사람들을 고발하고 벌주는 사람들을 신뢰하지 않도록 배웠다. 마찬가지로 고발과 벌주기가 중심이 되는 신학도 싫어하고 신뢰하지 않도록 배웠다. 어쨌거나 히브리어로 '고발자'는 '하사탄'(*hasatan*), 즉 '사탄'이 아니던가.

따라서 우리는 오늘날의 거대한 그림을 볼 때 양극에 있는 두 가지 그림을 보게 된다. 한편으로는 재림에 너무 집착한 나머지 다른 것을 거의 보지 못하는 사람들이 있다. 다른 한편으로는 재림을 너무 사소하게 만들거나 미미하게 만들어서 더 이상 아무런 의미도 느끼지 못하는 사람들이 있다.

이 두 가지 입장은 모두 도전받을 필요가 있다. 이제 곧 나는 소위 '휴거'라는 것에 초점을 맞추는 것은 바울이 쓴 두 개의 구절을 오해한 데서 비롯된 것이며, 그것을 해결하고 나면 기독교 신앙의 핵심이자 중심인 예수님의 재림에 대한 교리가 제대로 선다는 것을 보여 줄 것이다. 기독교 신앙 전체가 우리 눈앞에서 무너지지 않으려면 재림의 교리는 반드시 필요하다. 한편 '심판'이라면 무조건 싫어하는 과거의 계몽주의적 자유주의도 공격을 받아왔다. 우리는 매우 도덕주의적이고 비판적인 세대가 되었다. 우리는 인종분리 정책을 비판했고 그것에 결함이 있음을 밝혀내었다. 우리는 아동 학대자들을 비판하여 그들에게 죄가 있음을 밝혀내었다. 우리는 대량학살을 비판하여 그것이 있을 수 없는 일임을 표명했다. 우리는 시편 기자들이 알고 있었던 사실을 재발견했다. 즉 하나님이 이 세상을 '심판'하신다는 것은 모든 것을 바로 잡으시고 해결하시고 그저 안도의 한숨만 이끌어낸다는 것이 아니라 나무와 들판에서 바다와 홍수에서 기쁨의 외침을 이끌어내실 것이라는 뜻이다.[13]

또한 우리는 하나의 문화권으로서 시대에 뒤떨어진 초자연주의는 좋아하지 않을지 모르지만, 어떠한 형태로건 영성을 좋아하는 것은 확실하다.[14] 내가 생각하기에는 예수님이 아닌 다른 존재(예를 들어 크리슈나나 부처처럼)가 '재림'할 것이라고 하면, 뒤에서 씩씩대며 분개하던 계몽주의적 합리주의는 나 몰라라 한 채 무비판적으로 그것을 받아들일 사람들이 후기 세속 사회에는 더 많을 것이다. 우리는 혼란에 빠진 세대로서, 우리에게 영적인 주사 한 대를 놓을 줄 만한 비합리주의라면 무엇이든 수용하면서도 전통 또는 정통 기독교를 견제하고 싶을 때는 언제든지 합리주의로 (특히 오랜 근대주의적 비판으로) 돌아선다.

그러나 이러한 곤경과 혼란에서 우리가 빠져나갈 수 있는 길을 제시해 주는 것은 바로 올바르게 이해된 정통 기독교다. 하지만 더 나아가기 전에 먼저 나는 어떤 단어에 대해 한 마디 해야겠다. 이것은 매우 많은 오해를 받고 있는 단어이며, 그것을 탈신비화시키지 않으면 우리에게 방해가 될 수 있는 단어이기도 하다. 그 복된 용어는 바로 '종말론'(eschatology)이다.[15]

'종말론'이라는 단어는 초기 기독교와 관련해서 그 세대 안에 예수님이 돌아오시기를 기대하는 의미로 종종 사용되었고, 그 일이 일어나지 않자 재림을 다시 정의한 것과 관련해서 사용되었다. 그러한 기대는, 머지않아 세상에 종말이 오리라는 1세기 유대인들의 기대에 기초하고 있었고 또 그 기대에 새롭게 초점을 맞추어 주었다.

1992년에 쓴 『신약성서와 하나님의 백성』(*The New Testament and the People of God*, 크리스챤다이제스트사 역간)에서 나는 초기 그리스도인들이 예수님의 재림을 기대한 것은 사실이지만 그것이 그 세대 안에 일어나지 않았다고 해서 걱정한 것은 아니며, 그들이 유산으로 물려받은 유대교가 가졌던 기대는 오히려 이 세상의 끝이 아니라 현재 세계 질서 안에서 일어나는 극적인 변화였다고 주장했다. 그 책을 읽은 옥스퍼드 대학의 한 동료는 내게 "이제 네가 종말론을 버렸으니까…"라고 말했는데, 그 말은 '네가 1세기의 유대인과 그리스도인들이 이 세상이 단번에 끝날 것으로 기대했다는 생각을 버렸으니까'라는 의미였다. 그때도 그랬고 지금도 그렇지만 나는 결코 종말론을 버린 것이 아니다. '마지막 것들에 대한 연구'라는 문자적 의미를 지닌 '종말론'은 지금까지 생각했던 것처럼 (그리고 지금도 여전히 많은 사전들이 정의하고 있는 것처럼) 단지 죽음, 심판, 천국, 지옥에 대한 것이 아니다. 종말론은 대부분의 1세기 유대인들과 초기 그리스도인들이 강력하게 믿었던 내용, 즉 하나님의 인도 하에 이 역사가 어디론가 가고 있다는 것과 그것이 가는 방향은 정의, 치유 그리고 희망이라는 하나님의 새로운 세상이라는 믿음에 대한 것이다. 현재의 세상에서 새로운 세상으로의 이동은 현재 시공간의 우주가 파괴되는 것의 문제가 아니라 근본적인 치유의 문제가 될 것이다. 우리가 앞의 장에서 보았던 것처럼 신약성경의 저자들, 특히 바울은 그때를 기대했고 예수님의 부활을 그 첫 열매로 보았다. 따라서 내가 (그리고 다른 많은 사람들이) '종말론'이라는 단어를 쓸 때는 단순히 '재림'만을 의미하는 것이 아니며 그것에 대한 특정 이론을 의미하는 것은 더더욱 아니다. 우리가 의미하는 바는 하나님이 준비하신 이 세상의 미래에 대한 전체적인 인식이며 그 미래가 이미 현재에 우리를 만나러 오기 시작했다는 믿음이다. 이것이 바로 우리가 예수님 자신과 초대교회의 가르침에서 보게 되는 내용이다. 그들은 자신들이 공유하던 유대교의 종말론적 신앙을 변형시키기는 했지만 저버리지는 않았다.

그렇다면 우리는 어떻게 '재림'을 이해할 수 있는가? 그런 의미에서, 성경의 저자들은 그것을 어떻게 이해하는가? 이어지는 별도의 장을 할애해서 그 내용을 다루려고 한다.

8. 그분이 나타나실 때

들어가는 말

앞의 두 장에서 나는 신약성경이 우리에게 받아들이도록 요청하는 우주적 구속에 대한 큰 그림을 대략적으로 제시했다. 하나님은 이 세계 전체를 구속하실 것이다. 예수님의 부활은 새로운 생명의 시작이며 옛 세상의 부패와 타락의 콘크리트를 뚫고 올라오는 새싹이다. 마지막 구속은 하나님의 창조적인 에너지의 폭발로 하늘과 땅이 드디어 하나로 합쳐지는 순간이 될 것이다. 부활절은 바로 그 원형이자 근원이다. 그 큰 그림을 앞 장에서 살펴본 예수님의 승천 이야기와 합친다면 어떤 그림이 나오겠는가? 당연히 현재 예수님의 **부재**에 반대되는 예수님의 직접적 **현존**이 될 것이다.

현재에 우리가 아는 현존—말씀과 성례전 안에서, 성령에 의해서, 기도를 통해서, 가난한 자들의 얼굴 안에서, 자신의 백성과 함께 하시는 예수님의 현존—은 물론 그 미래의 현존과 연관되어 있지만 그 둘을 구분하는 것은 매우 중요하다. 이곳에서 예수님을 알고 사랑했던 사람들에게 예수님의 나타남은 마치 우리가 편지, 전화, 혹은 이메일로만 알았던 사람을 직접 만나는 것과 같을 것이다. 커뮤니케이션 이론가들은 온전한 인간의 커뮤니케이션을 위해서는 기록된 글씨뿐 아니라 목소리의 어조도 필요하다고 주장한다. 그렇기 때문에 편지보다 전화 통화가, 양적으로는 아닐지라도 질적으로 더 많은 것을 말해 줄 수 있는 것이다. 그러나 인간 사이의 온전한 의사소통을 위해서는 목소리의 어조뿐만 아니라 몸짓 언어, 표정 언어 그리고 우리가 미처 깨닫지 못하는 상태에서도 서로를 관계맺게 하는 수많은 작은 방식들이 필요하다. 현재로서는 성령과 말씀, 성례전과 기도를 통해서 그리고 우리가 예수님을 위해서 섬기도록 부름을 받은 가난한 사람들 안에서, 부재중인 예수님이 우리에게 현존하신다. 그러나 언젠가는 예수님이 얼굴과 얼굴을 대하여 우리와 함께 계실 것이다. 전형적인 19세기의 절충안이라고 할 수 있는 찬송가이긴 하지만, 알렉산더 여사는 부분적으로는 옳았다.

> 그리고 드디어 우리의 눈이 그분을 보리,
> 그분의 구속하시는 사랑을 통해서.
> 사랑스럽고 온유하신 그 아기는,
> 하늘에 계신 우리 주님이시니.

이 찬송가가 가지고 있는 끌림과 열망을 느끼지 못한다면, 우리는 아직 우리가 그분을 알 수 있는 방식으로 그분을 알도록 배우지 못했는지도 모른다. 혹은 현재에 우리가 아는 것과 미래에 우리에게 약속된 것 사이의 긴장을 느끼도록 배우지 못했는지도 모른다.

그러나 그 앎을 위해서 **우리가 그분을** 찾아가야 한다고 주장하는 데서 이 찬송가는 완전히 틀렸다.

> 그리고 당신의 자녀들을 이끄셔서
> 당신이 가신 그곳으로 인도하시네.

물론 앞으로 살펴보겠지만 이것은 죽음 이후 중간기의 상태에서 그분의 백성들에게 일어날 일이 분명하다. 그러나 신약성경이 가르치고 있는 주된 진리, 즉 초기 그리스도인들이 반복해서 주장했던 주된 강조점은 아니다. 주된 진리는 **그분이 우리에게** 다시 돌아오신다는 것이다.[1] 이제 우리가 논의해야 하는 것은 바로 그 점인데 두 단계의 주요 행동으로 살펴보겠다. 우선은 그분이 다시 오신다는 것이고, 그 다음은 그분이 심판관으로서 다시 오신다는 것이다.

오심, 나타남, 드러남, 왕의 현존

태양을 예로 들면, 움직이는 쪽은 태양이 아니라 우리 혹은 적어도 우리 행성이라는 사실을 알고 있지만 우리 문화에서는 여전히 태양이 '뜬다'/'진다'라고 말한다. 마찬가지로 초기 그리스도인들도 예수님의 '오심' 혹은 '돌아오심'에 대해 종종 이야기했다. 적어도 요한복음에서는 예수님 자신도 그렇게 말씀하신다. 그러나 그들이 사용하는 더 큰 그림을 보면, 일상적으로 쓰이고 심지어 신경에서도 쓰이는 그 용어는 그것이 확언하고 있는 진리를 현대 그리스도인들에게 이해시키는 데 큰 도움이 되지 않을 수도 있다. 그들이 말하는 바를 제대로 이해하는 데에 가장 적절한 용어가 아닐 수도 있는 것이다.

사실 신약성경은 예수님과 그의 백성이 언젠가는 온전하게 새로워진 인간으로서 서로를 직접 보게 되리라는 진리를 표현하기 위해 상당히 다양한 언어와 이미지를 사용하고 있다. 신약성경에서 매우 드물게 나타나는 표현인 '재림'(the second coming)이라는 문구가 이 논의를 지배하게 된 것은 역사의 우연인지도 모른다. 특히 북미 지역에서 종종 그랬던 것처럼 그 문구가 문자적인 하강의 의미로서 '오다'라는 뜻을 지니면서 상향 이동을 하는 구속받은 자들과 중간 지점에서 만난다는 특정 관점과 동일시되면 온갖 종류의 문제들이 발생한다. 그러나 그것은 신약성경의 여러 가지 증언을 전체적으로 고려하면 피할 수 있는 문제들이다.

첫 번째로 분명히 해야할 것은, 사람들이 흔히 생각하는 것과는 달리 예수님이 지상에서 사역을 하시는 동안에는 자신의 재림에 대해 아무 말도 하시지 않았다는 것이다. 예수님에 대한 이 같은 입장은 나의 다른 책들에서 이미 길고 자세하게 논증을 했으며 여기에서는 그것을 구체적으로 논의할 공간이 없다. 두 가지만 꽤 노골적으로 이야기하겠다.[2]

첫째, 예수님이 "인자가 구름을 타고 오리라"라고 말씀하셨을 때는 재림에 대해 이야기하신 것이 아니라 자신이 인용하고 있는 다니엘 7장의 맥락에서 고난 이후 자신의 정당성이 입증될 것을 이야기하신 것이다. 여기에서 '오다'는 내려오는 움직임이 아니라 위로 올라가는 움직임이다. 맥락 속에서 볼 때 이 핵심 본문은 비록 예수님은 죽겠지만 그 이후에 오는 사건들을 통해 자신의 정당성이 입증될 것이라는 뜻이다.[3] 그 사건들이 무엇인지는, 문제가 되고 있는 본문의 관점에서 보자면 아직 숨겨져 있는데 그렇기 때문에 오히려 그 사건이 진정성을 지니리라고 생각할 만한 좋은 이유가 된다. 거기에는 분명 예수님의 부활, 그리고 예수님과 예수님의 사명을 반대하는 체제였던 성전의 파괴가 포함될 것이다. 그리고 이 언어는 중요하게도 예수님의 부활 이후에 일어난 이상한 일들―예수님의 '승천', 예수님의 영화, 이 땅으로가 아니라 하늘로, 즉 아버지께로 가는 예수님의 '오심'―에 대해 이야기하는 가장 덜 부적절한 방식으로, 초대교회가 사용했던 바로 그 언어다.

둘째, 잠시 떠나면서 종이나 하인에게 주인이 없는 동안 주인의 돈을 가지고 장사하도록 하는 왕 혹은 주인에 대한 예수님의 이야기는, 원래 예수님의 종국적인 재림 때까지 해야 할 임무들을 교회에 맡기고 떠나는 예수님에 대한 이야기가 아니었다. 비록 꽤 일찍부터 그런 식으로 읽히기는 했지만 말이다.[4] 이 이야기들은 1세기의 유대교 세계에 속한 이야기이고, 그때는 모든 사람들이 이 이야기를 하나님 자신에 대한 이야기로 즉시 알아 '들었을' 것이다. 즉 유배 시대에 이스라엘과 성전을 떠나셨다가 드디어 유배 후기의 선지자들이 말한 것처럼[5] 다시 이스라엘로, 시온으로, 성전으로 돌아오시는 이야기로 말이다. 원래의 배경에서 보면 그 이야기들의 요점은 이스라엘의 하나님 야훼가 정말로 드디어 예루살렘으로, 성전으로, 나사렛 예수라고 하는 인간 안으로 그리고 그 인간으로 오신다는 것이다. 그런 의미에서 이 이야기들은 예수님의 **재림**이 아니라 초림에 대한 것이다. 비록 비밀스럽게 이야기하고 있기는 하지만 이 이야기들은 심판과 구원을 실행하기 위해 예루살렘으로 오신 예수님의 그 행위는 야훼께서 성경에서 말씀하신 바로 그 일이라고 예수님 자신이 믿었음을 보여 주는 이야기들이다.

'인자'와 관련된 말씀과 돌아오는 주인 혹은 왕에 대한 비유, 이 두 가지의 역사적인 입장 때문에 나는 특히 미국인 지도자들로부터 내가 재림을 믿거나 가르치는 일을 그만두었다는 공격을 받게 되었다. 이번 장에서 분명하게 보여 주겠지만 그것은 터무니없는 공격이다. 예수님이 재림을 가르치지 않으셨다고 해서 그것이 사실이 아니라는 뜻은 아니다. (마찬가지로 내가 재림을 언급하지 않은 채 예수님에 대한 책을 썼다고 해서 내가 재림을 믿지 않는다는 뜻은 아니다. 축구 해설자가 크리켓을 언급하지 않은 채 축구 경기 전체를 해설했다고 해서 그가 크리켓이라는 경기가 존재하지 않는다고 믿거나 혹은 그것을 스포츠로서 별로 높이 평가하지 않는다는 뜻은 아니다.) 예수님은 제자들에게 자신이 죽는다는 사실을 설명하는 것만으로도 충분히 어려움을 겪으셨다. 그들은 예수님이 살아계실 때 그것을 제대로 이해한 적이 한 번도 없었으며, 예수님이 자신의 부활에 대해 하신 이야기도 모든 유대교 순교자들의 일반적인 희망에 대한 이야기 이상으로 받아들이지 않았다. 예수님이 그것보다도 이후에 올 일에 대해서 이야기하는 것을 그들이 도대체 어떻게 이해할 수 있었겠는가? 그들에게는 예수님의 죽음이나 부활보다도 더 상상하기 힘든 미래일 텐데 말이다.

물론 예수님이 1세기에 이스라엘의 정당한 주님으로 시온에 오신 사건이 온 세상의 정당한 주님으로 종국에 다시 오실 사건을 가리킨 것은 사실이다. 이 말은 우리가 원한다면 내가 언급한 비유들을 이와 같은 방식으로 볼 수 있다는 뜻이다. 그러나 우리가 주의

깊게 보아야 하는 이유는 그것이 썩 잘 들어맞지 않기 때문이다. 신약성경 그 어디에도 예수님이 마지막으로 오실 때, 자기 주인의 돈을 손수건에 잘 싸놓았다는 이유로 그 악한 종이 심판받은 것처럼 예수님의 종들 중에도 심판받는 사람이 있을 것이라고 말하는 저자는 없다.

또한 그 비유의 일부는 이해했지만 충분히 소화하지는 못한 사람들이 말한 것처럼 A.D. 70년에 일어난 사건 자체가 예수님의 '재림'이며 그 이후로 우리는 하나님의 새로운 세대에 살고 있기 때문에 더 이상 기다려야 할 '오심'은 없다고 말해서도 안 된다. 이것은 나에게도 그러했듯이 많은 독자들에게 이상한 입장처럼 보일 것이다. 그러나 그러한 입장을 내세울 뿐 아니라 열렬히 선전하고, 심지어 나의 논거 일부를 사용해서 그것을 입증하고자 하는 사람들이 있다. 이것은 혼란으로부터 비롯되는 결과다. "인자가 구름 타고 온다"라고 말하는 본문이 내가 주장한 것처럼 (부분적으로는) A.D. 70년을 일컫는 것이라고 해도, A.D. 70년이 곧 '재림'을 의미한다는 것은 아니다. 왜냐하면 '인자' 본문은 자주 그렇게 오독됨에도 불구하고 '재림'에 대한 본문이 전혀 아니기 때문이다. 그 본문은 예수님의 정당성이 입증되는 것에 대한 본문이다. 또한 부활, 승천 그리고 예루살렘에 대한 심판을 통해 나타나는 예수님의 정당성은 모든 것을 완성시키는 또 다른 사건을 여전히 요구한다. 이 점에 대해서 혼란스러워했던 사람들을 위해 (그리고 혼란에 빠지지 않았던 사람들에게는 재미를 위해) 매우 분명하게 강조해서 말하겠다. '재림'은 아직 일어나지 않았다.

그렇다면 만약 예수님의 가르침에 대한 복음서의 기록이 재림을 일컫는 것이 아니라면 재림에 대한 개념은 도대체 어디에서 생긴 것일까? 간단하다. 나머지 신약성경에서다. 예수님의 정당성이 입증되고, 부활하여 승천하시고 난 후에 교회는 예수님이 다시 오실 것이라고 확고하게 믿었고 그렇게 가르쳤다. "너희 가운데서 하늘로 올려지신 이 예수님은 하늘로 가심을 본 그대로 오시리라"[6]라고 천사가 제자들에게 말했다. 그리고 비록 사도행전이 이 믿음을 자주 언급하지는 않지만 그 책의 내용 전체가 그 규정 안에서 이루어지고 있는 것은 분명하다. 모든 것을 회복하기 위해 다시 한 번 예수님이 오실 그 날을 대비해서 제자들은 온 세상에 예수님의 주되심을 알리는 것이다.[7]

그러나 물론 가장 주된 증인은 바울이다. 바울의 편지들은 예수님이 미래에 오시는 혹은 나타나시는 이야기들로 가득하다.[8] 그의 세계관, 그의 신학, 그의 선교, 그의 헌신은 모두 그것 없이는 생각할 수가 없다. 그러나 이 위대한 사건에 대한 그의 말은 종종 오해가 되었는데 특히 '휴거' 신학 지지자들이 그런 경우였다. 이제 이 문제를 직접적으로 다룰 때가 되었는데 먼저 종종 오해되는 또 다른 전문 용어 하나에 대해서 한마디 해야겠다.

학자든 학자가 아니든 무엇인가를 지칭하기 위해 사용되는 어떤 단어의 원래 배경이 그것이 차후에 사용된 맥락에서보다 더 많거나 적은 것을 의미할 때 사람들은 오해하게 된다. 이 경우에 문제가 되는 단어는 헬라어 '파루시아'(*parousia*)다. 이 단어는 보통 '오다'로 번역되는데, 그 문자적인 의미는 '현존', 즉 '부재'에 반대되는 의미로서 '현존'이다.

'파루시아'라는 단어는 바울 서신의 두 가지 핵심 본문(살전 4:15;

고전 15:23)에 등장하며, 다른 바울 서신이나 신약성경에도 자주 등장한다. 초기 그리스도인들은 이 단어는 물론 그 의미 또한 잘 알고 있었던 것으로 보인다. 사람들은 종종 초대교회가 '파루시아'를 단순히 '예수님의 재림'을 의미하는 용어로 사용했다고 생각하며, 모두가 그 재림의 모습이 문자적으로 데살로니가전서 4:16-17(예수님이 구름을 타고 내려오시고 사람들이 그분을 만나기 위해서 위로 날아 올라가는 것)의 모습일 것이라고 추정한다. 그러나 이 두 가지 가정은 모두 틀렸다.

한편으로 '파루시아'라는 단어는 당시의 비기독교적 담론에서 두 개의 생생한 의미를 가지고 있었다. 이 두 가지 의미 모두가 그 단어의 기독교적 의미에 영향을 미친 것으로 보인다.

첫 번째 의미는 신 혹은 신성의 신비로운 현존이었다. 특히 그 신의 능력이 치유로 나타날 때의 현존을 의미했다. 그때 사람들은 갑자기 초자연적이고 강력한 '현존'을 인식하게 되고, 그것을 일컫는 자명한 단어는 '파루시아'였다. 요세푸스는 야훼가 이스라엘을 구원하러 오시는 것에 대해 이야기할 때 간혹 이 단어를 사용했다.[9] 예를 들어 이스라엘이 히스기야 왕의 통치 하에 있을 때 앗수르를 기적적으로 막아 낸 사건에서처럼, 구원하시는 하나님의 강력한 현존이 행동으로 나타난 것이다.

두 번째 의미는 고위직에 있는 사람이 속국을 방문한다는 의미인데, 특히 왕이나 황제가 식민지나 지방을 방문할 때 쓰인다. 그러한 방문을 일컫는 단어는 '왕의 현존'(royal presence)인데 헬라어로 '파루시아'다. 두 가지 의미의 배경 모두 구름타고 날아다니는 사람에 대한 언급은 조금도 없다는 사실을 우리는 분명하게 보게 된다. 또한 시공간의 우주가 곧 붕괴되거나 파괴될 것이라고 하는 암시도 전혀 없다.

이 문제와 관련해서 바울과 초대교회의 모든 사람이 두 가지를 이야기하고 싶었다고 하자. 첫 번째로, 그들은 자신들이 예배하는 예수님이 영으로는 가까이 계시지만 몸으로는 부재하시는데 언젠가는 몸으로도 현존하실 것이고 그 때에는 자신들을 포함해서 온 세상이 그 현존의 갑작스런 변화의 능력을 경험하게 될 것이라고 말하고 싶었다고 하자. 이러한 말을 하는 데 사용할 수 있는 자연스러운 단어가 바로 '파루시아'다.

두 번째로, 그들이 죽은 자 가운데 부활해서 하나님의 우편에 앉으신 예수님이 이 세상의 정당한 주님이시며, 다른 모든 황제들이 두려움과 경이로움에 사로잡혀 덜덜 떨며 무릎을 꿇게 될 진정한 황제라고 말하고 싶었다고 하자. 그리고 카이사르가 (보통은 부재하지만 통치는 하고 있는 황제가 직접 나타나서 통치하는 경우와 같이) 언젠가 빌립보나 데살로니가나 고린도를 방문할 수도 있는 것처럼, 부재하시지만 통치하시는 이 세상의 주님이 언젠가 이 세상에 직접 나타나 통치하시게 되고 그 결과로 온갖 일들이 일어나게 될 것이라고 말하고 싶었다고 하자. 이 경우에도 마찬가지로 사용할 수 있는 자연스러운 단어는 '파루시아'다(바울과 그 외의 사람들은 예수님이 참 주님이시고 카이사르는 가짜라고 말하고 싶어 했다는 점에서 이것은 특히 중요하다).

그런데 이것은 단순한 가정이 아니라 실제로 일어난 일이다. 바울과 그 외의 사람들은 그러한 세계를 모두 환기시키고 싶었기 때문에 '파루시아'라는 단어를 사용했다. 그러나 그들은 다른 맥락에서 그 세계들을 환기시킨다. 이번이 처음도 마지막도 아니지만, 헬라-로마 세계의 암시와 대립이 유대교 이야기와 두 개의 지질층처럼 만나면서 신약성경의 신학이라고 부르는 험준한 산맥을 솟아오르게 만들기 때문이다. 문제가 되는 유대교의 이야기는 물론 주의 날, 야훼의 날에 대한 이야기다. 그 날은 야훼께서 이스라엘의 모든 적을 물리치시고 최종적으로 자신의 백성을 구출하시는 날이다. 바울을 비롯한 다른 저자들은 '주의 날'을 자주 언급하는데, 물론 그들은 기독교적인 의미에서 쓰는 말이다. 즉 여기에서 '주'는 예수님 자신이다.[10] 이러한 의미에서, 그리고 오직 이러한 의미에서만 기독교의 '재림' 교리는 유대교를 굳건한 배경으로 삼고 있다.[11] 물론 이보다 더 강력한 이야기는 없을 것이다. 왜냐하면 예수님의 생애 당시 제자들을 포함해서 기독교 이전의 유대교에서는 메시아의 죽음을 상상도 하지 않았기 때문이다. 그렇기 때문에 그들은 메시아의 부활도 생각하지 못했고, 그러한 사건들과 최종적 완성 사이의 기간, 즉 메시아가 이 세상의 진정한 주로 임명을 받고 나서 그 주권적 통치가 온전한 효력을 발휘할 때까지 아직은 기다려야 하는 그 사이의 중간기도 생각하지 못했다.

사건의 정황은 이러해 보인다. 초기 그리스도인들은 옛 유대교 이야기 안에서 살았고 그 안에서 숨쉬며 기도했다. 충격적이고 예상치 못한 사건이었던 예수님의 부활과 승천을 통해서 그들은, 비록 그들이 생각했던 것과는 달랐지만, 이러한 방식으로 이스라엘의 하나님이 정말로 당신이 늘 의도하셨던 일을 해 내셨다는 사실을 깨달았다. 그 깨달음을 통해 그들은 예수님이 이스라엘의 메시아로서 이미 이 세상의 진정한 주시며, 현재 성령을 통해 은밀하게 존재하시는 예수님의 현존은 하늘과 땅의 모든 권세를 이기실 분으로 예수님이 마지막에 드러나게 될 때, 그러나 아직은 오지 않은 그 때에 대한 암시일 뿐이라는 사실을 알게 되었다. 이처럼 예수님의 이야기는 유대교의 이야기 안에서 근본적으로 보강되고 변형되었다. 그리고 아직은 오지 않은 예수님의 사건을 묘사하면서 생기게 되는 표현은 미래의 사건과 관련해서 예수님이 주이시고 카이사르는 아니라고 하는 표현이다.

'파루시아'는 사실 그것 자체가, 예수님이 실재이고 카이사르는 서툰 모방이라고 바울이 말할 수 있게 해주는 용어 중 하나다. 재림에 대한 바울의 신학은 예수님이 주라고 하는 자신의 정치 신학의 일부다.[12] 다시 말해서 '파루시아', 즉 왕의 현존이라는 용어가 유대교의 묵시적 언어와 병치되어 있는 전형적인 바울의 용법을 우리는 보게 된다. 이것이 바울의 첫 청취자들에게는 별 문제를 일으키지 않았을 것이라고 생각한다. 그러나 그 이후의 청취자들에게는 문제를 일으킨 것이 분명하고 특히 지난 세기에 그랬던 것으로 보인다. 특히 데살로니가전서 4:16-17을 읽을 때 더욱 그렇다.

> 주께서 호령과 천사장의 소리와 하나님의 나팔 소리로 친히 하늘로부터 강림하시리니, 그리스도 안에서 죽은 자들이 먼저 일어나고 그 후에 우리 살아남은 자들도 그들과 함께 구름 속으로 끌어올려 공중에서 주를 영접하게 하시리니, 그리하여 우리가 항상 주와 함께 있으리라.

이 해결하기 어려운 구절에서 우리가 먼저 주목해야 할 점은 이 본문을 앞으로 일어날 일에 대한 바울의 생각을 문자적으로 묘사한 본문으로 받아들여서는 **안** 된다는 것이다. 이것은 단지 그가 고린도전서 15:23-27과 51-54절, 그리고 빌립보서 3:20-21에서 말한 것을 다르게 표현한 것에 불과하다.

우선 그 다른 본문들을 제대로 이해하는 것이 좋겠다. 고린도전서 15:23-27에서 바울은 메시아의 '파루시아'를 죽은 자가 부활하는 때, 즉 그분의 현존하는 그러나 은밀한 통치가 최후의 적인 죽음을 정복함으로써 명시적으로 드러나게 되는 때로 이야기하고 있다. 그러고서 51-54절에서 그는 예수님이 오실 때 아직 죽지 않은 자들에게 일어날 일에 대해 이야기하고 있다. 그들은 **변화될** 것이다. 이것은 분명 그가 데살로니가전서 4장에서 이야기하고 있는 것과 똑같은 사건이다. 두 본문 모두에 나팔 소리와 죽은 자의 부활이 나온다. 그러나 데살로니가전서에서는 그때 살아있는 자들이 "구름 속으로 끌어올려 공중에서"라고 말하는 반면에 고린도전서에서는 그들이 "변화되어"라고 말한다. 마찬가지로 맥락상 꽤 분명하게 예수님과 카이사르를 대비시키고 있는 빌립보서 3:21에서 바울은 현재의 비천한 몸이 만물을 복종케 하시는 예수님의 능력의 결과로 예수님과 같은 영광스런 몸으로 **변화될** 것에 대해 이야기하고 있다.

그렇다면 왜 바울은 데살로니가전서에서 주님이 내려오시고 살아있는 성도들이 공중에서 사로잡힌다는 이러한 이상한 방식으로 이야기하는 것일까? 내가 생각하기에는 그가 의도적으로 하나로 모으고 있는 세 가지 다른 이야기를 암시해 줄 수 있는 풍성한 은유를 찾고 있는 것 같다(바울은 은유를 풍성하게 혼합하는 일에 능했다. 그 다음 장인 데살로니가전서 5장에서 그는 주의 날이 밤에 도둑같이 임할 것이고 여자의 해산하는 고통처럼 임할 것이기 때문에, 술에 취하지 말고 깨어서 무장을 하고 있어야 한다고 말한다. 텔레비전에서 흔히 말하는 것처럼, 집에서 직접 시도해 보지는 말길 바란다).

미래에 대한 모든 기독교적 언어는 안개를 가리키는 일련의 이정표 같다는 사실을 우리는 다시 한 번 상기해야 한다. 이정표는 그 길 끝에서 우리가 보게 될 것의 사진을 미리 제공해 주는 것이 아니다. 그러나 그렇다고 해서 그것이 올바른 방향을 가리키고 있지 않다는 뜻은 아니다. 그 이정표들은 분명 진실을 말해 주고 있는데, 미래에 대한 특정한 종류의 진실을 말해 주고 있는 것이다.

바울이 여기에서 한 곳에 모으고 있는 세 가지 이야기는 모세가 산에서 내려오는 이야기에서부터 시작된다. 나팔 소리가 울리고, 큰 외침이 들리고, 오랜 기다림 끝에 모세가 산에서 내려와서 자신이 없는 동안 어떤 일이 일어났는지를 본다.

그 다음에는 다니엘 7장의 이야기가 있다. 그 이야기에서는 박해받은 하나님의 백성이 일으켜져 구름 위로 올라가 영광 가운데 하나님과 함께 앉음으로써 이교도 적들 앞에서 자신들이 옳았음을 입증받는다. 예수님이 복음서에서 자기 자신에게 적용시키시고 있는 이 '구름 위로 올려지는' 일이 이제 바울에 의해 현재 박해를 받고 있는 그리스도인들에게 적용되고 있다.[13]

바울은 충격적인 방식의 전형이라고 할 수 있을 정도로 은유를 혼합하여 이 두 개의 이야기를 함께 놓음으로써 우리가 앞에서 이미 언급한 세 번째 이야기를 끌어올 수 있게 만든다. 황제가 식민지나 지방을 방문하게 되면 그 나라의 시민들은 도시에서 어느 정도 떨어진 곳까지 나가서 그를 영접하게 된다. 백성이 영접하기를 귀찮아하면서 황제가 성문 앞에 도착할 때까지 그냥 있는 것은 실례가 되는 일이었다. 백성이 황제를 만나면 그들은 그냥 성 밖에서 머무는 것이 아니라 황제를 대하는 예우를 갖춰 그를 성 안으로 호위해서 들어온다. 바울이 '공중에서' 주를 '만나는 것'에 대해서 이야기할 때의 요점은, 대중적인 휴거 신학과는 달리 구원받은 신자들이 땅으로부터 떨어진 공중 어딘가에서 그냥 머문다는 것이 아니다. 그 이야기의 요점은 돌아오시는 주님을 만나러 나갔다가 그분의 땅으로, 즉 자신들이 처음 출발했던 그 장소로 왕이신 주님을 호위해 온다는 것이다. 이것이 문자적인 묘사가 아니라 매우 강도 높은 은유라는 사실을 깨달은 후에도 그 의미는 빌립보서 3:20의 구절과 같다. 빌립보 사람들도 그렇게 알고 있었듯이, 하늘의 시민이기 때문에 자신의 모국으로 돌아가기를 기다린다는 뜻이 아니라 황제가 모국**으로부터** 와서 식민지에 온전한 위엄을 부여해 주기를 기다리는 것이다. 구출이 필요하다면 구출해 주고, 현지의 적들을 정복하고, 모든 것을 바로잡아 주기를 기다리는 것이다.

    그렇다면 데살로니가전서 4장에 나오는 이 두 가지 구절에서 소위 '휴거'라고 하는 큰 그림을 만들어 낸 사람들은 그 구절들을 심각하게 오용한 것이다. 이것은 대중적 근본주의에만 영향을 미친 것이 아니라 신약성경에 대한 학문 자체에도 상당한 영향을 미쳤는데, 그 결과 그 학문에서조차 사람들은 바울이 정말로 근본주의자들이 생각하는 그대로를 의미했다고 여기게 되었다. 바울이 같은 주제에 대해 이야기한 몇 가지 서로 다른 것들을 함께 모아 놓아야 비로소 진실을 알 수 있다. 이것은 매우 강도 높고 복합적인 암시를 가지고 있는 수사학의 전형적인 예다. 이 수사학이 지시하는 실제는 다음과 같다. 예수님이 직접 현존하실 것이고, 죽은 자가 부활할 것이고, 살아있는 그리스도인들은 변화될 것이다. 이제 우리가 살펴보겠지만 이것이 바로 나머지 신약성경에서도 이야기하고 있는 내용이다.

그러나 부활, 승천, 재림 그리고 희망과 관련된 기독교 신학 전체에 대한 또 한 가지 매우 중요한 사실에 주목하길 바란다. 이 신학은 정치적 권위자들과의 대결에서 비롯된 신학이다. 예수님이 이미 이 세상의 참 주님이시고 언젠가는 그렇게 증명될 것이라는 확신에서 나온 신학이다. '휴거' 신학은 이런 대결을 회피한다. 왜냐하면 그리스도인들이 기적같이 악한 이 세상으로부터 옮겨질 것이라고 주장하기 때문이다. 어쩌면 그렇기 때문에 그와 같은 신학이 종종 영지주의적인 성격을 띠면서 사적인 이원론적 영성으로 기울고 정치적으로는 자유방임적 정적주의로 기우는지도 모른다. 그리고 어쩌면 그렇기 때문에 아마겟돈을 꿈꾸는 그러한 신학이 정치적인 현상 유지를 은밀하게 지지했는지도 모른다. 바울이라면 결코 그렇게 하지 않았을 것이다.

바울에 대한 논의를 마치기 전에 중요한 한 쌍의 본문에 주목하기 바란다. 첫 번째로, 고린도전서 마지막에서 바울은 갑자기 아람어 문구를 하나 쓰고 있다. '마라나타'(*Marana tha*).[14] 그 뜻은 '우리 주여, 오시옵소서!'인데 ('아버지'라는 뜻의 '아바'처럼) 아람어를 사용하던 아주 초기의 교회로까지 거슬러 올라가는 표현이다. 헬라어를 사용하던 교회가 아람어로 된 기도를 따로 만들어 냈을 이유는 없다. 이 시점에서 우리는 아주 초기의 그리고 바울 이전의 전통을 생각해야 한다. 초대교회는 처음부터 예수님이 돌아오시기를 기도했던 것이다.

두 번째로, 골로새서 3장의 매우 다른 본문을 보자. 여기에서 우리는 아주 간략하게 요약된 부활과 승천에 대한 바울의 신학이 현재의 기독교적 삶과 미래의 기독교적 희망에 적용된 것을 보게 된다.

> 그러므로 너희가 그리스도와 함께 다시 살리심을 받았으면 위의 것을 찾으라. 거기는 그리스도께서 하나님 우편에 앉아 계시느니라. 위의 것을 생각하고 땅의 것을 생각하지 말라. 이는 너희가 죽었고 너희 생명이 그리스도와 함께 하나님 안에 감추어졌음이라. 우리 생명이신 그리스도께서 나타나실 그때에(*hotan ho Christos phanerōthē*) 너희도 그와 함께 영광 중에 나타나리라.[15]

이것은 분명 우리가 살펴본 다른 본문들과 같은 영역에 속하는 본문이다. 그러나 여기에서 중요한 사실 하나에 주목하기 바란다. '오다' 혹은 복된 '파루시아' 대신에 바울은 여기에서 '나타나다'라는 단어를 쓰고 있다. 이것은 같은 것을 다른 각도에서 바라보는 것인데, 예수님의 '오심'을 마치 우주인처럼 예수님이 하늘에서 내려오는 것을 의미한다고 보는 생각을 탈신비화하는 데 도움이 된다. 예수님은 현재 하늘에 계시다. 그러나 우리가 앞에서도 보았듯이 하늘은 하나님의 공간으로서 우리 세계의 공간에 속한 어떤 장소가 아니라 비록 밀접하게 연관되어 있기는 하지만 서로 다른 공간이다. 여기에서의 약속은 예수님이 단지 현재 세계 질서 안에 다시 나타나신다는 것이 아니라 하늘과 땅이 하나님이 약속하신 새로운 방식으로 하나가 될 그때에 예수님이 우리에게 나타나실 것이고, 우리가 그분 앞에 그리고 우리 서로에게 자신의 참 정체성을 가지고 나타날 것이라는 뜻이다. 이것은 사실상 요한 1서에 나오는 핵심 본문과 놀랍도록 가깝다(요일 2:28, 3:2).

> 자녀들아, 이제 그의 안에 거하라. 이는 주께서 나타내신 바 되면(*ean phanerōthē*) 그가 강림하실 때에(*parousia*) 우리로 담대함을 얻어 그 앞에서 부끄럽지 않게 하려 함이라.…사랑하는 자들아, 우리가 지금은 하나님의 자녀라. 장래에 어떻게 될지는 아직 나타나지 아니하였으나 (*oupō phanerōthē*) 그가 나타나시면(*ean phanerōthē*) 우리가 그와 같을 줄을 아는 것은 그의 참 모습 그대로 볼 것이기 때문이니.

여기에서 우리는 골로새서와 거의 똑같은 그림을 보게 된다. 비록 이번에는 '나타나다'와 '파루시아'가 사이좋게 나란히 오지만 말이다. 물론 예수님이 '나타나실' 때 그분은 '현존'하실 것이다. 그러나 여기에서 '나타나다'를 강조하는 이유는 비록 어떤 의미에서 우리에게는 그분이 '오시는' 것처럼 보이겠지만 사실은 그분이 현재 그분이 계신 그곳에서 '나타나실' 것이기 때문이다. 예수님이 지금 계신 곳은 우리가 속한 시공간의 세계로부터 아주 멀리 떨어진 곳이 아니라 그분 자신의 세계, 하나님의 세계, 우리가 '하늘'이라고 부르는 세계다. 이 세계는 우리의 세계—'땅'—와는 다르지만 수많은 방식으로 서로 교차되어 있으며 특히 그리스도인 자신의 내적 삶에서 교차된다. 언젠가는 이 두 개의 세계가 완전하게 통합되어 서로를 온전히 다 볼 수 있게 될 것이고 그리하여 바울과 요한이 이야기하는 그런 변화를 일으킬 것이다.

물론 바울과 요한만이 이러한 것을 언급하는 저자들은 아니다. 성 요한의 계시록도 예수님의 오심에 대해 이야기하고 있다. 여기에서 우리는 '오다'라는 단어 자체를 보게 된다. 계시록에서 성령과 신부는 "오라"고 말하며, 그 책의 마지막 기도는 고린도전서와 마찬가지로 주 예수님이 곧 오시기를 바라는 기도다. 같은 주제가 그 책의 다른 곳에 흩어져 있다.[16] 여기에서는 이것을 다 자세하게 살펴보거나 신약성경의 다른 책에 나오는 연관된 본문들을 다 살펴볼 지면이 없다.[17] 유명한 본문인 베드로후서 3장은 신약성경에서 재림이 늦춰지는 사안이 직접 거론되는 유일한 본문인데, 문맥상으로 볼 때 그것을 문제라고 여기는 사람들이 다소 다른 형태의 비역사적인 기독교를 주장하는 바로 그 사람들이라는 사실은 여기에서 지적할 만한 점이다.[18]

약간의 변이가 있기는 하지만 여기에서 우리는 놀랍도록 일치된 관점이 우리가 아는 초기 기독교 전체에 퍼져있었다는 사실을 보게 된다. 부활절이 예시하는 이 세상의 위대한 회복과 함께 예수님 자신이 직접 나타나셔서 이 세상 전체와 신자들에게 일어날 변화의 대행자이시자 모범이 되실 그때가 언젠가는 올 것이고, 정말로 그때는 아무 때일 수도 있다. 신약성경에 그토록 분명하게 표현된 이와 같은 기대와 희망은 2세기와 그 이후의 세기에서도 사라지지 않고 계속된다. 초대교회의 주류 그리스도인들은 이 사건이 그 세대 안에 일어나지 않았다고 해서 걱정하지 않았다. 베드로후서 3장에서 말하고 있는 '늦춰짐'에 대한 문제가 2세대의 기독교 안에 널리 퍼져있었다는 생각은 역사적 사실이기보다는 현대 학자들의 신화다.[19] 또한 예수님의 '나타남'이나 '오심'에 대한 생각은 후대가 그 의미를 제대로 이해하지 못하는 상태에서 무비판적으로 그냥 전해 받은 전통이 아니다. 승천과 마찬가지로 예수님의 나타남 역시 이전에도 계셨고 지금도 계시고 앞으로도 계실 예수님이 온전하게 제시되는 일의 핵심적 부분으로 여겨졌다. 그 부분이 없다면 교회의 선언은 아무런 의미가 없다. 그 부분을 제거해 버리면 온갖 것들이 흐트러지기 시작한다. 초기 그리스도인들은 그 누구 못지않게 이 사실을 분명하게 알았고 우리도 그들에게 배우는 것이 좋을 것이다.

하지만 이제는 예수님의 나타남 혹은 오심의 두 번째 측면을 살펴볼 때다. 성경에 근거한 같은 전통에 의하면 그분이 오실 때 그는 특별한 역할을 하실 터인데, 바로 심판관의 역할이다.

9. 심판하러 오시는 예수님

들어가는 말

　기독교가 시작된 아주 초기부터 마지막 때에 나타나실 예수님이 심판관 역할을 하실 것이라는 믿음이 있었음을 우리는 볼 수 있다. 아주 초기의 일부 전통에서 이미 그러한 믿음이 나타나고 있다. 이것은 다른 것과 격리된 별도의 신앙이 아니다. 유대교의 맥락에서 볼 때 '파루시아'보다 오히려 더 잘 설명되는 부분이다. 그러나 우리가 그 의미를 초기 기독교 안에서 살펴보고, 현재와 미래에 그것이 가지는 의의를 살펴보는 것이 중요하다.

　오시는 심판관이라는 예수님의 그림은 절대적으로 중요하고 타협할 수 없는 또 한 가지 기독교 신앙의 핵심적 특징이다. 그것은 이 세상을 최종적으로 바로잡으실 창조주 하나님의 심판이 정말로 **있을** 것이라는 믿음이다. '심판'이라는 단어는 자유주의 그리고 후기 자유주의 세계에 사는 많은 사람들에게 부정적인 인상을 준다. 성경에서는 특히 시편에서는 하나님의 심판이 좋은 일이며 축하하고 기다리고 갈망할 일이라는 사실을 우리는 염두에 둘 필요가 있다. 심판은 사람들로 하여금 기쁨에 차서 외치게 하고, 들판의 나무들로 하여금 손뼉을 치게 하는 일이다.[1] 체계적인 불의, 억압, 폭력, 오만 그리고 압제의 세계에서는, 악한 자가 확실하게 자기 분수를 알게 되고, 가난하고 약한 자가 자신들의 합당한 몫을 받게 되는 날이 올 것이라는 생각이 무엇보다도 반가운 소식이 될 것이다. 반항하는 세계, 착취와 사악함이 가득한 세계 앞에서 선하신 하나님은 심판의 하나님이 **되실 수밖에** 없다. 19세기의 자유주의적 낙관주의는 자기 몫을 챙길 만큼 챙겼고, 그러한 낙관주의를 반격할 만한 20세기의 거대한 체계적 악에도 불구하고 살아남았다. 그러나 좀더 최근의 신학은 악에 대한 성경의 분석이 실재에 더 밀접하게 상응한다는 사실을 깨닫고 심판의 주제로 다시 돌아왔다.[2]

창조주 하나님이 이 세상에 심판과 정의를 가져오고 이 세상을 바로잡는다는 구약의 희망은, 하나님이 이방 세계의 압제적 정권을 전복시키시는 것을 보기를 간절히 소망하는 이스라엘의 열망과 더불어 후기 성경 시대의 주된 관심사였다. 그것은 마치 거대한 우주적 법정 장면과도 같을 것이다. 이스라엘(혹은 적어도 이스라엘 가운데 의로운 자들)이 가엾은 피고자의 역할을, 이방인들(혹은 적어도 특별히 사악한 이방인들)은 기고만장한 고소자의 역할을 하게 될 것이다. 그러나 그들은 마침내 임자를 만나 자신들에게 합당한 정의를 (사실은 '심판'을) 얻게 될 것이다.

이 모든 내용을 보여 주는 가장 유명한 시나리오는 다니엘 7장이다. 거기에서 이방 민족은 거대하고 힘센 짐승으로 묘사되고 반면에 이스라엘 혹은 이스라엘 안의 의로운 자들은 무력한 인간 존재, '인자같은 이'로 묘사된다. 이 장면은 거대한 법정을 배경으로 하는데 그 절정은 옛적부터 항상 계신 이가 심판관으로 와서 자리에 앉아 짐승 대신에 인자의 편을, 이방 제국 대신에 이스라엘의 편을 드시는 장면이다. 이제 인자에게 모든 민족들을 다스릴 지배권과 권위가 주어지는데, 이것은 창세기 1-2장에서 아담에게 모든 동물들을 다스릴 권위가 주어지는 장면을 연상시키는 의도적인 장치다.

이 시나리오가 신약성경으로 옮겨지고 나면 어떻게 되는가? 정답은 이렇다. 예수님 자신이 '인자'의 역할을 취하셔서 고난받으시고 그 후에 인정받으시는 것을 우리는 보게 된다. 그러고서 다니엘서에서처럼 예수님은 대법원장이신 하나님으로부터 그 심판을 실행할 임무를 받게 된다. 이 사실은 이스라엘의 메시아, 즉 이스라엘을 직접 대표하시는 분이 심판의 임무를 받게 된다는 수많은 성경 속 그리고 성경 후기의 본문들과 일치한다. 이사야 11장을 보면 메시아의 심판은 이리와 어린 양이 함께 사는 세상을 창조해 낸다. 시편 2편에서는 메시아가 왕위에 앉게 되면 이방 나라들이 떨 것이라고 말한다. 거듭 반복해서 메시아가 단지 이스라엘만이 아니라 온 세상을, 우리만큼이나 하나님도 갈망하시는 정의와 진리의 상태로 돌려놓으실 하나님의 대리자라고 주장하고 있다. 따라서 부활절을 통해 예수님이 정말로 메시아라는 결론을 내린 초기 그리스도인들은 자연스럽게 그 예수님을 이 세상을 바로잡을 하나님의 대리인으로 여겼다. 그들은 단지 그분이 미래에 다시 오시거나 나타나실 것이라는 자신들의 신앙에서 이 사실을 추론해 낸 것이 아니었다. 사실 오히려 그 반대일 수 있다. 예수가 메시아라는 그들의 신앙이, 그분이 최후의 심판관으로 오실 것이라는 신앙을 형성한 결정적 요소였을 수 있다.

당연히 바울 시대에 이르렀을 무렵에는 이미 이러한 신앙이 제대로 확립되어 있었다. 아테네의 아레오파구스에서 바울은, 하나님은 그분이 임명하신 사람을 통해서 이 세상을 심판할 날을 정하셨는데, 그 사람을 죽은 자 가운데서 부활시킴으로써 그 사실을 보증하셨다고 진술한다.[3] 바울이 전한 복음에 의하면, 그는 하나님이 메시아 예수를 통해 모든 사람의 은밀한 것을 심판하실 것이라는 사실을 거의 무의식적인 수준에서 언급하고 있다(롬 2:16). 바울이 행위가 아니라 믿음에 의한 칭의를 가르쳤기 때문에 사람들은 종종 '행위에 따른' 미래의 심판이 없을 것이라고 생각하지만 이 구절을 보면 일부 사람들이 바울을 얼마나 근본적으로 오해했는지 알 수 있다. 행위에 따른 미래의 심판, '재판관의 자리'에서 예수님이 이행하실 심판은 로마서 14:9-10, 고린도후서 5:10 그리고 그 외의 본문들에 분명하게 나타나 있다. 마찬가지로 중요한 사실은, 바울이 자신의 신학에 잘 들어맞지 않는 어떤 전통을 인용하는 곳에 이 본문들이 위치하고 있지 않다는 사실이다. 이것은 바울의 생각과 설교에 온전히 견고하게 통합되어 있는 내용들이다. 초대교회의 그 누구에게나 마찬가지로 바울에게도 메시아 예수가 이행하는 최후의 심판은 핵심적 요소였으며 그것이 없으면 다른 모든 것들이 전부 유효성을 잃게 되는 것이었다.

(여기에서 논의를 전개할 자리는 없지만) 특히 행위에 따른 미래의 심판이라는 그림은 사실상 믿음에 의한 칭의를 강조하는 바울 신학의 **기초다**.[4] 믿음에 의한 칭의의 요점은 하나님이 갑자기 좋은

태도나 도덕성에 더 이상 관심을 갖지 않는다는 것이 아니다. 지난 2세기 동안 참으로 많은 사람들이 애써온 것과는 달리, 믿음에 의한 칭의는 낭만주의적 관점―자유방임적 도덕성이라고 하는 일반화된 자유주의적 관점은 오직 우리의 내면이기 때문에 우리가 겉으로 하는 일들은 아무런 상관이 없다고 하는―으로 붕괴될 수가 없다. ('행위'라는 언급을 전부 없애 버린 교리를 지나치게 조바심 내며 방어해 온 사람들은 이 시점에서 자신이 누구와 공모하고 있는 것인지 생각해 보아야 한다!) 그럴 수가 없다. 믿음에 의한 칭의는 하나님이 이 세상을 심판하시게 될 **미래**의 판결을 예견하면서 **현재**에 일어나는 일이다. 복음을 믿으면 그 사람은 자신의 부모가 누구이건 간에 이미 하나님의 가족이며, 예수님의 죽음 때문에 죄를 용서받았고, 미래에는 바울이 말한 대로 "이제 결코 정죄함이 없는"(롬 8:1) 상태가 된다고 하나님은 미리 선언하셨다. 현재에 내려진 판결이, 개인이 살아온 인생 전체에 대한 미래의 판결을 정확하게 예견하리라고 어떻게 그토록 확신할 수 있는가 하는 문제와 관련해서는 분명 더 많은 질문들이 있을 것이다. 바울은 여러 곳에서 여러 가지 방식으로 그 질문들을 다루는데 특히 성령의 사역에 대한 설명에서 그 내용을 다룬다. 그러나 (현재의 맥락에서 내가 주장하는 유일한 요점은) 바울에게는 현재 시점의 믿음에 의한 칭의와 미래 시점의 행위에 따른 심판 사이에 아무런 충돌이 없었다. 그 두 가지는 서로를 필요로 하고 서로에게 의존해 있다. 여기에서 더 나아가려면 로마서와 갈라디아서에 대한 빈틈없는 설명이 필요할 터인데 물론 여기에서는 그럴 자리가 없다.[9]

이번에도 마찬가지로 바울이 제시하는 그림은 신약성경의 다른 본문들이 그 빈자리를 다 채워주고 있다. 그것은 잠깐 등장했다 사라지는 이론도 아니고 바울의 특이한 견해도 아니다. 그것은 초기 그리스도인들이 공통적으로 가지고 있던 신앙이었다.[6] 그것은 또한 요한복음 5장에 나오는 긴 본문의 핵심 요점이기도 한데, 바로 그 점 때문에 요한복음이 미래의 영생이 아니라 현재의 영생만을 가르치신다고 보았던 초기의 학자들은 꽤나 골머리를 앓아야 했다.

> 아버지께서 아무도 심판하지 아니하시고 심판을 다 아들에게 맡기셨으니 이는 모든 사람으로 아버지를 공경하는 것 같이 아들을 공경하게 하려 하심이라. 아들을 공경하지 아니하는 자는 그를 보내신 아버지도 공경하지 아니하느니라. 내가 진실로 진실로 너희에게 이르노니 내 말을 듣고 또 나 보내신 이를 믿는 자는 영생을 얻었고 심판에 이르지 아니하나니 사망에서 생명으로 옮겼느니라. 진실로 진실로 너희에게 이르노니 죽은 자들이 하나님의 아들의 음성을 들을 때가 오나니 곧 이 때라. 듣는 자는 살아나리라. 아버지께서 자기 속에 생명이 있음 같이 아들에게도 생명을 주어 그 속에 있게 하셨고 또 인자됨으로 말미암아 심판하는 권한을 주셨느니라. 이를 놀랍게 여기지 말라. 무덤 속에 있는 자가 다 그의 음성을 들을 때가 오나니 선한 일을 행한 자는 생명의 부활로, 악한 일을 행한 자는 심판의 부활로 나오리라. 내가 아무것도 스스로 할 수 없노라. 듣는 대로 심판하노니 나는 나의 뜻대로 하려 하지 않고 나를 보내신 이의 뜻대로 하려 하므로 내 심판은 의로우니라.[7]

내가 다시 한 번 지적하고자 하는 요점은, 모든 미래의 심판이 기본적으로 나쁜 소식이 아니라 좋은 소식으로 강조된다는 것이다.

왜 그럴까? 그것이 좋은 소식인 이유는 우선 하나님의 정의로 이 세상을 휩쓰실 분이, 무자비하고 오만하고 복수심에 찬 폭군이 아니라 슬픔을 아셨던 비탄에 젖은 예수님, 죄인들을 사랑하시고 그들을 위해 죽으신 예수님, 십자가 위에서 이 세상이 받을 심판을 대신 받으셨던 메시아이기 때문이다. 이로 인해 예수님은 또한 이 세상을 자기들 마음대로 갈라놓은 체제와 통치자들을 심판할 수 있는 독특한 자리에 놓이시며, 신약성경도 그 점을 곳곳에서 지적한다.[8] 특히 우리가 이미 살펴보았고 일부 중세의 신학자들과 예술가들도 강조한 것처럼 예수님은 모세가 산에서 내려와 우상숭배와 환락이 한창 진행 중이던 진영으로 갔던 것과 같은 모습의 심판자로 오신다. 시스티나 성당의 그림은 명백한 사악함뿐만 아니라 무책임하고 무심한 삶도 책망을 받게 될 그날을 우리에게 상기시켜 준다.[9]

신약성경과 그 이후의 기독교 신학에서는 이 심판이 특정 상황 하에서 **예견되고** 있다. 믿음에 의한 칭의에 대해서는 이미 이야기했다. 고린도전서를 보면 성만찬의 경우도 마찬가지다. 예수님의 살과 피를 먹고 마신다는 것은 모든 이의 구세주이실 뿐 아니라 심판자이신 그분을 지금 여기에서 대면한다는 뜻이다.[10] 그리고 요한복음 16장에서 볼 수 있는 것처럼 당연히 성령의 사역도 마찬가지다. 성령이 오시면 그분이 죄에 대해, 의와 심판에 대해 이 세상을 책망하실 것이라고 예수님은 선언하셨다.[11] 다시 말해서 최후의 심판은 성령이 인도하시는 일과 예수님을 따르는 자들의 증언을 통해서 현재의 세상에서 예견된다는 뜻이다.

재림과 심판

그렇다면 소위 예수님의 재림이라는 것은, 신약성경과 그 이후의 기독교의 가르침 안에서 제대로 이해한다면 기본적인 기독교의 메시지에 덧붙여진 것이 아님이 분명해진다. 복음의 메시지는 재림이 없이는 완전하게 서 있을 수 없다. 우리는 재림을 우리의 사고나 삶, 기도의 주변부로 밀쳐 둘 수가 없다. 그렇게 되면 다른 모든 것이 망가진다. 이제 나는 오늘날 이 복음의 요소들이 갖는 상관성을 마지막으로 간략하게 몇 가지 끌어내고자 한다.

첫째, 예수님의 나타남 혹은 오심은 문자주의적 근본주의자들과 내가 5장에서 제시한 '우주적 그리스도'의 개념을 지지하는 사람들에게 완벽한 답변을 제공한다. 예수님은 교회와 다르고 이 세상과도 다르다. 성령에 의해 교회와 세상 모두에 현존하시지만 그것과 동격은 아니시다. 예수님은 현재 이 세상과 맞서고 계시며, 나중에는 직접 나타나서 맞서실 것이다. 그분이 종의 형체를 가지고 십자가에서 죽기까지 복종하신 것처럼(빌 2:6-8), 바로 그분 앞에 모든 무릎이 꿇게 될 것이다(빌 2:10-11). 바울이 강조하는 것처럼 예수님이 전자의 일을 하셨기 **때문에** 후자의 일도 일어나는 것이다. 그분이 나타나신다는 것은, 현재의 세계를 거절하는 이원론도 아니고 마치 우주인처럼 이 세상으로 그분이 그냥 들어오시는 것도 아니다. 그것은 우리를 포함한 현 세상의 **변화**이며, 그것을 통해 드디어 이 세상이 바로잡히고 우리도 그렇게 될 것이다. 죽음과 부패 자체가 극복될 것이고 하나님은 만유 가운데 계실 것이다.

두 번째로, 이것은 기독교 세계관에 올바른 형태와 균형이 주어진다는 뜻이다. 유대교의 세계관처럼, 그러나 스토아주의, 플라톤주의, 힌두교와 불교의 세계관과는 근본적으로 다르게 그리스도인들은 시작과 중간과 끝이 있는 이야기를 들려준다. 이야기의 끝에 가서 그 종결이 없다는 것은—같은 일이 계속 반복해서 일어나거나 혹은 카르마의 작용이 길게 이루어지는 것일 수도 있는, 끝도 없이 돌고 도는 원의 상태로 남게 된다는 것은—사도들과 수많은 유대교 선조들이 들려준 이야기에 정면으로 대치되는 것이다. 예수님이 교회로 축소되거나 이 세상으로 축소되지 않는다는 바로 그 이유 때문에 우리는 그분의 주권적 주되심을 편리하게 자신을 위한 변명으로 삼는 승리주의를 부인할 수 있다. 또한 최고와 최선의 기독교 단체, 조직, 지도자 그리고 추종자들도 어리석은 모습을 보이고 실패할 수 있다는 사실에 희망이 꺾여—언제나 그렇게 희망은 꺾일 것이다—절망하지 않을 수 있다. 우리는 예수님의 승천과 나타남 사이에 살고 있기 때문에, 즉 성령에 의해 예수 그리스도와 연합했지만 아직은 그분의 최종적 오심과 현존을 기다리고 있는 시대에 살고 있기 때문에 제대로 겸손하면서 **동시에** 제대로 확신을 가질 수 있다. "우리가 우리를 전파하는 것이 아니라 오직 그리스도 예수의 주되신 것과 또 예수를 위하여 우리가 너희의 종 된 것을 전파함이라."[12]

세 번째, 이러한 이유로 승천과 '파루시아' 사이에서 교회는 자기 스스로 하나님 나라를 세워야 한다고 생각하는 자가동력의 에너지로부터 자유로울 수 있고, 또한 예수님이 다시 오실 때까지는 아무것도 할 수 없다고 생각하는 절망으로부터도 자유로울 수 있다. 우리는 스스로의 힘으로 '하나님 나라를 세우는 것'이 아니다. 그러나 하나님 나라를 **위해서** 일하기는 한다. 우리가 승천하신 주님께 순종하면서 성령의 능력 안에서 믿음과 소망과 사랑으로 현재에 하는 모든 일은 그분이 나타나실 때에 향상될 것이고 변화될 것이다.[13] 이것은 또한 바울이 고린도전서 3:10-17에서 분명하게 말하고 있는 것처럼 당연히 심판의 어조도 가지고 있다. 그 '날'에는 각각의 건축자가 무슨 일을 했는지 다 드러날 것이다.

특히 승천하신 예수 그리스도가 현재 통치하신다는 사실과 마지막 때에 나타나셔서 심판할 것이라는 확신으로 인해 우리는 명쾌한 이해력과 현실주의적 입장을 가지고 오늘날의 정치적 담론을 대할 수 있을 것이다. 이것은 오늘날 우리에게 정말로 필요한 것이다. 너무나 많은 경우 그리스도인들은 주요 정치 체제나 정당에 대해서 모호하게 영성화된 해석에 빠져 버린다. 예수 그리스도가 이미 이 세상의 주이시고 언젠가 그분의 이름 앞에 모든 무릎이 꿇게 될 것이라는 공인된 신앙을 우리가 정말로 진지하게 받아들인다면 어떤 일이 일어나겠는가?

그렇게 되면 그저 경건주의의 어조만 불어넣게 될 것이고, 그 다음에는 진짜 문제들을 회피하게 만들거나 아니면 아예 신정주의를 시도하게 만들 것이라고 생각할 수 있다. 하지만 그 두 가지 중 하나를 생각한다는 것은, 종교와 정치를 분리시키는 계몽주의에 우리가 얼마나 깊이 영향을 받았는지를 보여 줄 뿐이다. 우리가 그것을 다시 통합한다면 어떻게 되겠는가? 예수님의 이름으로 하는 기독교의 사역처럼 정치적인 일도 마찬가지가 될 것이다. 예수님을 승천하신 그리고 다시 오실 주님으로 고백하게 되면 우리의 정치적 임무는 이 프로그램이나 저 프로그램 혹은 이 지도자나 저 지도자가 유토피아를 여는 열쇠를 가지고 있는 척 해야 하는 (그렇기 때문에 저 사람만 당선시키면 된다고 선전해야 하는) 필요성에서 벗어나게 될 것이다. 마찬가지로 우리의 정치 체제가 이번에도 우리를 실망시켰다는 것을 깨달을 때 오는 절망에서도 벗어나게 될 것이다. 예수님의 승천과 나타남은 계몽주의의 사고 구조 전체에 (그리고 물론 다른 몇몇 운동들에도) 근본적인 도전을 던진다. 그리고 현재 서구의 정치가 상당 부분 계몽주의의 산물인 만큼, 생각하는 그리스도인으로서 우리는 그 도전이 반드시 먹힐 수 있는 방법들을 진지하게 생각해야 한다. 이러한 주장이 나도 답을 알지도 못하는 많은 질문들을 야기하는 상당히 막연한 주장이라는 것을 알지만, 이것을 지적하지 않으면 이 고대의 교리들은 오로지 이론적이고 추상적인 관심사 밖에는 되지 않는다는 인상을 쉽게 줄 수 있기에 말하지 않을 수가 없다. 예수님이 이미 주님이시고 이 세상의 심판관으로 다시 나타나실 것을 믿는 사람들은 그것을 믿지 않는 사람들과는 상당히 다르게 이 세상에서 살고 생각하라는 부름을 받았고 그렇게 할 준비가 되어 있다(이것은 다소 완화시켜서 말한 것이다). 이 문제들에 대해서는 이 책의 3부에서 조금 더 자세히 다루겠다.

특히 이 세상의 모든 잘못을 바로잡고 죽은 자에게 새로운 생명을 주시기 위해 심판관으로 오시는 예수님에 대한 희망은 우리의 핵심적 주제 중 하나를 이야기하기 위한 배경인데 이제 드디어 그 주제를 다룰 수 있게 되었다. 만약 이 모든 것이 사실이라면 예수 그리스도 안에 있는 모든 세례받은 신자들의 미래는 어떻게 되는가? 우리가 미래의 부활에 대해 이야기할 때 그것은 정확히 우리 자신과 관련해서 어떤 의미를 갖는가?

10. 우리 몸의 구속

들어가는 말

첫 두 장에서 살펴본 것처럼, 사람이 죽고 나면 어떻게 되는지에 대해서 오늘날 교회가 가지고 있는 합의점은 없다. 따라서 더 넓은 비기독교 세계가 죽은 자의 운명에 대해 혼란스러워 할 뿐 아니라 그 주제에 대해 **그리스도인은 도대체 무엇을 믿는지도** 혼란스러워 한다는 것은 놀라운 일이 아니다.

대부분의 교회들이 공식적으로 교리의 최고 근원으로 꼽는 신약성경이 이 주제에 대해 매우 분명하게 말하고 있다는 사실은 이러한 혼란을 더욱 기이하게 만든다. 전형적인 어느 본문에서 바울은 '우리 몸의 속량'에 대해 이야기한다(롬 8:23). 그가 무엇을 의미하는지는 의심의 여지가 없다. 하나님의 백성은 새로운 형태의 육체적 존재, 즉 현재 우리의 육체적 삶의 완성과 구속을 약속받았다는 것이다. 이 주제를 다루고 있는 나머지 초기 기독교 저작들도 모두 동일한 입장이다.

육체의 부활에 대한 이러한 희망의 표현은 지난 세월 동안 기독교 사상의 몇몇 지배적인 풍조와는 너무도 맞지 않아서 제대로 표현되지 못하다가 점차 왜곡되었고, 심지어 알려지지조차 않게 되었다. 이번 장에서는 신약성경과 초대교회 교부들이 말하는 최후에 있을 육체적 부활의 기본적인 그림을 제시하고, 그것이 오늘날 어떻게 다시 강조될 수 있는지를 설명할 것이다. 내가 다른 곳에서 이미 자세하게 설명했던 것을 이곳에서 조합하는 것이기 때문에 더 간략하게 할 수 있을 것이다.[1]

(일종의 '연옥'이나 '계속되는 여정'이라는 중간 단계가 있건 없건) 사람이 죽으면 '천국으로 간다'거나 '지옥으로 간다'는 단일 단계의 사후 운명을 말하는 전통적인 그림은 기독교적 희망을 심각하게 왜곡하고 축소시킨다. 육체의 부활은 기독교적 희망의 사소한 부분이 아니다. 그것은 하나님의 궁극적 목적에 대한 이야기에 의미와 형태를 부여해 주는 요소다. 많은 사람들이 은연중에 그렇게 한 것처럼 우리가 육체의 부활을 주변으로 제쳐 놓거나, 혹은 일부 사람들이 꽤 노골적으로 그렇게 한 것처럼 아예 제외시켜버리면, 그것은 사이드 미러를 작동시키는 장치가 빠져 있는 자동차를 산 것처럼 그저 기계의 부품 하나를 잃고 마는 정도가 아니다. 그 자동차를 움직이게 하고 다른 모든 부품이 움직여야 하는 이유를 제공해 주는 중앙 엔진을 잃어버리는 것이다. '천국'에 대해 모호하게 이야기하면서 부활의 언어를 거기에 끼워 맞추려고 하는 대신에, 우리는 부활에 대해 성경적인 정확성을 가지고 이야기해야 하며 천국에 대한 우리의 언어를 **그 내용에 맞게** 재구성해야 한다. 나아가서, 내가 이 책의 3부에서 보여 주겠지만 우리가 그렇게 하게 되면

일부 사람들이 생각하는 것처럼 도피주의나 정적주의적 경건의 기초를 발견하게 되는 것이 아니라(그러한 경건은 오히려 '천국'에 대한, 전통주의적이고 오해를 유발하는 언어에서 비롯된다), 현 세상 안에서 이루어지는 활발하고 창조적인 기독교의 탁월한 기초를 발견하게 된다.

부활: '죽음 이후의 삶' 이후의 삶

두 번째 장에서 우리는 헬라-로마의 이교주의와 제2성전기의 유대교가 죽음 이후의 삶에 대해 다양한 종류의 믿음을 가지고 있었던 반면, 초기 그리스도인들은 그 주제에 대해 놀랍도록 일치된 믿음을 갖고 있었음을 살펴보았다. 그에 대한 증거는 상당히 많지만, 지면 관계상 간략한 개관만 제시하겠다.

이번에도 바울에서부터 시작해야겠다. 바로 앞 장에서 나는 바울이 빌립보서 3장에서 말한 '하늘의 시민'이 되는 것의 의미가 이곳에서의 일을 끝내고 그곳으로 은퇴하게 된다는 뜻이 아니라고 강조했다. 그 다음 행에서 그는 예수님이 현재 우리의 낮은 몸을 그분과 같은 영광스런 몸으로 변화시키기 위해 하늘로**부터** 오실 것이고, 모든 것을 복종시키시는 그분의 권능으로 그 일을 하실 것이라고 말한다. 이 짤막한 진술은 이 주제에 대한 바울의 사상을 잘 요약해서 보여 준다. 부활하신 예수님은 그리스도인이 미래에 가질 몸의 **모델**일 뿐만 아니라 그 일이 이루어지게 되는 **수단**이기도 한 것이다.

마찬가지로 골로새서 3:1-4에서 바울은 우리의 생명이신 메시아가 나타날 때 우리도 그와 함께 영광 가운데서 나타날 것이라고 말한다. 그는 "언젠가 그분께로 가서 함께 있을 것이다"라고 말하지 않는다. 우리는 이미 그분 안에서 생명을 가지고 있다. 그리스도인들이 이 세상에는 보이지 않게 은밀하게 가지고 있는 이 새로운 생명이 온전하게 육체로 현실화되어 눈에 보이게 되는 순간이 올 것이라고 그는 말한다.

종종 무시되지만 가장 명확하고 강력한 본문은 로마서 8:9-11이다. 하나님의 성령, 메시아 예수의 성령이 우리 가운데 거하시면, 메시아를 죽은 자 가운데서 일으키신 그분이 우리 안에 거하시는 성령을 통해서 우리의 죽을 육체에도 생명을 주실 것이라고 바울은 말한다. 하나님은 육체가 없는 영혼에 생명을 주시는 것이 아니다. 육체가 없다는 의미에서의 '영적인 몸'에 생명을 주시는 것이 아니라 '너희 죽을 몸'에 생명을 주신다.

이러한 관점을 가진 신약성경의 저자는 바울만이 아니다. 요한1서는 예수님이 나타나시면 그분의 참 모습을 그대로 볼 것이기 때문에 우리도 그분과 같이 된다고 선언한다.[2] 예수님의 부활하신 육체의 영광과 능력이 어느 정도인지는 상상할 수 없지만 우리 자신의 부활체의 모델이 될 것이다. 요한복음을 아주 다른 방식으로 읽고 싶어 하는 사람들에게는 혼란스러운 부분이겠지만 그 안에는 미래의 육체적 부활에 대한 매우 명확한 진술들이 들어 있다. 예수님은 유대교 안에 널리 퍼져 있던 부활에 대한 기대를 재차 확인하시면서 그것이 일어날 때가 이미 왔다고 말씀하신다. 앞 장에서 얼핏 살펴본 본문에 그 사실이 명백하게 제시되고 있다.

진실로 진실로 너희에게 이르노니 죽은 자들이 하나님의 아들의 음성을 들을 때가 오나니 곧 이 때라. 듣는 자는 살아나리라. 아버지께서 자기 속에 생명이 있음 같이 아들에게도 생명을 주어 그 속에 있게 하셨고 또 인자됨으로 말미암아 심판하는 권한을 주셨느니라. 이를 놀랍게 여기지 말라. 무덤 속에 있는 자가 다 그의 음성을 들을 때가 오나니 선한 일을 행한 자는 생명의 부활로, 악한 일을 행한 자는 심판의 부활로 나오리라.³⁾

이것은 분명히 다니엘 12장, 그리고 이사야 26장이나 에스겔 37장 같은 본문에 의거한 본문이다. 이 본문은 부활을 하나님이 성령을 통해서 그리스도 안에 있는 자들―모든 사람이 아니라―에게 미래에 주시는 선물로 보는 바울의 입장과 표면적으로 긴장 관계에 있다(물론 잠시 후에 살펴보겠지만 고린도후서 5:10은 좀 다른 견해를 보이기도 한다). 초대교회의 일부 교부들은 이 부분에 대해 요한을 열렬하게 지지했는데, 그들은 부활이 악한 자에게도 필요하다고 강조했다. 그래야 육체를 입은 상태로 심판을 받을 수 있기 때문이다. 이 부분에 대해서는 잠시 후에 다시 다루겠다.

여기에서 우리는 앞에서 제시한 요점을 다시 한 번 살펴보아야 한다. 아버지의 집에 "거할 곳이 많다"⁴⁾라고 하신 예수님의 말씀은 무슨 뜻인가? 이 말씀은, 특히 사별의 상황에서 사용될 때는 죽은 자가 (적어도 죽은 그리스도인은) 훗날 새로운 육체적 생명으로 되살아나는 것이 아니라 그냥 '천국'으로 가서 영구적으로 사는 것을 의미하는 것으로 받아들여지곤 했다. 그러나 고대 헬라어에서 '거할 곳'이라는 뜻의 '모나이'(*monai*)는 최종적인 안식처를 뜻하는 단어가 아니라 다른 곳으로 가게 되는 긴 여정에서 일시적으로 멈추는 장소를 뜻하는 단어로 대개 사용되었다.

이러한 해석은 누가복음에서 죽어가는 강도에게 하신, "오늘 네가 나와 함께 낙원에 있으리라"[9]라는 예수님의 말씀과 잘 들어맞는다. 여기에서 '낙원'은 오랫동안 잘못 해석되어 온 단어인데, 그것은 최종적 종착지를 의미하는 것이 아니라 일부 다른 유대교 저작에서처럼 죽은 자들이 새로운 날이 밝아오기를 기다리면서 원기를 회복하게 되는 복된 동산, 쉼과 평온의 공원을 의미한다.[9] 이 구절의 요점은 그 강도의 요청과 예수님의 답변 사이의 명백한 대조에 있다. 그는 "**당신의 나라가 임할 때** 나를 기억하소서"라고 말함으로써 (그가 비꼬는 투로 말한 것인지 아닌지는 여기에서 중요하지 않다) 그 일이 먼 미래의 일이 될 것임을 암시했다. 그러나 "**오늘** 네가 나와 함께 낙원에 있으리라"라는 예수님의 대답은 이 미래의 희망을 현재로 가져온다. 예수님 자신의 죽음과 함께 (비록 사람들이 생각했던 것하고는 전혀 다른 모습이지만) 하나님 나라가 실제로 임하고 있다는 사실도 암시하면서 말이다. 물론 궁극적 부활을 포함한 미래의 완성이 아직 남아 있기는 하다. 누가의 전반적인 신학적 이해는 그 점에 대해서는 의심의 여지를 남겨두지 않는다. 어쨌거나 예수님은 '오늘', 즉 성 금요일에 부활하신 것이 아니므로 누가는 예수님 자신과 예수님 곁에서 죽어가는 사람이 그날 당장에 있게 될 상태, 즉 낙원에 있는 상태를 예수님이 언급하신 것으로 이해했던 것이 분명하다. 다시 말해서 **부활 이전에** 있게 될 상태를 말하는 것이었다. 예수님으로 인해 미래의 희망이 현재 가운데로 들어왔다. 최종적으로 다시 깨어날 그 마지막 때가 오기 전에 믿음을 가지고 죽은 사람들에게 주어진 약속은, 단번에 '예수님과 함께' 있게 되리라는 것이다. "차라리 세상을 떠나서 그리스도와 함께 있는 것이 훨씬 더 좋은 일이라 그렇게 하고 싶으나"라고 바울은 말했다.⁷⁾

그렇다면 '부활'은 (고대의 이교도들처럼) 그것을 믿지 않았건 혹은 (많은 고대의 유대인들처럼) 그것을 지지했건 간에 언제나 그 단어의 의미 그대로 사용되었다. 즉 그것은 '죽음 이후의 삶'에 대해 이야기할 때 쓰는 말이 아니었다. 그것은 죽음 직후에 어떤 상태로 들어가든지 그 **이후에** 오는 새로운 육체적 삶에 대해 이야기할 때 쓰는 말이었다. 다시 말해서 그것은 '죽음 이후의 삶' **이후의** 삶을 일컫는 말이었다.

그렇다면 "너희를 위하여 하늘에 간직하신" 구원에 대해 이야기하고, 현재의 믿음을 통해서 우리가 "영혼의 구원"을 받을 것이라고 말하는 베드로전서 1장 같은 본문은 어떻게 이해해야 하는가? 여기에서 서구 기독교의 자동적인 전제가 우리를 심각하게 오도한다고 나는 생각한다. 오늘날 대부분의 그리스도인들은 이런 본문을 읽으면 천국이 '구원'을 얻기 위해 가는 장소를 의미한다고 생각한다. 심지어 '구원'이 **곧** '사후 천국행'이라고까지 생각한다. 그렇게 되면 위험하게 왜곡된 틀이 형성되어, 복음서의 일부 핵심 본문들이 그 틀 안에서 해석된다. 예를 들어 예수님이 '천국에 들어가는 것'이나 '하늘에서의 상', '하늘에 부를 쌓아두는 것'에 대해서 말씀하시는 마태복음의 본문들처럼 말이다. 간략히 말해서 오늘날 서구 세계에서 우리가 그 언어를 이해하는 방식은 예수님과 그분의 청취자들이 의도하고 이해했던 바와는 전혀 다르다.

사실 '천국'은 하나님에 대해 공손하게 이야기하는 방식이다. 따라서 '하늘의 보화'란 그저 '하나님의 현존의 풍성함'을 의미한다

(예수님이 '하나님에 대해서 부요한' 사람 혹은 그렇지 못한 사람에 대해 이야기하시는 또 다른 본문에서처럼 말이다).[8] 그러나 이러한 일차적인 의미에서 파생된 '천국'은 **미래를 위한 하나님의 목적이 저장되어 있는** 장소이기도 하다. 하지만 원래 그 목적이 머물러야 하는 장소는 아니다. 만일 그렇다면 천국에 가야만 그 목적을 누릴 수 있을 것이다. 천국은 그 목적이 땅에서 실현되는 날이 올 때까지 안전하게 보관되어 있는 장소다. 내가 친구에게 "자네를 위해서 냉장고에 맥주를 넣어두었네"라고 말할 때의 의미는 그가 맥주를 마시려면 냉장고 안으로 들어가야 한다는 것이 아니다. 하나님이 미래에 주실 유산, 부패하지 않는 새로운 세계와 그 세계에서 살 새로운 육체는 이미 안전하게 보관되어 우리를 기다리고 있다. 우리가 천국으로 가서 새로운 육체를 입기 위해서가 아니라, 이 세상에서, 그러니까 내가 앞에서 이야기한 회복된 세상, 새 하늘과 새 땅에서 태어나기 위해 천국에 보관되어 있는 것이다.

베드로전서의 그 본문과 그 외 다른 본문들과 관련해서 우리가 또 한 가지 주목해야 할 것은, 초기 기독교의 저작에서는 '영혼'이라는 단어가 지금 같은 의미로 사용된 경우가 거의 없다는 사실이다. '프시케'(*psychē*)라는 단어는 고대 세계에서 매우 흔한 단어였으며 여러 가지 의미를 지니고 있었다. 후대의 기독교나 불교에서 자주 사용되기는 했지만, 신약성경은 그 단어를 '궁극적으로 구원을 받게 되는 우리의 특정 부분'을 일컫는 데 사용하지 않았다. '프시케'라는 단어는 히브리어 '네페쉬'(*nephesh*)처럼, 육체가 없는 인간의 내적 부분을 일컫는 것이 아니라 우리가 '인격' 혹은 '인성'이라고 부를 법한 것을 일컫는 단어였다. 베드로전서 1장의 요점은 이

'인격', 즉 '참 자기'가 **이미** 구원을 받았고, 언젠가는 그 구원을 온전히 육체적인 형태로 받게 되리라는 것이다. 그렇기 때문에 베드로가 구원의 희망을 예수님의 부활에 굳건하게 뿌리박는 것이고, 또 그렇게 하는 것이 마땅하다. 베드로는 하나님이 "예수 그리스도를 죽은 자 가운데서 부활하게 하심으로 말미암아 우리를 거듭나게 하사 산 소망이 있게" 하셨다고 말한다.[9]

고린도서에서 말하는 부활

미래의 부활에 대한 모든 논의는 결국에는 바울과 대면할 수밖에 없고, 특히 그가 고린도 교회에 쓴 두 개의 편지를 참고할 수밖에 없다. 이 편지들은 해석하기 쉽지 않고 논쟁의 여지가 있어 다른 곳에서 더 자세하게 논의하였다. 따라서 여기에서는 고린도후서와 고린도전서를 순서대로 살펴보며 간단하게 논의를 요약하겠다.[10]

고린도후서 4-5장에 나오는 부활에 대한 본문은 바울이 자신의 사도됨을 설명하는 길고도 열정적인 본문 안에서 등장한다. 그는 자신의 사역에 대해 "이 보배를 질그릇에 가졌으니 이는 심히 큰 능력은 하나님께 있고 우리에게 있지 아니함을 알게 하려 함이라"라고 말한다. 이 말의 요점을 설명하기 위해서 그는 현재 삶의 모호함과 고난이 의미를 갖게 될 미래의 희망에 대해 조목조목 이야기한다. 만약에 4장의 마지막 구절들만 본다면, 바울이 육체는 버려두고 순전한 혼만 남게 되는 미래의 희망을 말하는 것이라고 생각할 수도 있을 것이다. 실제로 여전히 그렇게 주장하는 사람들이 있다. 그는 "우리의 겉사람은 낡아지나 우리의 속사람은 날로 새로워지도

다"라고 말한다. 이것은 죽어 없어질 육체는 빨리 벗어버리고, 육체가 없는 불멸의 영광스러운 영혼만이 남게 되기를 간절히 바라는 플라톤주의로 거의 다 기울어진 것이 아닌가?

그러나 결코 그렇지 않다. 5장에서 바울은 우리를 기다리는 새로운 '천막' 혹은 '장막'에 대해 이야기한다. 하나님의 영역(즉 '천국')에서 기다리고 있는 새로운 집, 새로운 처소, 새로운 육체가 있는데 우리를 위해 준비된 그것을 현재의 몸 위에 덧입으면 죽을 수밖에 없는 것이 생명에 의해 삼켜져 버린다는 것이다. 언제나 그렇듯 여기에서도 바울은 하나님이 성령을 통해 이 일을 성취하실 것이라고 주장한다.

바로 이 지점에서 근대 서구인들은 거대한 상상력을 발휘해야만 한다. 우리는 플라톤의 공장에서 너무나 오랫동안 정신적 물품들을 사온 나머지, '영혼'은 무언가 비물질적인 것을 의미하고 '물체'는 무언가 물질적이고, 견고하고, '육체적인' 것을 의미하는 것으로서, 서로가 존재론적으로 대조되는 것을 당연시하게 되었다. 우리는 견고한 사물은 한 종류의 것이고, 관념, 가치, 영혼, 귀신과 같은 것들은 (그것들 서로도 사실은 매우 다른 종류의 것들이라는 점을 자주 놓치면서) 또 다른 종류의 것이라고 생각한다. 육체는 부패하고 죽으며, 집, 성전, 도시, 그리고 문명은 재가 되어 사라지듯이 우리는 몸을 가진다는 것, 육체를 가진다는 것을 영속적이지 않고, 변덕스럽고, 일시적인 것을 의미한다고 가정하면서, 영속적이고, 변하지 않고, 불멸할 수 있는 유일한 길은 비물질적이 되는 것이라고 생각한다.

여기에서 바울의 요점은 그렇지 않다는 것이다. 사실 그가 살았던 시대의 지배적인 우주론도 그렇지 않았다. 그 시대는 플라톤적이라기보다는 오히려 스토아적이었다. 유대교의 창조 신학은 더군다나 그렇지 않았다. 예수님의 부활 사건으로 인해 유대교의 창조 신학은 바울이 확립한 새로운 창조 신학의 모판이 되었다.[11] 바울은 고린도 교인들이 새로운 형태의 사고를 하게끔 하고 있었고, 우리에게도 마찬가지의 영향을 미치고 있다.

바울이 우리에게 상상하도록 요구하는 것은 우리의 현재 육체가 마치 육체 없는 혼령과 대비되는 것 같이 새로운 형태의 육체성을 갖게 될 것이라는 사실이다. 그 육체는 우리의 현재 육체가 육체 없는 영혼보다 더 실질적이고 더 확실하게 만져지는 대상인 것처럼 지금보다 더 실질적이고, 더 견고하고, 더 **육체적**일 것이다. 우리는 때로 큰 병을 앓은 사람에 대해 '이전 모습의 그림자' 같다는 표현을 쓴다. 만약 바울이 옳다면 현재 그리스도인의 모습은 **미래**의 자신과 비교할 때 단순히 그림자일 뿐이다. 그 미래의 자신은 하나님이 하늘의 창고에 보관 중이신 그 육체가 이미 다 재단된 상태로 꺼내어져 현재의 몸 위에 (혹은 육체의 죽음 이후에도 여전히 남아있을 그 부분에) 입혀지게 될 때 갖게 되는 모습일 것이다. 바로 이 점이 위대한 부활절 찬송가 중 하나가 정확하게 이해하고 있는 부분이다.

연약한 육체여, 그대가
그토록 많은 아름다움을 부여받을 때,
얼마나 영광스럽고 찬란하게 빛나겠는가,
건강이 넘치고, 강하고, 자유로우리!

활기차고, 기쁨이 충만하며,
영원히 지속되리.[12]

바울은 자신이 이미 그 상태에 도달한 것처럼 보이지 않으려고 애를 쓴다. 실제로 그는 자신이 사도로서 하는 일은, 이 세상의 현재 상태가 가지고 있는 연약함과 고난에 동참하는 일이라고 애써 강조한다. 그러나 그의 요점은 우리 그리스도의 심판대 앞에 반드시 서야만 하고(고후 5:10), 그러려면 우리에게 반드시 육체가 필요하다는 것이다. 여기에서 바울은, 요한과 마찬가지로 다니엘 12장 그리고 그 외에 비슷한 다른 유대교 본문들과 궤도를 같이 한다. 바로 이 지점에서 바울 역시 결국에는 의로운 자의 부활뿐만 아니라 (육체를 입은 상태로 심판받기 위해서) 악한 자의 부활까지 암시하는 것일 수 있다.

이제 우리는 부활에 대한 신약성경의 핵심적 관점을 살펴볼 때가 되었다. 바로 고린도전서 15장이다.

이 부활의 희망은 고린도전서 전체 이면에 깔려 있지만 특히 15장에서 바울은 그 희망을 가장 중요하게 직접적으로 거론하고 있다. 일부 고린도 교인들은 미래의 부활을 부인했는데, 죽은 자는 다시 살아나지 않는다는 것은 누구나 아는 사실이라는 통상적이고 이교적인 근거에서 그랬을 것이 거의 확실하다. 그에 대한 대답으로 바울은, 앞 장에서 우리가 살펴본 것처럼 예수님이 부활의 첫 열매라고 말하면서 모든 백성이 예수님처럼 부활하게 될 거대한 추수의 때가 아직 남아 있다고 말한다.

이 15장 전체는 창세기 1-3장을 연상시키는 동시에 암시하고 있다. 이것은 창조의 포기가 아니라 새로운 창조의 신학이다. 15장의 핵심은 두 개의 서로 다른 종류의 육체, 즉 현재의 육체와 미래의 육체에 대한 설명이다. 바로 여기에서 갖가지 문제들이 야기되었다.

몇몇 대중적인 번역들은, 그중에서도 개정 표준 번역(RSV)과 그 갈래들은 바울의 핵심 문구를 '육체적 몸'(a physical body, 한글 개역개정에는 '육의 몸'으로 번역되었다—역주) 그리고 '영적인 몸'(a spiritual body, 한글 개역개정에는 '신령한 몸'으로 번역되었다—역주)으로 번역했다.[13] 바울이 사용하고 있는 헬라어 단어만 보더라도 이러한 번역은 옳지 않다. 이 부분과 관련된 전문적인 논증들은 상당히 많고 또한 단호하다. 여기에서 대조되는 것은 부패하기 쉽고 썩게 될, 죽을 수밖에 없는 현재의 육체와, 부패하지 않고 썩지 않는, 다시는 죽지 않는 미래의 육체다. 이 주제가 논의되는 중에 끊임없이 인용되는 핵심 형용사들은 '육체적' 몸과 '비육체적' 몸을 의미하지 않는다. 그런데 현재 우리 문화에서 사람들은 '육체적' 그리고 '영적'이라는 말을 그렇게 이해한다.

앞에 나오는 단어 '프시키코스'(*psychikos*)는 그 어떠한 경우에도 우리가 뜻하는 '육체적'이라는 의미로 쓰이지 않는다. 이 단어는 바울 시대의 헬라어 '프시케'에서 파생되었는데, '프시케'는 육체가 아니라 영혼을 뜻했다.

그러나 그것보다 더 깊은 그 이면의 요점은 이러한 종류의 형용사, 즉 '-*ikos*'로 끝나는 헬라어 형용사는 **사물이 만들어지는 원료를** 설명하는 것이 아니라 **사물을 움직이게 하는 힘 혹은 에너지를** 묘사한다는 것이었다. 그 둘의 차이는 "이것은 나무로 만든 배인가, 아니면 철로 만든 배인가?"(그 배를 만든 원료)라고 묻는 것과 "이것은 증기선인가 범선인가?"(그 배에 동력을 주는 에너지)라고 묻는 것의 차이와 같다. 바울은 통상적인 인간의 '프시케'(지금 여기에서 우리 모두가 가지고 있는 생명력으로서, 우리가 현재의 생애를 살아갈 수 있도록 해주지만 궁극적으로는 질병, 사고, 부패 그리고 죽음 앞에서 무력한 힘)가 동력이 되는 현재의 육체와 하나님의 '프뉴마'(*pneuma*), 새로운 생명을 주는 하나님의 숨결, 하나님의 새로운 창조를 일으키는 힘이 동력이 되는 미래의 육체에 대해서 이야기하는 것이다.

그렇기 때문에 2세기 중반부터 논쟁거리가 되었던 후반절에서 바울은 "혈과 육은 하나님 나라를 이어받을 수 없고"라고 선언한다.[14] 여기에서의 의미는 육체성이 폐지된다는 것이 아니다. '혈과 육'은 부패하는 것, 변화무쌍한 것, 죽음을 향해 가는 것을 일컫는 전문적인 용어다. 이번에도 마찬가지로 대조가 되는 것은 우리가 육체적이라고 부르는 것과 비육체적이라고 부르는 것 사이의 대조가 아니라 **부패할 육체성**과 **부패하지 않을 육체성** 사이의 대조다.

바로 이와 같은 사실이 고린도전서 15장의 놀라운 결론적 구절에 깔려 있는데, 이 부분에 대해서는 나중에 다시 논의하겠다. 바울에게 있어 육체의 부활은 우리로 하여금 "그래도 괜찮아. 마지막에 가서는 육체가 없는 플라톤적 천국으로 가서 예수님과 함께 있게 될 거니까"라고 말하게 하지 않고, "우리의 존재와 하나님이 만드신 세계가 하나님의 종국적 미래에서 영광스럽게 재확인될 것이기 때문에 우리는 확고하게 동요하지 않으면서 언제나 주님의 일에 충성해야 해. 왜냐하면 주님 안에서 우리의 노동이 헛되지 않다는 것을 우리가 알기 때문이야"라고 말하게 한다. 육체의 부활에 대한 믿음에는, 현재 우리가 육체를 가지고 성령의 능력으로 하는 일이 종국적으로 미래에까지 긍정적인 영향을 미친다는 믿음이 포함되어 있다. 어떤 식으로 그렇게 될지는 지금 우리로서는 추측만 할 수 있을 뿐이다.

부활: 후대의 논쟁들

물론 2세기와 그 이후에 육체의 부활에 대한 온갖 논쟁과 토론이 있었던 것은 사실이다.[15] 놀라운 것은, 약간의 영지주의적 그리고 반(半)영지주의적 글을 제외하고는 적어도 오리게네스에 이르기까지는 초대 교부들이, 그 교리를 저버리라고 하는 압력이 매우 컸을 것이 분명함에도 불구하고 그 교리를 주장했다는 것이다. 안디옥의 이그나티우스, 순교자 저스틴, 아테나고라스(Athenagoras), 이레나이우스(Irenaeus), 터툴리안(Tertullian), 이 모든 사람이 육체의 부활을 강조했다.

게다가 그들은 모두 이 교리를 다른 두 개의 교리와 매우 밀접하게 연관시켰는데, 그렇게 함으로써 그 가르침은 다른 온갖 종류의 가르침과 비교해 도드라지는 자리를 차지하게 된다. 특히 가현설과 영지주의와는 아주 다른 가르침이 되어 버린다. 다른 두 개의 교리 중 하나는 창조의 교리이고, 또 하나는 하나님의 정의와 최후의 심판에 대한 교리다. 유대교에서처럼 부활은 창조와 심판이 만나는 지점이다. 그중 하나를 버리면 어떠한 이유에서건 나머지 두 개도 곧 버리게 된다.

특히 터툴리안의 경우를 보면, 육체의 부활이 정확히 무엇을 의미하는지에 대한 질문들을 발견하게 된다. (그중 일부는 비슷한 시기에 비슷한 질문들을 가지고 씨름했던 랍비들의 자료에서도 제기되고 있다.) 예를 들어, 식인종이 그리스도인을 잡아먹었는데 그 식인종이 나중에 회심했다고 하자. 그럴 경우 "그리스도인의 몸은 이미 식인종의 몸의 일부가 되었는데 부활 때 누가 어느 부분을 가지고 부활하겠는가?" 하는 식의 질문들이다.

터툴리안은 퉁명스런 대답을 제시한다. 그건 하나님이 상관하실 일이다. 그가 창조주시니 그분이 알아서 해결하실 수 있고 또 그렇게 하실 것이다. 비슷한 질문에 직면한 오리게네스는 좀더 난해하게 대답한다. 우리의 몸은 어쨌거나 유동적 상태에 있다는 것이다. 우리 몸에서 자라고 자르고 하는 것은 단지 머리카락과 손톱만이 아니다. 우리의 육체적 물질 전체가 서서히 변하고 있다. 오늘날 우리가 원자와 분자라고 부르는 것들이 우리를 통과해서 지나가는데, 우리의 형체는 지속되지만 그 내용은 변한다. (C. S. 루이스는 이 논증을 요약하면서 이런 예를 제시한다. "그런 면에서 나는 말하자면 폭포수의 한 곡선과 같다."[16]) 이 논증은 오리게네스로부터 천 년의 세월이 지난 후, 그리고 루이스보다 약 천 년 앞서 토마스 아퀴나스도 제시했다. 이러한 논증에는 근거가 있다. 오늘날 우리가 알듯이 7년마다 한 번씩 우리 신체의 모든 요소가, 즉 모든 원자와 분자가 바뀐다. 신체적으로 말하자면 나는 10년 전의 나와는 완전히 다른 사람이다. 그러면서도 나는 여전히 나다. 따라서 우리가 동일한 분자를 돌려받느냐 받지 못하느냐는 사실 별로 중요하지 않다. 물론 어느 정도의 연속성은 확실히 가능하지만 말이다. 우리가 잠시 사용하는 원자와 분자들은 우리보다 앞서서 다른 유기체들이 사용하던 것이고, 우리가 그것을 다 쓰고 나면 다른 유기체들이 그것을 사용할 것이다. 우리는 흙으로 만들어졌고 흙으로 돌아갈 것이다. 그러나 하나님은 흙을 가지고 새로운 일을 하실 수 있다.

교부 시대와 중세 시대의 많은 탁월한 신학자들은 죽음 이후에 일어나는 일은 두 단계로 이루어져 있다고 꽤 분명하게 이야기했다. 예를 들어 그레고리 대제(540-604)는 죽은 그리스도인의 영혼은 몸의 부활을 기다리는 동안 복된 비전을 즐긴다고 가르쳤다. 안셀무스(1033-1109)는 우리의 부활한 육체가 새로운 종류의 존재로서 우리의 현 육체를 초월할 것임을 강조했다. 성 빅토르의 휴(Hugh of St. Victor, 1142년 사망)로부터 이어지는 빅토르 학파의 신학자들은, 부활한 육체는 현세의 육체와 동일할 것이지만 아름답게 변화된 육체일 것이라고 가르쳤다.

> 죽음과 슬픔을 겪지 않을 것이고, 신체적 능력이 최상인 때를 유지할 것이고, 질병에 걸리지도 않고 흉하게 변하지도 않을 것이며, 그리스도께서 사역을 시작하셨던 나이인 약 서른 살 정도의 나이일 것이다. 우리가 상상할 수 있는 그 어떤 것도 능가하는 모습일 것이다. 심지어 예수님이 부활하신 후에 이 땅에 나타나셨던 모습에 대한 설명으로도 상상할 수 없는 모습일 것이다.[17]

토마스나 버나드 같은 주류 중세 신학자들도 육체의 부활을 강조했다. 그들은 신약성경과 교부들처럼 하나님의 선한 창조를 강력하게 주장했다. 그들은 그 창조가 다시 긍정되어야 하는 것이지 버려져야 하는 것이 아님을 알았다. 그러나 서구 중세의 신앙은 그 이후로 매우 이상한 길로 들어서게 되었는데, 천국과 지옥이라는 두 개의 목적지 그리고 혹 존재할 수도 있는 중간 정착지인 연옥이 훨씬 더 중요한 문제가 되었고, '부활'에 대한 언어는 (그것이 그나마 유지가 되었을 적에는) 제일 중요한 주제인 '천국'에 대해 다소 특별하게 이야기하는 방식에 불과한 것이 되어 버렸다. 이것은 온갖 종류의 불행한 결과를 낳았는데, 그것에 대해서는 잠시 후에 살펴보겠다. 그러나 먼저 초기 그리스도인들이 부활에 대해 가졌던 관점의 핵심 요소들을 제시하고 강조하면서 오늘날 우리가 어떻게 그것을 다시 공유할 수 있을지를 숙고해 보아야 한다.

부활을 다시 생각하다: 누가, 어디서, 무엇을, 왜, 언제 그리고 어떻게

누가 죽은 자 가운데서 부활할 것인가? 요한에 의하면 그리고 아마도 바울에 의하면 모든 사람이 부활할 것이다. 그러나 적어도 바울의 경우는 그리스도 안에 있고 성령께서 내주하시는 사람들에게 확실히 적용되는 특별한 의미의 부활이 있다. 이 부분은 또 다른 질문들을 야기하는데, 그것에 대해서는 다음 장에서 다룰 수밖에 없겠다.

부활은 어디에서 일어날 것인가? 그때가 되면 새 하늘과 결합해 있을 새 땅에서 일어날 것이다. 이 책 2부 전체의 구조와 논증에서 내가 후렴구처럼 반복해서 이야기하는 것이 바로 이것이다. 그 새로운 세상에서는 (몇몇 사람들이 진부함을 무릅쓰고 제안한 것과는 달리) 인구 과밀의 문제가 없을 것이다. 모든 인간이 부활하게 될 것인지 아니면 일부의 사람들만이 부활하게 될 것인지의 문제와는 별개로, 지금까지 지구상에서 살았던 사람 전체의 약 절반이 지금 현재 살아 있다. 세계 인구는 지난 세기에 엄청난 비율로 늘어났다. 인류 역사를 보면 오랫동안 사람이 전혀 살지 않는 지역들이 많이 있었다. 성경 시대에 상당히 문명화되고 과밀했던 도시들마저도 오늘날의 기준으로 보면 대개 시장이 서는 읍 정도의 도시였다. 어쨌거나 우리가 새 하늘과 새 땅에 대한 약속을 진지하게 받아들인다면 이런 모든 것은 문제가 되지 않는다. 하나님은 창조주이시므로 그분의 새로운 세상은 우리에게 필요하고 우리가 원하는 바로 그런 세상일 것이다. 이 세상의 사랑과 아름다움이 버려지지 않고 취해져 변화된 세상일 것이다.

이제 좀더 자세하게 질문하자면, 부활한 육체는 정확하게 어떤 모습일까? 여기에서 나는 다시 한 번 부활한 육체가 어떠한 모습일지를 상상해 내는 우리의 임무를 도와주려고 노력한 현대의 작가들 중 한 사람에게 경의를 표한다. 그는 바로 C. S. 루이스다. 그의 놀라운 책 「천국과 지옥의 이혼」(The Great Divorce, 홍성사 역간)에서 그는 우리의 현재 육체보다 더 견고하고, 더 실재적이고, 더 실질적인 육체를 상상할 수 있도록 도와준다.[18] 고린도후서 역시 바로 그러한 육체를 상상할 것을 우리에게 요청한다. 그 편지(고후 4:17)에서 말하는 대로 그 육체는 "영광의 중한 것"(the weight of glory)이라는 표현이 참으로 적절하다는 것을 우리가 보고 느끼고 알게 될 그러한 육체일 것이다.

고대 세계에서는 이 부분과 관련해서 추가로 더 많은 질문이 쏟아져 나왔고, 오늘날에도 그 질문들은 종종 다시 제기된다. 현재의 우리 성품 중에서 그리고 현재의 결함 중에서 어떤 것들이 변화된 육체에서도 유지가 될까? 1999년에 하버드에서 부활에 대한 강좌를 했을 때 한 학생이 기말 시험지에 자신의 코 모양이 늘 마음에 안 들었는데 미래의 삶에서는 그 코를 가지고 살지 않아도 되기를 바란다고 썼다. 그런 질문에 우리가 답할 수 있는 길은 없다. 예수님의 부활에서 우리가 추측할 수 있는 것은, 그분의 상처가 고통과 죽음의 근원으로서가 아니라 그분의 승리의 표시로서 여전히 남아 있었던 것처럼, 그리스도인의 부활한 육체도 하나님의 특정한 부르심에 대한 자신의 충성의 표시를 적절하게 지니게 될 것이고, 그 표시에는 분명 우리가 고통받은 흔적도 같이 있을 것이라는 점뿐이다.

특히 이 새로운 육체는 죽지 않을 것이다. 죽음을 **넘어선** 육체가 될 것이다. (특정 순간과 사건을 어떻게든 넘어갔다는) **일시적인** 의미에서가 아니라 더 이상 질병과 사고와 부패와 죽음 자체에 복속되어 있지 않다는 존재론적인 의미에서 그럴 것이다. 어떤 파괴적인 세력도 새로운 육체에 힘을 발휘하지 못할 것이다. 이것은 분명 예수님의 부활한 육체가 지니고 있었던 **특이함**을 이해하는 방식 중 하나일 수 있다. 제자들은 그러한 첫 부활체, 즉 유일하게 부패하지 않는 육체를 보았던 것이다.

이 시점에서 우리는 다시 한 번 우리의 언어가 문제가 된다는 사실을 알아채야 한다. '불멸성'이라는 단어는 **'육체가 없는** 불멸성'을 의미하는 것으로 자주 사용되었고, 때로는 '부활'과 극명하게 대조되는 것으로 사용되었다. 그 결과 우리는 부활한 육체에 대한 바울의 요점을 쉽게 잊어버리고 만다. 그것은 분명 육체일 것이나 필멸성에 복속되지 않는 육체일 것이다. 그런 '불멸의 육체'는 대부분의 사람들에게 너무도 이상한 것이어서, 바울과 초기 그리스도인들이 이야기했던 것이 정말 그것인지를 전혀 생각해 보지 않는다. 그러나 그것이 맞다.

'불멸의 육체'를 믿는 이러한 신앙과 '불멸의 영혼'을 믿는 신앙 사이에는 엄청난 차이가 있다. 플라톤주의자들은 모든 인간은 불멸의 요소를 자기 안에 가지고 있다고 믿었고, 그것은 보통 '영혼'이라고 일컬어졌다. (앞에서 C. S. 루이스를 칭찬하기는 했지만 그도 이 함정에 빠진 듯하다.) 그러나 신약성경에서 '불멸성'은 본질적으로 하나님만이 가지고 있는 성질이며, 그것을 은혜로운 선물로써 자신의 백성과 나누시는 것이다.[19]

왜 우리에게 새로운 육체가 주어지는가? 초기 그리스도인들에 의하면, 새로운 육체의 목적은 하나님의 새로운 세계를 지혜롭게 다스리는 것이라고 한다. 이제 빈둥거리며 하프나 켜고 있는 이미지는 잊어버리라. 거기에서는 분명 할 일이 있을 것이고 우리는 그 일을 기쁘게 할 것이다. 우리가 현재의 삶에서 하나님을 섬기기 위해 사용하는 모든 기술과 재능, 그리고 어쩌면 우리의 소명과 갈등을 일으켰기 때문에 우리가 포기한 관심사와 좋아하는 일들까지도 더 향상되고 고귀하게 바뀌어 그분의 영광을 위해 사용하도록 우리에게 다시 주어질 것이다. 이것은 아마 부활 이후의 삶에 대해 가장 신비롭고도 탐구가 덜 된 측면일 것이다. 그러나 신약성경은 하나님의 백성이 '다스리는 것'을 몇 차례 약속하고 있고, 이것은 결코 빈말일 수가 없다.[20] 우리가 이미 살펴본 것처럼, 미래에 대한 성경적 관점이 우주 전체의 회복이라면 할 일은 많을 것이고 완전히 새로운 임무를 수행해야 할 것이다. 창세기 1-2장에 나오는 최초의 창조가 가졌던 비전의 관점에서 보자면, 동산은 다시 한 번 돌봄이 필요할 것이고 동물들의 이름도 다시 지어야 할 것이다. 물론 이것은 이미지에 불과하지만 미래와 관련된 다른 모든 언어와 마찬가지로 이 이미지들은 더 큰 실재를 가리키는 진정한 이정표 역할을 한다. 그런데 대부분의 그리스도인들이 그 실재에 대해 거의 혹은 전혀 생각해 보지 않는다.

새로운 육체는 하나님의 은혜와 사랑의 선물이 될 것이다. 그러나 신약성경을 보면, 하나님이 미래에 주실 축복을 **보상**의 관점에서 이야기하는 본문들이 있고, 특히 예수님 자신이 하신 말씀에서도 그것을 발견할 수가 있다. (이것은 앞에서 던진 "왜 우리에게 새로운 육체가 주어지는가"라는 질문에서 한걸음 더 나아간 답변일 것이다.) 많은 그리스도인들은 이 점을 불편하게 여긴다. 행위가 아니라 믿음으로 의롭게 된다고 배웠기 때문만은 아니다. 우리가 무언가를 얻을 수 있기 때문에 그리스도인이 된다고 하는 발상 자체가 불쾌한 것이다.

그러나 신약성경에 나오는 보상의 이미지는 그런 것이 아니다. 그것은 계산의 문제가 아니다. 임금을 받기 위해 힘든 일을 하는 그런 문제가 아니다. 그 보다는 친구 사이나 부부 사이에 상대방과 함께하는 것을 더 온전히 즐기기 위해 노력하는 것과 훨씬 더 비슷하다. 필드에 나가서 제대로 된 방향으로 공을 치기 위해 골프를 연습하는 것과 더 비슷하다. 독일어나 헬라어로 글을 쓴 위대한 시인과 철학자들의 글을 읽기 위해 그 언어를 배우는 것과 더 비슷하다. '보상'은 임의로 등 한 번 두드려주는 것 외에는 우리가 한 일과 별 상관이 없는 그러한 것이 아니라 **그 활동에 유기적으로 연결되어 있는 것**이다. 그리고 거기에는 언제나 노동과 직접 연관된 혹은 그에 상응하는 보상이라는 의미를 훨씬 넘어서는 풍성함이 있다. 나머지 생애 동안 호메로스를 읽고 즐길 수 있다는 보상은, 헬라어를 배우는 고투에 대한 일대일의 '보상'이란 의미를 훨씬 능가하는 것이다. 우리가 이미 살펴보았고 나중에 다시 다루겠지만 이 모든 것은 바울이 고린도전서 15:58에서 이야기하고 있는 내용과 직접적으로 연관되어 있다. 즉 부활은 현재 우리가 복음을 위해 열심히 하는 일이 낭비되지 않을 것임을 뜻한다. 그것은 헛된 일이 아니다. 하나님의 미래에 그 일은 완성될 것이며, 성취될 것이다.

부활은 언제 일어날 것인가? 어떤 사람들은 우리가 죽으면 곧바로 부활의 상태로 들어간다고 생각했다.[21] 하지만 나는 그렇게 보기는 매우 어렵다고 생각한다. 바울은 만약 그리스도가 첫 열매라면 그분께 속한 사람들은 "그분이 오실 때에" 부활할 것이라고 말하는데, 그 사건은 분명히 아직 일어나지 않았다. 계시록은 그 당시의 많은 유대교 문헌들처럼, 죽은 자들이 인내하면서—때로는 잘 인내하지 못하면서—자신들이 드디어 새로운 생명으로 부활하는 때를 기다리고 있다고 말한다.[22] 이와 같은 중간 상태는 사실 유대교와 기독교 모두가 지속적으로 보여 주는 부활 신앙의 특징이다.

특히 (내가 앞에서 논증한 것처럼) 새 창조가 몇 가지 중요한 의미에서 현재의 창조와 연속성을 지니게 된다는 것이 사실이라면 그때가 이미 왔다고는 더더욱 생각할 수가 없다. 그것은 마치 예수님의 부활한 육체가 그분의 십자가형 이전에 이미 살아서 활동하고 계셨다고 말하는 것과 같다. 새로운 세상은 단순히 이전 세상의 대체가 아니라 **변형**이 될 것이다. 그런데 그 이전 세상의 변형이 아직 일어나지 않은 것이 자명하기 때문에 그 변형의 핵심적 특징도 아직 일어났을 수가 없다. 시간은 중요하다. 그것은 최초의 선한 창조의 일부였다. 물론 시간 자체도 우리가 상상할 수 없는 방식으로 변화되겠지만 우리는 '영원'이라는 말이 어느 옛 노래가 표현한 것처럼 "더 이상 시간이 존재하지 않을 것"이라는 의미로 생각하지 말아야 한다.[23] (이것은 신약성경에서 '영원한 생명'이라는 문구가 미래에 영원히 사는 것을 의미하는 것이 아니라 '오는 세대의 생명'을 의미하는 것과 같은 경우다.) 영원이란 말은 그런 의미가 아니다. "공간, 시간, 물질, 그리고 감각이라는 옛 영토에서 잡초를 제거하고 땅을 일군 후 새로운 작물을 얻기 위해 씨를 뿌려야 한다. 우리는 그 옛 영토에 싫증이 났을지 모르나 하나님은 그렇지 않다."[24] 어떻게 그렇게 될 수 있을까? 존 폴킹혼과 그 밖의 사람들이 강조하는 것처럼, 우리가 여기에서 이야기하는 것은 새로운 창조라는 위대한 행위다. 폴킹혼은 내가 보기에 호소력있는 (그러나 알고 보니 일부 사람들은 끔찍하게 여기는) 현대적 은유를 하나 제시한다. 물론 그는 훨씬 더 정교하게 표현하고 있지만 다음과 같이 표현해도 지나친 요약은 아닐 것이다. 즉 하나님은 우리에게 소프트웨어를 다시 운용할 수 있는 새로운 하드웨어를 주실 때까지 우리의 소프트웨어를 하나님의 하드웨어에 다운로드 해 놓으실 것이다.[25] 바울은 하나님이 우리에게 새로운 육체를 주실 것이라고 말한다. 예수님처럼 그 육체는 이전의 육체와 어느 정도 연속성을 가질 수 있다. 혹 사람의 재가 (리옹의 순교자들의 경우처럼) 빠르게 흐르는 강물에 뿌려졌다 하더라도 하나님은 그들을 다시 창조하실 수 있는 능력을 충분히 갖고 계시다.

초기 기독교 저술에서는 '어떻게'라는 질문이 제기될 때마다 대답은 늘 같았다. 혼돈의 물 위를 운행하시던 성령, 예수님**의** 성령이라고 알려질 정도로 풍성하게 예수님 안에 거하셨던 성령, 앞으로 올 것의 첫 열매로서, 첫 할부금으로서, 보증으로서 예수님을 따르는 자들 안에 이미 현존하시는 이 성령은 단순히 미래에 있을 삶의 시작일 뿐만 아니라 최종적 변화를 일으키는 원동력이다. 심지어 현재에도 그렇다. 초기 기독교의 신경은 "주님이시며 **생명을 주시는 이, 성령**"이라고 말했다. 이것은 정확하게 신약성경과 일치하는 신경이다.

이 모든 논의는 다음의 질문을 날카롭게 제기한다. 그렇다면 죽은 자들은 지금 어디에 있는가? 우리는 그들에 대해서 어떻게 생각해야 하는가?

11. 연옥, 낙원, 지옥

들어가는 말

16세기 이전 대부분의 서구 그리스도인들은 교회가 세 가지 부분으로 나누어져 있다고 생각했다. 첫 번째는 하나님의 복된 비전에 이미 도착한 거룩한 영혼들인 성인들로 구성되어 있는 승리한 교회다. 공식적으로는 그들이 아직 최후의 부활을 기다리고 있는 것으로 여겨졌지만 갈수록 그 부분은 강조되지 않았고, 중세의 많은 묘사에서 그 부분은 아예 생략되었다. 중세의 신비극 작가인 단테의 경우를 한번 생각해 보자. 그의 작품에 보면 천국이라는 장소가 있고 일부 영혼들은 이미 그곳에 도착했으며 따라서 그들은 '성인'들로 여겨졌다. 그들이 하나님의 현존 가운데 있으니 무엇을 더 바라겠느냐는 것이다.

이러한 그림에 의하면 어떤 성인들은 죽자마자 바로 그곳으로 간 반면에 또 다른 성인들은 다른 곳에서 일정 기간을 보낸 후 '천국'에 도착했다. 이 부분에 대해서는 잠시 후에 다시 이야기하겠다.

어쨌든 일단 그곳에 도착하고 나면 성인들은 그 길로 오고 있는 사람들을 위해 친구 역할을 할 수 있었다. 그리고 그 승리한 성인들은 자신들만의 축일을 가지고 있었는데 바로 '모든 성자의 날'(All Saints' Day)이다.

그 반대 극단에는 투쟁하는 교회가 있었다. (여기에서 '투쟁하는'이란 디모데전서 1장[1])에서 말하는 "믿음의 선한 싸움을 싸운다"는 의미에서의 '투쟁'이다.) 물론 이것은 현재 이 세상에서 살고 있는 하나님의 백성을 일컬으며, 지금의 논의에서 우리가 관심을 가질 대상은 아니다.

그 둘 사이에는 '기대하는' 교회, 즉 '기다리는' 교회가 있었다. 그리고 그들이 기다리고 있는 곳은 바로 연옥이다. 이것은 복잡한 주제로서 더 자세히 살펴볼 필요가 있다.

연옥

연옥은 기본적으로 로마 가톨릭의 교리다. 동방 정교회에서는 그것을 믿지 않았고, 단순히 그 교리가 특별히 남용되는 것에 대한 반감 때문만이 아니라 성경적이고 신학적인 근거로 인해 종교개혁 때 결정적으로 거부가 되었다. 연옥에 대한 주요 진술들은 13세기 아퀴나스와 14세기 초 단테에게서 찾아볼 수 있지만, 그 개념은 그 시기의 시대 정신으로 자리잡았다.[2)] 중세 후기에는 연옥에 대한 개념을 발전시키고 그리스도인의 현재 삶을 연옥 중심으로 재배치하는 데 상당한 에너지가 들어갔다. 그 가르침에 의하면 대부분의 그리스도인들은 죽을 때까지 어느 정도는 죄에 빠진 상태로 남아 있게 된다. 따라서 비록 현세에서 그들이 투쟁하는 기도와 특히 미사를 통해서 도움을 받을 수 있지만 그들에게는 형벌과 정화 모두가 필요하다. 이러한 가르침에서 비롯된 것이 바로 16세기 초기에 발명된 면죄부 판매이며, 이것은 마르틴 루터뿐만 아니라 당시의 일부 로마 가톨릭 신학자들도 경악한 일이었다.

연옥이라는 개념이 가지고 있는 시적이고 극적인 힘은 칠백 년 전 단테의 작품과, 조금 더 우리 시대 가까이로는 추기경 존 헨리 뉴먼(John Henry Newman)의 유명한 작품이자 엘가가 곡을 붙여서 더 유명해진 「제론티우스의 꿈」(*Dream of Gerontius*)과 같은 작품들에서 분명하게 나타난다. 연옥의 비전과 그에 따른 가르침은 여전히 로마 교회나 로마 교회에서 해답의 실마리를 찾으려고 하는 몇몇 다른 그룹들의 중심 사상이다. 그러나 지난 세대에 핵심적인 가톨릭 학자 두 명이 매우 다른 관점을 설명해 내었다.

1984년에 사망한 칼 라너(Karl Rahner)는 죽음과 부활 사이의 기간에 영혼은 어디에 머무는가 하는 문제에 대해 로마 가톨릭과 동방 정교회의 가르침을 결합시키고자 했다. 그는 현재의 추세가 특정 영혼의 운명에 대해 지나치게 개인화된 관심을 보인다고 생각했기 때문에 그것에 집중하는 대신, 죽음 이후에 영혼은 우주 전체와 더 밀접하게 연합된다고 가정했고, 부활을 기다리고 있는 그 시간 동안에 그러한 연합의 과정을 통해서 영혼은 세계 전반에 자신의 죄가 미치는 영향을 더 인식하게 된다고 생각했다. 그는 그것만으로도 충분히 연옥이라고 할 수 있다고 보았다.[3)]

더 놀라운 것은, 지금은 교황 베네딕트 16세가 된 라칭거(Ratzinger) 추기경의 관점이다. 고린도전서 3장에 근거해서 그는 주님 자신이 심판의 불이며, 그 불이 우리가 그분의 영광스런 부활체 같이 될 때에 우리를 변화시킨다고 주장했다. 이것은 길게 늘어지는 과정을 통해서가 아니라 최후의 심판 그 순간에 일어나는 일이다. 이처럼 종말론적인 불로서 예수 그리스도 자신을 연옥과 연관지음으로써 라칭거는 연옥의 교리를 중간 상태의 개념에서 분리시키고 그 둘 사이의 연결고리를 끊었다. 그 연결고리 때문에 중세 때에 면죄부라는 개념이 생겨나고 그로 인해 개신교 논쟁의 손쉬운 표적이 되었던 것이다. 이러한 주장에 대해 우리가 어떻게 생각하건 간에, 지난 세대의 가장 핵심적이고 중요하고 보수적인 로마 신학자들 가운데 두 사람이 아퀴나스, 단테, 뉴먼 그리고 그 사이의 온갖 사람들의 주장으로부터 상당히 근본적으로 돌아섰다는 사실만큼은 분명하다.[4]

그러나 동시에―이 지점에서 많은 성공회 신자들이 등장하게 되는데―20세기 신학의 많은 부분에서 개혁가들이 그토록 열정적으로 말한 '확실하고 분명한 희망'을 희석시켜 이야기하는 경향이 나타났다. (우리가 종종 듣는 말이지만) 그러한 표현은 매우 거만하게 들린다는 것이다. 솔직히 우리의 속마음을 들여다보면, 그리고 우리가 사역하는 그 사람들의 속마음을 들여다보면, 우리의 상태로는 아직 최종적인 천국의 기쁨을 맛볼 수 없음을 알게 된다. 게다가 지난 백 년 동안 개신교의 사고 안에서 만인구원설로 기우는 경향이 너무도 분명하게 나타난 결과 새로운 상황이 발생하게 되었는데, 그리스도인이라고 고백하는 사람들뿐만 아니라 그리스도인이 아닌 상당수의 사람들도 죽음 이후에 올 구원을 준비하게 생겼다. 이러한 상황은 스프링이 좋지 않은 2인용 침대에 누운 사람들처럼, 천국이나 지옥 둘 중 어느 한 곳에 적절하게 배치되었던 사람들을 중간으로 어정쩡하게 모여들게 만들었다. 이 관점에 의하면 비그리스도인들은 죽기 전 그들이 어떠한 '여정'에 있었건 간에 죽고 나서도 그 여정을 계속할 것이고, 그들이 결국 하나님의 구원을 받아들일 때까지 그 여정은 계속된다는 것이다. 마찬가지로 그리스도인들도 자신들의 '여정'을 계속할 것인데, 목적지에 도달할 때까지 계속해서 미지의 영적 세계를 천천히 여행할 것이다. 때로는 미국 공동 기도서에서처럼 이 과정은 '성장'으로 일컬어지기도 한다. 왜 다른 은유들보다 그 은유를 더 선호하는지는 분명하지가 않다. 따라서 우리에게는 일종의 모두를 위한 연옥이 있는 셈이다. 그것은 그다지 불쾌하지도 않을 뿐더러 형벌도 분명히 없다. 이 같은 발상의 원인이 되는 자유주의가 죄에 대해 요란을 떨지 않기 때문에, 더군다나 죄에 대해 형벌이 필요하다고 생각하고 싶어하지 않기 때문에 그렇다.[5]

연옥은 고전적 형태로건 현대적 형태로건 10세기의 베네딕트회가 새로 도입한 '위령의 날'(All Souls Day, 11월 2일)을 위한 근거를 제공해 준다. 이 축일은 이미 천국에 가 있는 '성인들'과 그렇지 않은, 다시 말해서 지극한 행복의 상태에 도달하지 못했으며 앞으로 '나아가기' 위해 (오늘날 우리가 하는 말로) 우리의 도움을 필요로 하는 '영혼들'이 분명하게 구분되어 있음을 가정한다. 모든 성인의 날과 위령의 날을 모두 축일로 삼는 것은 이와 같은 근본적인 구분에 기초한 것이다. 이제 나는 이 부분에 맞서고자 한다.

여기에 대해서는 네 가지를 지적해야 한다.

첫째, 내가 앞에서 말한 것처럼 부활은 미래에 일어날 일이다.

이것이 바로, 죽으면 모든 순간이 현재인 영원으로 넘어가게 된다고 생각하는 사람들을 제외한, 가톨릭과 개신교, 동구와 서구의 모든 주류 정통 신학자들의 공식적인 관점이다. 여기에서 우리는 특히 구속받은 자들의 **궁극적인** 목적지를 나타내는 말로 '천국'이라는 단어를 쓰는 것이 비록 중세와 그 이후의 경건주의에 의해 그 용법이 크게 대중화되기는 했지만 본의를 심각하게 오도하는 것이며 기독교적 희망에 전혀 합당하지 않다는 사실을 상기해야 한다. 대부분의 그리스도인들이 세운 전통적인 생각과 언어의 두꺼운 벽을 통과해서 이 점을 전달하기란 참으로 힘들다는 사실에 나는 거듭 좌절하게 된다. (다시 한 번 말하지만) 궁극적인 목적지는 죽음 이후의 '천국행'이 **아니라** 육체가 부활해 예수 그리스도와 같은 영광스러운 모습으로 변화되는 것이다. (이 모든 것의 요점은 단순히 우리 자신의 행복한 미래가 아니라—비록 그것이 중요하기는 하지만—우리가 하나님의 형상을 온전히 반영함으로써 하나님이 영광을 받으시는 것이다.) 따라서 우리가 죽음 이후의 '천국행'에 대해서 이야기하고 싶다면, 이것은 두 단계의 과정 중에서 훨씬 덜 중요한 첫 번째 단계의 과정을 의미하는 것임을 분명히 해야 한다. 부활은 '죽음 이후의 삶'이 아니라 '죽음 이후의 삶 **이후의** 삶'이다.

둘째, 신약성경에는 천국에서 부활을 기다리는 그리스도인들 사이에 범주적인 구분이 있다고 가정할 만한 근거가 없다. 초기의 기독교 저작들을 보면 모든 그리스도인들이 '성인'이며 거기에는 혼란에 빠지고 죄에 빠진 고린도 교인들도 포함된다. 바울이 "차라리 세상을 떠나서 그리스도와 함께 있는 것이 훨씬 더 좋은 일이라 그렇게 하고 싶으나"라고 말한 것은 덜 숙달된 그리스도인들은 중간에 기다리는 시기가 있지만 자신은 '그리스도와 함께' 있을 것이라는 의미가 아니다.[6] '**영혼들**'은 다른 곳에 있는 반면 자기 자신은 '성인들'과 함께 있을 것이라는 의미가 아니다. 동방 정교회는 이 점을 인정하기 때문에 온갖 방식으로 성인들을 축하하기는 해도 그들이 이미 최종적 은총을 얻었다고는 생각하지 않는다. 우리 모두가 그 은총을 입을 때까지는 그들도 입지 못할 것이다. 그렇기 때문에 정교회에서는 성인들과 함께 기도할 뿐만 아니라 그들을 **위해서도** 기도하는 것이다.

어떠한 식으로든 그리스도인을 구분하는 신약성경의 유일한 본문은 고린도전서 3장이다. 여기에서는 금, 은, 보석으로 집을 짓는 그리스도인 일꾼들과 나무, 풀, 짚으로 집을 짓는 그리스도인 일꾼들에 대해서 이야기하고 있다. 그러나 바울은 한쪽 부류의 사람들은 곧바로 '천국'으로 가고 다른 한쪽 부류의 사람들은 연옥으로 간다고 말하지 않는다. 두 부류 모두가 구원을 받을 것이다. 목적지는 같다. 그러나 첫 번째 부류는 영광스럽게 도달할 것이고, 두 번째 부류는 간신히 도달하게 될 것이다. 이것은 그리스도인 일꾼들과 선생들이 매우 진지하게 받아들여야 하는 엄숙한 본문이지만, 죽음 이후에 한 범주의 그리스도인들과 또 한 범주의 그리스도인들 사이에 지위의 차이가 있다거나, 하늘에서 차지하는 장소에 차이가 있다거나, 시간적인 진행에 차이가 있다는 암시는 전혀 주고 있지 않다. 이제는 교황도 이 사실을 인정한다.

사실 신약성경에는 큰 자가 작은 자가 되고 작은 자가 큰 자가 된다는 이야기가 참으로 많기 때문에 그리스도인들이 죽음 이후에 있게 되는 상태에 별 차이가 없다는 사실은 놀랄 이유가 되지 못한다. 이러한 사실을 받아들이기 힘든 사람들이 있으리라는 사실은 나도 인정하지만 기본적이고 핵심적인 기독교의 복음에 비추어 볼 때, 또 예수님의 메시지와 업적 그리고 바울과 그 외의 사람들의 가르침에 비추어 볼 때, 조용히 자신의 침대에서 죽은 그리스도인들보다 순교를 당한 그리스도인들이 (예를 들어 베드로나 바울, 에이든이나 큐스버트 혹은 감히 말하자면 예수님의 어머니조차도) 하나님께 더 가까이 '나아가' 있다거나, 영적인 '성장'을 더 이루었다는 식으로 이야기할 수 있는 근거는 전혀 없다. 우리가 기초하고 있는 강령에 진실하다면 살아 있건 떠나 있건 모든 그리스도인은 '성인'으로 여겨야 하며, 모든 죽은 그리스도인을 그렇게 여기고 대우해야 한다고 우리는 말해야 할 것이다.

세 번째, 따라서 나는 연옥이 어떤 장소, 시간 혹은 상태라고 생각하지 않는다. 어쨌거나 그것은 성경적인 근거가 없는, 후대에 서구에서 도입한 것이었고, 그것의 소위 신학적인 근거들도 이제는 우리가 살펴본 것처럼 뛰어난 로마 가톨릭 신학자들 자신에 의해 의문시되고 있다. 개혁가들이 주장한 것처럼 육체의 죽음 자체가 죄된 인간의 파괴다. 언젠가 누군가의 비난을 받은 적이 있다. 죄 많은 인간을 그렇게 간단하게 더 이상 죄가 없는 인간으로 만들 수 있다면 결국 하나님이 마술사라는 주장이 아니냐고 말이다. 하지만 요점은 그것이 아니다. 죽음은 그 자체로 죄의 상태인 모든 것을 없애 버린다. 이것은 마술이 아니라 건실한 신학이다. 죽음을 통과하고 나면 더 이상 정화할 것이 남아 있지 않게 된다. 일부 옛 스승들은 자신의 죄에 대해 어느 정도는 벌을 받을 필요가 있기 때문에 연옥은 여전히 필요하다고 주장했다. 그러나 그러한 주장은 바울을 조금이라도 이해하는 사람이라면 용납할 수 없는 주장이다. 바울은 "그리스도 안에 있는 자에게는 결코 정죄함이 없다"라고 가르쳤다.[7]

장례식에서 그토록 자주 그리고 그토록 적절하게 읽히는 로마서 8장의 마지막 문단은 그 어떠한 형태로든 연옥이 존재할 여지를 주지 않는다.

> 누가 능히 하나님께서 택하신 자들을 고발하리요.…누가 정죄하리요.…누가 우리를 그리스도의 사랑에서 끊으리요.…사망이나 생명이나…다른 어떤 피조물이라도 우리를 우리 주 그리스도 예수 안에 있는 하나님의 사랑에서 끊을 수 없으리라.[8]

아직도 바울이 이 본문에서 진짜로 의미한 바는 '물론 연옥을 먼저 통과해야겠지만'이라고 주장하고 싶다면, 정중하게 말하는데 신학자가 아니라 정신과 의사를 만나 볼 것을 권하고 싶다.

바울은 이 본문과 또 다른 본문에서 사실 연옥의 기능을 해야 하는 것은 **현재의** 삶이라고 분명하게 이야기하고 있다. 사후의 어떤 상태가 아니라 바로 현재의 고난이 우리가 영광스런 미래에 도달하기 위해 지나가야 하는 계곡이다. 왜 연옥이 그토록 인기를 얻게 되었는지, 왜 단테의 「신곡」 중에서 연옥을 다룬 두 번째 책을 사람들이 가장 마음에 와 닿아 하는지를 나는 알 것 같다. **연옥의 신화는 현재를 미래에 투사한 풍유다.** 그렇기 때문에 연옥은 사람들의 상상력에 호소하는 바가 크다. 그것은 지금 여기에서 일어나는 우리의 이야기인 것이다. 우리가 그리스도인이라면, 우리가 부활하신 예수님을 주님으로 믿는다면, 우리가 그분의 몸에 속한 세례받은 구성원이라면,

우리는 바로 지금, 생명의 출입문을 형성하는 고난을 지나가고 있는 것이다. 따라서 수많은 우리의 신학자들과 영적 선조들은 죽고 나서 깜짝 놀랐을 것이다. 앞으로도 한참을 더 씨름할 준비를 하고 있었는데 죽고 보니 이미 그 씨름은 다 끝나 버렸던 것이다.

따라서 오늘날 유사 연옥이 다시 살아나는 것은 성경의 요점을 벗어나는 현상이다. 그것은 현실에 굳건하게 발을 디뎌야 하는 시점에 이상하게도 신화로 되돌아가는 행위다. 일부 진영에서 연옥의 교리가 여전히 호의적인 이유는 로마 가톨릭에 친근하게 다가가기 위해서인데, 정작 가톨릭에서는 탁월한 두 보수 신학자인 라너와 라칭거가 그 교리를 다르게 바꾸고 있으니 묘한 모순이다. 이제 우리는 숨을 크게 들이마시고 명료하게 생각해야 할 때가 되었다. 그러고 나면 안도의 한숨을 내쉴 수 있을 것이다.

낙원

이제 나는 네 번째로 다음의 관점에 도달하게 되었다. 즉 우리를 떠나 있는 모든 그리스도인은 본질적으로 같은 상태, 즉 복된 안식의 상태에 있다는 관점이다. 그 상태를 때로는 '잠'으로 설명하기도 하지만 그렇다고 해서 그것이 무의식의 상태를 의미한다고 생각해서는 안 된다. 만약 바울이 그것을 무의식 상태라고 생각했다면 죽음 직후의 삶을 "그리스도와 함께 있는 것이 훨씬 더 좋은 일"이라고 묘사하지 않았을 것이다. 여기에서 '잠'은 사람의 참 존재는 지속되는 반면 우리의 육체는 '죽었다'는 의미에서 '잠들어 있는 것'을 의미한다.

이러한 상태는 분명 죽은 그리스도인들이 맞이하게 되는 최종적 운명의 상태가 아니다. 우리가 살펴본 대로 그리스도인의 최종적 운명은 육체의 부활이다. 그러나 앞서 설명한 상태는 죽은 자들이 육체가 부활하게 될 그 날을 기다리는 동안 하나님의 의식적 사랑과 예수 그리스도의 의식적 현존 안에 굳건하게 붙들려 있는 상태다. 그러한 상태를 '천국'이라고 부르지 못할 이유는 없다. 그러나 신약성경에서는 그러한 명칭을 사용하지 않고 다른 방식으로 '천국'이라는 단어를 사용한다는 흥미로운 사실에 우리는 다시 한 번 주목해야 한다.

여기에서부터 중요한 요점이 하나 따라온다. 이 세상을 떠나 있는 성인들과 아직 이곳에 있는 우리는 모두 그리스도 안에 있기 때문에 우리는 그들과 함께 '성도의 교제'에 참여하게 된다. 그들은 여전히 그리스도 안에 있는 형제와 자매들이다. 우리가 성만찬을 가질 때 그들은 천사와 천사장들과 더불어 우리와 함께 있다. 그렇다면 우리가 그들을 위해 그리고 그들과 함께 기도하지 못할 이유가 없다. 개혁가들과 그들의 후손들이 '죽은 자를 위해 기도하는 것'을 불법화하려고 애를 쓴 이유는 그러한 행위가 연옥이라는 개념과 너무 밀접하게 연관되어 있었기 때문이고, 최대한 빨리 사람들로 하여금 그러한 인식에서 벗어나게 할 필요가 있었기 때문이다. 일단 우리가 연옥이라는 개념을 배제시키고 나면 우리가 죽은 자를 위해 그리고 그들과 함께 기도하지 못할 이유가 전혀 없으며 오히려 그들과 함께 기도할 이유가 충분하다고 나는 생각한다. 그들이 연옥에서 벗어나기를 기도하는 것이 아니라 그들의 원기가 회복되고 하나님의 기쁨과 평화로 가득하기를 우리는 기도할 수 있다. 사랑은 기도로 이어진다. 그들이 죽었어도 우리는 여전히 그들을 사랑한다. 그렇다면 하나님 앞에서 그 사랑을 가지고 그들을 붙들지 못할 이유가 무엇이겠는가?

그러나 현재 '천국' 혹은 (원한다면) '낙원'에 있는 사람들이 현재 살아 있는 사람들을 **위해서** 적극적으로 기도하고 있다는 암시를 신약성경이나 초기의 기독교 교부들에게서 발견할 수는 없다. 그리고 아직 살아 있는 그리스도인들이 자신들을 대신해서 아버지께 중보하도록 '성인들'에게 기도해야 한다는 암시도 발견할 수가 없다. 여기에서 내가 많은 그리스도인들의 기도 습관 중에서 민감한 부분을 건드리고 있다는 것을 나도 안다. 그렇지만 나는 사람들이 이러한 관점에 대해 들어야 한다고 생각한다. 죽은 그리스도인에게 의식이 있고, 또한 그들이 '그리스도와 함께' 있다는 의미가 바울이 암시하는 것처럼 지금 이 순간 우리보다 그리스도께 더 가까이 있다는 의미라면, 그들이 적어도 계시록에 나오는 제단 밑에 있는 영혼들처럼 이 세상에서 정의와 구원의 일을 완성하도록 아버지를 촉구하는 정도의 일은 하고 있을 것이라고 가정할 이유가 충분하다. 만약에 그렇다면 원칙적으로는 그들이 우리를 대신해서 그런 식으로 아버지를 촉구하지 못할 이유가 없다. 또 다른 관점에서 보자면, 만약 그들이 정말로 '그리스도와 함께' 있다면 그리고 승천하신 그리스도의 일 중 하나가 아버지의 대리인으로서 이 세상을 다스리는 것이라면 죽은 자들이 단지 구경꾼에 머무르지 않고 어떤 식으로든 그 일에 관련되어 있을 것이라고 우리는 가정할 수 있다. 그러나 나처럼 자신이 믿는 바를 성경 자체에 근거하는 것이 필수적이라고 생각하는 사람들에게 매우 중요한 사실은, 초기 기독교 저술들에서 죽은 그리스도인이 실제로 그러한 종류의 일에 참여하고 있다는 식의 암시는 전혀 볼 수가 없으며, 현재 살아 있는 그리스도인들이 특별히 그들의 이름을 부르며 기도함으로써 그러한 일을 하도록 격려해야 한다는 식의 암시 역시 찾아볼 수가 없다는 점이다.

특히 우리는 '성인들'이 '왕궁에 있는 친구'의 역할을 할 수 있다고 하는 중세의 생각을 매우 의심스럽게 보아야 한다. 그와 같은 생각은, 우리 자신은 직접 왕 앞에 나서는 것이 조심스럽지만 '우리와 같은 편'에 있는 사람이 왕궁에 있으니까 그들에게 편하게 이야기하면 그들이 우리를 위해서 왕에게 말을 잘 해줄 수 있을 것이라고 가정한다. 이런 관습은 내가 보기에, 예수 그리스도를 통해서 그리고 성령 안에서 우리가 직접 하나님 앞에 나아갈 수 있다는 신약성경의 약속을 의문시하는 것이며 심지어 암묵적으로 부인하는 것으로 보인다. 신약성경의 내용은 분명하다. 그리스도와 성령 때문에 모든 그리스도인은 어느 때든지 직접 하나님 앞에 기꺼이 나아갈 수 있다. 우리의 마음과 생각에 무엇이 있든, 그것이 중요한 일이든 사소한 일이든, 어느 때나 왕 앞에 나아가서 그것을 이야기할 수 있다면 무엇하러 성가시게 복도를 서성이며 누군가를 설득해서 우리 대신 들어가 물어봐 달라고 부탁하겠는가? 그 누군가가 아무리 유명한 사람이라 하더라도 마찬가지다. 함의상으로라도 이러한 사실을 의문시하는 것은 복음의 핵심적 축복과 특권 중 하나에 도전하는 것이다.

성인들의 이름을 특별히 부르며 기도하는 것은, 늘 그런 것은 아니지만 개혁가들이 정당하게 우려했던 반(半)이교주의로 한 걸음 나아가는 것일 수 있다. 고대의 로마 후기 사회는 천 년이 넘게 그 문화 속에 축적되어 온 온갖 신들과 군주들과 작은 신들과 영웅들에 대한 집단적 상상력을 제거하기가 어려웠다. 2세기 교회는 그리스도께서 죽음을 이기셨음을 특별히 증언하는 순교자들을 받들어 모시기 시작했고, 그것은 이해할 만한 일이다. 일단 기독교가 제도화되고 박해가 사라지면서, 순교자들은 아니지만 그래도 어떤 식으로든 기억할만한 그리스도인이었던 사람들을 공경의 대상으로 지명하는 것은 그렇게 큰 변화가 아니었다. 그러나 그러한 사람들 사이에 위계를 만들어 낼 뿐 아니라 그들을 지정하는 (성인의 반열에 올리는 것과 같은) 정교한 시스템까지 만들어 내는 과정은 완전히 요점을 벗어나는 행위로 보인다.

따라서 나는 중세 교회가 믿었던 승리한 교회, 기대하는 교회, 투쟁하는 교회의 세 가지 구분 대신에 단 두 개의 구분만이 존재한다고 믿는다. 천국/낙원에 있는 교회는 승리한 교회면서 동시에 기대하는 교회다. 이 결론에 독자들이 동의할 거라 생각하지는 않지만 적어도 성경을 찾아서 실제로 그러한지의 여부를 확인해 보기 바란다. 특히 내가 속한 교회처럼 위령의 날을 다시 기념하는 교회에 속한 사람들, 또한 그러한 날을 기념하는 것이 목회에 도움이 된다고 생각하는 사람들이 자신이 어떠한 신학을 암묵적으로 수용하고 가르치는 것인지 진지하게 생각해 보기를 바란다. 죽은 그리스도인들을 기억하는 적절한 시기 그리고 기독교의 진정한 희망을 나타내면서 그들을 기억할 수 있는 시기는 한편으로는 부활절이고 다른 한편으로는 모든 성인의 날이다. 여기에 다른 기념일을 덧붙이는 것은 이 위대한 축일의 의미를 손상시키는 것이다. 이 점과 관련해서는 신학과 전례의 몇몇 다른 부분들에서처럼, 더하는 것이 오히려 못하는 것이다.

이것은 물론 일부 교회에만 적용되는 내용이다. 그러나 모든 교회는 궁극적인 미래의 문제뿐만 아니라 죽음 직후에 일어나는 문제에 대해서도 마땅히 관심을 가져야 한다. 기독교 전통 안에서 참으로 중요한 논쟁거리가 되었던 이러한 문제들에 대해 어느 정도 숙고하지 않으면 우리의 논의는 빈약할 것이고 과거의 실수를 반복하는 위험에 처하게 될 것이다. 중요한 것은, 새 창조 안에 있는 궁극적 부활에 대한 희망을 붙잡고, 그 외에 '죽음 이후'의 질문들에 대한 우리의 모든 사고와 논의를 그 관점에 따라서 재정리하는 것이다.

희망을 넘어, 동정을 넘어

지난 십여 년 동안 이 주제에 대해서 이야기할 때마다 늘 받는 질문이 있다. "그렇다면 지옥은 어떻게 됩니까?" 이 문제는 사실 별도의 책을 하나 요구할 정도의 문제인데, 나는 그런 책을 쓸 마음이 별로 없다고 하는 사실과 그래도 누군가는 말을 해야 한다고 하는 인식 사이에서 갈등하게 된다.

이 주제가 어려운 이유 중 하나는, 우리가 연구한 다른 주제들과 마찬가지로 '지옥'이라는 단어가 초기 기독교 저술들에서 얻은 이미지보다는 중세의 비유들에서 얻은 이미지를 떠오르게 한다는 점이다. 하나님을 구름 위에 앉아 있는 수염 달린 노인으로 생각하며 자란 사람들 가운데 많은 이들이 그런 존재를 더 이상 믿지 않게 되면서 '하나님도 더 이상 믿지 않게 되었다'고 말한다. 그리고 지옥을 말 그대로 지하에 있는 벌레와 불이 가득한 장소로 생각하거나 아니면 하나님의 성 한 가운데에 있는 일종의 고문실로 생각하도록 배운 사람들은 그런 것을 더 이상 믿지 않게 되면서 지옥의 존재도 믿지 않게 되었다고 말한다. 전자의 사람들은 하나님에 대한 유아적인 이미지를 믿을 수 없기 때문에 자신들이 만인구원설을 받아들일 수밖에 없다고 생각하며, 후자의 사람들은 지옥에 대한 유아적인 이미지를 믿을 수 없기 때문에 자신들이 만인구원론설을 받아들일 수밖에 없다고 생각한다.

물론 무신론자나 만인구원론자가 되는 데에는 그것보다 더 좋은 이유들이 있다. 그 두 가지 입장 중 하나를 취하는 많은 사람들은 내가 앞에서 설명한 것보다 훨씬 더 복잡한 경로를 통해 그 입장에 도달했다. 그러나 적어도 대중적인 차원에서 보자면, 사람들이 거절하는 것은 최후의 심판에 대한 초기 기독교의 진지한 교리가 아니라 그것에 대한 거친 풍자다.

'지옥'으로 번역되는 신약성경의 가장 일반적인 단어는 '게헨나'(*Gehenna*)다. 게헨나는 단지 관념이 아니라 실재하는 장소였는데, 옛 예루살렘 성의 남서쪽 모퉁이 바깥에 있는 쓰레기 더미였다. 오늘날까지도 그곳에는 '게힌놈'(*Ge Hinnom*)이라는 이름의 계곡이 있다. 몇 년 전 예루살렘에 갔을 때 누가 나를 이 유명한 계곡의 서쪽 비탈에 있는 고급 레스토랑에 데려간 적이 있는데, 거기에서 우리는 대단한 불꽃놀이를 보았다. 일부러 그런 것은 분명 아니었겠지만, 예수님이 게헨나의 불에 대해 이야기하실 때 언급하셨던 바로 그 장소에서 행해지는 불꽃놀이였다. 그러나 예수님이 '천국'에 대해 사용하신 언어처럼 게헨나에 대한 이야기도 마찬가지의 경로를 밟았다. 일단 그리스도인 독자들이 그 말의 원래 의미에서 충분히 멀어지고 나면, 예수님이나 신약성경에서 비롯된 것이 아니라 고대와 중세의 민간 전승과 상상력이 제공한 노골적인 이미지들에서 비롯된 그림들을 떠올리게 된다.

여기에서 요점은, 예수님이 사람들에게 게헨나에 대한 경고를 하실 때, 그들이 현세에서 회개하지 않으면 다음 세상에서 불타게 될 것이라고 말씀하신 것이 아니었다는 점이다. 하나님 나라의 경우처럼 지옥의 경우도 마찬가지다. 중요한 것은 **이 땅에서**지 다른 곳에서가 아니다. 동시대 사람들을 향한 예수님의 메시지는 엄중한 것이었고, (오늘날 식으로 말하면) '정치적'이었다. 로마에 대한 무장 반란을 통해 하나님 나라를 세우겠다는 가망 없고 반항적인 꿈을 버리지 않는 한, 로마의 거대한 세력은 크고, 욕심 많고, 무자비한 제국들이 자신들이 탐내는 자원을 가진, 혹은 자신들이 지키고 싶은 전략적인 위치에 있는 (특히 중동의) 작은 나라들에게 늘 해오던 일을 계속 자행할 것이다. 로마는 예루살렘 자체를 끔찍하고 악취 나는 쓰레기 더미로 만들어 버릴 것이다. 예수님이 "너희도 만일 회개하지 아니하면 다 이와 같이 망하리라"라고 말씀하셨을 때 염두에 두셨던 가장 중요한 의미가 바로 이것이다.⁹

따라서 우리가 이 긴급하고 즉각적인 경고를 나타내는 많은 복음서의 말씀을, 죽음 이후에 일어날 수도 있는 일을 경고하는 더 깊은 차원의 문제로 추정하는 것은 확대 해석일 뿐이며, 그러한 해석을 이끌어내는 것도 사실은 쉬운 일이 아니다. 이 문제를 직접적으로 다루는 것으로 보이는 두 개의 비유는, 말 그대로 **비유**지 내세에 대한 실제적인 묘사가 아님을 우리는 기억해야 한다. 그 비유들은 '아브라함의 품'과 같은 평범한 고대 유대교의 이미지를 사용하며,

죽음 이후에 어떻게 되는지를 가르치기 위해서가 아니라 현세에서의 정의와 자비를 주장하기 위해서 사용되었다.[10] 이것은 예수님이 그 비유들이 넌지시 나타내고 있는 사후의 실재에 동의하지 않으셨다는 말이 아니다. 이것은 아브라함, 부자, 나사로가 나오는 장면을 '문자적으로' 받아들이는 것은 탕자의 이름을 찾아내려고 하는 것만큼이나 어리석은 일이라는 사실을 지적하기 위해 하는 말이다. 예수님은 미래의 삶에 대해 많은 말씀을 하시지 않았다. 어쨌거나 그분은 하나님 나라가 '하늘에서와 같이 땅에서도' 임하고 있다는 사실을 선언하는 데 무엇보다도 관심이 있으셨다. 예수님은 부활에 대해, 그것이 다른 모든 사람보다 앞서서 한 사람에게 곧 일어날 것이라는 어렴풋한 암시를 주신 것을 제외하고는 (우리가 살펴본 대로) 새로운 가르침을 주시지 않았다. 예수님은 그저 일반적인 유대교의 그림을 보강하는 것에 만족하셨다. 마찬가지로 예수님은 사후의 심판에 대해서도, 그것이 한 세대의 시공간 속에서 극적이고 끔찍한 특정 사건으로 일어날 것이라는 이상한 암시들을 제외하고는 새로운 가르침을 주는 데 관심이 없으셨다.

따라서 우리는 마지막까지도 하나님을 거절하고 그러한 거절이 인증을 받게 되는 사람들이 정말로 있을지를 알기 위해서 예수님의 가르침을 참조할 수가 없다. 성경에 나오는 모든 흔적은 예수님이 1세기 유대인들이 가지고 있었던 정상적인 인식을 그대로 가지고 계셨다는 것밖에는 보여 주지 않는다. 그 정상적인 인식이란, 자신들이 최종적으로 맞이하게 된 운명에 놀라고 그러한 운명에 처하게 된 근거로 제시되는 증거에도 놀랄 사람들이—이때 놀라는 사람들은 당사자들뿐이다—양의 편에서나 염소의 편에서나 다 있을 것이라는 사실이다.[17] 초기 그리스도인 저자들도 같은 입장을 가지고 있었다. 지옥과 최후의 심판은 서신서의 주된 주제가 아니다(물론 일단 그 주제가 등장하면, 예를 들어 로마서 2:1-16에서처럼 매우 중요하게 다뤄지지만 말이다). 사도행전에서는 그 주제가 전혀 언급되지 않고, 계시록의 끝에 나오는 생생한 그림은 매우 중요하기는 하지만 확실하게 해석하기 가장 어려운 본문 중 하나다. 이 모든 것이 이 주제에 대한 논의를 미혹시킨 두 종류의 교조주의에 대한 경고가 되어야 할 것이다. 즉 '누가 지옥에 가고 누가 가지 않는지'를 정확하게 안다고 주장하는 사람의 교조주의와, 지옥이란 곳은 없다고 절대적으로 확신하며 혹시 있다 하더라도 결국에는 텅 비게 될 것이라고 믿는 만인구원론자의 교조주의에 대한 경고가 되어야 한다.

후자와 같은 만인구원설은 자유주의가 한창이던 1960년대와 1970년대에 많은 신학자와 목회자들이 일반적으로 가정했던 것이었고, 그 시기에 사고가 형성된 사람들에게 하나의 고정된 관점, 어떤 경우에는 거의 **유일하게** 고정된 관점이 되었다. 옥스퍼드 대학에서 내가 처음 수업을 받았을 때 실제로 나의 지도 교수는 내게 자신과 동료들은 '지옥이 존재할 수도 있지만, 결국에는 아무도 거기에서 살지 않게 될 것'임을 믿는다고 말했다. 다시 말해서 지옥은 결국 마지막에 받게 될 은총을 위한, 유쾌하지 못한 준비 과정인 연옥이 될 것이라는 뜻이다. 나의 교단을 포함한 몇몇 교단에서는 대범하게도 공적인 성경 봉독에서 관련 구절을 생략해서 최후의 심판에 대한 약간의 언급도 하지 않음으로써 그리스도인의 의식에서 지옥이 사라져 버리게 만들었다. 공식 성구집에서 두 개 혹은 세 개의 구절을 생략하라는 지시문을 보게 되면 그 구절에는 심판의 말이

들어 있다고 확신해도 틀리지 않을 것이다. 물론 그것이 성(性)에 대한 것이 아니라면 말이다.

그러나 신학적으로 말해서 지난 20년 동안 분위기가 달라졌다. 서구 사회에서 자유주의적 낙관주의의 실패는 같은 시대 정신을 따라 움직였던 신학에서도 실패로 이어졌다. 칼 바르트는 1차 세계대전이 일어날 수 있는 분위기를 만들어 낸 자유주의 신학을 격렬하게 반대했었는데, 약 백 년 전에 일어난 이 이야기를 재방송하는 것이 부끄러운 일이기는 하지만 때로는 정말로 그것이 사실인 것 같다. 발칸, 르완다, 중동, 다르푸르 그리고 계몽된 서구의 사상이 결코 설명하지도 완화시키지도 못하는 온갖 종류의 참상들 앞에서 여러 진영의 사람들은 심판이라는 것이 있을 수밖에 없다는 것을 깨닫게 되었고, 내가 보기에 그것은 올바른 관점이다. 심판―선하고 지지해야 하고 정당성을 입증받아야 하는 것은 **이런 것**이고, 악하고 정죄받아야 하는 것은 **저런 것**이라는 주권적 선언―은 혼돈에 대한 유일한 대안이다. 악과 결탁하게 될까봐 '관용'하지 말아야 하는 것들은 사실 많이 있다. 우리는 이것을 너무나 잘 알면서도, 사회적 관습의 예민함이나 요구 때문에 현재의 견해를 따르는 것이 더 쉽겠다는 판단이 설 때면 언제나 편리하게도 잊어버린다. 문제는 너무나 오랫동안 모든 것을 용납하는 안이함에 기대어 살아온 신학, 맥도날드 햄버거만큼이나 경계가 없는 '포용성'을 가지고 살아온 신학이 이제는 심각하게 무력해진 나머지 초기 그리스도인들이 말로 하고 글로 썼던 강도 높은 심판은 둘째 치고, 최소한의 사회적·문화적 심판마저도 감행할 수가 없게 되었다는 것이다.

그러나 심판은 필요하다. 우리가 어리석게도 별로 잘못된 것이 없다고 결론 내리거나 신성모독적으로 하나님은 별 상관을 하지 않으신다고 결론 내리지 않으려면, 심판은 꼭 필요하다. 미로슬라브 볼프(Miroslav Volf)의 유명한 문구로 표현하자면, '포용'이 있으려면 먼저 '배제'가 있어야만 한다. 악이 규명되고 해결되어야만 화합이 있을 수 있다. 바로 이러한 기초 위에서 데스몬드 투투 주교는 남아프리카공화국의 '진리와 화합을 위한 위원회'(Commission for Truth and Reconciliation)라는 놀라운 일을 해 냈던 것이다.[12] 중요한 것은, 악하게 행동한 자들이 이 점을 받아들이지 않는다면 화합도 포용도 있을 수가 없다는 사실이다.

하나님은 결국에는 이 세상을 바로잡으실 것이다. 이 교리는 부활의 교리처럼 하나님이 창조주시며 선하시다는 믿음에 의해 굳건하게 유지되고 있다. 그리고 그 바로잡는 행위에는 하나님의 선하고 아름다운 창조물을 왜곡시키는 모든 것을 제거하는 일이 반드시 포함되어야 한다. 특히 하나님의 형상을 지닌 인간을 손상시키는 모든 것이 제거되어야 한다. 하나님 나라에는 철조망이 없을 것이다. 그리고 오로지 철조망에 의존해서 산 사람들도 하나님 나라에는 자리가 없을 것이다.

'철조망'은 무엇이든 끔찍한 일로 분류될 수 있는 모든 것을 나타낸다. 대량학살, 핵폭탄, 아동 성매매, 제국의 교만, 인간의 상품화, 인종의 우상화 등. 신약성경에는 그러한 예가 몇 가지 나오는데, 그것은 낭떠러지로 가지 않도록 경고하는 빨간불의 역할을 한다. 바울과 초기 그리스도인들이 제공하는 분석에 의하면, 그와 같은 행동 양태에 대해서는 다음의 세 가지를 이야기할 수 있다.

첫째, 그것은 전부 하나님이 아닌 것을 마치 하나님인 양 숭배하는 최초의 잘못인 우상 숭배에서 비롯된다. 둘째, 그러한 행동은 모두 첫 번째 원인에 따른 결과적 잘못을 보여 주는 명백한 증거다. 결과적 잘못이란 그런 식으로 나타나는 인간 이하의 행동이며, 그것은 하나님의 형상을 온전히 다 반영하지 못하는, 온전히 자유롭고 참된 인간성이라는 '표적에 미치지 못하는' 상태를 말한다. 신약성경은 그것을 일반적으로 '하마르티아'(*hamartia*), 즉 '죄'라는 말로 표현한다. (여기에서 보면 '죄'란 임의적인 규칙을 어기는 행위가 아니라 오히려 그 규칙이 여러 종류의 비인간적인 태도를 간략하게 묘사해서 보여 준다는 것을 우리는 알 수 있다.) 셋째, 이 우상 숭배와 비인간화가 개인 및 집단의 삶과 태도에 너무도 만연해서 그러한 삶으로부터 돌아서는 특별한 길이 있지 않은 한 그 길을 계속 가는 사람은 궁극적으로 자기 자신이 비인간화될 가능성이 충분하며 실제로 그렇게 되기도 한다.

이것이 바로 오늘날 우리가 최후의 심판 교리를 새롭게 이야기할 수 있는 방식의 핵심이다. 한편으로는 신약성경을, 다른 한편으로는 신문을 읽으면서 나는 궁극적인 정죄, 최종적인 상실, C. S. 루이스의 표현을 빌자면, 하나님이 결국에는 **"네 뜻대로 될지어다"**라고 말씀하실 사람들이 없을 것이라고는 생각하기 힘들다. 그렇게 되지 않기를 바라지만 히로시마, 아우슈비츠, 유아 살해 그리고 수백만의 사람들을 빚의 노예로 만드는 무책임한 탐욕 앞에서 언제까지나 '하나님은 자비로우시다'고 노래할 수는 없는 노릇이다. 인류는 더 이상의 현실을 감당하기가 힘들며, 서구 자유주의에서 나온 값싸고 즐거운 만인구원설은 현실을 상당 부분 부인해 온 것에 대해서 책임을 져야 할 것이다.

그러나 만약 정말로 우상 숭배로 인해 자기 자신을 비인간화하고 다른 사람들도 같이 그 길로 끌어들인 사람들을 위한 최후의 정죄가 있다면, 나는 그것이 실제로 어떻게 이루어질지에 대해서 일반적으로 사람들이 상상하는 것과는 다른 그림을 보여 줄 것이다.

전통적인 관점에 의하면, 하나님의 구원을 거절한 사람, 우상 숭배와 사악함으로부터 돌아서기를 거부한 사람들은 의식적 고통 가운데 영원토록 살게 된다. 때로 지나치게 열성적인 설교자나 교사들은 정확히 어떤 행동들이 지옥으로 곧바로 떨어지게 만들고, 어떤 행동들이 비록 비난받을 만하지만 그래도 용서가 가능한지를 안다고 주장하면서 좀더 구체적인 그림을 제시한다. 어쨌거나 전통적인 견해는 분명하다. 그러한 사람들은 인간으로서 의식적인 가책을 느끼며 영원토록 벌을 받을 것이다.

만인구원론자들은 이러한 설명에 반대한다. 그들은 때로 (셰익스피어가 「자에는 자로」에서 보여 준 태도와 매우 비슷하게) 하나님이 극도로 악한 사람, 심지어 대량 학살자와 아동 강간범과 같은 사람들에게도 자비로우시다고 주장한다. 때로 그들은 그러한 주장을 수정하기도 한다. 즉 하나님은 죽음 이후에도 모든 사람이 하나님의 사랑에 굴복할 때까지 회개할 기회를 계속해서 주실 것이라고 말이다.

이 두 가지 가운데 중도적 입장을 취한 것이 소위 '조건주의자들'이다. 그들은 '조건적 불멸성'을 제안한다. 현재의 세상에서 하나님의 사랑과 생명의 길을 계속해서 거절하는 사람은 더 이상 존재하지 않게 될 것이라고 말이다. 이 이론에 의하면 불멸성은 (플라톤주의의 인기에도 불구하고!) 인간의 본질적인 특징이 아니다. 불멸성은 바울이 말하는 것처럼 오직 하나님만이 마땅히 소유하는 권리며, 따라서 하나님이 주시거나 주시지 않거나 할 수 있는 선물이다.[13] 이 이론에 의하면 하나님은 이생에서 회개하지 않고 끊임없이 우상을 숭배하여 자기 자신의 인간성을 파괴시킨 사람들에게는 불멸성을 주시지 않는다. 그렇기 때문에 이 관점은 때로 '영혼 멸절설'로 불리기도 한다. 그런 사람들은 더 이상 존재하지 않게 될 것이라는 뜻이다. 그러나 이 단어는 어쩌면 지나치게 강한 의미를 지니고 있는지도 모른다. 그 함의는 회개하지 않은 사람들이 단지 자신에게 주어진 선물을 계속해서 거절하다가 끝내 받지 못하게 된다는 것이 아니라 그들이 적극적으로 멸망한다는 것이다.

이 세 가지 입장과는 달리 나는 첫 번째와 세 번째 입장의 강점을 결합시켰다고 볼 수 있는 새로운 관점을 제시하고자 한다. 전통적인 관점에 대해서 최근에 사람들이 가장 큰 거부감을 느끼는 부분은—지난 이백 년 동안 소위 '주류'로 불리던 서구 교회는 만인구원설로 크게 기우는 경향을 보였다—기쁨의 성(城) 한가운데에 있는 고문실, 아름다운 전원 한가운데에 있는 포로 수용소와 같은 이미지다. 이러한 이미지는 복받은 자들이 누리는 기쁨만 생각하는 것이 아니라 악한 자가 받을 고통도 고려해야 한다는 점에서 사람들에게 거부감을 준다. 하나님은 선하시기 때문에 반드시 악을 심판해야 한다고 스스로를 아무리 설득한다 해도, 또 하나님을 사랑하는 사람은 그 판결에 찬성해야 한다고 스스로 다짐한다 해도 그 이미지를 떠올리게 되면 우리는 혐오감을 느끼며 돌아서게 된다. '조건주의자들'은 이와 같은 불편함을 피하는 대신에, 참 하나님을 예배하는 것과 거기에 수반되는 참 인간됨의 길을 저버린 사람들이

지속적으로 있게 될 상태에 대해 명백하게 말하는 성경 본문의 의미를 축소시키는 대가를 치른다.

그러나 그러한 분석을 통해 우리는 다음의 가능성을 얻게 되는데, 성경의 핵심 본문과 지난 한 세기 동안 인간이 저지른 일들로 인해 우리 모두가 너무도 잘 인식하고 있는, 인간의 현실 모두에 공정한 가능성이다. 인간이 하나님이 아닌 것에 진심에서 우러나오는 충성을 바치고 그것을 예배하게 되면 인간은 하나님의 형상을 서서히 반영하지 않게 된다. 인간 삶의 제 1법칙 중 하나는 자신이 예배하는 그 대상을 닮아 간다는 것이다. 게다가 자신이 예배하는 그 대상을 **반영하게** 된다. 그러한 반영은 그 대상 자체에게 뿐만 아니라 주변 세상으로까지 확대된다. 돈을 숭배하는 사람들은 갈수록 자기 자신을 돈의 관점에서 정의하게 되고, 다른 사람들을 인간으로가 아니라 채권자, 채무자, 동업자 혹은 고객으로 대하게 된다. 성을 숭배하는 사람들은 그 관점에서(성적 기호, 성적 관습, 성적 과거) 자신을 정의하게 되고, 다른 사람들을 실재적·잠재적 성적 대상으로 대하게 된다. 권력을 숭배하는 사람들은 그 관점에서 자신을 정의하게 되고, 다른 사람들을 공모자, 경쟁자 혹은 볼모로 대하게 된다. 그밖에도 다른 우상 숭배의 형태들은 서로 수많은 방식으로 결합되며, 거기에 관련된 사람들 그리고 그것의 영향을 받는 사람들이 가지고 있는 하나님의 형상을 손상시킨다. 나는 인간이 그러한 길로 계속해서 가는 것이 가능하다고 생각한다. 모든 복음, 진정한 빛의 모든 여광, 돌아서서 다른 길로 가라고 하는 모든 암시, 하나님의 사랑을 가리키는 모든 이정표들을 계속 거부한 나머지, 죽은 후에는 자기 자신들의 선택에 의해 결국 **한때는 인간이었지만 지금은 그렇지**

않은 존재, 신의 형상을 더 이상 지니고 있지 않은 피조물이 되는 것이 가능하다고 생각한다. 하나님의 선한 세상, 아직은 완전히 꺼지지 않은 깜빡이는 불꽃처럼 선함이 남아 있는 세상에서 그들이 지니고 살았던 몸은, 죽음과 동시에 희망의 가능성뿐만 아니라 동정 받을 가능성도 상실하게 되는 것이다. 아름다운 전원에 포로 수용소가 있는 것이 아니며, 기쁨의 궁전에 고문실이 있는 것도 아니다. 그 어떠한 의미 있는 방식으로도 자신의 창조주를 반영하지 못하는, 인간이 아닌 상태로 계속 존재하는 그 피조물들은 더 이상 비정한 범죄자에게 간혹 느끼는 자연스런 연민조차도 불러일으키지 못한다.

이제 나는 그 누구도 가본 적이 없는 영역으로 들어섰다. 그리스도인들은 예수님이 지옥에 갔다 왔다고 믿지만, 그 말은 어둠의 끝에 서서 그 안을 들여다보는 격이지, 앞으로 지옥에 올 사람들을 위한 여행 안내서를 쓴 것이 아니다. 나는 무엇보다도 내가 (혹은 그 누구라도) 이 주제에 대해서 잘 아는 것처럼 보이기를 원치 않는다. 그리고 내가 이런 식의 추측을 즐긴다고도 생각하지 않기 바란다. 그러나 신약성경에 비추어서 그리고 이 세상의 냉엄한 현실 앞에서 나는 가장 모호한 신학적 신비 중 하나인 이 주제에 대해서 이런 식의 결론을 내릴 수밖에 없다. 내가 틀린 것으로 입증되었으면 좋겠지만, 이 세상이 유일하신 참 하나님의 선한 창조물이며 그분이 마지막에는 온 세상이 기뻐할 판결을 내리실 것이라고 하는 주장을 수용하면서까지 그렇게 되기를 바라지는 않는다.

나오는 말: 인간의 목적과 새 창조

그러나 이런 분위기 속에서 이번 장을 마칠 수는 없다. 신약성경이 이 지점에서 마치는 것을 반복해서 거부하고 있기 때문이다. 바울은 로마서에서 "당을 지어 진리를 따르지 아니하고 불의를 따르는 자에게는" 최종적 판결이 있을 것이라고 분명하게 말한다. 그러나 뒤로 가면서 그의 강조점은 하나님이 모든 사람에게 자비를 베푸시기 위해 그들을 불순종의 감옥에 가두셨다는 사실로 옮겨 간다.[14] 물론 그 분문과 비슷한 다른 본문들을 보면 '개별적인 모든 사람'을 뜻하는 것이 아니라 '온갖 종류의 사람들'을 뜻하는 것이 분명하다. 그러나 바울이 '모든'이라고 말할 때는 자신의 청취자들이 예상하는 것을 넘어서까지 언급하는 것이다. 하나님의 강력한 사랑은 자명한 사람들뿐만 아니라 예상치 못한 사람들까지도 다 받아들인다는 것을 보여 주기 위해서다. 바울은 자신의 굳고 원한에 찬 마음이 하나님의 은혜로 변화되었음을 알기에, 살아 있는 자들 중에서는 그 누구도 자신처럼 변화되지 못할 사람이 원칙적으로는 없다는 사실도 알았다.

마찬가지로 장엄하면서도 신비롭게 마치고 있는 성 요한의 계시록에는 미래의 목적—종국적인 새 창조는 이제 시작일 뿐인 앞으로의 일—이 암시되어 있는데, 우리는 그 암시에 매료되는 한편 더 자세히 언급되어 있지 않아서 답답해지기도 한다. 21-22장의 새 예루살렘에 대한 묘사를 보면 어떤 부류의 사람들—개들, 간음하는 자들…거짓을 말하고 거짓을 만들어 내는 자들—은 '밖에' 있을 것이라고 분명히 말한다. 그러나 우리가 내부인과 외부인으로 나누어지는, 깔끔하게 정리된 두 개의 범주를 그렸다고 생각하는 순간 생수의 강이 도시 **바깥으로** 흘러 나가는 것을 보게 된다. 그 강의 양쪽 둑으로는 생명의 나무가 여러 그루 자라고 있고, "그 나무 잎사귀들은 만국을 치료하기 위하여 있다." 이것은 참으로 신비로운 표현이며, 하나님이 예비하신 궁극적 미래에 대한 우리의 모든 논의는 이것을 위한 여지를 남겨 두어야 한다. 이것은 결코 우리를 비인간화시키고 하나님의 세상을 손상시키는 우상을 숭배하고 섬긴 사람들에 대한 최후의 심판이 있다는 사실에 의심을 드리우는 말이 아니다. 이것은 하나님이 언제나 놀라움으로 가득한 하나님이라는 말이다.

그러나 이 모든 논의 끝에 그리고 이 책의 2부 끝에 덧붙일 수 있는 가장 중요한 말은, '천국과 지옥'이 요점이 아니라는 것이다. 이것은 기독교의 희망이 가지고 있는 중요한 '놀라움' 중 하나다. 지금까지 내 논증의 요점이었던, "내가 죽은 후에는 어떤 일이 일어나는가"라는 문제는 수세기에 걸쳐 신학적 전통이 제기했던 주요하고, 중심적이고, 뼈대가 되는 질문이 **아니라는** 것이다. 신약성경이 그것의 뿌리가 되는 구약성경과 일관되게 주장하고 있는 바는 온 세상, 우주 전체를 위한 하나님의 구출과 재창조의 목적에 대한 것이다. 개별 인간의 운명은 그러한 맥락 안에서 이해되어야 한다. 단순히 우리는 더 큰 그림의 일부일 뿐이라는 의미에서가 아니라 현재에 우리가 '구원'받는 이유 중 하나가 그 큰 그림과 목적 안에서 핵심적인 역할을 수행하기 위해서라는 의미에서 그렇다. (바울은 '하나님의 동역자'라는 충격적인 용어를 쓰면서 그러한 역할에 대해서 이야기한다.) 이러한 이해와 함께 우리가 얻는 깨달음은, 기쁨이든 재난이든 그러한 관점에서 우리 자신의 '운명'에 대해 질문하는 것은 아마도 이 문제 전체를 잘못 바라보기 때문일 것이라는 사실이다. 마땅한 질문은 "**하나님의 새 창조는 어떻게 이루어질 것인가?**"여야 하고, 그 다음에 "**우리 인간들은 그러한 창조의 회복에 어떻게 기여할 것이며, 창조주 하나님이 자신의 새로운 세상에서 시작하실 새로운 프로젝트에 어떻게 기여할 것인가?**"여야 한다. 그렇다면 인간이 할 수 있는 선택은 다른 틀 안에서 제시될 것이다. 당신은 창조주 하나님을 예배하고 그럼으로써 하나님의 강력한 치유와 변화의 사랑을 이 세상에 반영하면서, 온전하고 영광스러운 인간이 된다는 것의 의미를 발견하고 싶은가? 아니면 당신은 지금 있는 그대로의 세상을 예배하고, 이 세상 안에 있는 세력으로부터 권력이나 쾌락을 얻음으로써 자신의 부패하게 될 인간성을 부추기고, 그저 자기 자신의 비인간화와 이 세상의 지속적 부패에나 기여하고 싶은가?

이러한 고찰은 우리를 또 하나의 분명한 생각으로 이끈다. 내가 주장한 것이 핵심을 어느 정도 지적하는 것이라면, '천국과 지옥'이 궁극적인 문제라고 주장하는 것은—다시 말해서, 인간 개인에게 궁극적으로 일어날 일이 이 세상에서 가장 중요한 일이라고 주장하는 것은—1세기 유대인들이 했던 실수, 예수님과 바울이 지적했던 실수와 비슷한 실수를 하는 것이 된다. 이스라엘은 창조주 하나님의 목적이 결국 "하나님이 어떻게 이스라엘을 구원하실 것인가?" 하는 문제로 귀결된다고 믿었다. (이것은 바울이 우리에게 말해 주는 것인데, 그도 유대인이니 잘 알 것이다.) 그러나 예수님의 복음이 밝혀 준 바에 의하면, 하나님의 목적은 "하나님이 어떻게 **이스라엘을 통해서** 이 세상을 구원하시고, 그럼으로써 모든 것의 목적으로서가 아니라 그 과정의 일부로서 이스라엘도 구원하실 것인가?" 하는 문제로 귀결된다. 오늘날 우리가 직면하고 있는 도전도 어쩌면 이와 같은 도전일 것이다. 즉 하나님이 어떤 인간들을 천국으로 데려가실 것이고 어떻게 그 일을 하실 것인가가 아니라 하나님이 어떻게 **인간을 통해서** 자신의 창조계를 구속하시고 회복하실 것인지, 그리고 모든 것의 목적으로서가 아니라 그 과정의 일부로서 인간들도 구원하실 것인지에 초점을 맞추어야 한다. 우리가 이와 같이 수정된 질문의 관점에서 로마서와 계시록 그리고 나머지 신약성경을 읽는다면 생각할 거리가 참으로 많을 것이라고 나는 생각한다. 그리고 만약 우리가 2장에서 했던 논의로 잠시 돌아가서 신약성경이 제시하는 놀라운 희망을 표현할 수 있도록 교회의 전례들을 수정한다면, 그 비전이 우리를 지탱해 주고 우리에게 힘을 줄 것이다.

    이 과정에서 교회의 사명이라는 문제가 갑자기 부각되고 재구성되는 것을 우리는 보게 된다. 그러나 그 문제를 다루려면 이 책의 3부로 넘어가야 한다.

제3부
희망의 실천: 부활과 교회의 사명

12. 구원을 다시 생각하다
_하늘, 땅 그리고 하나님 나라

들어가는 말

이제 우리는 "그래서 어쩌란 말인가?"라는 질문을 던져야만 하는 시점에 왔다. 하나님의 궁극적 미래, '죽음 이후의 삶 이후의 삶'에 대한 이 모든 논의가 단지 마지막 때에 일어날 일에 대한 우리의 신앙을 정리하는 문제인가, 아니면 지금 여기에서 일어나는 일에 실제적인 영향을 미치는가? 우리가 가르치고 설교하는 내용을 바로잡고, 우리의 장례식이나 다른 전례들이 죽음과 그 이후에 오는 일들에 대해서, 교회 이곳저곳에 스며든 비성경적이고 심지어는 반(反)성경적인 생각이 아니라 성경적인 가르침을 반영하도록 정리하는 것에 불과한 문제인가?

이 문제를 약간 둘러서 접근해 보겠다. 예수님의 육체적 부활을 믿는 것에 대해 자주 제기되는 반대 중에서 나는 최근에 정말로 놀라운 견해 하나를 접하게 되었는데, 내가 보기에 그것은 기독교를 완전히 오해한 데서 비롯된 견해였다. 초기 기독교에 대해서 글을 쓰는 미국의 유명한 저자 중 한 사람인 도미니크 크로산(Dominic Crossan)은 여러 차례 이 질문을 던졌다. "만약 예수님이 죽은 자 가운데서 부활했다 치더라도, 그래서 어쩌란 말인가? 당사자에게야 좋은 일이겠지만 그것이 다른 일들하고 무슨 상관이 있단 말인가? 왜 그 사람만 특별히 사랑받아야 하는가? 만약에 하나님이 그런 묘기를 할 수 있다면 왜 지금 개입하셔서 대량 학살을 막거나 지진을 막는 것처럼 좀더 쓸모 있는 일들을 하시지 않는단 말인가?"[1] 이 같은 반대 입장은, 예를 들어 나의 전임자인 데이비드 젠킨스(David Jenkins) 주교가 해 온 말과 잘 들어맞으면서 예수님의 부활을 믿는 것에 대한 (역사적 혹은 과학적 반대와는 대립된다는 의미에서) 일종의 도덕적 반대 입장을 형성한다.

여기에서는 그 반대 자체에 대해 평을 하고 싶지는 않다. 물론 역사가들이 '일어나야만 했던 (혹은 일어나지 말아야 했던) 일'에 근거해서 '실제로 일어난 일'에 대해 논증하기 시작하면 정말로 취약한 자리에 서게 되지만 말이다. 내가 하고 싶은 것은, "예수님의 부활이 다른 일들과 무슨 상관이 있단 말인가?"라는 질문에 대한 대답으로 신약성경이 무엇을 말하는지 보여 주고, 거기에서 얻어지는 몇 가지 결론을 오늘날 교회와 그리스도인의 삶을 위해 제시하는 것이다.[2]

그러한 작업에 착수하는 부분적인 이유는 현대 교회가 부활절을 지키는 방식에 대해 내가 관찰한 두 가지 내용 때문이다. (내가 가장 잘 아는 교회는 영국 국교회지만, 다른 교회에 속한 친구들과 나눈 대화를 통해 다른 여러 교회에서도 비슷한 현상이 나타남을 알게 되었다.)

부활절에 부르는 많은 찬송가들이 부활절의 요점은, '죽음 이후의 삶'이 존재한다는 것을 증명하고 우리도 그것을 소망하도록 격려하는 것이라는 가정에서 출발한다. 그 다음 이러한 관점, 역설적이게도 **부활**이라는 특정 요소가 조용하게 제거된 죽음 이후의 삶의 관점과 결합되는 경우가 많다. "천국에서 그분과 함께 안식하며 통치하리!"라는 유명한 찬송가의 마지막 소절에서 우리는 "우리도 그분이 가 계신 곳에 가기를"이라고 노래한다. 그러나 신약성경이 예수님의 부활로부터 이끌어내는 결론은 그것이 **아니다**. 물론 이생의 수고 후에는 '안식'이 약속되어 있고, '천국'이라는 단어가 비록 모호하기는 하지만 그 '안식'이 일어나는 장소를 표현하는 적절한 단어일 수 있다. 그러나 그러한 안식의 시기는 이 땅이 겪게 될 어떤 매우 다른 일의 서곡일 뿐이다. 그 '통치'가 일어나게 될 장소는 바로 땅, 회복된 땅이다. 그렇기 때문에 우리가 2부에서 살펴본 것처럼 신약성경이 자주 언급하는 내용은, 예수님이 있는 곳에 우리가 가는 것이 아니라 우리가 있는 곳에 예수님이 오시는 것이다.

그러나 신약성경이 미래의 희망—최후의 부활 그리고 우리가 10장과 11장에서 논의한, 부활 이전에 어떠한 상태로건 있게 될 중간 상태—에 대해 무엇이라고 말하는지 우리가 정확하게 이해하고 거기에 집중한다 하더라도, 그것은 여전히 나사렛 예수가 부활하신 사건에서 비롯되는 직접적인 결과라고 신약성경이 주되게 강조하는 내용이 아니다. 그렇다, 예수님의 부활은 실제로 우리에게 확실하고도 분명한 희망을 준다. 만약에 그렇지 않다면 바울이 말한 대로 우리는 모든 사람 중에서 가장 불쌍한 사람들일 것이다.[9] 그러나 신약성경이 부활절의 종을 울릴 때, 그것의 주요 울림은 단순히 우

12. 구원을 다시 생각하다

리 자신에 대한 것이거나 하늘과 땅이 만나고 드디어 모든 것이 회복될 때 하나님이 궁극적으로 만드실 그 어떤 미래의 세상에 대한 것이 아니다. 그 부활이 우리가 살고 있는 **이 세계 안에서** 일어난 사건이라는 바로 그 이유 때문에, 부활의 함의와 효과는 우리가 살고 있는 지금 여기에서 느껴져야만 한다.

예수님의 육체적 부활을 믿거나 말거나 할 수 있는 문제라고 말하는 것(여러 설문 조사에 의하면 많은 목회자들 심지어 주교들까지도 그런 식으로 말한다고 한다)은 어불성설이다. 이것은 중요한 분수령이다. 이쪽이나 저쪽이나 별 차이 안 나는 것처럼 보일 수 있지만, 예수님의 육체적 부활을 받아들이면 모든 물줄기는 이쪽으로 흐르고, 그렇지 않을 경우에는 모두 반대쪽으로 흐르게 된다. 직설적으로 말해서, 육체의 부활을 믿지 않는 방향을 택하면 기독교와 비슷한 어떤 것을 만나기는 하겠지만, 그것은 신약성경 저자들이 말하는 기독교가 아니다. 이것은 결코 어떤 교리에는 믿는다고 표시하면서 다른 교리에는 표시하지 않는, 그런데 부활은 표시하기가 더욱 어려운 교리라는 그런 차원의 문제가 아니다. 이 믿음은 세계관 전체를 특징짓는 표지이며, 다른 모든 것을 어떻게 바라보아야 하는지 알려 주는 정확한 규준이다.

이 책의 마지막 부분인 3부의 요점은, 예수 그리스도 안에서 우리에게 제시된 (놀라운) **미래의** 희망을 제대로 이해하면, 놀랍게도 그것은 모든 기독교적 사명의 기초인 **현재의** 희망에 대한 비전으로 직접 이어진다는 사실이다. 가난한 자, 병든 자, 외롭고 우울한 자, 노예, 난민, 굶주리고 집이 없는 자, 학대당한 자, 편집증 환자, 짓밟히고 절망에 빠진 자 등 본래 아름답지만 상해 버린 이 세상을 위해 더 나은 미래를 바라는 것은 나중에 생각해서 '복음'에 덧붙여진 어떤 것, 그 **이외**의 것이 아니다. 그 중간기의 희망, 즉 하나님의 궁극적인 미래로부터 하나님의 긴급한 현재로 들어오는 그 놀라운 희망을 위해서 일하는 것은 현재의 '선교'와 '전도'의 임무를 **방해하는** 것이 아니다. 그것은 오히려 핵심이고, 본질이며, 꼭 필요하고, 원동력이 되는 일이다. 예수님의 동시대인들이 예수님의 말을 들은 것은 그가 현재에 **하고 있는** 일 때문이었다. 그들은 예수님이 사람들을 질병과 죽음에서 '구하는' 것을 보았고, 그가 '구원'에 대해 이야기하는 것을 들었다. 그들은 그 메시지를 오랫동안 기다려 왔고, 그 메시지는 현재를 넘어서 궁극적인 미래에까지 이어지는 메시지였다. 그 두 가지는 서로 연결되어 있었다. 현재 예수님이 하신 일은 단순히 미래에 있을 일에 대한 '시각적 보조 자료'거나, 사람들의 주의를 끌기 위한 수법이 아니었다. 예수님이 하신 일의 요점은, 자신이 장기적으로 미래에 대해 약속하신 것을 현재에 실제로 하신다는 것이었다. 그리고 그분이 미래에 대해 약속하신 것과 그 당시에 하고 계셨던 일은, 육체 없이 영원히 살라고 영혼을 구원하신 것이 아니라 현재 세상의 부패와 타락으로부터 사람들을 구해 내어 그들이 현재에서부터 하나님의 궁극적 목적인 창조계의 회복을 누리게 하고, 그럼으로써 그들도 이와 같은 더 큰 프로젝트의 동료이자 동역자가 되게 하려는 것이었다.

이와 관련해서 내게 늘 떠오르는 구절은 바로 고린도전서 15:58이다. 바울은 이제 막 미래에 있을 육체의 부활에 대해 매우 자세하고 상세하게 논의하면서, 자신이 쓴 것 중에서 가장 길고도 치밀한 장을 기록했다. 그가 그 장을 어떻게 끝낼 것이라고 예상할 수 있을까? "여러분들에게 그토록 위대한 희망이 있으니 이제 물러나서 편안히 쉬십시오. 하나님이 여러분을 위해 위대한 미래를 준비하고 계시다는 것을 이제 여러분도 아니까요"라는 말로 글을 맺을까? 그렇지 않다. 그는 이렇게 말한다. "그러므로 내 사랑하는 형제들아, 견실하며 흔들리지 말며 항상 주의 일에 더욱 힘쓰는 자들이 되라. 이는 너희 수고가 주 안에서 헛되지 않은 줄을 앎이라."

이 말은 무슨 뜻인가? 미래의 부활을 믿는 것이 어떻게 현재의 일을 계속하는 것과 연관이 되는가? 그것은 꽤 간단하다. 바울이 그 편지에서 계속 주장한 것처럼, 부활의 요점은 **죽는다고 해서 현재의 육체적 삶이 가치가 없는 것이 아니라**는 것이다. 하나님이 그 죽은 육체를 새로운 생명으로 부활시키실 것이다. 현재 우리가 육체를 가지고 하는 일이 중요한 이유는 하나님이 그 육체를 위해 위대한 미래를 준비하고 계시기 때문이다. 그리고 만약 이러한 사실이 고린도전서 6장에서처럼 윤리에 적용된다면, 하나님의 백성이 부름 받은 다양한 소명에도 당연히 적용될 것이다. 그림이든, 설교든, 노래든, 바느질이든, 기도든, 가르치는 일이든, 병원을 짓는 일이든, 우물을 파는 일이든, 정의를 위해 캠페인을 벌이는 일이든, 시를 쓰는 일이든, 도움이 필요한 자를 돌보는 일이든, 자기 자신처럼 이웃을 사랑하는 일이든, 현재에 우리가 하는 모든 일이 **하나님의 미래에서도 지속될** 것이다. 그것은 단순히 우리가 그 모든 것을 두고 떠날 때까지 현재의 삶을 조금 덜 야만스럽고 조금 더 견딜만하게 만드는 방법들이 아니다. ("영원한 안식의 복을 받은 모든 사람이 부름을 받아서 가게 될 그날까지"라는 가사의 찬송가는 매우 잘못된 것이다.) 우리가 하는 그러한 일들은 **하나님 나라를 세우기 위해서 하는 일**

이라고 우리가 부를 만한 일들이다.

'하나님 나라'가 무엇을 의미하는지는 곧 다시 다루겠다. 그러나 이 책의 마지막 부분인 3부의 서두에서 우리가 주목해야 할 사실은, 이 책에서 우리가 계속해서 연구한 새 창조에 대한 약속이, 그저 '죽음 이후의 삶'에 대한 생각을 정리하는 정도의 문제가 아니며 그럴 수도 없다는 것이다. 그것은 교회의 사명에 대한 문제다. 내가 일하는 곳에서는 '선교 중심의 교회'(Mission-Shaped Church)라는 제목의 보고서가 제출된 이후 그것에 대한 논의가 많았다. 그 보고서는 오늘날의 교회가 '선교'를 부가의 것으로, 시간이 남으면 끼워 넣을 수 있는 일로 여겨서는 안 되고, 핵심적이고 중심적인 교회의 동력으로 보아야 한다고 촉구했다.[4] 그러나 이 말이 의도한 대로의 의미를 가지려면 우리가 가지고 있는 선교에 대한 생각 자체를 반드시 교정해야 한다. 어떤 사람들은 '전도'를 '영원한 내세를 위해서 영혼을 구원하는 것'으로 이해하고, 어떤 사람들은 '선교'를 '현재의 세상에서 정의, 평화 그리고 희망을 위해서 일하는 것'으로 이해하며 구태의연하게 분리하곤 한다. 그러나 이러한 분리는 예수님이나 신약성경과는 아무런 상관이 없고, 오히려 많은 그리스도인들이 계몽주의의 플라톤적 이데올로기에 ('보수'나 '진보' 할 것 없이) 알게 모르게 노예화되었기 때문에 생긴 것이다. 일단 부활의 문제를 정리하고 나면 우리는 선교의 문제도 정리할 수 있고 정리해야만 한다. 우리가 '선교 중심의 교회'를 원한다면, 우리에게 정말 필요한 것은 희망 중심의 선교다. 만약 이 사실이 놀랍다면, 이제는 이것에 익숙해져야 한다.

이제 우리는 대부분의 그리스도인들이 당연하게 받아들이지만 근본적으로 다시 생각해야 할 필요가 있는 가장 큰 주제에서부터 논의를 시작하고자 한다. 바로 구원의 문제다.

'구원'의 의미

지금 우리가 도달한 이 지점이 참으로 흥분되고 놀랍고 두렵기까지 한 이유는 우리가 '구원'이라는 것 자체의 의미를 다시 생각해 볼 수밖에 없는 지점에 이르게 되었기 때문이다.

'구원'이라는 말을 하면 대부분의 서구 그리스도인들은 '사후 천국행'을 의미한다고 생각한다. 그러나 우리가 지금까지 이야기한 모든 것에 비추어서 잠시만 생각해 본다면 그것이 결코 옳지 않다는 사실이 드러난다. 물론 '구원'은 '구출'이라는 뜻이다. 그러나 우리는 궁극적으로 무엇으로부터 구출되는 것인가? 당연히 '죽음'으로부터다. 그러나 만약 우리가 죽고 난 후 우리의 몸은 썩어 없어지고 우리의 영혼이 (혹은 썩어 없어지지 않고 계속 남아 있는 부분에 대해서 어떤 다른 명칭을 쓰건 간에 그것이) 다른 곳에서 계속 존재하게 된다면, 이것은 우리가 죽음**으로부터 구출되었다**는 뜻이 아니다. 그것은 우리가 죽었다는 뜻에 불과하다.

그리고 만약 하나님의 선하신 창조가—이 세상, 우리가 아는 인생, 우리의 영광스럽고도 놀라운 육체와 뇌와 혈관 등이—정말로 **선하다면**, 그리고 만약에 하나님이 마지막 때에 새로운 창조라는 놀라운 행위를 통해 그 선함을 다시 긍정하길 원하신다면, '구원'을 육체의 죽음과 영혼의 탈출로 이해하는 관점은 단순히 약간의 변경과 수정을 가하기만 하면 되는 정도의 것이 아니다. 그것은 완전히 그리고 전적으로 틀린 관점이다. 그것은 죽음과 공모하는 것이며 죽음이 하나님의 형상을 지닌 선한 인간 피조물을 파괴하는 것을 묵인하는 일이다. 그러면서 우리는 '정말로 중요한' 부분만큼은 악하고 불결한 이 육체로부터 그리고 시간-공간-물질의 이 슬프고 어두운 세상으로부터 '구원'받은 것이라고 스스로를 위로한다. (하지만 이것은 본질적으로 비기독교적이고 비유대교적인 생각이다.) 우리가 앞에서 본 것처럼, 창세기에서부터 계시록에 이르기까지 성경 전체가 그러한 말도 안 되는 이야기에 반대하고 있다. **그러나 어느 종파건 '성경적 그리스도인'을 포함한 대부분의 서구 그리스도인들은 실제로 그렇게 믿고 있다.** 이것은 참으로 심각한 상태이며, 대중적인 가르침에 의해서 뿐만 아니라 전례, 공공 기도, 찬송가와 온갖 종류의 설교에 의해 강화된다.

최근에 유명한 그리스도인 저자 아드리안 플라스(Adrian Plass)가 쓴 대중적인 책을 읽으면서 나는 이 모든 사실을 절실하게 느꼈다. 플라스는 결코 깊이 있는 신학자라고 자처할 사람은 아니다. 하지만 그는 유머와 풍자와 가끔은 뼈 있는 이야기를 통해 우리가 당연하게 여기는 것들을 새롭게 바라보게 하는 데 큰 기여를 하는 사람이다. 그래서 누군가 내게 그의 새 책 「베이컨 샌드위치 그리고 구원」(*Bacon Sandwiches and Salvation*)을 주었을 때 나는 그런 경험을 한 번 더 할 수 있기를 기대했다. 결과는 실망스럽지 않았다. 그 책은 재미있고, 재치 있으며, 의도적으로 어리석게 이야기하면서도 또한 진지했다.[5]

가장 중요한 부분인 구원의 문제에 이르렀을 때 나는 그 책에서 또 다른 새로운 사고를 기대했다. 플라스 자신도 오늘날 많은 사람들이 혼란스러워 하는 문제를 제기하고 있다.

> 하지만 도대체 그 의미가 무엇이란 말인가? 구원받는다는 것의 의미는 무엇인가? 무엇으로부터 구원을 받는다는 말인가? 무엇을 **위해** 구원받는다는 말인가? 구원의 문제가 나의 미래뿐 아니라 현재에도 중요한 영향을 미쳐야 하는 것인가? 미래라는 말이 나왔으니 말인데, 천국에서 보내는 영원에 대해 우리는 무엇을 기대할 수 있는가? 우리의 발이 이토록 굳건하게 땅을 딛고 있는데 어떻게 우리가 천국을 이해할 수 있단 말인가? 육신과 영혼이 만나는 지점, 그 접촉면은 어디에 있단 말인가? 그리고 이상한 종교적 용어와 음성과 형태와 만트라와 인간이 만들어 낸 모든 관습들이 사라지고 나면 무엇이 남는단 말인가?[6]

맞는 말이다. 이 책의 앞부분에서 우리가 보았던 사람들의 혼란이 바로 이것이다. 나는 플라스가 '구원'에 대해서 어떤 새로운 표현을 했을지 몹시 궁금해하며 페이지를 넘겼다. 그러나 나는 실망했다.

> [하나님의] 계획은 우리가 하나님과의 완벽한 조화 가운데 사는 것이었다.…그런데 무엇인가가 아주 끔찍하게 잘못되었다.…참으로 무시무시한 그 일이 인간을 하나님에게서 분리시켰지만, 하나님은 여전히 그들을(우리를) 가늠할 수 없는 열정으로 사랑하셨다. 그 간극을 해결하시려는 절박한 마음에서 하나님은 구출 계획을 세우셨다.…예수님이 십자가에서 처형되셨기 때문에 이제 누구나 회개, 세례 그리고 순종을 통해서 지난 날 파괴되었던 **하나님과의 놀라운 관계를 회복할 수 있게** 되었

다.…당신과 내가 예수님의 죽음과 부활을, 우리 삶에서 작동하는 살아 있는 거룩한 장치로 받아들이면 **우리는 언젠가 하나님이 계신 고향으로 가서 평화를 얻게 될 것이다.**…예수님이 죽으신 후에 직접 보내신 성령께서 자신을 찾는 자에게 힘을 주시고 그들을 도와주실 것이다.[7]

아드리안 플라스의 이 책을 가지고 그와 맞서는 것은 공정하지 않을 것이다. 그가 신학 책을 썼다고 주장하는 것도 아니고, 내가 앞에서도 말한 것처럼 그의 책에는 (시시껄렁한 농담뿐 아니라) 놀라운 통찰들도 많이 있다. 나는 그저 '일반적인' 서구 그리스도인의 관점─'구원'이란 현재에서는 '나와 하나님의 관계'를 의미하고 미래에서는 '하나님이 계신 고향으로 가서 평화를 얻는 것'을 의미한다는 관점─을 보여 주는 전형적인 예로서 그의 글을 인용한 것일 뿐이다. 많은 사람들이 당연하게 여기는 것을 그가 아주 명확하게 잘 표현하고 있기 때문이다. 그는 자신이 던진 깊이 있는 질문들에 대한 일반적인 답변이 만족스럽지 못함을 분명하게 표명하면서도 자신이 제시한 답변에 대해서는 의문을 가질 생각조차 하지 않고 있는데, 이러한 사실만 보더라도 구원에 관한 위와 같은 생각이 기독교 전통 안에 얼마나 깊게 뿌리 박혀 있는지 알 수 있다. 이러한 전통 속에서 평생을 살아온 사람들은─단지 '복음주의' 전통만을 말하는 것이 아니라 여기에서는 서구 교회의 전통 전체를 말하는 것이다─그가 제시한 답변이 '대부분의 그리스도인이 믿는 것'이고 대부분의 비그리스도인들이 그리스도인들에 대해 믿는 바라는 것을 알아챌 것이다. 그러나 다시 한 번 요점을 최대한 강조하자면, 그러한 믿음은 신약성경이 가르치는 내용이 아니다.

이 문단을 쓰고 난 다음날, 나는 같은 문제에 대한 예를 또 한 차례 매우 개인적으로 경험했다. 나의 책 「유다와 예수의 복음」(*Judas and the Gospel of Jesus*)을 발칸어 중 하나로 번역하고 있는 사람에게서 이메일이 왔다. 나는 그 책에서 서구 그리스도인들이 현재의 악한 세상에 대한 유일한 해결책은 여기에서 탈출해서 천국 가는 것이라고 생각하는 이유가 2세기 영지주의와 비슷한 것을 받아들였기 때문이라고 경고했는데, 그는 막 그 부분을 번역하는 참이었다. 그 번역자는 복음이란 바로 그것이라고 생각했기에 내게 격한 비난을 퍼부었다. "당신이 성경을 읽기나 했는가? 당신은 천국과 예수님을 믿지 않는다는 말인가? 당신은 새로운 종교를 만들어 내려고 하는 것인가?" 이것이 그 비난의 요지였다.

지금까지는 이 책 전체에서 내가 주장해 온 내용을 되풀이했을 뿐이다. 그러나 이 마지막 부분에서 우리는 '구원'에 대한 그리스도인의 잘못된 인식이 널리 확산된 데서 비롯되는 문제에 직면해야 한다. 우리가 '구원'을 '사후 천국행'의 관점에서 보는 한, 교회가 하는 주된 일은 그 미래를 위해서 영혼을 구원한다는 관점으로밖에는 볼 수가 없다. 그러나 우리가 '구원'을, 신약성경이 말하는 것처럼 하나님이 약속하신 새 하늘과 새 땅, 그리고 그 새롭고도 영광스런 물리적 구체성을 지닌 실재―내가 '죽음 이후의 삶 이후의 삶'이라고 부른 것―에 우리가 동참할 수 있도록 우리를 부활시키시겠다는 약속의 관점에서 보게 되면, 지금 여기에서 하는 교회의 주된 일은 그 관점에 따라서 다시 생각되어야만 한다.

이 지점에서 크리스천 에이드(Christian Aid, 개발도상국에 대한 원조 및 구제 활동을 하는 영국의 자선 단체―역주)의 유명한 표어,

'우리는 죽음 이전의 삶을 믿는다'가 그 빛을 발하게 된다. 구원이 단순히 '죽음 **이후의 삶**'을 의미한다고 생각하기 때문에 죽음 **이전의 삶**이 위협을 받고 문제시되는 것이다. 우리가 시간도 없고 육체도 없는 영원으로 가고 있다면 현재의 세상에서 문제를 바로잡느라 수선떨 이유가 없다. 그러나 새로운 육체를 입고 사는 '죽음 이후의 삶' **이후의 삶**이 중요하다면, 현재에 육체를 가지고 사는 '죽음 **이전의 삶**'은 흥미롭지만 궁극적으로는 상관 없는 현재의 관심사나 또는 육체를 벗어난 복된 최후의 상태에 도달하기 위해 지나가야만 하는 '눈물과 영혼 생성의 계곡'이 아닐 것이다. 오히려 예수님의 부활을 통해 하나님의 미래 목적이 뚫고 들어온 본질적이고 핵심적인 시간-공간-물질의 삶으로 여겨져야 하며, 이제는 그 미래의 목적이 교회의 사명을 통해서 계속해서 삶으로 예견되어야 한다. '죽음 이후의 삶'은 궁극적인 '죽음 이후의 삶 **이후의 삶**' 뿐만 아니라 '죽음 **이전의 삶**'도 심각하게 방해하는 것 같다. 이러한 사실을 무시하는 것은 단지 죽음과 공모하는 것일 뿐만 아니라 죽음과 협력함으로써 힘을 얻는 온갖 권력들과도 공모하는 것이다.

   그렇다면 '구원'은 '천국에 가는 것'이 아니라 '하나님의 새 하늘과 새 땅에서 새로운 생명으로 태어나는 것'이다. 그런데 이렇게 표현하고 보니 신약성경에는 이 '구원'이 먼 미래까지 기다려야만 하는 일이 아니라는 단서와 암시와 명백한 주장이 많이 있음을 깨닫게 된다. 우리는 앞으로 올 것을 현재에 충실하게 예견하며 지금 이곳에서 그 구원을 누릴 수 있다. (물론 우리 모두가 아직은 죽어야 하기 때문에 언제나 부분적으로만 누릴 것이다.) 바울은 로마서 8:24에서 "우리가 소망으로 구원을 얻었다"라고 말한다. 여기에서

'우리가 구원을 얻었다'라는 표현은 과거의 행위, 이미 일어난 행위를 가리키는데, 바울이 이 편지에서 지금까지 이야기한 믿음과 세례를 일컫는 것이 분명하다. 그러나 그것은 여전히 '소망으로' 남아 있다. 왜냐하면 우리는 그가 (예를 들어) 로마서 5:9-10에서 말한 미래의 궁극적 구원을 아직 기다리고 있기 때문이다.

이러한 사실은 신약성경이 '구원' 그리고 '구원받는 것'을 종종 현재 세상에서 일어나는 육체적 사건의 관점에서 이야기하고 있는 혼란스런 사실을 단번에 설명해 준다. 야이로는 "그로 구원을 받아 살게 하소서"라고 간청했다. 예수님이 그렇게 하러 가시는 길에 혈루증을 앓는 여인은 '내가 그의 옷에만 손을 대어도 구원을 받으리라'라고 혼자 생각한다. 예수님은 그 여인을 치유하시고 난 후에 "딸아, 네 믿음이 너를 구원하였으니"라고 말씀하신다.[8] 마태는 똑같은 이야기를 대폭 생략해서 들려 주는데, 이 부분에서는 한 마디 덧붙인다. "여자가 그 즉시 구원을 받으니라."[9] 이러한 본문들이 현재의 육체적 치유나 구출을 넘어서서 더 큰 관점에서 '구원'을 이야기하는 다른 본문들과 나란히 오는 것을 보면 참으로 놀랍다. 그리고 그러한 사례들이 많이 있다. 이러한 병렬구조는 일부 그리스도인들을 긴장시키지만 ('구원이란 것은 **영적인** 문제여야 하는 것 아닌가!'라고 그들은 생각한다.) 초기 그리스도인들에게는 이것이 전혀 문제가 되지 않았던 것으로 보인다.[10] 초기 그리스도인들에게 궁극적 '구원'이란 하나님의 새로운 세상이었다. 그리고 예수님과 사도들이 사람들을 고치거나 난파된 배에서 구출되거나 할 때의 요점은, 그것이 바로 궁극적인 '구원', 즉 시간-공간-물질의 치유적 변화를 올바로 예견하는 사건이라는 것이었다. 하나님이 계획하시고 약속하신 미래의 구출은 현재에서 이미 시작되었다. 우리의 영혼만 구원받는 것이 아니라 우리의 전 존재가 구원받는 것이다.

(이와 같은 사실에는 온갖 결과들이 따라온다. 예를 들어 '속죄' 이론, 즉 십자가의 의미에 대한 이론이 단지 같은 질문에 대한 다른 방식의 답변이 아니라는 사실에 우리는 주목할 수 있을 것이다. 어떠한 답변이 주어지느냐는 어떠한 질문을 던지느냐에 달려 있다. 만약 "내가 벌을 받아 마땅한 죄를 지었음에도 불구하고 어떻게 천국에 갈 수 있는가?"라고 질문한다면, 그 대답은 당연히 "예수님이 당신을 대신해서 벌을 받았기 때문이다"가 될 것이다. 그러나 만일 "온 세상을 구출하고 회복시키고자 하는 하나님의 계획은 인간의 반항으로 생긴 부패와 타락에도 불구하고 어떻게 진행될 것인가?"라고 묻는다면, 그 대답은 당연히 "반항하는 인간을 노예로 삼아서 계속 타락한 상태로 있게 만드는 악의 세력을 예수님이 십자가에서 정복하셨기 때문이다"가 될 것이다. **이러한 질문과 답변 그리고 여러 가지 다른 질문과 답변이 서로 배타적이지 않다**는 사실에 주목해 주기 바란다. 내가 말하고자 하는 것은, 질문을 다르게 하면 우리가 줄 수 있는 답변도 거기에 따라 달라질 것이라는 점이다. 이것은 별도로 다루어야 하는 큰 주제다.[17])

그러나 우리가 이 사실을 이해하는 순간—다른 방식으로 생각하며 평생을 살아온 사람들이 이 사실을 납득하려면 상당한 노력이 필요할 것이다—구원이 정말 그러한 것이라면 인간 존재에게만 국한될 수 없다는 사실을 깨닫게 된다. 어떤 사람이 믿음에 이르는 단회적인 사건으로서 과거에 '구원'을 받고, "우리를 시험에 들게 하지 마옵시며 다만 악에서 구하옵소서"라는 기도에 대한 응답과 치유와 구출의 행위를 통해 현재에 구원을 받고, 최종적으로 죽은 자 가운데서 부활함으로서 미래에 구원을 받는다고 할 때, 그 목적은 언제나 그가 구원을 받지 않았을 때보다 더 온전한 의미에서 진정한 인간이 되게 하기 위해서다. 그리고 진정한 인간에게는 창세기 1장에서처럼 창조계를 돌보는 임무가 주어진다. 하나님의 세상에 질서를 가져오고, 공동체를 세우고 유지시키는 임무가 주어진다. 우리 자신의 개인적 이익을 위해 구원받았다고 생각하는 것, 하나님과 우리 자신의 관계 회복을 위해 (물론 그것이 중요하기는 하지만!) 또 본향인 '천국'에서 평화를 누리기 위해 (물론 그것이 오해이기는 하지만!) 구원받았다고 생각하는 것은, 마치 어떤 소년에게 크리켓 배트를 선물로 주면서 그것이 그의 것이기 때문에 언제나 개인적으로만 가지고 놀아야 한다고 주장하는 것과 같다. 그러나 크리켓 배트의 진정한 용도는 다른 사람들과 함께 경기를 할 때에만 발휘가 된다. 이와 같이 구원의 진정한 용도는 구원받았고, 구원받고 있고, 언젠가는 온전히 구원받을 사람들이, 자신의 영혼이 구원을 받은 것이 아니라 존재 전체가 구원을 받았으며 자기 자신만을 위해서가 아니라 하나님이 그들을 통해서 하고자 하시는 일을 위해서 구원받은 것임을 깨달을 때에만 발휘가 된다.

요점은 이렇다. 하나님이 이생에서 성령을 통해 사람들을 믿음에 이르게 하시고, 제자도, 기도, 거룩, 희망 그리고 사랑 가운데서 예수님을 따르도록 이끄심으로써 그들을 '구원'하시는 이유는, 그들이 하나님이 우주 전체를 위해 하고자 하시는 일의 징표가 되고 그것을 미리 맛보게 하는 자들이 되게 하려는 의도—이것은 결코 지나친 표현이 아니다—때문이다. 그들은 단지 그 궁극적 '구원'의 징표이자 맛보기일 뿐만 아니라 하나님이 현재와 미래에 그 일을 이루어 가시는 **수단의 일부**가 되어야 한다. 이것이 바로 자기 자신만의 구속이 아니라, 부패와 타락에서 자신이 해방되는 것만이 아니라, 창조계 전체가 **하나님의 자녀들이 드러나기를** 간절히 기다리고 있다고 바울이 주장했던 바다. 다시 말해서 창조계는 그렇게 구속받은 인간이 드러나기를 기다리는데, 그 인간의 청지기직을 통해서 창조계가 드디어 원래의 지혜로운 질서를 회복하게 될 것이라는 뜻이다.[12] 또한 바울은 예수 그리스도를 믿는 자들, 즉 세례를 통해 예수 그리스도와 합한 자들은 이미 하나님의 자녀이며 이미 '구원'받았다고 분명히 말하기 때문에, 이러한 청지기의 일은 궁극적인 미래로 연기될 수 있는 일이 아니다. 그 일은 지금 여기에서 시작되어야 한다.

지금까지 우리가 이야기한 내용을 요약하면, '구원'의 온전한 의미는 (1) 단지 '영혼'이 아니라 인간 존재 전체에 대한 것이며, (2) 미래에 대한 것만이 아니라 현재에 대한 것이며, (3) 하나님이 우리 **안에서** 그리고 우리를 **위해서** 하실 뿐 아니라 우리를 **통해서** 하시는 일에 대한 것이다. 우리가 이 점을 분명하게 이해한다면 우리는 교회의 전체적인 사명을 위한 역사적 근거를 다시 발견하게 될 것이다. 이 문제를 더 논의하기 위해서는 이 모든 것이 설명이 되는 더 큰 그림을 보아야 한다. 바로 하나님 나라다.

하나님 나라

이 책의 여러 부분에서 우리는 그리스도인들이 일반적으로 이해하는 '나라' 특히 '천국'의 개념에 오류가 있음을 밝혀 보았다. '하나님 나라'와 '천국'은 같은 뜻이다. 그것은 하나님의 주권적 통치('천국'의 통치, 즉 천국에 사는 분의 통치)를 의미한다. 예수님에 의하면 이 통치가 현재 세계인 이 '땅'에 침입했고, 또 침입하고 있다. 예수님은 그것을 위해서 기도하라고 가르치셨다. 우리는 주기도문에서 그 구절을 삭제할 권한이 없고, 그것이 문자 그대로의 의미가 아니라고 가정할 권한도 없다.

이것이 바로 우리가 살펴본 것처럼, 예수님의 부활과 승천 그리고 성령의 은사가 의미하는 모든 것이다. 그것은 우리를 이 땅으로부터 데려가기 위해 고안된 것이 아니라, 우리가 약속받은 대로 "물이 바다를 덮음 같이 이 땅이 하나님을 아는 지식으로 충만할" 때를 예견하며 우리를 이 땅에 변화를 가져오는 대리인으로 삼기 위해 고안된 것이다. 마태복음 끝에 가서 부활하신 예수님이 제자들에게 나타나셨을 때, 예수님은 하늘과 **땅에 있는** 모든 권세가 자신에게 주어졌다고 선언하셨다. 밧모 섬의 요한은 하늘에서 천둥과 같은 음성이 "세상 나라가 우리 주와 그의 그리스도의 나라가 되어 그가 세세토록 왕노릇 하시리로다"라고 노래하는 소리를 들었다.[13] 그리고 마태, 마가, 누가, 요한의 복음서와 사도행전의 요점은 **이 통치가 이미 시작되었다**는 것이다.

그것이 **어떻게** 시작되었느냐 하는 문제—어떤 의미에서 그것이 '시작된 것인지', '예견되는지' 하는 문제—는 오랫동안 논쟁거리였다. 그러나 이러한 논쟁이 가진 문제 중 하나는 그 논쟁에 참여하는 사람들이 시작, 착수, 혹은 개시된 것이 **정확하게 무엇인가** 하는 문제를 대체로 분명하게 밝히지 않는다는 데 있다. 어떤 차원에서 보면 그것은 분명히 이스라엘의 희망을 의미한다. 이사야 52:7-12와 같은 고전적인 '왕국 본문'에서 나타나는 것처럼 말이다. 거기에서 '하나님이 드디어 왕이 되신다'는 것은 유배의 끝, 악의 패배 그리고 이스라엘의 하나님이 시온으로 돌아오는 것을 의미한다. 예수님의 생애와 공적 사역에서 뿐만 아니라 예수님의 죽음에 대한 예수님 자신의 해석에서도 그것이 주된 주제가 되는 것을 우리는 볼 수 있다.[14]

그러나 우리가 한 걸음 물러서서 보면, 그 이면에는 이스라엘의 희망이 기여하도록 고안된 '하나님 나라'가 있다. 다르게 말하면, 하나님이 애초부터 이스라엘을 부르신 이유가 그 이면에 있다는 것이다. 자신의 아름답고 강력한 창조계가 반항하는 것을 보면서 하나님은 그것을 바로잡기 원하셨고, 계속되는 타락과 임박한 무질서에서 구출해 내 질서를 회복시키고 풍성함의 상태로 되돌려 놓기를 간절히 원하셨다. 즉 하나님은 창조계 전체에 대한 자신의 지혜로운 주권을 다시 세우기를 원하셨다. 그러려면 치유와 구출의 위대한 행위가 필요했다. 그러나 하나님은 인간을 창조로**부터** 구출해 내기를 원하지 않으셨다. 이스라엘을 이방인으로**부터** 구출해 내기를 원하지 않으셨던 것과 마찬가지다. 하나님은 **이스라엘이 이방인의 빛이 되게 하려고** 이스라엘을 구출하셨고, 마찬가지로 인간이 창조계를 구출해 내는 하나님의 청지기가 되게 하려고 인간을 구출하셨다. 이것이 바로 하나님 나라의 내적 역동이다.

다시 말해서 이것이 바로 창조계를 다스리는 청지기로 인간을 만드시고 이 세상의 빛이 되라고 이스라엘을 부르신 하나님이 왕이 되시는 길이다. 이것은 한편으로는 창조에 대한 하나님의 원래 의

도와 일치하고, 다른 한편으로는 언약에 대한 하나님의 원래 의도와 일치하는 것이다. 구원받은 영혼을 육체가 없는 '천국'으로 잡아채 가는 것은 요점 자체를 망치는 것이다. 하나님은 마침내 온 세상의 왕이 되실 것이다. 창조의 내적 역동 (즉 인간이 그것을 다스린다는 규칙)이 실수였다고 선언하거나, 혹은 언약의 내적 역동 (즉 이스라엘이 민족들을 구원하는 수단이 될 것이라는 규칙)이 실패했다고 선언함으로써가 아니라 그 두 가지 모두를 성취하심으로써 왕이 되실 것이다. 이것이 바로 로마인들에게 쓴 바울의 편지가 말하고자 하는 대략적인 요지다.[15]

이것이 바로 예수 그리스도 안에서 실현된 목적이다. 적어도 종교개혁 이후부터 서구 교회에 있어 온 가장 큰 문제 중 하나는, 복음서가 왜 있는지를 제대로 알지 못한다는 것이다. 대부분의 서구 그리스도인들은, 기독교의 요점이 '천국행'이라고 가정함으로써 바울의 글들에서 발견한 내용이 바로 그 일을 이루는 방식이라고 생각했고(여기에서 나는 그들이 **발견한** 것임을 강조하고 싶다. 다른 곳에서 나는 그것이 바울에 대한 오해이기도 하다고 말했다), 네 개의 복음서는 그냥 예수님과 그분의 가르침, 그분의 도덕적 모범 그리고 대속적 죽음에 대한 보충 자료를 주기 위해서 있는 것이라고 생각했다. 이러한 오랜 전통은, 예수님이 말씀하신 '하나님 나라'의 의미가 자신의 추종자들을 준비시켜서 데리고 갈 '천국'을 뜻하는 것이 아니라 예수님의 사역과 죽음과 부활을 통해 그리고 예수님의 추종자들이 부름 받을 성령이 인도하시는 일을 통해 이 땅에서 일어나고 있는 어떤 일을 뜻하는 것이라고 해석할 수 있는 가능성을 배제해 버렸다.

그러한 방식으로 복음서를 읽을 때 사람들이 지금도 느끼는 어려움 중 하나는 '하나님 나라'가 온갖 종류의 일들을 무마시켜 주는 편리한 지붕이 되어 왔다는 사실이다. 어떤 사람들은 자기 자신의 목적을 추구하는 것을 은폐하기 위해 그 문구를 사용했다. 그 목적은 도덕적·사회적 혹은 정치적 개선이나 격변을 위한 프로그램일 수도 있고, 우파나 좌파의 의제일 수도 있고, 뜻은 좋은데 혼란에 빠진 자들의 의제일 수도 있고, 뜻은 좋지 않지만 의도만큼은 분명한 자들의 의제일 수도 있다. 그러한 사람들은 복음서를 그저 예수님이 최선을 다해 사람들을 돕다가 불행하게도 때 이른 죽음을 맞이한 이야기로 취급했다. 그 외에 다른 그리스도인들은 그러한 얄팍하고 혼란에 빠진 해석과 적용을 보고는 '왕국 신학'이라는 것에 대해서 분노했다. 그들은 그 신학을 단지 일시적으로 유행을 탔던 자조(自助) 도덕주의가 지나간 다음에 뒤늦게 이것저것이 얄팍하게 통합된 상태로 나타난 것이라고 보았다. (이것은 미국의 일부 지역에서는 심각한 문제가 되고 있다. 거기에서는 '왕국'이 그런 종류의 일을 일컫는 표어가 되어 버렸고, 정통 기독교 신앙의 여러 측면들을 배제하거나 주변화하는 데 이용되었다. 그럼으로써 정통 그리스도인이라고 자칭하는 일부 사람들로 하여금 복음의 모든 사회적·정치적 영역에 대해서 반발하게 만들었고, '왕국'이라는 용어 자체를 거부하게 만들었다. 우리는 그런 식으로 우리 자신의 혼란을 텍스트에 투사해 버린다.)

그러나 몇몇 사람들 그리고 몇몇 운동들이 복음서의 '왕국 신학'을 남용했다고 해서 그것의 실재가 없다는 뜻은 아니다. 그러한 남용은 실재에 대한 서투른 모방일 뿐이다. 우리가 복음서에서 보게 되는 것은 그것보다 훨씬 더 심오하다. 여기에서 우리는 다시 한 번 우리에게 친숙한 문제를 보게 되는데 바로 예수님의 초기 사역이 어떻게 자신을 내어 주는 죽음과 연결이 되는가 하는 문제다. 다른 곳에서 나는 예수님이 자신의 치유와 잔치와 가르침을 통해 시작하고 계시는 '나라'가 자신의 죽음 없이도 성취될 수 있다고 생각하신 적이 전혀 없음을 길게 논증했다. 다르게 표현하면, 나는 예수님이 자신의 짧은 공적 사역을 다 바친 하나님 나라의 일과 예수님의 죽음이 서로 별개의 것이 아님을 (그리고 예수님 자신도 별개의 것이라고 생각하지 않으셨음을) 강조했다. 복음서 뒤로 어른거리는 배경 같은 악의 문제는 예수님의 치유, 잔치 그리고 가르침으로도 해결되지 않는 문제다. 또한 예수님이 자신의 추종자들에게 저기에 있는 육체 없는 천국으로 가는 빠른 길을 제공해 주는 것으로 해결될 일도 아니다. 악의 문제는 오직 예수님의 죽음과 부활을 통해서만 해결될 수 있다. 하나님 나라는 오직 그것을 통해서만 하늘에서와 같이 이 땅에도 임할 수가 있다. 이것은 물론 중요하고 핵심적인 논의지만 여기에서 다루는 것과는 또 다른 이야기다.[16]

    그러나 결코 분리되어서는 안 되었던 것—한편으로는 하나님 나라를 시작하시는 예수님의 공적 사역과 다른 한편으로는 예수님의 구속적 죽음과 부활—을 다시 통합시키고 나면, 복음서가 사실은 다른 이야기를 들려주고 있음을 발견하게 된다. 이것은 단순히 불행한 결말로 끝나는 대단하고 흥분되는 사회사업 이야기가 아니다. 또한 단순히 서문이 긴 속죄적 죽음 이야기도 아니다. 이것은 축소된 이 두 개의 관점을 합한 것보다도 훨씬 더 큰 무엇이다. 이것은 하늘에서와 같이 땅에서도 하나님 나라가 시작되는 이야기이며, 그 나라의 시작과 함께 악의 세력은 결정적으로 패배당하고, 새로운 창조가 마침내 시작된다는 이야기다. 예수님의 추종자들은 그 새로운 세상을 실현시키라는 임명을 받고 그것을 시행할 준비를 갖추게 된다. '대속', '구속' 그리고 '구원'은 그 도중에 일어나는 일들이다. 왜냐하면 사람들이 그 일에 참여하려면 그들 자신이 먼저 이 세상을 노예로 삼고 있는 세력으로부터 구출되어야 하기 때문이다. 그래야 그들도 구출하는 자가 될 수 있다. 다르게 표현하면, 하나님 나라가 임하도록 돕고 싶다면 반드시 십자가의 길을 따라야 한다. 그리고 만약 예수님의 구속적 죽음의 덕을 보고 싶다면 예수님의 하나님 나라 프로젝트에 참여해야만 한다. 네 개의 복음서를 통해 다채롭게 이야기가 전해지기는 했지만 예수님은 단 한 분이시며, 복음도 하나다.[17]

따라서 천국의 통치, 하나님의 통치는 이 세상에서 실현되어야 하며, 그 결과 현재와 미래 모두에서 구원이 일어나야 한다. 그 구원은 인간을 **위한** 구원이면서 동시에 구원받은 인간을 **통한** 더 큰 세상의 구원이다. 이것이 바로 교회가 받은 사명의 굳건한 기초다. 그러나 이 주제를 더 살펴보기 위해서는 별도의 장을 할애해야 한다.

13. 하나님 나라를 위한 건설

들어가는 말

현재의 삶에서 하나님 나라를 위해 일해야 한다는 도전 앞에 많은 사람들은 단번에 항의할 것이다. "그런 말은 마치 우리 자신의 노력으로 하나님 나라를 세우려는 것처럼 들리지 않는가?"라고 말이다. 그렇게 들린다면 내가 사과해야 할 것이다. 그러나 그런 의도로 한 말이 아니다. 이에 대해 좀더 명확하게 설명할 필요가 있겠다.

일단 두 가지 사실을 확실히 하자. 첫째, 하나님이 하나님의 나라를 세우신다. 그러나 하나님은 이 세상에서 하나님의 일이 특히 자신의 피조물 중 하나이자 자신의 형상을 반영한 인간을 통해 이루어지도록 이 세상의 질서를 만드셨다. 이것이 바로 '하나님의 형상으로 만들어졌다'라는 개념의 핵심이라고 생각한다. 하나님은 자신의 지혜롭고 창조적이며 사랑 넘치는 현존과 능력이 인간을 **통해** 이 세상에 **반영되게** 혹은 '형상화되게' 하셨다. 하나님은 우리를 창조의 프로젝트에 하나님의 청지기로 참여시키셨다. 그리고 반항과 타락 이후 하나님은, 예수님의 사역과 성령의 능력을 통해 인간을 준비시킨 다음 그 프로젝트를 되살리는 일을 돕게 하실 거라는 사실을 복음의 메시지에 처음부터 집어넣으셨다. 따라서 우리가 자기 자신의 노력으로 하나님 나라를 세우려 한다는 식의 항의는 겸손하고 경건해 보일 수 있지만 책임을 회피하는 길, 즉 상사가 지원자를 찾을 때 고개를 푹 숙이고 있는 격이 될 수 있다. 물론 그래봤자 하나님의 부르심을 영원히 피해 다닐 수는 없지만 말이다.

두 번째 사실은 최종적 나라와 그것을 기다리는 현재의 상태를 구분해야 한다는 것이다. 최종적으로 하늘과 땅이 만나는 일은 물론 하나님이 하시는 최고의 행위인 새 창조이며, 첫 창조를 제외하고는 예수님의 부활이 그 새 창조의 유일한 원형이다. 오직 하나님만이 모든 것을, 하늘과 땅에 있는 모든 것을 그리스도 안에서 하나로 모으실 것이다. 오직 하나님만이 '새 하늘과 새 땅'을 만드실 것이다. 우리가 그 위대한 일을 도울 수 있다고 생각하는 것은 최고로 어리석은 일일 것이다.

그러나 우리가 만약 복음에 순종하고자 한다면, 우리가 진정으로 예수님을 따르는 자들이라면, 그리고 우리 안에 성령이 거하시고 우리가 성령으로부터 힘을 얻고 성령의 인도를 받는다면 현재 우리가 할 수 있고 해야만 하는 일은 바로 그 나라를 **위해서** 일하는 것이다. 이것은 우리를 다시 한 번 고린도전서 15:58의 말씀으로 돌아가게 한다. 즉 우리가 주 안에서 하는 일은 **헛되지 않다**. 곧 낭떠러지로 떨어질 기계에 기름칠을 하는 것이 아니다. 머지않아 불에 던져질 위대한 그림을 보수하는 것이 아니다. 곧 파헤쳐질 정원에 장미를 심는 것이 아니다. 이상하게 보일지 모르지만, 어쩌면 부활

만큼이나 믿기 어려울지 모르지만 때가 되면 하나님의 새로운 세상의 일부가 될 일을 우리는 성취하고 있는 것이다. 모든 사랑과 감사와 친절의 행위, 하나님의 사랑으로부터 영감을 받고 하나님의 창조의 아름다움을 즐거워하면서 만들어 낸 모든 미술 혹은 음악 작품, 심한 장애를 앓고 있는 아이가 글을 읽거나 걸을 수 있도록 가르치는 데 보낸 모든 시간, 인간들을 위한 그리고 인간이 아닌 피조물들을 위한 돌봄과 양육, 위안과 지지의 모든 행위, 그리고 물론 모든 기도와, 성령의 인도를 받은 모든 가르침과, 복음을 전파하고, 교회를 세우고, 타락보다는 거룩을 수용하고 구현하며, 예수님의 이름이 이 세상에서 존경받게 하는 이 모든 행동들이 하나님의 부활의 능력을 통해 언젠가 하나님이 만드실 새로운 창조에 포함될 것이다. 이것이 바로 하나님의 선교 논리다. 하나님이 자신의 놀라운 세상을 다시 창조하시는 일은 예수님의 부활로 시작되었고, 하나님의 백성이 부활하신 그리스도 안에서 그리고 성령의 능력 안에서 살 때 신비롭게도 지속되는데, 그 의미는 우리가 현재 그리스도 안에서 그리고 성령에 의해서 하고 있는 일이 낭비되지 않을 것이라는 뜻이다. 그것은 하나님의 새로운 세상에서 내내 지속될 것이다. 아니, 오히려 그 세상에서 더 향상될 것이다.

이것이 실제적으로 정확히 무엇을 의미하는지는 나도 모른다. 나는 이정표가 가리키는 곳에 도착하게 되면 보게 될 어떤 것의 사진을 제공하는 것이 아니라 이정표를 세우고 있을 뿐이다. 하나님의 새로운 세상에서 바흐의 곡을 연주할 수 있는 악기들이 무엇이 있을지 나는 모른다. 그래도 바흐의 음악은 있을 거라고 확신한다. 내가 오늘 나무를 심는 일이 하나님의 재창조된 세상에 있게 될 아름다운 나무들과 어떻게 연관이 될지 나는 모른다. 그래도 마르틴 루터가 나무를 심는 것에 대해서 한 말은 기억한다. 그는 하나님 나라가 다음 날 온다는 것을 아는 사람의 올바른 반응은 나가서 나무를 심는 것이라고 말했다. 오늘 어떤 화가가 기도와 지혜로 그린 그림이 하나님의 새로운 세상에서 어떤 자리를 차지하게 될지 나는 모른다. 가난한 자들을 위한 정의가 구현되도록, 지구적 부채가 면제되도록 하는 우리의 일이 그 새로운 세상에서는 어떤 식으로 등장할지 나는 모른다. 그러나 정의와 기쁨과 온 세상을 위한 희망이 있는 하나님의 새로운 세상이, 부활절 아침 예수님이 그 무덤에서 걸어 나오셨을 때 이미 시작되었음을 나는 안다. 그리고 그분이 자신의 추종자들을 부르셔서 그분 안에서 성령의 능력으로 살라고, 그리하여 지금 여기에서 새 창조의 사람들이 되어 하늘에서와 같이 땅에서도 하나님 나라의 징표와 상징들을 나타내라고 하신다는 것을 안다. 예수님의 부활과 성령의 은사는, 우리가 현 세대 안에서 하나님의 회복된 창조를 나타내는 실제적이고 효과적인 징표들을 보여 주라는 부름을 받았음을 의미한다. 하나님의 창조 안에서 회복의 노동과 징표를 보여 주지 못하는 것은 궁극적으로 영지주의가 늘 그러는 것처럼 죄와 죽음의 세력과 공모하는 것이다. 하지만 부정적인 면에 초점을 맞추지는 말자. 긍정적인 면을 생각하라. 즉 하나님의 전적인 새 창조라는 놀라운 희망에 지금 참여하라는 그 부르심 말이다.

특이하지만 중요한 이 개념을 설명하기 위해 내가 종종 사용했던 이미지는 거대한 성당을 짓고 있는 석공의 이미지다. 건축가는 이미 전체 설계도를 염두에 두고 있고, 어떤 돌을 어떤 식으로 조각할지에 대해 석공 팀에게 지침을 전달했다. 감독은 전달 받은 임무를 각 팀원들에게 나누어 준다. 어떤 사람은 특정 탑을 위한 돌을 다듬을 것이고, 또 어떤 사람은 이어진 부위의 선을 감추는 정교한 패턴을 조각할 것이고, 또 어떤 사람은 낙숫물받이의 동물 장식이나 문장 작업을 할 것이고, 또 어떤 사람은 성인과 순교자와 왕과 여왕의 석상을 만들 것이다. 그들은 다른 사람들도 각자 자신이 맡은 일을 하고 있다는 사실을 어렴풋이 알 것이고, 물론 다른 많은 부서들이 완전히 다른 임무로 똑같이 바쁘다는 사실도 알 것이다. 자신이 작업하는 돌과 석상을 완성하고 나면, 그들은 최종적 건물에서 자신들의 작업이 어디에 놓일지 자세히 알지 못해도 그 작업을 넘길 것이다. 그들은 '자신이 작업한 부분'이 표시되어 있는 전체 설계도를 보지 못했을 수도 있다. 그리고 자신들이 작업한 부분이 드디어 제자리에 가 있는 완성된 건물을 보지 못하고 죽을 수도 있다. 그러나 그들은 건축가를 신뢰하기 때문에 주어진 지침에 따라서 자신들이 한 일이 낭비되지 않으리라는 것을 안다. 그들 자신이 성당을 짓는 것은 아니다. 그러나 그들은 성당을 짓는 일을 **위해서** 일하고 있고, 그 성당이 완공되면 그들의 일은 더 가치가 높아질 것이고, 고귀해질 것이다. 그들이 작업장에서 돌을 쪼개고 다듬고 할 때 그 일이 가졌을 의미보다 더 많은 의미를 지니게 될 것이다.

  이 이미지는 물론 불완전하다. 왜냐하면 그 성당은 결국 모든 기술공들과 장인들이 함께 일한 부분들이 결합되어 완성될 것이지만, 하나님의 최종적 나라는 건축가 자신이 직접 부여하는 변화와 회복의 새로운 선물일 것이기 때문이다. 그러나 현재의 삶에서 우리가 하는 일과, 하나님이 모든 것을 모으셔서 변화시키시고 그리스도 안에서 '모든 것을 새롭게' 하실 궁극적인 미래의 삶 사이에 있는 연속성과 불연속성을 보여 주기에는 충분하다. 우리가 주 안에서 하는 일은 '헛되지 않다.' 그것이 바로 모든 정의와 자비의 행위, 모든 생태학 프로그램, 하나님의 지혜로운 청지기의 이미지를 창조계에 반영하고자 하는 모든 노력에 필요한 위임 통치령이다. 새 창조에서는 동산을 돌보라는, 옛 인간이 받은 위임 통치령이 극적으로 재확인된다. 요한이 들려준 부활 이야기에서 그 단서를 볼 수 있는데, 마리아는 예수님이 정원사인줄 착각한다. 예수님의 부활은 창조의 선함을 재확인하는 것이며, 성령의 은사는 우리를 원래의 온전한 인간으로 만들어서 그 위임 통치령을 성취할 수 있게 하기 위한 것이다.

그렇다면 현재 우리가 하는 일은 그 일이 원래 속해 있던 궁극적 계획으로부터 온전한 의미를 부여받게 된다. 그것을 교회의 사명에 적용한다면, 우리는 하나님이 '만유 안에 계실' 그 때의 궁극적 상태, 하나님 나라가 임하고 하나님의 뜻이 '하늘에서와 같이 땅에서도' 이루어질 그 때의 상태를 미리 보여 주기 위해서 현재 일해야 한다. 물론 그러한 일은, 우리의 유일한 임무가 (마치 그것이 모든 문제의 끝인 양) 육체 없이 사는 천국을 위해 영혼을 구원하는 것이나 혹은 그저 사람들이 '하나님과의 관계'를 만족스럽게 누리도록 도와주는 것이었을 때 했던 일과는 근본적으로 다른 종류의 일이 될 것이다. 그 일은 또한 우리의 유일한 임무가, 하나님의 영역은 잊어버린 채 현재의 세상이 지속되는 한 그 안에서 인생을 더 나아지게 만드는 것이라고 생각했을 때 우리가 했을 법한 일과는 매우 다른 종류의 일이 될 것이다.

이와 같은 사실은 논쟁적이지만 중요하고도 필요한 영역으로 우리를 이끌어 준다. ('이머징 처치', '유동적 교회', '교회의 새로운 형식', '선교 중심의 교회' 등 다른 많은 교회들을 포함해서) 오늘날의 교회는 앞으로 자신들의 사명과 삶이 어떠한 모습이어야 하는지 고민하고 있다. 그러나 기존 교회의 생활 형태에 대해 답답해하는 분위기는 한편으로는 모든 실험에 열려 있는 포스트모던적 태도와 그리고 다른 한편으로는 창조 질서에 대한 개신교적 두려움의 잔재와 공모하여 유쾌한 그러나 때로는 썩 유쾌하지 않은 혼돈을 낳았다. 바로 이러한 맥락에서 성경적 종말론에 대한 올바른 비전은, 교회의 사명에 대한 신선하면서도 논쟁적인 비전을 발생시킬 수 있으며 또한 발생시켜야만 한다.

단도직입적으로 말하자면, 창조는 구속되어야 한다. 즉 공간이 구속되어야 하고, 시간이 구속되어야 하고, 물질이 구속되어야 한다. 하나님은 자신이 만드신 시간-공간-물질의 창조계를 보고 "심히 좋다"고 하셨고, 비록 현재의 타락과 부패로부터 이 세상을 구속한다는 것은 우리가 상상조차 할 수 없는 변화를 의미하지만, 우리는 이러한 창조의 구속이라는 의미가, 하나님이 시간-공간-물질에 대해서 "그래, 애썼어. 그런대로 좋았지만 이젠 상태가 나빠진 게 분명하니까 그냥 포기하고 대신에 시간과 공간과 물질이 없는 세계로 가자"라고 말씀하신다는 것이 아님을 확신할 수 있다. 만약 하나님이 정말로 자신이 창조하신 시간-공간-물질의 세계를 거절하시는 것이 아니라 **구속하기를** 원하신다면, 우리는 이 질문에 부딪히게 된다. 그 구속, 그 치유 그리고 그 변화를 지금 우리가 축하한다면, 그럼으로써 하나님의 최종적 의도를 제대로 예견한다면 그것은 어떤 모습이겠는가?

당연한 저항이 예상되므로 이 질문에 대답하기 전에 먼저 한 가지 지적하겠다. 현재의 세계가 존재하는 한 창조주 대신에 창조물을 예배할 우상 숭배의 위험은 언제나 있을 것이다. 시간-공간-물질이 우상을 만들어 내는 원료이기 때문에 일부 경건한 사람들은 그 모든 것을 거절해야 한다고 생각했고, 따라서 예배에 사용되는 모든 물건, 예배 때에 이루어지는 모든 행위, 모든 '거룩한 장소'는 곧바로 의심했다.

정당한 반응이다. 우상 숭배라는 것이 실제로 있고 우리는 그것을 경계해야 한다. 정말이지 연민 없이 없애버려야 한다. **그러나 우상 숭배는 언제나 선한 것의 왜곡이다.** 욕구와, 욕구를 부추기는 것을 숭배하는 탐심은, 선한 창조물을 제대로 즐기라고 하나님이 주신 본능을 왜곡한 것이다. 따라서 우상 숭배에 대한 올바른 반응은 시간-공간-물질을 그것 자체로 악하거나 위험한 것으로 여기고 거절하는 이원론이 아니라 창조주 하나님께 드리는 예배를 회복하는 것이다. 그렇게 하면 창조질서를 예배하는 위험에 빠지지 않고 그것을 제대로 즐기고 사용할 수 있게 된다. 우리가 시간-공간-물질 안에서 살고, 그것을 즐기고 사용하는 일은 언제나 예수님의 이야기를 기준으로 측정되어야 한다. 예수님은 성육신하신 하나님의 아들로서 시간-공간-물질을 공유하셨고, 모든 우상 숭배와 죄를 심판하는 죽음을 거치셨다. 또한 부활을 통해 시간-공간-물질이 그분의 몸 안에서 회복되었고, 그럼으로써 모든 것의 궁극적 회복이 예견되었다. 우상 숭배의 위험과 그것에 대한 올바른 반응은 앞으로 우리가 다루고자 하는 내용의 기본 규정이다. 교회는 예수님의 부활을 이행하고 그럼으로써 최종적인 새 창조를 예견하며 준비하라는 사명을 받았다. 그 사명은 어떠한 모습으로 나타날 수 있을까?

정의

내가 연구하고자 하는 첫 번째 주요 범주는 정의다. 나는 이 단어를, 창세기에서부터 계시록에 이르기까지 이 세상을 바로잡고자 하는 하나님의 의도를 뜻하는 약어로 사용하고 있다. 그 하나님의 의도는 예수 그리스도 안에서, 무엇보다도 (십자가에서 악과 죽음의 권세를 이기신 승리에 이어) 그분의 부활 안에서 영광스럽게 성취되었고, 이제는 이 세상에서 이행되어야 한다. 우리는 현재의 책임에서 벗어날 수가 없다. 그러나 많은 그리스도인들이 그렇게 하려고 한다. 특히 근본주의 일부 진영이 그렇게 하는데, 그들은 이 세상이 현재 너무 엉망이기 때문에 주님이 돌아오실 때까지는 아무것도 할 수가 없다고 주장한다. 그것은 전형적인 이원론이다. 많은 사람들이 그 입장을 열광적으로 받아들인다. 그 입장에 따르면, 우리가 완전히 다른 종류의 구원을 기다리는 동안 다친 자를 최대한 잘 돌보는 것 말고는 현재 교회가 할 일은 없다.

그렇다고 해서 이전의 '사회적 복음'으로 돌아가자는 뜻은 아니다. 그 말은 과거에 있었던 예수님의 부활과 미래에 있을 하나님의 새로운 세상 사이에서 의식을 가지고 살자는 것이다. 그것을 오해했기 때문에 자유주의적 모더니즘 신학은 기껏해야 한쪽 팔을 뒤로 묶은 채로 사회적인 의제들을 위해 싸운 격이 되었다. 물론 일부 그리스도인들이 사회적 무관심을 조장하는 이원론을 강화하기 위해 부활을 이야기했던 것은 사실이다. 그러나 그것은 언제나 거대한 왜곡이었다. 예수 그리스도가 부활했기 때문에 하나님의 새로운 세상이 이미 현재에 침입한 것이고, 현재의 정의를 위해서 일하는 기독교의 사역이 부채 면제와 생태학적 책임에 대한 캠페인 같은 모습으로 나타나는 것이다. 만약 예수님이 자신의 육체를 무덤에 두고 나오셨다면, 그리고 지난 세대의 많은 신학자들이 생각했던 것처럼 우리도 그렇게 될 것이라면 현재의 세상에서 실제적이고 구체적으로 희망을 보여 주기 위해 우리가 하는 일은 그 근거와 원동력을 모두 잃게 된다.

사두개인들의 경우를 생각해 보라. 그들은 예수님 당대에 권세 있는 엘리트들이었다. 로마가 그들의 자리를 지켜 주었고, 그들은 유대인 사회에서 부와 지위와 명성을 누렸다. 그들이 부활을 부인하고 어떠한 형태로든 미래의 삶을 부인한 근거는, 그 교리가 다니엘 같은 후기의 선지자들이 만들어 낸 새로운 유행일 뿐이라는 것이었다. 모세오경에서는 그런 내용을 찾아볼 수가 없다고 그들은 주장했다. 바리새인은 그 반대의 논증을 했는데, 예수님도 하나님이 아브라함과 이삭과 야곱의 하나님이라고 선언하신 본문을 출애굽기에서 인용하시면서 마찬가지로 반대의 논증을 하셨다는 것이다. 예수님이 그 구절을 인용하신 것은 마치 해석학적 묘기를 부리듯이, 족장들을 여전히 살아 있는 것처럼 말함으로써 마치 그들이 최종적 부활을 기다리고 있는 것 같은 암시를 주시려는 것이 아니다. 하나님이 모세에게 자신이 아브라함과 이삭과 야곱의 하나님이라고 말씀하신 이유는 그 다음 구절들에서 하나님이 하실 말씀을 강조하기 위해서다. 즉 하나님이 노예생활을 하는 자기 백성의 외침을 들었고, 그들을 구출해서 약속하신 땅으로 데려가기 위해 내려오실 것이라는 말씀을 강조하기 위해서다.[1]

예수님과 바리새인 그리고 사두개인들이 살았던 1세기 사회에서 부활의 교리는 **혁명적인** 교리였다. 그 교리는 새로운 출애굽을 이루시려는 하나님의 결심을 보여 주었다. 유배로부터의 참 귀환, 억압과 노예생활로부터의 위대한 해방, 이스라엘이 갈망하던 그 해방을 이야기했다. 그리고 사두개인들이 그 교리에 반대한 진짜 이유는—한편으로는 신학적 논쟁이라는 연막과 다른 한편으로는 일곱 남편을 두게 된 여인에 대한 말도 안 되는 이야기 이면에 있는 진짜 이유는—부활의 교리가 자신들의 위치를 위협한다는 것을 그들이 알았기 때문이다. 그들은 부활이, 하나님이 이 세상을 뒤집으신다는 것을 뜻함을 알았다. 그리고 하나님이 이 세상을 뒤집으실 것을 믿었던 사람들—힘 있는 자는 그 권좌에서 끌어내리고, 겸손하고 온유한 자들은 높아진다는 내용의 찬가를 부른 마리아 같은 사람들—은 지체하지 않고 세상을 바꾸는 활동을 현재에 진행시킬 것이다. 이 말은 부활을 믿는 사람들이, 자살 폭탄 테러를 하는 사람들처럼, 현재의 세상을 떠나서 영광스런 미래로 탈출하는 것이 기쁘기 때문에 대의를 위해 죽는 것을 더 즐거워한다는 뜻이 아니다. 부활을 믿는 사람들, 모든 것이 바로잡힌 새로운 세상을 만드실 하나님을 믿는 이들의 열의, 그 새로운 세상을 위해 지금 일하고자 하는 그들의 열의를 막을 수가 없다는 뜻이다.

만약에 아직 그 누구도 사실상 죽은 자 가운데서 부활하지 **않았는데** 이미 바리새인들이 그렇게 살고 있었다면, 죽은 자 가운데서 부활하셨을 뿐만 아니라 부활을 통해 온 세상의 주님으로 앉으신 예수님을 축하하고 선포하는 사람들인 우리는 얼마나 더 그러해야 하겠는가? 세상은 **이미** 뒤집어진 것이다. 그것이 바로 부활절의 요지다. 그것은 하나님이 마지막 때에 무언가 다른 일을 하실 때까지 기다려야 하는 문제가 아니다. 하나님은 자신의 미래, 세상을 바로잡는 미래를 나사렛 예수를 통해 현재로 가져오셨고, 그 미래가 현재에 더 많이 관련되기를 원하신다. 그것이 바로 우리가 주기도문으로 기도하는 바다. "나라가 임하시오며, 뜻이 하늘에서 이룬 것같이 땅에서도 이루어지이다." 그리고 그 때문에 곧 이어서 빵과 용서를 위해 기도하는 것이다. 내가 보기에는 그것이야말로 오늘날 우리가 사는 지구촌에서 정의의 문제가 가장 밀접하게 연관되는 부분이다.

이번에도 마찬가지로 그리스도인들이 자주 빠지게 되는 두 개의 극단이 있다. 우선, 만약에 예수님이 진정한 혁명가라면 단 하나의 주된 기독교적 임무는 사회적·정치적·문화적 혁명을 통해 지금 이 땅에 하나님 나라를 세우는 것이라고 주장하는 사람들이 있다. 안타깝게도 이와 같은 사회적 복음―옛날 이름이다―은 한 세기 동안 별 성과를 내지 못하고 이상하게 실패하고 말았다. 상당히 좋은 영향이 있었던 것은 사실이다. 사회적 조건들이 크게 개선되었기 때문이다. 물론 어느 정도까지가 기독교의 영향이고 어느 정도까지가 다른 것들의 영향인지는 알기 힘들지만 말이다. 그러나 우리는 여전히 파편화되어 있고, 두려움에 떨고 있고, 심각하게 훼손된 세상에 살고 있다. 부유한 서구에서조차 소설가 디킨스가 묘사한 상황 혹은 그보다 더 심한 상황들이 여전히 횡행하고 있다. 화려한 미디어가 그러한 현실을 가린다는 사실은 상황을 더 끔찍하게 만든다.

다른 반대의 극단에는 주님이 돌아오셔서 모든 것을 바로잡으실 때까지는 아무것도 할 수 없다고 주장하는 사람들이 있다. 악의 세력이 너무 굳건하기 때문에, 신의 능력이 행사되는 위대한 묵시의 순간 외에는 그 문제가 해결되거나 기존의 뿌리 깊은 구조를 바꿀 수 없다는 것이다. 이러한 이원론은, 불의가 뻔히 눈에 보이지만 그 문제를 해결하는 것이 정치적으로 성가신 일이라고 생각하는 사회에서 매우 효과적으로 양산된다. 그러한 관점은, 진짜로 중요한 사업인 복음에만 신경 쓰자고 말한다. 여기에서 복음이란 미래 세계를 위해서 영혼을 구원하는 것이다. 사회의 가장 밑바닥에 있는 사람들을 돌보는 전담반을 구성하고 반창고를 붙이는 정도의 일은 할 수 있다. 그러나 그 사람들을 그 위치에 가게 만들고 거기에 머물게 만드는 구조에 대해서는 아무것도 하지 않는다. 이와 같은 이원론은 성부 하나님의 지속적인 치유 활동을 그 성부께서 만드신 세상으로부터 추방해 버리며, 성자 하나님의 치유 활동을 그 성자께서 이미 주님이신 세상으로부터 추방해 버리며, 성령 하나님의 치유 활동을 그 성령께서 고통하며 신음하시는 이 세상으로부터 추방해 버린다.

이 두 가지 관점은 모두 주님 안에서 우리의 수고가 헛되지 않으므로 흔들리지 말고 확고부동하게 주님의 일을 하라는 바울의 권고를 제대로 반영하지 못한다. 초기 그리스도인의 보편적 신앙은, 예수님이 부활을 통해서 이스라엘의 메시아이자 이 세상의 참 주님으로 이미 증명되셨다는 것이었다. 우리가 살펴본 것처럼, 그것이 바로 기독교 이야기의 전체 요점 중 하나다. 그리고 만약 우리가 그것을 믿는다면, 그리고 예수님이 가르쳐 주신 대로 하나님 나라가 하늘에서와 같이 땅에서도 임하기를 기도한다면, 이 세상의 불의에 만족하며 가만히 있을 수가 없다. 우리는 두 번째의 관점처럼 모든 것을 최종적으로 바로잡는 일은 실제로 최후의 날까지 기다려야 한다는 사실을 인정해야 한다. 따라서 우리는 새 창조라는 위대한 하나님의 행위 없이 우리 자신의 노력으로 하나님 나라를 세울 수 있다고 생각하는 첫 번째 관점의 오만과 승리주의를 피해야 한다. 그러나 우리는 이 세상에서 정의를 위해 일하는 것은 그리스도인의 임무 중 하나라는 첫 번째 관점에 동의해야 하며, 따라서 노력하는 것조차도 소용이 없다고 말하는 두 번째 관점의 패배주의는 거절해야 한다.

내가 아는 한 우리 세대가 직면하고 있는, 2세기 전의 노예 제도 문제에 상응하는 주된 임무는 이 세상의 엄청난 경제적 불균형이며, 그 불균형의 주된 양상은 제3세계의 어처구니 없는 그리고 지불할 수도 없는 부채다. 지난 몇 년 동안 나는 이 문제에 대해서 여러 번 이야기했다. 내가 생각하기에는 노예 문제를 다루었던 윌버포스처럼, 사람들이 진력을 낼 때까지 이 문제를 계속 이야기해서 결국에는 우리의 주장이 받아들여지고 세상이 달라지도록 하는 것이 우리 몇 사람의 소명이 아닌가 한다. 이 주제에 대한 좋은 책들은 이미 많이 있으며 다양한 관점에서 이 문제를 다루고 있다. 하지만 지금은 그 부분까지 이야기하고 싶지는 않고, 다만 이것이 오늘날 제일 중요한 도덕적 이슈라는 나의 확신을 표명하고 싶을 뿐이다. 성적인 문제도 심각하지만 지구적 부채의 문제가 훨씬 더 중요하다. 현재의 지구적 부채 시스템은 정말로 부도덕적인 스캔들이며, 화려하고 번지르르한 서구 자본주의의 더러운 비밀이다. 무슨 일이 있어도 우리는 이러한 상황을 바꾸어야 하며, 그렇지 않으면 우리는

2세기 전에 노예 제도를 지지했던 사람들, 그리고 70년 전에 나치를 지지했던 사람들과 나란히 이후의 역사로부터 비난받는 자리에 서게 될 것이다. 이것은 그만큼 심각한 문제다. 여기에서 이 논증을 발전시킬 수는 없고, 다만 우리가 이 책에서 살펴본 주제에 따라, 이 문제를 제기할 때 맞닥뜨리게 되는 논쟁의 성격에 대해 네 가지 간략한 논평만 하겠다. (그런 논쟁에 대해 나는 익히 잘 알고 있다. 내가 이런 주제에 대해서 글을 쓸 때마다 일부 논평가들은—대체로 미국에 있는 사람들이다—나에게 예수님과 바울에만 집중하고 정치와 경제에는 간섭하지 않는 것이 좋겠다고 편지를 쓴다. 다행히도 나에게 이 일을 계속할 것을 격려하는 사람들 역시—미국과 그 이외에 나라에—많이 있다.)

첫째, 지구적 부채의 면제를 반대하는 데 자주 사용되는 수사학이 어떻게 노예 제도 폐지를 반대하는 주장과 비슷한지 주목해 보기 바란다. 18세기 퀘이커 교도인 존 울만(John Woolman, 1720-1772)의 글을 읽어 보라. 그리고 윌버포스(1759-1833)의 이야기를 다시 읽어 보라.[2] 그들이 감내해야 했던 무시와 타협의 태도 그리고 때로는 위협, "이 세상이 돌아가는 방식을 우리는 안다. 도덕적 논쟁으로 우리를 귀찮게 하지 말라"는 식의 어투, 위대하고 선한 자들이 그들에게 등을 돌리게 만든 막대한 이윤의 로비 등 이 모든 것이 오늘날 정의를 향한 외침에 맞서 싸우는 서구의 지구적 제국이 취하는 일상적 태도다. 그러나 우리가 그 일을 하루씩 더 미룰 때마다 수백 명의 아이들이 죽는다. 그리고 그것은 시작에 불과하다.

따라서 우리는 부채 면제에 반대하는 복잡한 논쟁의 본질을 깨달아야 한다. 사람들은 그것이 까다롭고 다면적인 주제라고 말한다. 맞는 말이다. 노예 제도도 마찬가지였다. 모든 주요 도덕적 문제들이 그렇다. 그러나 지금 일어나고 있는 일이, 강자가 약자로부터 도둑질하고 부자가 가난한 자로부터 도둑질하는 행위나 마찬가지라는 사실에는 변함이 없다. 나는 신중하게 말을 골라서 하고 있는 중이다. 잘 읽어 보기를 바란다. 만약에 경찰이 현장에서 도둑을 잡았다면, 그 경찰은 그 도둑의 동기, 도둑과 그의 희생자의 서로 얽힌 경제적 상황의 복잡성, 혹은 다른 얼버무림이 필요한 것이 아니다. 그때 중요한 것은 그 도둑질을 멈추게 하는 것, 그것도 당장 멈추게 하는 것이다. 이러한 관점에서 볼 때 우리는, 기득권자들이 들려주는 복잡한 이야기가, 부활을 믿는 것이 불가능함을 보여 주기 위해 사두개인들이 들려주었던 이야기와 매우 비슷하다는 사실을 인식해야 한다. 예수님의 대답은 솔직하고 요점이 분명했다. "너희들은 틀렸다. 너희는 성경을 모르기 때문에 하나님의 능력도 알지 못한다"(막 12:24). 우리는 마땅히, 우리가 예수님의 부활을 역사적 사건으로 믿기 때문에 살아계신 하나님이 이미 새로운 창조를 시작하셨다고 믿어야 하며, 인간이 보기에 불가능한 것이 하나님에게는 가능하다고 믿어야 한다.

따라서 나와 같은 생각을 가지고 있는 사람들이 부자는 더 부자가 되고 가난한 사람은 더 가난하게 되는 현실을 지적하면, 부는 유한한 것이 아니며, '국가 통제주의'와 '지구주의적' 해결책 그리고 구제는 오히려 가난한 사람들의 인간적 존엄성과 직업에의 소명을 박탈할 뿐이라고, 또한 그런 모든 방법은 가난한 사람들이 부자를 시기하는 죄를 짓도록 부추길 것이며 게으른 도피주의와 하나님보다는 카이사르에게 의존하게 만드는 역효과를 낳을 것이라고 반대한다. 그런 말을 들으면 나는 그런 사람들을 난민 수용소와 아이들이 날마다 죽어 나가는 마을과 대부분의 어른들이 이미 에이즈로 죽은 도시로 데리고 가서, 시기할 힘조차 없는 사람들, 자신들이 가지고 있는 모든 힘을 물을 긷기 위해 줄을 서고 서로를 돌보느라 다 써버리기 때문에 게으를 수가 없는 사람들, 구제보다는 정의가 더 필요하다는 것을 너무도 잘 아는 사람들을 보여 주고 싶다. 나도 알고, 또 그런 말을 하는 사람들도 직감적으로는 알고 있는 사실은, 부가 어느 쪽에도 손실이 없는 게임이 아니라는 것이다. 북미에서 편안한 의자에 앉아 F. A. 하이에크(F. A. Hayek)의 선집을 읽는 것으로는 21세기의 도덕적 문제들을 해결할 수가 없다.[3]

두 번째로, 내가 조금 전에 이야기한 내용으로 돌아가 보자. 즉 지난 세기의 자유주의 신학이 육체의 부활을 부인함으로써 사두개인들과 한 무리가 되어 하나님과 거리를 두면서 하나님의 새로운 세상, 즉 하늘에서와 같이 땅에서도 하나님 나라가 임하게 하는 일의 신학적인 기초 작업을 할 모든 기회를 견제했다는 내용 말이다. 여기에도 몇 가지 모순이 있다. 사회적 복음의 자유주의는 하나님이 역사 속에서 일하신다는 것을 부인하는 모더니스트의 입장도 수용했는데, 그러한 하나님의 일하심이, 사실은 그들에게 꼭 필요한 기반이었던 것이다. 그러한 자유주의 신학의 후예들은 오늘날 성경이 노예 제도와 다른 악한 것들을 지지한다고 선언하면서 성경을 사소하게 만드는 일에 열심이다. 왜냐하면 성경이 성 윤리 같은 다른 주제들에 대해서 하는 말이 마음에 들지 않기 때문이다. 그러나 성경을 밀쳐놓으면 이교적 제국과 공모하게 될 뿐이며, 하나님 나라의 관점에서 억압을 비판할 수 있는 근거를 부인하는 격이 된다.

사두개인들은 성경도 알지 못했고 하나님의 능력도 알지 못했다. 그렇기 때문에 그들은 부활을 부인하고 로마를 지지했던 것이다.[4]

세 번째로, 자유주의 신학과 반대되는 것 같으면서도 같은 결과를 낳는 보수주의 신학이 있다. 특히 현재 미국에서 상당한 비중을 차지하고 있는 보수주의 신학도 서구의 지배를 강화하는 데 기여했다. 냉전은 미국이 공산주의에 대한 하나님의 해답이라고 말할 수 있게 해준 시기였다. 지금도 미국의 많은 보수주의 교회들은 미국에게 좋은 것이 하나님에게도 좋은 것이라는 믿음을 가지고 있다. 그 결과 미국이 자동차 생산과 보조를 맞추기 위해 더 많은 산성비를 만들어 낼 수밖에 없다면 하나님도 그것을 기뻐하실 것이 분명하고, 오염에 대해 이야기하는 사람이나 대통령이 교토 의정서에 서명하지 않은 것에 실망하는 사람들은 다소 반(反)기독교적이거나 아니면 어떤 평론가가 나를 비난한 것처럼 그저 '세례 받은 신사회주의를' 만들어 낼 뿐이라고 생각한다. 우리가 앞에서도 살펴본 것처럼 휴거에 대한 열광적인 신앙이 이러한 입장을 강력하게 지지한다. 아마겟돈이 오고 있는데 지금 지구가 어떤 상태인지 무슨 상관이란 말인가? 여기에서의 역설은, 학교에서 다윈주의를 가르치는 것에 가장 강력하게 반대하는 미국 교회들이 공공정책에서는 종종 경제적 다윈주의, 즉 시장과 군사력이 지배하는 세계에서의 적자생존을 지지한다는 것이다.

네 번째로, 세계의 여러 곳, 특히 미국에서 보수주의 그리스도인들이 강력하게 믿는 예수님의 육체적 부활이 성경적 맥락에서 벗어나 성경적 의제와 정반대되는 의제에 기여하는 다른 맥락에 놓이게 되었다. 왜냐하면 오늘날 많은 보수주의 그리스도인들에게 예수님의 육체적 부활에 대한 믿음은 온통 이 세상에서 하나님이 하시는 초자연적인 일에 대한 것이며, 그러한 관점은 실재 세계를 위계적으로 보는 것을 정당화하기 때문이다. 즉 위에 있는 '초자연적' 세계가 진짜 세계이고 아래에 있는 '자연적' 세계, 즉 이생의 세계는 부차적이고 별로 중요하지 않은 세계로 보는 이원론을 정당화한다. 따라서 부활은 자유주의적 모더니즘을 반대하는 정통적 신앙의 표지로 여겨지지만, 결국 여기에서 남는 것은 보수주의적 모더니즘으로서, (하늘과 땅을 분열시키는) 모더니즘 자체는 건드리지 않은 채 내버려 두게 되며 오히려 더 강화시키게 된다. 이러한 관점에서는 복음이 제공하는 초자연적인 구원, 이 세상을 부인하는 구원이 중요해진다. 하늘에서처럼 **땅에서도** 하나님의 정의를 위해 일하고자 하는 그 어떠한 시도도 초자연주의에 반대하는 악한 자유주의자들이 하는 일로 비난받는다. 그러나 그것은 결코 부활의 요점이 아니다. 나는 부활절에 대한 정통적 입장을 변호하면서, 많은 자유주의자들이 정말로 공격하는 것은 부활절 자체가 아니라 그들이 보기에 부활절을 변호하는 것 같은 사람들이 보여 주는 도피주의적이고 보수적인 정치라는 사실을 깨닫게 되었다. 이처럼 복잡하게 뒤얽힌 복음의 왜곡은 슬프게도 북미의 근본주의에만 국한된 현실이 아니다.

따라서 소위 기독교 문화 안의 두 진영—부활을 부인하고 그럼으로써 정의를 위한 진정한 기독교적 과업의 싹을 잘라 버리는 사람들과, 부활을 인정하지만 반(反)현세적인 자신들의 신학을 강화하기 위해서 그것을 사용하는 사람들—모두에서 우리는 이 세상의 곤경에 대해서는 아무 일도 하지 않고, 일이 그냥 자기 멋대로 진행되게 내버려 두는 분명한 이유들을 보게 되는 것이다. 물론 그대로 내버려 둔다는 것은 강자가 계속해서 이기게 내버려 둔다는 뜻이다. 이것 또한 암묵적인 사회적 다원주의다. 영국과 독일의 설교자들이 몇몇 선한 전쟁은 인류를 더 강하고 더 나은 존재가 되게 하는 하나님의 방법일 수도 있다고 엄숙하게 선언했던 백 년 전의 입장이 우리를 어디로 데려갔는지 우리는 알고 있다. 하나님의 미래에 대한 교훈을 배우면서 우리는 우리 자신의 과거가 주는 비극적 교훈도 잊지 말아야 한다.

이 책에서 내가 제시한 패러다임은 양 진영 모두의 입장에 강력하게 반대한다. 바로 이 시점이, 진정한 성경적 신학의 숲에서 뛰쳐나와 성경이 정치 윤리와 무관하거나 오히려 악영향을 끼친다고 생각했던 사람들과, 성경을 진지하게 받아들이는 것이 신학적으로뿐만 아니라 정치적으로도 보수적이 되는 것을 의미한다고 생각했던 사람들 모두를 깜짝 놀라게 할 수 있는 시점이다. 진실은 그것과 매우 다르다. 소위 반역자의 왕으로 죽은 예수님의 죽음은 말할 것도 없고, 하나님 나라에 대한 예수님 자신의 가르침으로부터도 우리는 그것을 알아챘어야 한다. 예수님의 부활과 거기에 따라오는 하나님의 새로운 세상에 대한 약속은 변화를 위한 프로그램을 만들어 내며 그 프로그램에 힘을 제공해 준다. 복음을 믿는 사람들은 그것을 따르는 수밖에 없다.

그리고 만약에 사람들이 결국 우리가 할 수 있는 일은 많지 않다고 말한다면, 그 말에 대한 답변을 기억하길 바란다. 누군가가 하나님이 부활의 때에 그들을 완전히 거룩하게 만드실 것이기 때문에 그 전에는 그와 같은 완벽한 거룩함의 상태에 도달하지 못할 것이며, 따라서 그때가 올 때까지는 거룩한 삶을 살려고 노력할 필요조차 없다고 말한다면 당신은 뭐라고 말하겠는가? 당신은 어떤 형식으로든 이미 시작된 종말론을 설득하려고 들 것이다. 즉 성령의 새로운 삶은 예수 그리스도의 주되심에 순종하여 현재의 삶에 근본적인 태도의 변화를 가져와야 마땅하며, 비록 우리가 그 때가 오기 전에는 결코 완전하고 온전해지지 않을 것이지만 앞으로 올 삶을 **예견하며** 그렇게 살아야 한다고 주장할 것이다. 이것이 바로 로마서 6장의 교훈이다. 로마서 8장도 마찬가지다! 새 창조 때까지는 이 세상이 완벽하게 공정하고 올바르지 않을 것이라고 분명히 말하면서 그 때까지는 이 세상에 정의를 가져오기 위해 (혹은 여기에서 다룰 지면이 부족한 또 다른 주제인 생태학적 건강을 위해) 노력할 필요가 없다고 잘못 추론하는 사람에게 무엇이라고 대답하겠는가? 내가 지금까지 이야기한 모든 것에서 나오는 대답은 마찬가지로, 이미 시작된 종말론을 주장하는 것이다. 하나님이 만유 안에 계시게 될 때까지는 이 세상이 완벽하지 않을 것이라는 사실에 우리 모두가 동의하지만, 궁극적인 그 때를 **예견하며** 전 세계적인 공동체로서 우리가 행동하는 방식의 근본적인 변화를 주장하는 것이다. 이것이 바로 우리가 받는 도전이다. 예수님의 부활이 그것을 요구하고 있고 우리에게 그렇게 할 힘을 준다. 그와 같은 희망이 우리 앞에 있다는 사실로 인한 놀라움을 가라앉히고, 기도와 지혜로 우리의 임무를 해 나가자.

아름다움

이 주제는 새 창조의 신학 안에서 하는 선교의 일 가운데 앞의 것과는 퍽 다른 주제다. 창조와 새 창조를 진지하게 받아들이면 심미적인 인식, 심지어는 창조성까지도 그리스도인들이 이해하고 회복할 수 있게 된다고 나는 믿는다. 아름다움은, 거의 영성과 정의만큼이나 중요하다고 나는 감히 말하고 싶다.[5] 물론 아름다운 노예 제도와 아름답지 못한 출애굽 사이에서 선택해야 한다면 반드시 출애굽을 택해야 하겠지만, 윌리엄 템플(William Temple)이 다른 (그러나 연관된) 맥락에서 말한 것처럼, 다행히도 우리는 그런 선택을 하지 않아도 된다.

새 창조의 신학이 풍성하게 나타나는 로마서 8장은 자연의 아름다움을 감사히 받아들이는 길을 우리에게 제시해 준다. 바울은 창조계가 하나님의 새로운 세상이 탄생하기를 기다리며 진통 가운데 신음하고 있다고 말한다. 현재의 세상이 갖고 있는 아름다움은 내가 앞에서 말한 것처럼 성배의 아름다움과 비슷한 면을 가지고 있는데, 즉 그 자체로도 아름답지만 그 안에 담긴 것 때문에 더 아름다우며, 바이올린처럼 그 자체로도 아름답지만 특히 그것이 연주해 낼 수 있는 음악 때문에 더욱 아름답다. 또 다른 예는 약혼 반지인데, 그것은 보기에도 즐겁지만 그 반지가 의미하는 약속 때문에 마음이 더 즐겁다. 나는 이 관점을 새로운 창조성의 관점에서 더 발전시키고 싶은데, 창조와 새 창조 사이에 놓여 있는 우리 그리스도인들은 그러한 새 창조성에로 부름 받았다고 나는 생각한다.

우리는, 착한 그리스도인은 예술가가 되지 못하고, 탁월한 예술가는 그리스도인이 되지 못한다고 생각했던 오랜 분열로부터 서서히 멀어지고 있다. 하나님께 감사하게도 이제는 몇몇 탁월한 그리스도인 화가, 작곡가, 조각가 그리고 심지어는 시인들이 있고 그들은 앞으로 나아갈 길을 제시해 주고 있다. 그리고 「예술을 통한 신학」(Theology through the Arts)과 같은 책을 써서 이 영역에 큰 기여를 한 제레미 벡비(Jeremy Begbie) 같은 뛰어난 이론가들도 있다. 이러한 예술적인 노력, 우리가 대략적으로 인간의 문화라고 부르는 그것이 기독교적 사명의 훈련과 어떻게 연관되는지, 창조와 새 창조의 지도에서 어느 지점을 차지하는지 나의 생각을 제안하고 싶다.

내가 생각하기에 우리 자신이 창조하는 자가 될 수 있는 이유, 적어도 생명을 낳는 자가 될 수 있는 이유는 우리가 하나님의 형상이기 때문이다. 새로운 생명을 낳을 수 있는 특별한 능력, 물론 대개는 자녀를 출산함으로써 그 일을 하지만 다른 수많은 방법을 통해서도 새로운 생명을 낳을 수 있는 그 능력은 창세기 1-2장에서 인류가 받은 명령의 핵심이다. 그 자체로도 아름다운 인공적 가공물의 생산을 통해 아름다운 세상을 이해하고 그것을 축하하는 것은 창조계의 청지기가 되라는 부르심의 한 부분이다. 아담이 동물들의 이름을 지은 것이 청지기 사명의 일부인 것과 마찬가지다. 따라서 진짜 예술은 그것 자체가 창조계의 아름다움에 대한 반응이며, 창조계의 아름다움은 또한 하나님의 아름다움을 함의한다.

그러나 우리는 에덴 동산에서 살고 있는 것도 아니고, 그러한 시도를 하는 예술은 빠르게 무력해지고 하찮아진다. (저급함과 감상주의가 교회의 독점 상품은 아니지만, 교회에서 가장 쉽게 발견할 수 있는 것이기도 하다.) 우리는 타락한 세상에서 살고 있고, 마치 창조계 자체가 신성한 것인 양 그것을 예배하는 어떤 범신론의 형태에 접속하려고 하는 모든 시도는 언제나 악의 문제와 부딪히게 된다. 그 지점에서 예술은 철학과 정치처럼 대개 반대의 극단으로 가서 추함에 대해 더 심한 추함으로 단호하게 반응한다. (이것은 희랍 비극에서 이 세상의 당위적 모습을 묘사하는 소포클레스가 이 세상의 현재적 모습을 묘사하는 유리피데스로 넘어가는 현상과 같다.) 현재 영국의 예술계에서 우리는 이러한 현상이 자주 나타나는 것을 볼 수 있다. 사실주의의 탈을 쓰고 무익함과 권태를 나타낼 뿐인 일종의 잔학주의가 횡행하고 있는 것이다. 여기에서 우리는 한편으로는 악을 인식하기를 거절하는 사람들과 다른 한편으로는 오로지 악만 보는 사람들 사이의 분리로 되돌아오게 된다.

이러한 현실은 통합적 세계관과 창조와 새 창조의 신학을 모두 가지고 있는 그리스도인에게 그러한 곤경에서 벗어나는 길을 찾을 수 있는, 어쩌면 그 길을 **인도**할 수 있는 놀라운 기회가 된다. 로마서 8장에서 바울은 이 세계 전체가 자신의 구속을 기다리며 진통 가운데 신음하고 있다고 단언한다. 창조계는 선하지만 그것이 하나님은 아니다. 창조계는 아름답지만 현재의 그 아름다움은 일시적이다. 창조계는 고통 가운데 있지만, 그 고통은 하나님의 마음 중심에 받아들여져 새로운 탄생을 위한 고통의 한 부분이 된다. 예술은 창조계의 아름다움에 반응하며, 그것을 표현하고, 모방하고, 강조하고자 노력하는데, 그러한 아름다움은 창조계 자체에서 비롯된다기보다는 창조계에 약속된 것과 관련해서 나타나는 아름다움이다. 다시 한 번 성배, 바이올린, 약혼 반지의 예를 생각해 보자. 우리는 이 세상의 당위적 모습, 혹은 현재적 모습만이 아니라 오직 하나님의 은혜로 인해 갖추어질 앞으로의 모습을 묘사해야 한다. 또한 우리는 예수님이 새 창조의 패러다임으로서, 새 창조의 첫 번째 예이자 원동력으로서 죽은 자 가운데서 부활하셨을 때, 그 못 자국이 단지 예수님의 손과 발에 남아 있는 가시적인 흔적만이 아니었다는 사실을 결코 잊어서는 안 된다. 그것은 예수님을 알아볼 수 있는 표시였다. 예술이 이 세상의 상처와 부활의 약속 **모두**를 다룰 수 있게 되고 동시에 그 두 가지 모두를 표현하고 거기에 반응하는 법을 배우게 될 때, 우리는 새로운 비전, 새로운 임무를 향해 가는 길에 서게 될 것이다.

지난 세대의 많은 예술가와 작가들은 유일하게 진실한 예술이란 정치적으로 헌신된 예술이라고 굳게 믿었는데, 이런 믿음은 위의 비전을 서투르게 모방한 것이다. 적어도 그렇게 생각한 마르크스주의자들은 감상주의나 야만성만으로는 될 수 없고, 현실화되고 있는 종말론이 있어야 한다는 점을 이해했다. 마르크스주의자들의 비전이 모방하고 있는 그 진리를 그리스도인 예술가들이 볼 수 있다면, 그들은 범신론이나 냉소주의에 빠지지 않으면서 아름다움을 축하하는 길을 찾을 수 있을 것이다. 그러려면 진지한 상상력이 필요하다. 십자가 발치에서 그리고 빈 무덤 앞에서 하는 묵상과 기도로 시작되는 상상력, 부활을 통해 자신의 아름다운 창조계를 심판하시면서 동시에 다시 긍정하시는 하나님의 신비를 분별하는 상상력이 필요하다. 최상의 예술은 단지 존재하는 방식에만 사람의 이목을 끄는 것이 아니라 존재하게 될 방식에도 사람의 주의를 집중시킨다. 물이 바다를 덮음 같이 하나님을 아는 지식이 이 땅에 충만하게 될 그 때의 모습 말이다. 이것은 여전히 놀라운 희망이며, 이러한 희망과 놀라움 모두를 가장 잘 전달할 수 있는 사람들이 바로 예술가들일 것이다.

전도

새로운 세상의 징조들을 현재에 드러내고자 하는 노력을 통해, 정의와 아름다움과 그 외의 수많은 방식들을 통해(여기에서는 그것을 다 다룰 자리가 없고, 당연히 정의와 아름다움은 각각 더 자세히 다룰 필요가 있다) 새 창조에 참여하는 일의 핵심에는 모든 아이, 여자 그리고 남자를 개인적으로 부르시는 예수님의 복음이 있다.

'전도'라는 말은 아직도 많은 사람들의 등골을 오싹하게 하는 말이다. 거기에는 여러 가지 이유가 있다. 어떤 사람들은 무서운 협박조의 말에, 분별없고 공격적인 태도에, 또는 '복음'을 당혹스럽고 비현실적으로 제시하는 것에 겁을 먹었다. 또 어떤 사람들은 그러한 무례를 경험한 적은 없지만, 그런 일들에 대해 들어 보았거나 읽어 보았고, 따라서 모든 전도를 경멸할 좋은 변명거리가 있어서 다행이라고 생각한다. 마치 몇몇 사람들이 제대로 못하기 때문에 그 누구도 결코 해서는 안 되는 일처럼 말이다. 그리고 물론 아직도 미디어에 종사하는 많은 사람들은 '전도자'(복음을 전하는 사람)와 '복음주의자'(특정한 방식으로 특정한 교리를 믿는 사람)를 혼동하며, 따라서 '전도'(복음을 전하는 일)와 '복음주의'('공식' 교단을 넘나드는 폭넓은 '복음주의자들'의 연합)를 혼동한다. 여기에서는 전도 자체의 성격과 관련된 많은 문제들, 즉 어떤 일이 '복음을 전하는 일'인지, 또 '전도'와 '선교'는 추상적 범주로서 서로 어떤 연관이 있는지의 문제들을 다룰 수 없지만, 이번 장이 그 모든 주제에 대해서 생각할 거리를 줄 수 있기를 바란다. 여기에서는 다만 내가 이 책에서 전개시킨 내용, 즉 예수님의 부활과 그 의미를 탐색한 신약성경에서 우리가 발견하게 되는 놀라운 희망의 패러다임이 '전도'에 대해 어떤 새로운 관점을 제시해 주며, 또 그것의 실천 방법에 대해서는 어떤 새로운 관점을 제시해 주는지를 보여 주고 싶다.

물론 많은 '전도'가 천국과 지옥이라는 전통적인 틀을 취하고 있고, 사람들에게 이제는 '천국'에 가는 것에 대해서 생각해 보아야 할 때며 아직 기회가 있을 때 그 기회를 잡으라고 설득하는 내용으로 구성되어 있었던 것이 사실이다. 사람들이 천국에 가지 못하는 이유는 죄 때문인데, 그 해결책이 예수 그리스도를 통해 마련이 되었으며, 그것을 받아들이기만 하면 된다는 것이다! 오늘날 수많은 그리스도인들이 그 메시지를 듣고 거기에 반응했기 때문에 그리스도인이 되었다. 그렇다면 나는 지금―솔직히 그런 식으로 복음을 설명하는 것은 아무리 좋게 보아도 치우친 것에 불과하다고 생각하기 때문에―그들이 속았거나 잘못 생각한 것이라고 말하는 것인가?

그렇지 않다. 하나님은 좋은 소식을 선언하는 온갖 방식들을 모두 존중하신다. 나는 나 자신의 설교 방식이나 내가 사람들에게 하나님에 대해서 이야기하는 방식이 완벽하고 흠이 없다고는 결코 생각하지 않는다. 그럼에도 하나님은 내가 하는 일의 적어도 일부는 영광스럽게도 존중해 주셨다(고 나는 생각한다). 내가 더 잘 해 내고 더 기도하는 마음으로 했더라면 하나님은 분명히 더 영광받으셨을 것이다. 내 설교의 단점 그리고 내 강의나 글에 나타나는 또 다른 단점들이 그것을 듣거나 읽은 결과로 신앙을 얻게 된 그리스도인들의 삶에 결국 나타날 것이 분명하고, 우리의 말을 듣게 될 사람들과 하나님의 명예를 위해서라도 이 일을 하는 우리 모두가 그것을 더 잘 다듬고 개선해야 하는 것도 분명하다. 그러나 모든 세대가 경험한 것처럼, 가장 중요한 것은 설교의 질이 아니라 하나님에 대한 신실함이다.

그리고 물론 설교와 함께 가는 기도도 중요하다. 내가 처음으로 제대로 된 설교를 했을 때 나의 멘토가 좋은 충고를 해주었다. "당신의 기도와 당신의 설교는 길이가 같아야 한다. 한쪽 다리가 다른 한쪽 다리보다 짧아서 절뚝거리는 격이 되어서는 안 된다. 하나님은 기법과 영리함이 아니라 기도와 신실함의 결과로 일하신다."

그러나 이 모든 것이, 우리가 전도할 때의 상황을 이해하지 못한다거나 성경의 온전한 복음에 일치하도록 전도를 하지 못하는 것에 대한 변명이 될 수는 없다. 따라서 후자의 경우를 먼저 다루면서 이것부터 분명히 말하자. 신약성경의 '복음'은 (이 세상의 창조주이신) 하나님이 드디어 왕이 되실 것이고, 하나님이 죽은 자 가운데서 일으키신 예수님이 이 세상의 주님이라는 좋은 소식이다. 듣는 사람들의 성격이 어떤지 그리고 어떤 경우에 전하는 것인지에 따라서 복음을 말할 수 있는 방식은 참으로 다양하다. (사도행전에 나오는 다양한 설교들을 보라!) 어떤 사람들은 예수님이 누구인지를 알 것이고, 어떤 사람들은 예수님에 대해서 아주 모호한 인식만을 가지고 있을 것이다. 어떤 사람들은 '하나님'이라는 말을 들으면 흰 수염을 가진 노인을 생각할 것이고, 또 어떤 사람들은 일종의 대기 가스 같은 것을 생각할 것이다. 거의 모든 사람이 어느 시점에 가서는 그 메시지를 제대로 이해하기 위해 도움이 필요할 것이다.

복음의 능력은, 새로운 영성이나 종교적 체험을 제공하는 데 있는 것도 아니고, 지옥불의 위협에 있는 것도 아니다. [휴거되지 못하고 '남아 있게 된다'(left behind)는 위협에 있는 것도 분명히 아니다.] 그러한 위협에서 벗어나려면 전도의 메시지를 듣는 자가 결단하고 일어서거나, 어떤 기도를 따라하거나, 손을 들거나 하는 등의 행위를 하기만 하면 된다고들 말한다. 그러나 복음의 능력은 그런 데 있는 것이 아니라 하나님은 하나님이시고 예수님은 주님이시라는 강력한 선언, 악의 세력은 패배당했고 하나님의 새로운 세상이 시작되었다고 하는 강력한 선언에 있다. 이 세상의 존재 방식에 대한 사실로서 제시되는 이러한 선언은 다른 모든 것의 토대다. 이 선언은, 이렇게 하면 당신이 원하는 삶을 살 수 있다, 이렇게 하면 당신의 감정이 혹은 은행 잔고가 원하는 대로 될 수 있다는 식의 호소로 사람을 끌어들이려는 발언이 아니다. 물론 어떠한 방식으로든 일단 복음이 선포되었다는 것은, 들어와서 그 잔치에 참여하고, 과거의 죄가 용서받는 경험을 하고, 하나님의 미래에서 얻게 될 놀라운 운명을 발견하고, 현재의 소명을 발견하라는 초대를 모든 사람이 받았다는 것을 의미한다. 그리고 그러한 환영과 초대는 모든 감정을 동원할 수 있는 일이고, 지금은 그렇게 하지 못하더라도 결국에는 그렇게 될 수 있기를 우리는 바란다.

그러나 교회가 어떻게 하면 하나님은 하나님이시며, 예수님은 주님이시며, 악과 부패와 죽음의 세력은 패배당했고 하나님의 새로운 세상이 시작되었다고 선언할 수 있을까? 그런 말은 웃음거리가 되지 않을까? 만약에 그런 일이 실제로 일어나지 않는다면 정말로 웃음거리가 될 것이다. 그러나 만약에 교회가 우리가 앞에서 살펴본 사안들에 대해서 일을 하고 있다면, 만약에 교회가 지구적으로 그리고 지역적으로 이 세상에서 정의를 추구하는 일에 적극적으로 참여하고 있고, 하나님의 선한 창조를 그리고 그 창조가 부패로부터 구출되었음을 음악과 미술을 통해서 활기차게 축하하고 있고, 거기에 덧붙여서 교회의 내적 삶이 그 새 창조의 징조를 모든 면에서 보여 주면서 새로운 종류의 공동체를 만들어내고 있다면, 그렇다면 그 선언은 상당히 그럴듯한 것이 된다.

그렇다면 이 새 창조의 신학 안에 복음이 뿌리를 내릴 때 어떤 일이 일어나는가? 그때 사람들은 자기 안에 불길이 일어나는 것을 느끼며, 그 선언이 사실임을 깨닫게 되고, 자신들의 믿음을 발견하게 되고, 온갖 것들에 대한 자신들의 생각과 느낌이 변하는 것을 보게 되며, 예수님의 현존이 실재가 되고, 성경을 읽는 일이 흥분되고, 예배와 교제를 아무리 해도 충분하지가 않다고 느끼게 된다. 이러한 순간, 혹은 이러한 과정(어떤 사람들에게는 그 일이 순식간에 일어나고, 또 어떤 사람들에게는 오랜 시간이 걸린다)을 일컫는 다양한 단어들이 있다. 가던 길의 반대 방향으로 가기 위해서 돌아선다는 의미의 회심, 새로운 탄생을 의미하는 중생, 예수님의 이름과 성격을 부여받은 가족에 참여한다는 의미의 '그리스도 안으로 들어가다' 등의 말들이 있다. 신약성경에서는 그러한 사람을 "그리스도와 함께 죽었다"가 "그리스도와 함께 살아났다"라고 말한다(롬 6장, 골 2-3장). 혹은 과거의 삶을 뒤로 하고 새로운 삶을 시작하는 징표이자 의미로서 세례의 물을 통과하는 것이라고, 혹은 예수님의 죽음과 부활에 자신을 동일시하는 것이라고 말한다. 우리가 지금까지 그려온 새 창조의 큰 그림의 관점에서 보자면 우리는 이렇게 말해야 한다. 그러한 사람은 '새 창조'의 살아 있는 작은 부분이라고. 그는 예수님의 부활에서 이미 시작된 새 창조 그리고 하나님이 최종적으로 자신의 새 하늘과 새 땅을 만드시고 그 새로운 세상에서 함께 살도록 우리를 일으키실 때 완성될 새 창조의 한 부분이다. 바울은 이렇게 표현했다. "누구든지 그리스도 안에 있으면 새로운 피조물이라!"[6]

이렇게 설명하고 나면, 전도가 종종 빠질 수 있는 세 가지 문제를 피할 수 있게 된다. 첫째, 그리스도인이 된다는 것은 하나님이 만드신 선한 세상을 거절하는 것이 아니라는 사실이다. 물론 이 세상의 모든 부패와 각 개인의 모든 부패에 대해서는 등을 돌리는 것이다. 때로 회심자들은 자기 자신과 이전에 자기 자신을 붙들고 있던 삶의 습관과 방식 사이에 분명한 선을 긋기 위해서 그 자체로 악한 것은 아닌 것들(예를 들어 술과 같은 것)을 분명하게 거절해야 할 때도 있다. 그러나 '새 창조'의 관점에서 생각하면 땅은 잊어버리고 하늘에만 집중할 수 있을 것이라고 생각하는 문제를 피할 수 있다.

둘째, 전도를 하나님 나라, 예수님의 주되심 그리고 그에 따른 새 창조의 선언이라는 관점에서 보게 되면, 새 그리스도인이 하나님 혹은 예수님과 개인적인 관계를 맺게 된 것이 회심의 가장 핵심적 사건이고 그 관계만이 중요한 것이라는 함의를 처음부터 피할 수 있다. (현재의 대중적인 기독교 음악들은 이 점을 지나치게 자주 언급하는 듯하다. 마치 예수님이 나의 여자 친구나 남자 친구의 자리를 대신할 수 있다는 것이 복음의 주된 요소인 것처럼 말이다.) 전도와 그에 따른 모든 회심을 새 창조의 관점에서 본다는 것은 새로운 회심자들이 처음부터 자신이 하나님 나라 프로젝트의 일부임을 아는 것이다. 하나님 나라 프로젝트는 '나와 나의 구원'을 넘어서서 하나님의 전 세계적인 목적을 수용하는, 다시 말해 그 목적에 의해 수용되는 것이다. 그렇게 되면 '회심'과 함께 그 전체 프로젝트에 기여할 당신의 소명도 찾게 될 것이다. 적어도 원칙적으로는 그렇다. (이러한 소명이 드러나는 데 시간이 걸린다고 해서 그것이 회심의 순간부터 기대할 수 있는 것이 아니라는 뜻은 아니다.)

세 번째로, 전도와 회심을 새 창조의 맥락에 놓게 되면, 예수님의 주권적 주되심 그리고 예수님의 구속적 주되심의 관점에서 메시지를 들은 회심자는 결코 그리스도인에게 마땅한 태도가—인간의 번성과 하나님의 영광을 감소시키는 것은 거절하고 그것들을 강화시키는 것은 수용하는 태도가—단지 선택의 문제라거나, 다소 이상한 규칙과 규정들을 이해하는 차원의 문제라고는 생각하지 않을 것이다. 과거의 어떤 전도 방식들은, 중요한 사항에 서명하고 가입만 하면, 혹은 특정한 형식의 기도만 하면 안전하게 천국에 갈 수 있다는 확신을 얻게 된다고 은연중에 말하기도 했는데, 예수님을 따른다는 것은 말 그대로 **예수님을 따르는** 것이지, '예수님'이라고 적혀 있는 칸에 표시를 하고는 마치 모든 것이 다 해결된 것처럼 뒤로 물러나 있는 것이 아니라는 사실은 언급하지 않았다. 나중에 목사와 교사들은 그러한 '회심자'들을 돌보느라 애를 먹어야 했다. 그러한 전도 메시지 대신 갈보리에서의 승리와 부활절의 승리에서 비롯되는 예수님의 주되심과 새 창조의 메시지를 전하게 되면, 예수님이 주님이고 하나님이 예수님을 죽은 자 가운데서 일으키셨다는 믿음을 고백하는 의미가 예수님에 의해 자신의 인생 전체가 교정되도록 허락한다는 의미임을 처음부터 전달할 수 있을 것이다. 그렇게 허락한다는 것은 그 일이 때로 고통스럽겠지만, 그것이 권위 없고 꽉 막힌 인간 존재로 가는 길이 아니라 현재의 진정한 인간적 삶 그리고 미래에 완전하고 영광스럽게 부활할 인간적 삶으로 가는 길이라는 사실을 알기 때문이다. 새 창조의 다른 모든 측면과 마찬가지로 그러한 과정에는 놀라움이 있을 것이다. 그러나 기독교 윤리를 기독교적 희망의 한 표현으로 이해하면 기독교 윤리가 오히려 더 온전해질 것이다.

나오는 말

따라서 교회의 사명은 반드시 신약성경이 제시하는 대로 미래의 희망을 반영해야 하고 그것에 의해 형성되어야 한다. 우리가 이 세 개의 영역, 즉 정의, 아름다움 그리고 전도의 영역을 하나님이 온 세상을 궁극적으로 바로잡으실 것을 예견한다는 관점에서 받아들인다면, 그것은 서로 긴밀하게 들어맞을 뿐 아니라 사실 그것들 모두가 더 큰 전체, 즉 예수님의 부활이라는 좋은 소식과 함께 오는 희망과 새로운 생명의 메시지의 일부임을 알게 될 것이다.

이것이 바로 교회가 일상의 삶에서 희망의 일을 할 수 있는 근거라고 나는 생각한다. 내가 받은 소명 때문에 나는 우리나라에서(영국을 일컬음—역주) 희망이 별로 없는 사람들이 많이 살고 있는 지역을 가게 되었다. 그들은 20세기 말의 산업적 붕괴가 누군가의 잘못인 것만은 분명하고 어떻게든 대책을 세워야 한다는 식의 약간은 엉성한 신념으로 부당한 상황에 대한 불만을 표출하고 있었다. 이것은 이 세상이 나를 먹여 살려야 한다는 식의 생각과는 매우 다른 것이다. 이것은 지역 사회를 중심으로 몇 세대에 걸쳐서 세워진 핵심 산업이 생산적이지 못하거나 혹은 노동자들이 무능하고 게을러서가 아니라 얼굴도 모르는 어떤 사람들의 전략적 계획에 맞지 않는다는 이유로 문을 닫게 될 경우, 거기에서 조용한 분노와 함께 구조적인 차원에서 무언가 잘못되었다고 하는 인식이 생기게 된다는 사실을 반영한다. 인간 사회는 그런 식으로 작동해서는 안 되며, 만약 그런 식으로 작동한다면 반드시 질문이 던져져야 한다. 교회의 임무 중 하나는, 그 같은 부당함의 의식을 이해하고 그것을 말로 표현할 수 있도록 도와 줄 뿐만 아니라 준비가 되면 그것을 기도로도 표현하도록 돕는 것이다.(그러한 자리에 서게 되면 시편의 많은 기도들이 갑자기 절실하게 와 닿는다는 사실에 놀라게 될 것이다!) 그 다음 교회의 임무는 지역 공동체 전체와 함께하는 일들이다. 즉 더 나은 집과 학교와 지역 사회 시설을 위한 프로그램을 만들어 내고, 새로운 일자리를 만들도록 격려하고, 지역 정부와 시의회를 대상으로 캠페인을 벌이고 그들을 설득해서 함께 일하는 등 모든 차원에서 희망을 키우는 것이다. 또한 이 책의 논증 중 하나는, 그러한 일들이 복음의 놀라운 희망, 즉 '죽음 이후의 삶 이후의 삶'에 대한 희망과 다르지 않다는 사실이다. 그러한 일들은 이 희망의 직접적인 결과다. 즉 '죽음 이전의 삶'에 대한 희망이 생기는 것이다.

후기 산업 사회의 서구와 그보다 가난한 지역의 여러 공동체가 가지고 있는 두 번째의 특징은 추함(ugliness)이다. 물론 일부 공동체에서는 민속 문화에 뿌리를 두고 일정 수준의 음악과 미술을 유지하고 있으며, 그 결과 가장 가난한 지역에까지 풍요로움을 가져오기도 한다. 그러나 전쟁 이후 건축물의 무심한 기능주의와 수십 년 간의 텔레비전 시청으로 인해 생긴 수동성은 서로 짝을 이루어

많은 사람들로 하여금 이 세상에서 기대할 것은 황폐한 도시의 풍경과 값싼 오락 밖에는 별 다른 것이 없다고 여기게 만들었다. 사람은 아름다움에 둘러싸여 있지 않으면 희망을 버리게 된다. 사람은 자신이 눈으로 보고 귀로 들은 메시지를 내면화하게 되는데, 그러한 환경이 속삭이는 메시지는 "너희들은 별거 아니다, 너희들은 사실 온전한 인간보다 못한 존재다"라는 것이다.

위험에 처한 지역 사회에 새 창조의 메시지를 전하면 그것은 놀라운 희망으로 다가온다. 현재 세상의 아름다움이 존속되면서도 초월하여 아직은 오지 않은 세상의 아름다움으로 변화될 것이고, 현재의 고통이 치유되는 것도 반드시 그 아름다움에 포함되어 있을 것이라는 메시지는 놀라운 희망이다. 과거에 교회가 했던 역할 중 하나는 그리고 다시 한 번 교회가 해야만 하는 역할은, 마을 술집에서 음악을 연주하는 일에서부터 지역 초등학교에서 연극을 하는 일까지, 화가와 사진가의 워크숍에서부터 정물화 수업까지, 교향악단의 연주회에서부터(포로 수용소에서도 연주회를 했으니 우리는 얼마나 더 창의적일 수 있겠는가?) 버려진 나무에 조각하는 것에 이르기까지, 모든 차원에서 아름다움의 삶과 아름다움의 의미를 양성하고 지키는 것이다. 교회는 새 창조에 대한 희망을 믿는 가족이기 때문에 새로운 창조성이 모든 도시와 마을에서 온 지역 사회로 뻗어나가기 위한 거점이 되어야 한다. 그래서 모든 아름다움처럼 언제나 놀라움으로 다가오는 희망을 가리켜 보여 줄 수 있어야 한다.

전도는 교회가 정의의 일(지역 사회 안에서 잘못을 바로잡는 일)과 아름다움의 일(창조의 영광과 앞으로 드러날 영광을 강조하는 일)에 자신을 바친다면 가장 잘 이루어질 것이며, 그러한 전도는 언제나 사람들에게 놀라움으로 다가올 것이다. 사람들은 물을 것이다. "너희가 보여 주는 것이 전부가 아니라고? 새로운 세상이 있는데 그 세상은 이미 시작되었고, 치유와 용서와 새로운 시작과 신선한 에너지로 작동하는 세상이라고?" 교회는 "그렇다"라고 대답할 것이다. 그리고 하나님의 형상으로 만들어진 인간이 하나님을 예배할 때, 우리의 죄를 대신 지셨고 죽은 자 가운데서 부활하신 주님을 따를 때, 또한 성령께서 우리 안에 내주하심으로써 새로운 생명, 새로운 방식의 삶, 그리고 삶을 위한 새로운 열정을 얻게 될 때 비로소 그러한 세상이 임하게 된다고 교회는 대답할 것이다. 희망이 가장 부족한 곳은 산업화로 인한 황무지나 아름다움을 빼앗긴 황폐한 풍경이 아니라 돈과 고급 문화가 넘쳐나고 믿음, 소망, 사랑을 제외한 다른 모든 것이 너무도 풍족한 곳이라고 사람들은 지적한다. 그러한 곳에도 그리고 그곳에 사는 슬픈 사람들에게도 예수님의 죽음과 부활의 메시지는 머나먼 나라에서 오는 기쁜 소식, 놀라운 희망의 소식이다.

이것은 교회가 어느 장소에서건 어느 세대에서건 그렇게 살고, 말하고, 현실화하라고 부름 받은 기쁜 소식—정의와 아름다움의 기쁜 소식, 그리고 무엇보다도 예수님의 기쁜 소식—이다. 이러한 희망 중심의 사명을 핵심으로 하는 교회의 삶은 어떤 모습이겠는가?

14. 사명을 위한 교회의 재구성(1)
_성경적 근거

들어가는 말

오늘과 내일의 교회가 예수님의 성취와 그분의 부활을 실행하고 그럼으로써 모든 것의 최종적 회복을 예견하는 이와 같은 사명에 참여하려면 교회 자체도 이 사명을 위해 새롭게 되고, 새로운 자원을 얻고, 새롭게 조정되어야 한다. 그렇게 되었을 때의 교회의 모습은 어떻겠는가?

이 질문은 부활에 대한 성경적 증언의 관점에서 그리고 성경 자체가 그 증언을 교회의 사명과 삶으로 곧바로 해석해 낸 방식의 관점에서 던져야 한다. 따라서 이번 장에서는 교회의 삶 속에 나타나는 특정 사안들에 이 질문을 적용하기에 앞서 먼저 복음서와 사도행전 그리고 바울 서신들을 간략하게 살펴보겠다.[1]

최근에 이루어진 '선교 중심의 교회'에 대한 많은 논의는 불가피하게도 교회 생활의 실제적인 면에 대한 것이었고, 또한 그래야 마땅했다. 즉 사역과 교구의 재구성, 우리가 부름 받은 사명을 더 잘

할 수 있게 해주는 업무 방식의 재구성 등에 대한 것이었다. 그러나 내가 앞으로 다룰 내용에서는 그러한 부분은 언급하지 않을 것이다. 그것보다는 희망 중심의 사역에 다시 초점을 맞추어 교회의 성경적·영적 우선순위로 여겨지는 것들을 제시함으로써 그와 같은 필수적이고도 핵심적인 교회의 임무를 굳건하게 뒷받침하고 싶다. 그런 지지대가 없다면 교회의 일은 언제나 단순한 실용주의로 흐를 위험이 있다. 그리고 실용주의에는 종종 기회주의가 따라온다. 선교 명령이 추진하는 의제들이 아니라 이제는 기운이 다 빠져 버린 과거의 교회 생활의 모델 중 하나가 추진하는 의제들을 발전시키는 기회주의 말이다. 이번 장과 마지막 장에서 나의 임무는 기초를 세우는 것이다. 우선은 성경에 그리고 그 다음에는 기독교적 삶의 핵심 영역에 그 기초를 세울 것이다.

복음서와 사도행전

네 개의 복음서에 강력하게 나타나고 있는, 예수님의 부활이 지닌 최우선적이고도 가장 자명한 의미는 하나님의 나라를 선포하고 이스라엘의 대변자로 죽으신 예수님의 정당성을 하나님이 입증해 주셨다는 사실일 것이다. 이것은 당연하게 들리는 말일지 모르지만, 이러한 말을 할 때 내가 자주 접하게 되는 반응으로 미루어 판단하자면 사람들이 그 사실을 충분히 인식하고 있는 것 같지는 않다. 마가가 남긴 짤막한 기록을 보면 "예수님이 부활하셨다. 따라서 죽음 이후의 삶이 정말로 존재한다"라는 식의 의미가 전혀 없다. 오히려 요점은, "예수님이 부활하셨다. 따라서 갈릴리로 가서 그분을 만나는 것이 좋을 것이다"이다. 복음서 전체를 읽은 사람이라면 누구나 다음과 같은 복음서의 강력한 함의를 파악할 것이다. "예수님이 자신이 말씀하신 그대로 부활하셨다. 다시 말해서, 자신의 사역과 죽음과 부활을 통해 하나님 나라가 올 것이라는 예수님의 모든 말씀이 실현되었다." 부활은 하나님 나라의 취임을 완성한다. 마가의 관점에서 보면, 예수님이 자신과 함께 있는 사람들 중에서 하나님 나라가 권능 가운데 임하는 것을 보기 전에는 죽음을 맛보지 않을 것이라고 하신 말씀의 의미가 적어도 부분적으로는 실현된 것이다. 이와 같은 사실로 인해 우리는 나머지 복음서들에 나와 있는 좀 더 상세한 기록에 눈을 돌리게 된다. 부활은, 하나님이 마음만 먹으면 얼마나 큰 권능을 행사하실 수 있는지를 보여 주는 별개의 기이한 초자연적 사건이 아니다. 또한 죽음 이후에 실제로 천국이 우리를 기다리고 있다는 것을 보여 주기 위한 방법도 아니다. 그것은 하나님 나라가 정말로 하늘에서와 같이 땅에서도 시작되었음을 의미하는 결정적인 사건이다.

　마태복음으로 돌아가 보면, 그가 부활과 관련해서 더 많은 내용을 기록하고 있는 것을 보게 된다. 그리고 마가가 원래 기록한 문서도 마태가 기록한 내용과 상당히 비슷했을 가능성이 크다. 제자들이 갈릴리로 가서 예수님을 만났을 때 그들은 예수님을 경배했다. (흥미롭게도 몇몇 사람들은 의심했지만 말이다.) 이것이 바로 복음서가 계속해서 차곡차곡 쌓아 온 기독론의 정점이다. 예수님은 우리와 함께하시는 하나님이신 임마누엘로서 자신의 정당성을 입증받으셨다. 그러나 이 사건이 가지고 있는 의미는, 단지 예수님에게 좋은 일이 일어났다거나, 이 모든 것의 요점이 '그러니까 이제 너희들도 착하게 살면 언젠가는 천국에서 나를 만나게 될 것이다'라는 식의 말이 결코 아니다. 그것과는 정반대다. 하나님 나라가 하늘에서와 같이 땅에서도 임하도록 기도하라고 예수님이 제자들에게 가르치신 것처럼, 이제 예수님은 하늘과 땅의 모든 권세가 자신에게 주어졌다고 주장하시며, 그 권세에 기초해서 제자들에게 그것을 실현시키라고, 다시 말해서 그 권위의 대리인으로 일하라고 명령하신다. 마가복음에서는 암시로만 남아 있는 것이—적어도 우리가 가지고 있는 형태의 마가복음에서는 그렇다—마태복음에서는 분명하게 명시되어 있다. 부활은 이 세상**으로부터 도망가는 것**을 의미하는 것이 아니라 온 세상 **위에 주님이신** 예수님의 주권에 기초해 이 세상 **으로 나아가는 사명**을 의미한다.

이미 우리는 이 분수령이 어떻게 작동하는지를 보기 시작한다. 만약에 부활이 예수님의 육체라는 물리적인 실체 안에서 뿐만 아니라 (어떤 의미에서) 시간과 공간 안에서 실제로 일어난 사건이라면, 그 뒤에 반드시 따라올 수밖에 없는 다른 사건들에 대한 함의를 지니게 된다. 만약에 그것이 (우리가 말하는 대로) 단지 '영적인' 사건이라면, 예수님이 지금 하늘의 영역 어딘가에 살아계시며 그저 우리 마음과 생각 속에 새로운 믿음과 희망이 생겼다는 의미일 뿐이라면, 그 뒤에 따라오는 사건은 그저 다양한 형태의 사적인 영성일 뿐이다. 따라서 마태는 우리에게 부활의 의미가 무엇인지에 대해 분명한 메시지를 준다. 바로 예수님이 이제 하늘과 땅의 주님으로 즉위하셨다는 것이다. 그분의 나라가 세워졌다. 그리고 그 나라는 그분의 추종자들이 모든 민족에게 주님께 순종하며 충성하라고 요청하고, 세례를 통해 사람들에게 표시를 줌으로써 실현되어야 한다. 마태복음의 마지막 행이 복음서의 주요 주제들을 한 곳으로 모으고 있다. 우리와 함께하시는 하나님이신 임마누엘이 이제는 우리와 함께하시는 예수님이시며, 이 옛 세대의 끝날까지, 부활과 함께 시작된 새 세대가 이 세상을 변화시키는 일을 완성하는 그 날까지 우리와 함께하실 것이다.

이러한 메시지는 이제 누가복음으로 우리의 눈을 향하게 한다. 특히 엠마오로 가는 두 제자의 놀라운 이야기에 주목하게 해준다. 누가복음 24장에 대해서는 할 말이 많지만, 여기에서는 "예수님이 죽었다가 육체적으로 부활했다고 치자. 그래서 어쩌란 말인가?"라는 질문에 대해 이번 장이 주고 있는 대답만 부각시키도록 하겠다.[2] 가장 크고도 중요한 대답은 예수님의 부활과 함께 하나님과 이스라엘 그리고 하나님과 이 세상에 대한 이야기 전체가 새로운 방식으로 전해져야 한다는 것이다.

이것 또한 분수령이 된다. 부활이 없다면 이 이야기를 들려주는 방식은 단 하나밖에 없다. 그러나 부활이 있다면 완전히 다른 방식이 생기게 된다. 부활이 없다면 이 이야기는 완성되지 않은 비극적인 드라마로 끝날 가능성이 크며, 이스라엘이 희망을 가질 수는 있겠지만 갈수록 핵심에서 벗어난다는 느낌이 강해질 것이다. 부활이 없다면 예수님의 이야기 자체가 비극이 된다. 엠마오로 가던 두 제자가 잘 알고 있었던 것처럼, 확실히 1세기의 유대교 관점에서 보면 그것은 비극이다. 그러나 부활이 있으면 이 이야기 전체를 새로운 방식으로 들려줄 수 있게 된다. 부활은 그저 단 한 사람을 위한 반전의 행복한 결말이 아니라 모든 것의 전환점이다. 부활은 과거의 모든 약속들이 드디어 실현된 지점이다. 흔들리지 않는 다윗 왕국에 대한 약속, 이스라엘이 겪은 가장 고통스런 유배로부터 귀환하게 될 것이라는 약속, 그리고 그 약속 이면에는 마태, 누가 그리고 요한이 분명하게 말하고 있는 약속, 즉 모든 민족이 아브라함의 씨를 통해서 복을 받을 것이라는 약속이 있다.

만약 예수님이 부활하지 않으셨다면, 희망이 부풀었다가 다시 한 번 꺼지고 마는 일이 일어난 것에 불과하다고 누가는 말하는 것이다. 그들은 신실한 유대인이었기에 분명 계속해서 희망을 갖겠지만, 예수님이 부활하지 않으셨다면 그들의 희망이 언젠가 이루어질 수도 있다는 것을 보여 줄 만한 사건이 하나도 일어나지 않은 것이 된다. 그러나 만약에 예수님이 부활하셨다면 구약성경은 이렇게 읽혀야 한다. 즉 고난과 정당성 입증의 이야기, 유배와 회복의 이야기, 즉 이스라엘이 다른 모든 민족을 이기고 최고의 민족이 되는 데서 절정을 이루는 이야기로가 아니라 메시아가 고난을 당하고 정당성을 입증받고, 유배와 회복을 경험하는 데서 절정을 이루는 내러티브로 말이다. 메시아가 자기 자신만을 위해서 그렇게 하는 것이 아니다. 그가 하나님의 구원 약속을 지니고 있기 때문에 그렇게 하는 것이다. 만약에 중요한 소식을 들고 오는 사자가 강에 빠졌다가 구출되면, 그는 자기 자신만을 위해서 구출된 것이 아니라 생명을 주는 그의 메시지를 절박하게 기다리는 사람들을 위해서 구출된 것이다. 만약에 예수님이 부활하셨다면, 그분은 정말로 메시아였고 지금도 메시아라고 누가는 말하고 있다. 그런데 만약 그가 메시아라면, 그는 하나님의 사자이며, 하나님의 약속을 가지고 오신 분이다. 아브라함, 모세, 다윗, 그리고 선지자들에게 주셨던 약속, 이스라엘뿐만 아니라 온 세상을 위한 약속을 가지고 오신 분이다.

그렇기 때문에 구약성경은 반드시 기독교의 성경으로 여겨져야 한다. 구약성경이 기독교와는 다른 신앙을 가지고 있는 어느 공동체의 경전으로 지금도 사용되고 있다는 사실을 인정하기 위해 구약성경을 '히브리 성경'이라고 부르는 사람들을 나는 존중한다. 그러나 누가는 예수님이 정말로 죽은 자 가운데서 부활하셨기 때문에 이스라엘의 고대 성경도 반드시 예수님에게서 절정을 이루는 이야기로 읽혀야 하고, 그 절정 이후에는 이스라엘에서뿐만 아니라 예수님의 추종자들에게서, 그리고 그들을 통해서 온 세상에서 제대로 열매를 맺게 되는 이야기로 읽혀야 한다고 주장한다. 그렇기 때문에 예수님이 (36-49절에서) 다락방에서 제자들 앞에 나타나셔서 그들의 마음을 열어 성경을 깨닫게 하신 사건(44-46절)이 곧바로 새로운 사명으로 연결되는 것이다. 즉 "그의 이름으로 죄 사함을 받게 하는 회개가 예루살렘에서 시작하여 모든 족속에게 전파되어야 한다"라는 새로운 사명이 주어진 것이다. 이것이 바로 유대인들의 희망이었다. 그 희망은 아주 일찍부터 성경 안에 짜여 들어가 있었는데, 하나님이 드디어 이스라엘에게 약속하신 그 일을 하시면 이 세상의 모든 민족이 그 복을 이스라엘과 함께 누리게 될 것이라는 희망이다. 이것이 바로 신약성경의 신학을 여는 핵심적 열쇠 중 하나다.

물론 만약에 예수님이 죽은 자 가운데서 부활하시지 않았다면, 우리는 두 가지 종류의 종교 혹은 믿음을 예상할 수 있을 것이다. 예수님을 통해 '신적인 것'에 접할 수 있다고 믿는 기독교 신앙과, 예수님과는 별개로 '신적인 것'에 접할 수 있다고 믿는 (그리고 어쩌면 아직도 다른 메시아를 기다리고 있는) 유대교 신앙이다. 하지만 이 두 가지 모두 진짜 기독교 그리고 진짜 유대교와는 매우 다를 것이다. 유대교에 대해서도 공정해야 한다는 생각에서 기독교와 유대교 모두를 '종교'의 사례, 즉 자신의 영성을 계발하는 방법들로 취급한다면 용어 사용에서는 더 공정할지 모르지만, 두 신앙 모두를 왜곡하게 될 것이다. 그러나 만약 예수님이 죽은 자 가운데서 부활하셨다면 성경은 그분 안에서 자신의 목적을 이룬 것이고, 시편 기자와 선지자들이 고대하던 순간이 온 것이다. 이 땅의 민족들이 자신의 보물을 하나님이 기름 부으신 왕, 즉 이스라엘의 메시아 앞에 충성과 순종으로 가지고 나아오는 그때가 온 것이다.

기독교가 예수님을 메시아로 인정하지 않는 유대교와 어떻게 계속 관계를 맺는가에 대한 문제는 물론 매우 핵심적인 질문이다. 신약성경에서는 특히 바울이 이 문제를 다루고 있다. 그러나 이 문제에 민감한 것이 마땅하다 하더라도 그것 때문에 예수님의 부활에 대해서 이야기하지 못한다거나 그 결과로 주어지는 도전들을 받아들이지 못하게 되어서는 안 된다. 누가에게 있어서 부활의 요점은, 이스라엘의 긴 이야기, 즉 위대한 성경의 내러티브가 그 목표이자 절정에 달했고, 이제는 그 이야기가 의도한 대로 온 세계를 향한 사명을 낳아야 하는데, 그 사명이란 우상 숭배를 버리고 죄의 용서를 받으라고 모든 민족에게 요청하는 것이다. 누가는 그들이 그렇게 해야 하는 이유가, 우리가 예수님 안에서 인간의 형상을 입은 진정한 하나님을 보게 되기 때문이며, 실재를 보게 되기 때문이며(모든 우상은 그 실재의 서투른 모방일 뿐이다), 예수님의 십자가를 통해서 진정한 죄의 용서를 발견하기 때문이며, 이전의 모든 희생 제사는 그저 예수님에 대한 표본과 그림자였을 뿐임을 보게 되기 때문이라고 암시한다. 다시 말해서 부활은 누가에게 있어서, 예수님의 생명을 회복시켜 주기는 했지만 그 외에 다른 의미는 지니고 있지 않은 특이한 기적도 아니고, 우리가 죽으면 다 천국에 갈 것이라고 하는 표시도 아니다. 그것은 한편으로는 고대 성경의 약속이 성취된 것이고, 다른 한편으로는 하나님의 세계적인 선교가 시작된 것이다.

이 모든 주제는 요한복음에서 가장 충실하게 다루어진다. 요한은 이 이야기들을 일련의 장면들로 제시하고 있는데 그 솜씨가 뛰어나면서도 감동적이다.[3] 요한복음 20장과 21장은 두 개의 주요 주제를 우리에게 제시해 준다. 바로, 새 날과 새 사명이다.

요한복음 20장은 (1절과 19절에서) 부활절이 새로운 주간의 첫 날임을 두 번 강조한다. 요한은 여섯 번째 날에 이루어지는 예수님의 십자가형과 일곱 번째 날에 이루어지는 무덤에 안치된 사건에서 절정에 달하는 일곱 개의 징표들을 연쇄적으로 배치함으로써, 그것이 옛 창조의 한 주간의 역할을 하도록 자신의 복음서를 구성했다. 그리고 이제는 부활절이 새 창조를 시작하는 역할을 할 것이다. 모든 것을 창조한 그 말씀이 이제는 모든 것을 다시 창조하는 말씀이 되었다. 예수님의 부활은 특이한 별개의 '초자연적' 사건, 즉 하나님이 보통 때는 하지 않으시지만 하시고자 하면 하실 수 있는 일을 보여 주는 징표로서 갑자기 끼어든 사건과는 거리가 멀다. 그것은 새로운 세상의 시작이자 새로운 주간의 첫째 날로, 하나님이 이제 온 세상에서 성취하실 일의 원형이 드러난 사건으로 보아야 한다. 마리아는 예수님이 정원사인줄로 착각한다. 그것은 올바른 실수였다. 왜냐하면 아담처럼 예수님은 하나님의 새로운 세계를 다스릴 임무를 받았기 때문이다. 하나님의 말씀이 이 세상에 비나 눈처럼 임하여 새 창조를 이룬다는 위대한 그림을 제시한 이사

야의 약속처럼 예수님은 가시와 엉겅퀴를 뿌리 뽑고 전나무와 화석류를 심으러 오셨다.[4]

이것 역시 부활이 우리에게 '사후 천국행'을 보여 주는 사건이 아님을 보여 준다. 부활은, 이 세상에서 예수님이 이스라엘을 위해서 하셨던 그 일을 이제는 제자들이 온 세상을 위해서 해야 한다는 새로운 사명을 부여하는 사건이다. "아버지께서 나를 보내신 것 같이 나도 너희를 보내노라"라고 예수님은 말씀하셨다.[5] 그리고 누가복음에서와 마찬가지로 그 사명은 그 일에 필요한 도구와 함께 주어진다. 예수님의 추종자들이 이 세상에서 그분의 대리인이 되려면 성령이 필요하며, 따라서 그 성령이 주어진다. 부활절과 오순절은 함께 가는 것이다. 부활절은 예수님의 추종자들에게 사명을 주고, 오순절은 그들에게 그 사명을 성취하는 데 필요한 도구를 준다.

특히 우리가 앞에서 이미 보기 시작했던 것처럼, 예수님은 새로운 **앎**의 방식으로 자신의 추종자들을 부르신다.[6] 다른 곳에서 나는 '사랑의 인식론'(내가 이름 붙인 것)에 대해서 쓴 적이 있다. 우리는 전통적으로 앎의 문제를 주체와 객체의 관점에서 생각했고, 우리의 주관성을 분리시킴으로서 객관성을 획득하고자 애를 썼다. 그러나 그것은 불가능한 일이고, 포스트모더니티의 성취로 그것이 불가능함이 입증되었다. 우리가 부름 받은 일은, 그리고 부활을 통해 우리가 준비된 일은 우리 자신이 주체로서 참여하는 **그러나 자기를 추구하는 주체가 아니라 자기를 주는 주체로서** 참여하는 앎이다. 다시 말해 사랑의 한 형태로서의 앎이다. 도마 이야기는 이 같은 앎의 변화를 잘 요약해서 보여 준다. 그는 자신이 통제할 수 있는 지식, 객관적 증거와 그것에 관련된 모든 것을 원한다. 그러나 예수님이 그와 대면해서 그가 요구한 증거를 제시하자 그의 공격적인 자세는 믿음과 고백으로 바뀐다. "나의 주, 나의 하나님!"이라고 그는 말한다.[7] 요한복음 21장의 베드로의 이야기는 이것을 다른 차원에서 보여 준다. 제자의 길을 가기 위해 애쓰다가 실패한 모든 사람의 귀에 옛날부터 메아리쳐 온 핵심적인 질문은 궁극적으로 이것이다. "네가 나를 사랑하느냐?"

이 질문은 우리가 앞에서 만났던 루드비히 비트겐슈타인과 그가 말했던, "부활을 믿는 것은 사랑이다"라는 경구로 다시 돌아가게 해준다. 비트겐슈타인의 가장 유명한 책, 「논리-철학 논고」(*Tractatus Logico-Philosophicus*, 책세상 역간)는 1921년에 처음 출간되었고, 비단 근대에 뿐만 아니라 지금까지 쓰인 철학책 중에서 가장 영향력 있고 도발적인 책이다. 비트겐슈타인은 자신의 논평을 엄격하고 논리적인 숫자로 배열했다. 1; 1.1; 1.11; 1.12; 1.13; 1.2; 1.21; 그리고는 2; 등등 이런 식이다. 숫자 1은 단 반 페이지밖에 차지하지 않지만 2는 다섯 페이지, 3은 아홉 페이지 등으로 이어진다. 이 책은 전체가 여섯 개의 부분으로 이루어져 있고, 마지막 부분은 숫자 6.54로 끝난다. 그리고는 부분 7은 단 하나의 문장으로 이루어져 있다. "우리가 말로 할 수 없는 것은 침묵으로 넘어가야 한다."[8]

물론 비트겐슈타인은 유대인이었고, 뛰어난 문화적·미학적 인식을 가진 사람이었다. 그는 절대음감을 가지고 있었고 완벽한 건축가의 눈을 가지고 있었다. 그에게는 또한 신비적인 기운도 있었다. 그 책의 주요 여섯 부분을 내가 다 이해한다고 주장할 수는 없지만 비트겐슈타인이 무엇을 하고자 했는지는 알 것 같다. 내가 생각하기에 그는 의식적으로 창세기 1장을 따라하고 있었던 것 같다.

창조와 마찬가지로, 지식은 작지만 매우 함축성 있게 시작되어 복잡하게 발전하다가 하나님의 형상으로 인간이 창조된 여섯 번째 날에 절정에 달한다. 그리고는 일곱 번째 날에 침묵이 온다. 쉼, 함축적인 중단. 다시 말해서 안식일인 것이다. 어떤 것들은 말과 철학을 넘어선다고 비트겐슈타인은 암시한다. 그리고 그러한 것들에 대해서는 침묵할 수밖에 없고 침묵해야만 한다. 내가 대단한 만용을 부리며 주장하고 싶은 것은, 부활을 통해 사람은 새로운 앎을 시작하게 된다는 것이다. 새로운 인식론, 새로운 말문 트기, 모든 인간의 앎과 말. 모든 인간의 희망과 사랑이 죽고 난 이후, 일곱째 날의 안식이라는 침묵 이후, 새롭게 태어난 그 말씀이 인간에게 주어진다. 비트겐슈타인 식으로 숫자 8부터 시작하는 「논리-철학 논고」를 쓰려고 생각해 본 그리스도인 철학자가 있는지는 모르겠지만 그러한 시도를 한다는 것은 앎의 과학 그 자체의 관점에서도 요한이 20장과 21장에서 하는 말을 진지하게 받아들이는 것이라고 주장하고 싶다.

다시 원래의 논의로 돌아와서, (성경을 통틀어서 가장 감동적이고 심오한 장들 중 하나인) 요한복음 21장에서 우리는 20:19-23에서 이미 선언된 새로운 임무에 대한 중층적인 진술을 보게 된다. 제자들은 고기를 잡으러 갔지만, 아무것도 잡지 못했다. 그러자 예수님은 엄청난 양의 물고기를 잡게 도와주시면서 베드로를 어부가 아닌 양치기로 부르신다. 여기에서는 많은 일들이 동시에 일어나고 있지만 그 중심에는 새로운 삶의 방식, 새로운 용서, 새로운 풍성함, 이전보다 더 폭 넓고 더 위험한 새로운 부르심에 대한 도전이 있다. 이것은 예수님의 부활을 그저 천국에서 누릴 우리 자신의 안전하고 행복한 안식을 확신하는 관점에서만 이야기하는 찬송가들과는 거리가 멀어도 한참 먼 것이다. 그와는 정반대로 예수님의 부활은 우리를 이 땅에서의 위험하고 어려운 임무로 소환한다.

이 이야기에서 '고기잡이'는 '제자들이 다른 세상 사람들과 마찬가지로 어차피 하고 있었던 일'을 의미하고, '양치기'는 '새 창조 안에서 주어진 새로운 임무'를 의미하는 것같이 보인다. 이것을 하나의 은유로 발전시켜 보자면, 내가 보기에 현재 교회가 하는 일의 상당 부분은, 양치기가 아니라 고기잡이에 집중하면서 사람들이 고기를 잡도록 도와주는 일인 것 같다. 물론 현재의 세상이 해야 하는 일을 더 잘 하도록 도와주어야 하는 임무도 있다. 예수님이 우리가 그 일을 하도록 도와주실 것이다. 우리는 교회 바깥의 더 넓은 세상과 함께 동반자로서 일해야 한다. 그러나 단지 사람들이 이미 하고 있는 일을 함께 하려고만 한다면 우리는 정말로 중요한 임무를 놓치게 될 것이다. 이사야가 성전에서 본 환상처럼 그리고 성경적이면서 근대적인 다른 많은 장면들에서처럼 어부에서 양치기가 되는 베드로의 변화는 그가 자신의 죄를 직면하고 용서를 받아들이는 일을 통해서 이루어진다. 예수님은 세 번이나 반복해서 질문을 던지심으로 베드로가 했던 세 번의 부인을 상기시키고는, 그에게 변화된 새로운 삶의 임무를 주시며 용서를 베푸신다. 그러한 자기 탐색의 질문과 답변에 직면하고 싶지 않은 사람들은 이 세상이 하는 고기잡이 일을 돕는 것으로 만족할 수 있다. 자신의 반항, 부인, 그리고 죄의 뿌리를 건드리면서 사랑과 용서를 주시는 부활하신 예수님을 만난 사람들은, 고기잡이 대신에 양을 치러 보냄을 받을 수도 있다. 귀 있는 자는 듣기를 바란다.

이 모든 것이 사도행전에서는 매우 다양한 방식으로 나타난다. 예수님이 이제 마지막으로 그들을 떠나려 하실 때 제자들은 여전히 그들이 처음부터 예수님이 받은 사명의 핵심이라고 생각했던 그 부분을 붙잡고 늘어진다. "주께서 이스라엘 나라를 회복하심이 이 때입니까?"[9] 사람들은 이 본문을 읽을 때 예수님의 답변이, "아니다. 너희들이 오해하고 있다." 즉 다른 말로 표현하면, "나라나 이스라엘 같은 것들은 이제 다 지나간 것이다. 대신에 아주 다른 일이 너희에게 주어졌다"라는 의미라고 생각하는 경우가 많다. 그러나 우리가 이스라엘과 나라가 의미하는 바를 이해한다면, 그리고 예수님의 답변이 어떤 의미인지를 이해한다면, 그분의 대답은 사실상 "맞다! 하지만 너희들이 생각했던 그런 모습은 아니고, 아주 다른 모습일 것이다"라는 뜻임을 알 수 있을 것이다.

제자들은 이스라엘이 나라로 회복된다는 것은, 일종의 민족적 우월성이 입증되는 어쩌면 이스라엘의 적들이 군사적으로 패배하는 것 같은 일이 일어난다는 의미라고 생각했다. 그러나 예수님이 염두에 두신 것은 하나님이 이스라엘과 나라를 위해 오랫동안 미루어 오신 계획이 성취되는 것이었다. 이제 그분이 이스라엘의 메시아로서 죽은 자 가운데서 부활하셨고, 시편 기자와 선지자들이 주장한 것처럼 이스라엘의 메시아는 이 세상의 참 주님이시다. "그가 바다에서부터 바다까지와 강에서부터 땅 끝까지 다스리리니."[10] 이것이 바로 그 뒤에 나오는 승천 이야기의 진정한 메시지다. 모든 로마인들이 알고 있었던 것처럼, 하늘로 올라간 자는 신성한 황제로 왕위에 오르게 된다.

그렇다면 이 황제는 어떻게 자신의 전 세계적 제국을 통치할 것인가? 그분의 사자들과 밀사들은 그분이 이미 주님으로 즉위하신 모든 영토로 가서 그분의 즉위 사실과 지혜롭고 정의로운 통치에 대한 기쁜 소식을 알릴 것이다. "너희가…예루살렘과 온 유대와 사마리아와 땅 끝까지 이르러 내 증인이 되리라"라고 그분은 말씀하신다.[11] 따라서 당연히 사도행전 전체의 내용은 바로 그 명령을 따른 것의 기록이다. 사도들은 사람들에게 새로운 종교적 체험을 제공하지 않았다. 물론 그것도 따라오겠지만 말이다. 그들은 사람들에게 이제 죽으면 천국에 갈 수 있다고 말하지 않았다. 물론 그들이 믿으면 부활의 때를 기다리며 천국에 머물겠지만 말이다. 또한 그들은 하나님이 얼마나 큰 권능을 가지고 계신지를 보여 주는 특별한 기적을 하나님이 행하셨다고도 말하지 않았다. 물론 하나님이 기적을 행하신 것은 맞지만 말이다. 그들은 가서 유대인 메시아 예수가 이 세상의 참 주님이시라는 것을 이 세상에 알리고, 이 세상이 믿음의 순종으로 나오도록 그들을 촉구해야 했다. 그리고 그들은 실제로 그렇게 했다.

사도행전의 구성이 어떻게 이것을, 우리가 종교적이라고 부르는 관점에서보다는 정치적이라고 부르는 관점에서 풀어나가는지 주목해 보기를 바란다. 사도행전의 전반부인 12장까지는 유대교의 권위자들과 헤롯의 가족 앞에서 예수님은 부활하신 메시아이며 유대인의 왕이라고 선언된다. 이 전반부는 야고보를 죽이고 이어서 베드로도 죽이려 했던 헤롯 아그리파가 과대망상증에 걸려서 자신이 헬레니즘의 왕후나 로마의 황제처럼 신성해졌다고 착각했다가 그 자리에서 죽게 되는 사건으로 마무리된다. (이 사건은 요세푸스도 기록하고 있는데, 역사적 근거가 확실한 사건이다.[12]) 그 다음 사도행전의 후반부에는 바울이 계속해서 여행하는 모습이 그려지는데, 바울이 새로운 왕에 대한 소식을 가지고 카이사르의 제국과 맞서다가, 로마에 가서 카이사르 앞에서 하나님 나라를 선포하고, 공개적으로 거침없이 예수님에 대해 가르쳤다고 누가는 말한다.[13] 이보다 더 분명하게 그 의도를 설명할 길은 없다. 이 세상의 나라들은 이제 이스라엘의 하나님과 그 메시아에게 속하였다고 선포된 것이다.

이러한 선언의 근거는 예수님의 부활이다. 그분의 비유도, 그분의 치유도, 심지어 그분의 속죄적 죽음도 아니다. 물론 그것이 전부다 중요하지만 말이다. 예수님이 이제 왕으로 즉위하셨다는 의미를 지니는 사건은 예수님의 부활이다. (지나가는 말로 덧붙이자면, 이와 같은 생각의 순서는 1세기 유대교 사회에서 놀랍고도 완벽한 의미를 지니는 반면, 그 반대 방향의 사고는 전혀 말이 되지 않았다. 어떤 사람들은 교회가, 예수님이 왕으로 즉위하셨다고 먼저 믿었고 그 믿음으로부터 예수님이 죽은 자 가운데서 부활하셨다는 사실을 연역해 낸 것이라고 주장했다. 그러나 그 당시 사회에서는 이것이 전혀 말이 되지 않았을 것이다.) 전체 요점은 이스라엘과 이 세상이 위대한 전환점을 돌았고, 사람들이 그 소식을 들어야 한다는 것이다. 누가는 사도들이 '예수님 안에 죽은 자의 부활이 있다고' 전하고 다니는 것 때문에 사두개인들이 화가 났다고 분명히 말한다.[14] 많은 현대의 번역들이 이것을 '예수님 때문에 죽은 자의 부활이 있다고'와 같은 식으로 그 의미를 약화시켜서 번역하고 있는데, 그러한 번역은 사도들이 예수님의 부활 때문에 다른 사람들도 이제는 죽은 자 가운데서 살아날 수 있게 되었다고 말하는 것 같은 암시를 준다. 그들이 그것을 의미한 것도 맞지만, 누가가 말하고자 하는 요점은 그것이 아니다. 요점은 '죽은 자 가운데서의 부활이' 부활절에 실제로 시작되었다고 그들이 선언했다는 것이다. 부활절은 하나님의 새로운 세상, 오랫동안 기다려 온 새로운 세대, 죽은 자의 부활의 시작이었다.

그리고서 바울은 인상적이게도, 6세기 전에 아이스킬로스의 연극에서 아폴로가 "사람이 죽고 그의 피가 땅에 뿌려지면, 부활은 없다"고 선언했던 아테네의 아레오파구스 언덕에 서게 된다. 사도행전 17장에 의하면, 그 자리에서 바울은 단 한 분이신 참 하나님이 한 사람을 이 세상의 심판관으로 임명하여 자신을 드러내시고 이 세상을 향한 계획을 나타내셨으며, 그 사람을 죽은 자 가운데서 일으켜 그 사실을 보증하셨기 때문에, 이제 이교의 신학과 철학의 모든 추론과 의문들은 다른 기반을 가질 수 있게 되었다고 선언한다.[15] 이것이 바로 부활이 하는 일이다. 부활은 새로운 세상을 열어주며, 그 새로운 세상에서는 유대교의 메시아이신 예수님의 구원과 심판 아래 모든 것이 새롭게 조명된다.

이 모든 내용은 자연스럽게 우리에게 굵직한 질문거리들을 던져준다. 그 질문들은 내가 한두 해 전에 받은 편지에서 간결하게 표현이 되었다. 그 편지는 영국 국영 방송(BBC) 텔레비전 시리즈였던 '하나님의 아들'(Son of God)에서 하나님 나라에 대한 개념 전체가 신중하게 그리고 의도적으로 선별, 삭제되었다고 ― 말 그대로 '선별, 삭제되었다!' ― 고 내가 항의한 후에 받은 편지였다. 그 편지를 쓴 사람은 바로 본론을 말했다. "이천 년이 지난 후에도 새로운 나라가 세워진 흔적이 없는 것이 분명하니, 그 부분을 배제하는 것이 예수님에게도 더 친절한 것 아니겠느냐"는 것이었다. 글쎄, 무엇을 의미하느냐 따라서 다를 것이다. 사람들은 이런 종류의 대화에서 십자군 전쟁과 스페인 종교 재판을 언급하는 경향이 있는데, 그것의 함의는 기독교 교회가 한 모든 일이 그 두 가지 극악무도한 행위로 요약될 수 있다는 것이다. 물론 이것은 터무니없는 말이다. 하지만 그동안 교회가 너무나 오랫동안 뒷짐만 지고 있었기 때문에 우리는 올바른 대답을 하는 방법을 잊어버렸다. 그러나 지난 25년간의 세계 역사로부터 얻은 두 가지 놀라운 교훈을 잠시 언급할 수는 있을 것이다.

동유럽의 공산주의가 언젠가는 스스로의 무게를 이기지 못하고 무너질 것이기는 했지만, 실제로 그 무게 밑에 지레를 놓고 흔들어서 넘어뜨린 것은 폴란드인 교황 그리고 그의 믿음과 희망을 보고 용기를 얻은 사람들의 대담한 증언이었다는 사실은 매우 의미심장하다. 그리고 인종분리 정책이 영원히 지속되지 않았으리라는 것은 분명하지만, 평화롭게 그 정책을 폐지시킨 운동의 중심에는 모든 논평가들과 현지의 많은 사람들이 기대했던 피의 학살 대신 아프리카 흑인 주교가 있었다. 그는 매일 첫 세 시간을 그리고 하루의 순간순간을 신실하고 열정적인 기도로 보낸 사람이었다. 30년 전에 그 누가 '진리와 화합을 위한 위원회'가 세워져서 그 고통 받는 나라가 치유될 것이라고 생각이나 했겠는가?

물론 이 세상에는 아직도 아물지 않은 상처들이 많이 있고, 그 중에는 북아일랜드의 경우처럼 교회에 수치를 가져온 상처들도 많이 있다. 물론 누구나 이 사건들과 그 외의 사건들에 대해 다르게 해석할 수 있고, 예수님이 주님이심을 암시하는 증거들을 무시할 수도 있다. 그분의 주되심은 결국 믿음을 통해 실행되는 것이고, 믿음을 통해 볼 수 있는 것이다. 초대교회의 사도들이 행했던 놀랍고도 간헐적인 기적들조차도 당시에 모든 사람을 납득시키지 못했다. 이것은 단지 변명이 아니다. 이 세상 나라와 하나님 나라의 차이가 바로 여기에 있다. 즉 하나님 나라는 그 아들의 죽음과 부활을 통해 오는 것이지, 잔인한 폭력이나 부의 전시를 통해 오는 것이 아니다. 그러나 나는 우리가 그저 성 프랜체스코나 마더 테레사 혹은 윌리엄 윌버포스에 대해서만 말하지 않아도 된다는 사실이 기쁘다. 우리는 오늘날에도 부활하신 예수님의 나라가 교만과 압제의 정권을 전복시키고 겸손하고 가난한 자에게 희망을 주고 있음을, 그리고 놀라운 자제력과 위엄과 정의와 평화로 그렇게 하고 있음을 확신을 가지고 이야기할 수 있다. 그리고 좀더 작은 규모로는 교회가 부활하신 예수님의 이름과 능력으로 날마다 하고 있는 수백, 수천 가지의 일들이 있다. 2001년 어느 토요일에 나는 서더크 성당(Southwark Cathedral)에서 넬슨 만델라가 새로운 건물을 개관하는 행사에 참석하는 특권을 누렸다. 그 건물은 서더크 성당이 노숙자와 청소년들을 대상으로 하고 있는 일에 상당한 도움을 주었는데, 데스몬드 투투 주교의 이름을 붙인 방도 있었다. 그것은 다인종 사회인 런던 남부의 심장부에서, 많은 분열과 고통을 겪은 공동체가 부활의 능력을 경험했음을 보여 주는 놀라운 상징이다.

    복음서와 사도행전이 전체적인 배경을 설정해 준다. 그러나 초대교회의 주된 강사는 아무래도 바울이다. 이제 우리가 그의 글을 살펴보면 그가 부활의 기본적인 의미에 대해서 복음서 저자들에게 동의할 뿐만 아니라 그것을 현대의 그리스도인들에게 신선한 도전으로 바꾸어서 제시하고 있는 것을 보게 될 것이다.

바울

우리는 이미 육체의 부활에 대한 바울의 굳건한 희망을 살펴보았다. 또한 그가 죽음과 부활의 중간 상태에 대해 감동적으로 이야기한 것도 보았다. 그는 "세상을 떠나서 그리스도와 함께 있는 것이 훨씬 더 좋은 일"이라고 자신의 바람을 나타냈다.[16] 이것은 분명히 자신의 유대교적 배경에서 얻은 믿음에 기초한 것이 아니라—그것도 중요하기는 하지만—예수님의 부활에 기초한 신앙이다.

그러나 복음서 저자들처럼 바울은, 예수님의 부활을 단지 죽음 이후 그리스도와 함께할 수 있다는 확신이나 그 이후의 최종적 부활에 대한 확신 정도로만 보지 않았다. 그에게 있어서 부활절의 의미는 결코 무덤 너머의 희망에만 국한되어 있지 않다. 그는 복음서 저자들처럼 예수님의 부활을 이미 예수님이 주님으로서 다스리고 통치하시는 새로운 세상, 새로운 창조의 시작으로 본다. 그러한 주장이 역설이라는 것을 바울이 미처 깨닫지 못하고 있다고 그를 비난할 수 있는 사람은 아무도 없다. 이러한 내용이 담긴 가장 인상적인 글들 가운데 일부는 그가 감옥에 있을 때 쓴 것이다. 그러한 맥락에서 볼 때, 특별히 이 세상에서 갖는 부활의 의미뿐만 아니라—물론 그것이 전체적인 맥락으로서 핵심적이기는 하지만—어린아이, 여자, 남자를 비롯한 모든 그리스도인의 평범한 삶에서 가지는 부활의 의미도 가장 인상적으로 표현한 사람이 바로 바울이다.

고린도전서 15:12-28에 나오는 새로운 세상에 대한 바울의 위대한 진술부터 시작해 보자. 그는 이교도 출신의 고린도 교인들에게 그것을 설명하려고 무척 애를 쓰고 있었다. 그들 가운데 많은 사람들은 복음이 예수님의 부활에 대해 말하는 바를 아직 제대로 이해하지 못한 것이 분명했다. 결정적인 말은 17절에 나온다. "만약 메시아가 부활하지 않았다면 너희의 믿음은 헛된 것이며 **너희는 아직도 죄 가운데에 있는 것이다.**" 다시 말해서 예수님의 부활과 함께 새로운 세상이 시작되었고 그 세상에서는 죄의 용서가 단지 사적인 경험이 아니라 우주적인 사실이라는 것이다. 죄는 죽음의 근본적 원인이다. 만약 죽음이 패배당했다면, 죄의 문제도 해결되었다는 의미가 될 수밖에 없다. 그러나 만약에 메시아가 부활하지 않았다면 우리는 아직도 죄가 불패의 자리에서 최고의 권세를 부리는 세상에서 살고 있는 것이고, 하나님이 그리스도 안에서 우리의 죄를 해결하셨다는 기독교의 기본적 신앙은 확실한 근거도 없는 막연한 바람에 불과한 것이 된다.

이어서 바울은 20-28절에서 이 새로운 세상을 참으로 인상적으로 설명하고 있다. 여기에서 그는 자신의 전형적인 글답게 복잡하게 말하고 있지만, 그가 말하고자 하는 핵심은 강력하고 분명하다. 부활에 대한 유대인의 기대―마지막 때 하나님의 모든 백성이 부활하는 것―가 두 단계로 나누어졌다. 전조가 되는 사건이 먼저 있고 그 다음에 나머지가 따르는 것이다. 메시아가 보편적 부활의 시작으로써 먼저 부활하셨고, 그가 마지막에 나타나실 때 그에게 속한 자들이 부활할 것이다(23절). 그 때에, 그리고 그 때에만이 메시아는 갈보리와 부활절에서 거둔 승리를 완벽하게 이행한 것이 된다. 그때가 바로 성경의 약속이 성취되어 모든 적들, 죽음을 포함한 모든 적들이 그분의 발 아래 놓이게 되는 때다(22-26절). 그러나 25절 하반부를 한번 보라. "**그가…때까지 반드시 왕노릇 하시리니.**" 다시 말해서 비록 우리가 그 통치의 결과를 아직은 다 보지 못한다 하더라도, 그는 이미 통치하고 계신 것이다.[17] 만약 우리가, 카이사르의 통치도 그렇고 죽음 자체도 여전히 만연한 것처럼 보이는데 어떻게 예수님이 이미 이 세상의 왕이라고 터무니없이 주장할 수 있느냐고 묻는다면 대답은 하나밖에 없다. 바로 부활이다.

따라서 바울은 복음서 저자들과 확고하게 같은 입장을 취하고 있다. 그에게 있어서 예수님의 부활이 갖는 주된 의미는 하나님의 새로운 세상이 이 사건을 통해서 임하게 되었다는 것이다. 언약이 회복되고, 죄가 용서받고, 죽음 자체가 없어질, 오래 전에 약속된 그 새로운 세상이 시작된 것이다. 부활은 평상시와는 다르게 별개로 일어난 하나님의 '기적'도 아니고, 단지 무덤 너머의 영원한 생명에 대한 약속도 아니다. 부활은 유대교의 메시아가 전 세계적인 통치를 시작하는 결정적인 출발점이며, 그 통치 안에서 죄는 이미 용서가 되었고 종국적인 새 세상—정의롭고 생명의 부패가 없는 세상—에 대한 약속이 보증된다.

그렇다면 이것이 우리와 관련해서 가지는 실제적인 의미는 무엇인가? 우리는 예수님의 부활이 세계 역사에 새로운 시대를 열었다는 사실을 받아들일 준비를 할 수 있다. 하지만 이것조차도 쉽지는 않을 것이다. 우리가 잠시 전에 살펴본 것처럼, 지난 이백 년 동안 서구 세계를 지배한 반(反)기독교적 수사법은 그러한 사실을 부인하려고 최선을 다했다. 신약성경이 제시하는 현재의 나라에 대한 그러한 주장에 대해 대부분의 사람들은 파블로프 식의 반응을 한다. 그러한 주장을 듣는 순간 우리는 콘스탄티누스 협정의 모호함에 대해, 20세기에 있었던 잔악한 행위들을 많은 교회가 묵인한 것에 대해 그리고 그 두 사건 사이의 많은 것들에 대해 이야기하려 든다. 그러나 우리는 과거의 악함에 대한 온당한 회개가 과거와 현재에 이룬 교회의 특별한 성취들을 비하하는 쪽으로 잘못 가게 해서는 안 된다. 윌버포스와 같은 사람들 그리고 투투와 같은 사람들이 실제로 있었고 이것은 중요한 사실이다. 그들보다는 덜 알려졌지만, 특이한 방식으로 이 세상을 통치하시는 예수님의 주되심을 보여 주는 수많은 사람들이 있다. 우리는 이러한 일들이 일어날 수 있는 세상에서 살도록 부름 받았고, 우리의 소명과 영역 안에서 그러한 일의 대리인이 되라는 부르심을 받았다. 그러나 바울에게 있어서 부활은 단지 규모가 크거나 혹은 공적인 일과만 관련된 것이 아니었다. 부활이란 우리 각자가 부름 받은 인격적이고 친밀한 삶이다. 다시 말해서, 부활은 세례와 거룩에 대한 것이다. 바로 이 지점에서 이 신선한 명령이 우리와 직접 연결된다. 혹시 졸고 있었다면 이제는 정신을 차리고 듣기 바란다.

이 점을 이야기하고 있는 첫 번째 주요 본문은 로마서 6장이다. 로마서 6장은 하나님의 구원의 목적 전체를 장엄하게 개괄한 글 다음에 이어지는 본문이다. 로마서 5장 끝에서 바울은 "죄가 사망 안에서 왕노릇 한 것같이 은혜도 또한 의로 말미암아 왕노릇 하여 우리 주 예수님 그리스도로 말미암아 영생에 이르게 하려 함이라"라고 말한다. 하나님의 새로운 세상이 있다. 그렇다면 문제는 "그 세상에서 우리의 자리는 어디인가?"이다.

그는 이 질문을 6:1에서 다루고 있다. "그런즉 우리가 무슨 말 하리요. 은혜를 더하게 하려고 죄에 거하겠느냐?" 우리는 단지 경기장 밖에 앉아서 아무런 영향도 받지 않은 채 하나님의 위대한 드라마를 바라보는 구경꾼이란 말인가? 만약 복음 전도자들이 언제나 올바르게 주장한 것처럼 하나님이 죄인들에게 은혜 베풀기를 기뻐하신다면, 더 많은 은혜를 받기 위해서 우리가 계속 죄인으로 남아 있을 것인가?

바울의 대답은 분명하다. 당연히 그렇지 않다! 우리는 세례를 통해서 부활의 사람들이 되기로 헌신했다. 2-4절은 그 기본 원리를 설명하고 있다. 세례를 받을 때 우리는 메시아와 함께 죽었고 그와 함께 새로운 생명으로 부활했다. 5-7절에서 바울은 자신의 전형적인 문체로 그 말의 의미를 더 자세하게 설명한다. 우리는 메시아의 죽음과 연합했는데, 그 결과 우리의 옛 정체성, 옛 자아가 그분과 함께 십자가에 못박혔다. 만약 그것이 사실이라면 죄는 더 이상 우리에게 권리를 행사하지 못하며, 우리를 공식적으로 지배할 권한이 없어지게 된다. 만약 메시아가 죽은 자 가운데서 부활했다면, 그리고 만약 우리가 메시아 안에 있고 세례를 통해서 그분의 백성이 되었다면 우리 역시 그분 안에서 부활했다는 의미가 된다(8-10절). 많은 사람들은 이것을 순전히 미래의 관점에서 한 말이라고 생각했지만 11절의 요점은 그것이 현재의 경험이기도 해야 한다는 것이다. 이제는 잘 따져보고 생각해 봐야 하는데, 죄에 대해서는 죽은 자로 그리고 메시아이신 예수님 안에서는 하나님에 대하여 산 자로 "자기 자신을 여겨야 한다"(consider yourself).[18] 바울이 이어지는 본문에서 자신의 청취자들에게 죄가 현재 그들의 몸을 다스리지 못하게 하라고 지시할 수 있는 근거가 바로 이것이다.

우리는 지금까지의 내용을 다음과 같이 요약할 수 있을 것이다. **예수님의 부활에서 시작된 혁명적인 새로운 세상, 즉 죄와 죽은 자 가운데**

서 승리하신 예수님이 주님으로 통치하는 세상은 세례를 통해서 예수님의 죽음과 부활에 동참하는 사람들을 최전선의 전진기지로 삼고 있다. 예수님의 부활과 온 세상의 회복, 그 중간 단계에서 인간의 회복이 있다. 바로 여러분과 나 자신이 지금 여기에서 순종의 삶을 통해 회복되는 것이다!

이 부분에 대해 더 논평을 하기 전에, 골로새서 2-3장에서도 같은 점을 강조하고 있음을 주목해 보자. 먼저 2:12은 이렇게 말한다. "너희가 세례로―이것은 유대교의 할례와 같은 것으로 하나님의 언약 백성이 된다는 표시다―그리스도와 함께 장사되고 또 죽은 자들 가운데서 그를 일으키신 하나님의 역사를 믿음으로 말미암아 그 안에서 함께 일으키심을 받았느니라." 바울은 세례가 부활시키는 하나님의 능력에 대한 믿음과 짝을 이룬다고 본다. 왜냐하면 세례의 기본적인 고백은 '예수님은 주님이시다'이며, 이 고백의 근거가 되는 신앙은 하나님이 예수님을 죽은 자 가운데서 일으키셨다는 복음의 메시지이기 때문이다.[19] 이어서 그는 메시아와 함께 죽었다는 것의 함의를 이끌어내기 시작한다. 즉 그 말은 유대교의 율법과 규칙이 더 이상 그들을 지배하지 못한다는 뜻이다(2:16-23).

그러나 골로새서 3장에서 그는 '지금, 여기'에서 메시아의 부활에 동참한다는 것의 실제적인 의미에 초점을 맞춘다. 바울은 우리가 이미 그리스도와 함께 부활했다면―다시 말해서 우리가 세례와 믿음을 통해서 부활한 사람이라면, 부활절에 시작된 새로운 세상에서 살고 있고, 예수님을 죽은 자 가운데서 일으키신 그 능력에 힘입어 살고 있다면―부활하신 예수님의 삶에 현재 동참해야 하는 책임이 있다고 주장한다. "만약에 너희가 메시아와 함께 다시 살아났다면, 위에 있는 것을 추구하라. 이 땅에 있는 것들이 아니라 위에 있는 것들에 집중하라." 단순히 "나는 세례를 받았으므로 하나님은 지금 내 모습에 만족하신다"라고 말하는 것은 소용이 없다. 바울의 논리는 이것이다. "네가 세례를 받았으므로 하나님이 네게 죄에 대해서 죽고 부활의 삶을 살라고 도전하시는 것이다."

이 시점에서 우리는 정면으로 부딪혀서 해결하는 것이 좋을 어떤 문제에 직면하게 된다. 그 문제는 두 가지 측면을 가지고 있는데, 하나는 대중적인 차원의 것이고 다른 하나는 더 난해한 차원의 것이다. 그 문제에 대답하기 위해서는 '천국'이라는 단어 자체의 의미에 대해서, 그리고 그와 비슷한 '위에 있는 것'과 같은 개념에 대해서 좀더 깊이 있게 생각해 보아야 한다.

대중적 차원의 문제는, "너무 신령해서(heavenly minded) 이 땅에서는 쓸모가 없다"라는 식의 비꼬는 말과 관련된 것이다. 이 표현은 옛날에 많이 쓰던 것인데, 최근에는 그런 식의 말을 별로 들어본 적이 없다. 어쩌면 오늘날 많은 그리스도인들이 반대 방향으로 돌아서서 너무나 땅의 것에 매인 나머지, 그리고 실제적이고 구체적인 일들에 너무 신경을 쓴 나머지, **신령한** 일이 계속 쓸모가 있는 것인지 궁금해했기 때문인지도 모르겠다. 어쨌거나 여기에서의 요점은 그것이 아니다. 이러한 표현은 하늘과 땅이 서로 분리되어 있는 세상, 서로 아무런 상관이 없는 세상에서만 가능한 말이다. 그러나 성경에서 하늘과 땅은 서로를 위해서 존재한다. 그 둘은 하나님의 단일한 창조 실재의, 서로 맞물려 있는 한 쌍의 영역이다. 하늘을 잘 알아야만 땅도 제대로 이해할 수 있다. 땅을 창조하신 하나님이 하늘만큼이나 땅도 사랑하신다는 사실을 이해해야만 하나님을 정말로 알고 그분의 생명에 동참할 수 있다. 예수님의 부활의 요점은 그리고 지금 예수님이 갖고 계신, 변화된 육체의 요점은 그분이 하늘과 땅 모두에 편안하게 거하시며, 하나님의 보이지 않는 실재와 우리 사이를 분리해 주는 얇은 막을 통해서 그 두 영역을 적절하게 오가실 수 있다는 것이다. 이것이 바로 우리가 7장에서 살펴본 것처럼, 승천의 핵심적 의미 중 하나다.

두 번째 차원의 문제는, 대중적 차원 문제의 성인 버전이라고 할 수 있는데, 바로 이것이다. 부활의 현재성에 대한 논의는 '부활'을 하나의 영적인 체험으로 축소시키는 것이 아닌가? 그것은 예수님의 부활한 육체를 포함해서 물리적인 육체를 폄하하는 영지주의의 사상 체계에 넘어가는 것이 아닌가?

그렇지 않다. 우리의 이성은 불행히도 헬라 철학의 영향을 지나치게 많이 받은 나머지 부지불식간에 '하늘' 하면 당연히 비물질적인 것을 생각하고, '땅' 하면 당연히 영적이지 않은 것, 하늘과 관련되지 않은 것을 생각한다. 그러나 그렇게 생각해서는 안 된다. 부활과 승천에서 축하되는 성육신의 핵심적 성취 중 하나는 하늘과 땅이 이제는 떨어질 수 없이 결속되고 우리도 당연한 권리로써 두 영역 모두의 시민이 된다는 것이다. 만약에 원한다면 우리는 하늘의 영역을 배제해 버리고 지구가 평평하다고 믿는 사람들처럼 유물론자로 살아갈 수 있다. 그러나 그렇게 하면 우리는 결국 부패하고 시들어 결국 죽어 버릴 체계에 넘어가는 것이 된다. 왜냐하면 땅은 하늘로부터 자신의 중요한 생명을 얻기 때문이다.[20]

그러나 우리가 하늘의 영역에 주의를 집중시키면 온갖 종류의 긍정적이고 실제적인 결과들이 따라올 것이다. 골로새서 3:11에서 바울은 그 첫 결과 중 하나가 문화적·인종적 영역을 초월하는 교회의 연합이라고 본다. 그 뒤에 나오는 본문에서 그는 지금 예수님이 주로 거하시는 세상, 우리의 현재 세상을 치유하고 회복하도록 고안된 그 세상에 마음을 고정시킨 모든 사람이 자신이 삶 속에서 마땅히 보게 되는 여러 가지 모습들을 나열한다. 각각의 경우에서 그가 이야기하는 것은, **하늘의 삶이 관통하는 실재적인 현재의 물리적 실재다**. 부활절 이후의 세상에서 살아가는 일에 익숙해지려면, 부활절이 우리의 삶과 태도와 생각과 행동을 변화시키는 데 익숙해지려면 이제 모두에게 공개된 우주론에 익숙해져야 한다. (반복해서 말하지만) 하늘과 땅은 서로를 위해 존재하며, 특정 지점에서 그들은 서로 교차하고 맞물린다. 예수님이 그 교차점의 궁극적 지점이다. **그리스도인으로서 우리도 예수님의 뒤를 따라 그와 같은 교차점이 되어야 한다**. 성령, 성례전 그리고 성경은 하늘과 땅 모두에 속한 예수님의 이중적 삶을 이미 현재에서부터 우리도 살 수 있도록 하기 위해 주어진 것이다.

이제 바울의 마지막 본문을 다룰 차례가 되었다. 에베소서는 골로새서와 쌍을 이루는 서신서인데, 여기에서 우리는 초기 기독교의 시나 찬송가에서 가져온 것일 수 있는 활기찬 명령문을 보게 된다. "잠자는 자여, 깨어서 죽은 자들 가운데서 일어나라. 그리스도께서 너에게 비추시리라!"(5:14).

다시 말해서, 이제는 일어날 때라는 것이다! 하늘이 아닌 다른 차원의 세상에서 사는 것은 마치 잠을 자는 것과 같다. 사실 잠은 은유에 불과하고, 정확히 말하자면 죽은 것과 같다. 거짓말, 도둑질, 성적 부도덕, 나쁜 성질 등(바울은 이 모든 것을 짧은 본문에 다 담아내고 있다[20])은 그것을 범하는 사람에게나 그들의 행동 때문에 영향을 받는 모든 사람에게나 전부 죽음의 형태를 띠게 된다. 그것은 죽음의 잠을 자는 여러 가지 방식들이다. 그런데 이제는 일어날 때라고 그는 말한다. 일어나서 진짜 세상, 예수님이 주님이신 세상, 세례를 통해서 들어올 수 있는 세상, 예수님이 주님이시고 하나님이 그를 죽은 자 가운데서 살리셨다는 신경의 고백이 의미하는 그 세상을 맞이하라. 때때로 우리에게 필요한 것은 누군가가 (친구, 영적 지도자, 낯선 사람, 설교, 성경 구절 혹은 단순히 성령의 내적 자극 등이) 이렇게 말해 주는 것이다. "이제 일어날 때야! 충분히 잤어! 태양이 빛나고 있고 정말로 좋은 날이야! 일어나서 제대로 살아 보라고!"

그렇다면 부활절의 메시지는, 하나님이 한번쯤은 대단한 기적을 행하셨지만 그 뒤로는 그런 일을 별로 하시지 않기로 결심하셨다는 것도 아니고, 죽음 이후에 우리가 기대할 수 있는 복된 삶이 있다는 것도 아니다. 부활절의 메시지는 하나님의 새로운 세상이 예수 그리스도를 통해 드러났고, 이제는 우리가 거기에 참여하도록 초대를 받았다는 것이다. 그리고 그 부활이 육체의 부활이었고 현재도 그렇다는 바로 그 이유 때문에, 현재의 세상을 변화시키고 고칠 수 있는 부활절의 능력은 이 세상의 주요 문제에 복음을 적용하는 거시적인 차원과—구 소련의 공산주의 문제와 인종분리 정책이 그러한 거시적 차원의 문제가 아니라면 무엇이겠는가—우리 일상의 자잘한 부분 모두에서 실현되어야 한다. 그리스도인의 거룩은 착해지려고 애쓰는 데 있는 것이 아니라 부활절에 의해 창조된 새로운 세상, 우리가 세례를 통해서 공개적으로 들어간 그 새로운 세상에서 사는 법을 배우는 데 있다. 이 세상에는 우리가 기도하는 것 외에는 아무 것도 할 수 없는 지역들이 많이 있다. 그러나 우리가 무엇이든 할 수 있는 이 세상의 영역, 물리적 실재의 영역이 하나 있는데, 그것은 바로 우리가 '나 자신'이라고 부르는 피조물이다. 개인의 거룩과 이 세상의 거룩은 함께 가는 것이다. 한 가지에 눈 뜬 사람은 분명 다른 한 가지에도 눈 뜨라는 부름을 받을 것이다. 이제 다음 장이자 마지막 장에서 바로 그 내용을 다루게 될 것이다.

15. 사명을 위한 교회의 재구성(2)
_미래를 살다

들어가는 말: 부활절을 어떻게 축하할 것인가?

그렇다면 우리는 어떻게 잠이 확 깬 사람들, 부활절의 사람들로 살아가는 법을 배울 수 있을까? 여기에서 나는 몇 가지 신선한 제안들을 하고자 한다. 나는 많은 교회가 해마다 부활절을 그냥 내팽개친다고 믿게 되었다. 그래서 우리가 교회로서 그리고 개인으로서 우리가 표방하는 대로 살아가도록 서로를 돕기 위해 부활절을 기념하는 방식을 다시 생각해 볼 것을 간청하고 싶다. 여기에서 나는 특히 내가 가장 잘 아는 교회에 대해서 그리고 그들을 향해서 말하는 것이다. 다른 방식으로 부활절을 기념하는 사람들은 적절하게 수정해서 자신들의 상황에 적용하는 데 필요한 만큼 가져갈 수 있을 것이라고 생각한다.

우선 부활절 자체에 대해서 생각해 보자. 이제 많은 교회가 동방 정교회가 언제나 그랬던 것처럼 부활절 전야제를 가진다는 것은 상당한 진전이다. 그러나 많은 경우에 그들은 여전히 매우 밋밋하게 그날을 보낸다. 부활절은 하나님의 창조 능력에 대한 열광적인 기쁨을 표출하는 날이어야 한다. 그다지 성공회답다고 할 수는 없지만 적어도 할렐루야를 웅얼거리는 대신에 소리쳐 부르고, 건물에 초 몇 개를 켜는 대신에 모든 초를 밝히고, 거기에 모인 모든 남자와 여자와 아이, 개와 고양이와 쥐에게 초를 하나씩 나눠 주고, 정말로 큰 화톳불을 피우고, 우리의 세례 서약을 갱신하면서 물을 뿌려야 한다. 이러한 모습에서 조금이라도 물러나는 것은 무슨 심령계의 비법 같은 부활절 체험으로 가는 것이다. 그런데 한 가지 분명한 사실은 부활절은 심령계의 일도 아니고 몇몇 사람만이 아는 비법도 아니라는 것이다. 부활절은 진짜 예수님이 진짜 무덤에서 나와서 하나님의 진짜 새 창조를 시작하는 사건이다.

그러나 제일 큰 문제는 부활 주일 다음 날인 월요일이다. 우리는 사순절을 지키면서 그 의미에 대해 생각하고, 자기부인에 대한 설교를 들으면서 적어도 약간은 우울하게 40일을 보내다가 성 주간에 가장 고조되어 세족 목요일과 수난 금요일에 절정에 이르는데, 약간 이상한 성 토요일 이후에 **단 하루만** 축하의 날을 보낸다는 것은 내가 보기에 터무니없고 정당하지 않다.

부활 주일 이후에 오는 일요일도 여전히 부활절 시즌 안에 들어 있다는 말은 맞다. 부활 주일 이후로도 몇 주간 우리는 부활절 관련 구절을 읽고 찬송을 부른다. 그러나 부활 주일에 바로 이어서 오는 주간이 모든 목회자가 안도의 한숨을 쉬며 휴가를 떠나는 기간이 되어서는 안 된다. 그 대신 8일 내내 축일로 보내야 한다. 아침 기도 시간 이후에, 심지어는 이전에도 샴페인을 나누어 주고 할렐루야와 여러 찬송가와 대단한 성가들을 불러야 한다. 우리 자신은 그렇게 열광적인 파티를 벌이지 않으면서 사람들이 예수님의 부활을 믿기 힘들어 한다고 의아해한단 말인가? 우리의 전례에서 그것을 열광적으로 기념하지 않으면서 부활을 **살아내기가** 힘들다고 의아해한단 말인가? 40일간의 금식과 우울의 기간 끝에 덧붙여진 단 하루의 행복한 결말로서만 부활절을 축하하면서 세상이 별로 알아채지 못한다고 의아해한단 말인가? 우리가 교회에서, 가정에서, 개인의 삶에서, 우리 삶의 모든 체계 안에서 부활절을 어떻게 보내고 있는지를 자세히 들여다 볼 때가 이미 지나도 한참 지났다. 그것이 우리가 소중하게 여기는 일부 습관들을 다시 생각해 보는 것을 의미한다 할지라도 그것 때문에 망설일 수는 없다. 그런 일은 언제나 놀라움으로 다가온다.

이왕 하는 김에 좋은 부활절 찬송가도 더 만들고, 부활절을 제대로 이해하고 축하하는 기존의 좋은 찬송가도 많이 찾아내면 좋을 것이다. 부활절을 단순히 이생이 지나면 복된 삶으로 갈 수 있는 티켓 정도로 취급하지 말고 말이다. 흥미롭게도 대부분의 좋은 부활절 찬송가들은 초대교회 때의 것이 많으며, 대부분의 나쁜 찬송가들은 19세기의 것이 많다. 그러나 우리는 창의적이고 새로운 방식으로 부활절을 축하할 수 있는 길을 찾아야 한다. 미술, 문학, 어린이 게임, 시, 음악, 춤, 축제, 종소리, 특별 연주회 등 무엇이든 생각나는 대로 말이다. 부활절은 우리의 가장 위대한 축제다. 성탄절을 빼버리면 성경에서 마태복음과 누가복음의 첫 두 장을 제외한 나머지는 그대로 남는다. 그러나 부활절을 빼버리면 신약성경 전체가 없어질 것이다. 뿐만 아니라 기독교가 없어질 것이고, 바울이 말하는 대로 우리는 여전히 우리 죄 가운데 있을 것이다. 이 세속적 세상이 온갖 일정과 습관과 유사 종교 체험과 귀여운 부활절 토끼 인형으로 우리를 궤도에서 이탈시키게 내버려 두어서는 안 된다. 그날은 우리에게 최고의 날이다. 우리는 깃발을 내걸어야 한다.

특히 사순절이 무엇인가를 포기해야 하는 시기라면, 부활절은 무엇인가를 취하는 시기가 되어야 한다. 다시 한 번 아침 식사에 샴페인을 내와야 한다. 그리스도인의 거룩은 단순히 부정적인 것만을 의미하지 않는다. 물론 때로는 정원에서 잡초를 뽑아야 하고, 때로는 병꽃풀을 파내기 위해 꽤 힘들여 삽질을 해야 한다. 이것이 바로 사순절이다. 그러나 다 파내고 그냥 말끔한 땅만 있는 상태로 정원을 되돌려 놓는 것을 우리는 원하지 않을 것이다. 부활절은 새로운 씨앗을 심고 모종도 옮겨 심고도 해야 하는 때다. 만약에 갈보리가, 우리가 그리스도인으로서 그리고 진정한 인간으로서 번창하기 위해 우리 삶에서 죽어야 하는 것들을 죽이는 것을 의미한다면, 부활절은 우리 삶에 꽃을 피우고, 온갖 향기와 색채로 정원을 채우고, 때가 되면 열매를 맺어야 하는 것들(개인적인 것과 집단적인 것 모두)을 심고, 물을 주고, 모양을 다듬는 것을 의미한다. 승천 때까지 40일간의 부활절 기간은 새로운 임무나 모험, 또는 무언가 유익하고 풍성하고 적극적이고 자기를 내어 주는 그런 일을 시작함으로써 사순절과 균형을 이루는 시기여야 한다. 그런 일을 단 6주밖에 못할 수도 있다. 6주의 사순절 기간 그 이상은 담배나 맥주를 끊을 수 없는 것처럼 말이다. 그러나 일단 시작해 보면, 한 번도 상상하지 못했던 새로운 가능성, 새로운 희망, 새로운 모험의 맛을 볼 수 있다. 자신의 가장 내밀한 삶에 부활절의 기운을 가져올 수도 있다. 전혀 새로운 방식으로 잠에서 깨어날 수도 있다. 그것이 바로 부활절의 핵심이다.

공간-시간-물질: 구속된 창조계

이 시점에서 우리는 심각한 현재의 문제에 직면해야 한다. 젊은 이들이 교회로 오고 여러 가지 새로운 에너지와 음악과 시도들로 새로운 생명이 분출하고 있는 서구의 많은 교회들이, 동시에 꽤 고의적으로 주류 교회의 전통적 관습들―교회 건물, 전례, 공식 기도 그리고 심지어 어떤 곳에서는 (간혹 마지못해서 하는 것을 제외하고는) 성례전 자체도―을 내버리는 경우가 많다. 내가 생각하기에 이러한 현상은 서구 기독교 문화에 잠재되어 있는 개신교주의 (Protestantism)에서 비롯된 것 같다. 즉 건물과 전례 같은 것은 본질적으로 영적이지도 않고, 아무런 영감도 주지 못하며, 지루한 것이고, 그러한 것이 적으면 적을수록 좋다고 은연중에 믿는 것이다. 이러한 노선을 택한 신생 교회의 많은 사람들 그리고 전통 교단 내에서도 이러한 새로운 표현 방식을 택한 많은 사람들은, 실제로 자신들의 전통 교회에 생기가 별로 없다고 느꼈다. 그러한 사람들은 그리스도 안에서 사는 새로운 삶의 즐거움을 발견하고는 자신들이 이제까지 지루하고, 근엄하고, 심지어는 영적이지 않다고 여겼던 모든 것을 기꺼이 내버렸다. 사실 많은 사람에게 있어서 신앙의 '새로운 표현 방식'이란 교회 건물이 없고, '예배'라고 하는 것도 없고, 전례도 없으며, 고정된 시간이나 요일도 없고, 성례전도 없는―적어도 공식적 성만찬은 없다. 집에서 하는 유사 성례전 같은 것은 다양하게 있겠지만, 그것은 또 다른 이야기다―것을 의미한다. 일부 독자들은 사명을 위한 교회의 재구성을 다루는 이 마지막 장에 와서 내가 이와 같은 대중적 차원의 거침없는 개신교주의―이러한 현상에 대한 올바른 명칭이다—에 동의할 것이라고 기대할 수도 있겠다.

만약에 그렇다면 미안하지만 나는 그들을 실망시킬 수밖에 없다. 분명하게 말하자면, 경제와 마찬가지로 예배에서도 '혼합주의'를 택하는 것에 나는 전적으로 찬성한다. 우리는 지역적으로나 지구적으로 다면화된 사회에 살고 있기 때문에, 하나의 크기나 모양이 예배에 참여할 마음이 있는 모든 사람에게 들어맞기를 기대하는 것은 어리석은 일일 것이다. 그러나 새 창조의 논리 때문에 내가 생각해 보지 않을 수 없는 몇 가지의 것들이 있는데, 그것이 유익한 고찰이 되기를 바란다. 이러한 고찰은 그리스도인의 삶에서 나타나는 새로운 표현 방식에 대한 열정을 가라앉히기 위해서가 아니라 바나나 껍질과 함께 바나나까지 버려서는 안 된다는 사실을 상기시키기 위해서 하는 말이다. 예수님의 위대한 비유 중 하나처럼, 식물이 왕성하게 자라지만 뿌리가 없을 위험은 언제나 있다. 물론 뿌리는 매우 깊지만 다른 것들에 눌려 질식하는 식물도 있다. 다시 말해서 교회의 옛날 형식을 맹목적으로 고수해서도 안 되고, 마찬가지로 맹목적으로 모든 전통을 저버리고 끊임없는 혁신만을 주장해서도 안 된다. 우리는 반드시 우리 앞에 놓인 희망에 시선을 고정시켜야 하고, 우리의 도약대인 예수님의 부활에 시선을 고정시켜야 하며, 그것에 맞게 이 세상에서 우리의 예배와 우리의 일을 재정리해야 한다.

그렇다면 우리의 출발점을 다시 떠올려 보자. 하나님이 예수님의 부활을 통해 구속하기 시작하신 창조 질서는, 하늘과 땅이 서로 분리되는 것이 아니라 함께 있도록 계획되었다. 그렇게 함께함으로써, 하나님이 처음에 창조에 대해서 말씀하신 '심히 좋은' 상태가 폐지가 되는 것이 아니라 오히려 향상된다. 신약성경은 결코 새 하늘과 새 땅이 임할 때, 하나님이 "첫 창조가 결과적으로 그렇게 좋은 것은 아니었지? 그런 시간-공간-물질을 없애버려서 기쁘지 않니?"라고 말씀하실 것이라고 생각하지 않았다. 그것이 아니라 우리는 시간-공간-물질이라는 세 영역의 차원에서 생각하는 현재의 창조가 향상되는 것, 하나님의 더 큰 목적에 포섭되는 것은 확실하지만 그 세 가지가 결코 버려지지 않는 새로운 세상을 생각해야 한다.

시간-공간-물질이 버려지는 것이 아니라 회복되는 것이라고 생각하게 되면 교회의 삶에서는 어떤 일이 일어나겠는가?

공간의 회복과 변화에 대한 논의는, 최근에 다른 무엇보다도 켈트 전통에서 말하는 '얇은 막의 공간'(thin place)을 새롭게 이해하게 해주었다. 얇은 막의 공간이란 하늘과 땅 사이의 막이 너무 얇아서 거의 다 들여다 보이는 특정 공간을 말한다. 이것은 사실 훨씬 더 광범위한 '공간 신학'의 한 가지 양상에 불과하다. 계몽주의 때부터 서구에서는 '공간 신학'이 상당한 위협을 받았다.[1] 뻔한 비유를 사용해서 말하자면, 사람들이 나무가 여름에 얼마나 많은 그늘을 만들어 주는지, 가을에는 얼마나 많은 열매를 맺는지, 봄에는 얼마나 아름다운지를 막 깨닫기 시작하는 그 순간 고대의 나무들이 다 베어지고 그 자리에 쇼핑센터와 주차장이 들어서는 일이 일어나기 전에 우리는 그 신학을 빨리 되찾아야 한다. 물론 예수님은 이 거룩한 산 혹은 저 거룩한 산으로 예배를 국한시키지 않고, 하나님이 곳곳에 있는 모든 사람을 불러서 자신을 신령과 진리로 예배하게 하신다고 선언하셨다.[2] 그렇다고 해서 하나님이 온 세상을 고치신다는 신학이 약화되는 것은 아니다. 하나님이 온 세상을 고치실 것이라는 신학은 예배와 기도를 위한 공간을 따로 가짐으로써 예견되어야 한다. 교회 건물 그리고 시인 엘리엇의 표현을 빌면 "기도가 유효했던" 다른 장소들은 이 세상으로부터의 후퇴를 의미하는 것이 아니라 이 세상으로 나아가는 교두보를 의미한다. 그것은 온 세상이 기뻐하며 하나님을 찬양하게 될 그날에 대비해서 하나님의 영광을 위하여 하나님이 주신 공간 일부를 주장하는 것이다.

따라서 오래된 교회 건물과 같은 것들이 오늘과 내일을 위해서 하나님이 주신 사명과 아무런 상관이 없는 것이라고 손쉽게 선언하는 것은 어리석은 이원론에 지나지 않는다. (오늘날 많은 사람들이 그런 식으로 말하는데, '선교'를 위해서라고 생각하지만 사실은 이원론에 봉사할 뿐이다. 아니면 손쉬운 이윤을 얻으려고 그러는 것이다.) 물론 교회 건물이 자신의 목적을 다했기 때문에 이제는 철거되거나 다른 용도로 사용되어도 괜찮은 경우들이 많다. 그러나 오늘날 많은 사람들이 다시 발견하고 있는 사실은, 오랫동안 기도와 예배를 위해 사용되면서 신성함을 갖추게 된 공간들이 있다는 점이다. 설명하기 힘들긴 하지만, 사람들은 기도가 더 자연스럽게 잘 되고, 하나님을 더 쉽게 알고 느끼게 되는 공간들이 실제로 있다고 느낀다. 우리는 지리와 영토의 문제를 완전히 무시하기 전에, 전체 창조계를 회복시키겠다는 하나님의 약속의 관점에서 올바른 공간과 장소의 신학을 하나하나 짚어가며 더 깊이 그리고 더 오래 성찰해 보아야 한다. 물론 영토에 대한 주장은 우상숭배가 되거나 남용될 수 있다. 예를 들어 정통 기독교의 외양은 진작 내버린 교회가, '영토에 대한 권리'를 주장하기 위해서 때 아닌 교회법의 권력을 사용하려고 하는 경우처럼 말이다. 아니면 지역 사회를 더 이상 섬기지 않은 지 오래된 몇몇 사람들이 감상적인 이유들 때문에 특정 건물에 집착하는 경우처럼 말이다. 그러나 남용에 대한 해답은 이원론이 아니라 올바른 사용이다.

시간의 갱신과 회복은 적어도 세 가지의 형태를 취한다.

(1) 4세기에 디오니시우스(Dionysius the Insignificant, 스키타이인 수사―역주)가 예수님의 탄생일로 추정되는 날을 기초로 해서 전 세계를 위한 날짜 체계를 만들어 낸 이후, 시간의 회복은 극적인 상징성을 가지게 되었다. 프랑스 대혁명 때처럼 그러한 시간 체계를 바꾸려고 한 (그러나 실패한) 시도들이 있었음에도 불구하고 이 체계가 오늘날에도 거의 전 세계적으로 사용되고 있다는 사실은 서기 이천 년을 앞두고 잠시 주목받았지만 대체로는 무시되고 있다.[3] 잠들어 있는 도시 위로 거대한 교회의 종이 울리는 것처럼 사람들이 듣건 듣지 않건 누군가가 무언가에 날짜를 매길 때마다 그것은 예수님의 주되심을 표방하는 것이다.

(2) 그러나 좀더 특화시켜 말하자면 교회의 **시간**, 즉 교회사의 긴 이야기와 그동안에 누적된 교회의 '전통'은 교회가 어떠한 종말론적 기초와 선교 중심적 관점을 가지고 있는지와 상관없이 진지하게 받아들여져야 한다. 다시 한 번 말하지만 우리는 당연히 우상숭배―한때는 대수롭지 않은 것이었고 이제는 무관한 것들을 숭배하는 것―를 경계해야 한다. 교회가 지혜롭고 신성한 말을 많이 한 것만큼이나 어리석고 악한 말도 많이 했다는 사실을 우리는 늘 인식하고 있어야 한다. 그러나 교회의 이야기는, 어리석음과 실패와 명백한 죄에도 불구하고 우리의 선조에게는 '현재'였던 그 시간에 하나님의 미래가 어떻게 이미 시작되었는지를 들려주는 이야기다. 그

러한 이야기에는 실수도 들어 있고 그 문화의 한계를 벗어나지 못한 생활양식도 들어 있지만 새 창조의 모습들도 가득 담겨 있는, 우리의 관점에서 보자면 이미 역사가 되어버린 '과거'의 유산이다. 말하자면 우리에게는 이미 과거가 되어버린 하나님의 미래의 어떤 부분들이 거기에 있는 것이다.

물론 그 '전통'에서 어떤 것이 그러한 하나님의 미래의 예가 되고, 어떠한 것이 교회가 그 미래를 잘못 이해한 예가 되는지를 분별하는 것은 매우 중요하다. 그러나 전통을 단지 '전통'이라는 이유로 내버린다면, 그것은 포스트모더니티에 항복하는 것이다. 또 나무는 더러운 흙 밑에 묻혀 있으면 안 되고 뿌리부터 열매까지 분명하게 다 보여야 한다고 생각해서 나무의 뿌리를 뽑아버리는, 일종의 극단적 개신교주의에 항복하는 것이다.

(3) 특히 복음서(특히 요한복음) 그리고 바울 서신에서 나타나는 초대교회의 관습을 보면, 아주 초기부터 교회는 **한 주간의 첫째 날**, 즉 부활절 날이 현재 세계에서 하나의 징표가 되었고, 오는 세대의 삶이 이미 침입한 현재의 시간적 질서가 되었음을 알고 있었다. 부활절이 시작된 때부터 부활절을 기념하기 위해 지킨 일요일은—사실 생각해 보면 꽤 놀라운 현상이다—단지 빅토리아 시대의 가치가 남긴 유산이 아니라 모든 시간이 하나님께 속해 있으며 시간을 회복시키시는 예수 그리스도의 주되심 아래 있음을 계속해서 보여 주는 표시이며, 그 날을 지킴으로써 그 표시가 매주 기쁘게 갱신되는 것이다.[4]

물론 예배는 '칠일 중 하루가 아니라 칠일 내내' 드리는 것이어야 한다. 많은 그리스도인들은 여러 가지 이유 때문에 일요일이 긴 예배에 참석하기 어려운 날임을 발견하게 될 것이다. 그러나 초기 그리스도인들은 일요일을 우리의 월요일과 같이 한 주간의 첫째 날로 삼았던 사회에 살았지만 그 첫 날의 상징성을 매우 소중하게 여겼기 때문에, 다시 한 번 부활절을 축하한 후 하나님이 모든 것을 회복하실 그 날을 예견하기 위해 마지막 창조의 제8일, 즉 새로운 주간의 시작을 평소보다 훨씬 더 일찍 일어나 맞이할 준비가 되어 있었다.

시간-공간-물질 중에서 가장 논쟁적인 것은 물론 **물질**이다. 그것은 (개신교의 전통이 언제나 분명히 경고한 것처럼) 우상이 만들어지는 원료다. 그러나 우리가 창조의 선함을 부인하는 플라톤주의에 빠지지 않으려면, 예수님의 육체적 성육신과 부활을 반드시 되찾아야 하고, 창조계 자체가 죽음과 부패에서 해방되어 회복될 것이라는 (그리하여 아마도 「천국과 지옥의 이혼」에 나오는 C. S. 루이스의 뛰어난 상상적 세계에서처럼 현재보다 더 견고하고 더 실재적인 창조계가 될 것이라는) 약속도 반드시 되찾아야 한다. 바로 이와 같은 사고의 틀 안에서 세례와 성만찬이라고 하는 전통적인 기독교의 성례전이 의미를 지니게 된다.

물론 성례전은 단순한 미신과 우상숭배로 변질될 수 있다. 그러나 이스라엘이 언약궤를 전쟁에서 질 때에만 신경 쓰는, 단순히 마술 부적 같은 것으로 취급했을 때 어떤 일이 일어났는지 우리는 결코 잊어서는 안 된다(삼상 4-5장). 언약궤는 빼앗겼고 이스라엘은 전쟁에서 졌다. 그러나 블레셋 사람들이 언약궤를 자신들의 신인 다곤의 성전에 가져다 놓았을 때 다곤이 언약궤 앞에서 그대로 쓰러져 버렸듯이 성례전이 악용된다고 해서 그것의 올바른 용도가 무효가 되는 것은 아니다.

초대교회 이후 세대의 그리스도인들은 세례와 성만찬 때에 실제로 일어나는 일을 제대로 표현할 만한 언어를 찾기 위해 애를 썼다. 그들이 대체로 실패했다는 것은 그리 놀라운 일이 아닐지도 모른다. 왜냐하면 성례전은 원래부터 그것 자체가 자기 자신을 표현하는 언어였기 때문이며, 따라서 거기에서 일어나는 일을 우리가 다양한 각도에서 설명할 수 있을지는 몰라도 그러한 설명들로는 불충분한, 궁극적으로는 번역이 불가능한 것이기 때문이다. (어떤 발레리나는 특정 춤이 어떤 '의미'를 지니는지 말해 달라는 질문을 받았을 때, "내가 그것을 말로 할 수 있다면 굳이 춤으로 나타낼 필요가 없었다"라고 대답했다.) 그러나 미신이나 우상숭배가 될 수도 있다는 이유에서, 혹은 성례전을 가짐으로써 사람들이 마치 하나님이 자신에게 빚을 지고 있는 것처럼 생각할 수도 있다는 이유에서 성례전을 (그리고 촛불을 켜거나, 몸을 굽히거나, 발을 씻거나, 손을 들어 올리거나, 십자가를 긋거나 하는 등의 유사 성례전적 행위들을) 거절하거나, 주변화시키거나, 사소하게 만들거나, 성례전 자체에 대해 의혹을 갖는 것은 마치 성행위가 결혼 관계가 아닌 상황에서는 부도덕한 행위가 된다는 이유에서 결혼 관계 안에서의 성행위까지 거절하는 것과 같다. 이 점과 관련해서 이전 세대에 있었던 전문적인 예배의 표시들—가운을 입은 성가대, 행렬, 오르간 연주자 등—을 다 없애버리고는 (음향, 조명, OHP, 그리고 파워포인트 등등을 관리하는 유능한 인력을 필요로 한다는 면에서) 그것과 비슷한 정도의 전문성을 요하는 새로운 형태의 예배를 만들어 낸 교회들을 보면 재미있다는 생각이 든다. 두 가지 형식 모두 문제가 없다.

두 가지 형식 모두 하나님의 영광을 위해 사용할 수 있고 마땅히 그래야 한다. 그러나 이전의 예배 형식은 덜 '영적'이고 전기를 이용하는 현대의 형식이 더 가치가 있다는 식의 태도는 순전히 문화적 편견일 뿐이며 그런 태도가 등장할 때마다 우리는 기꺼이 비웃을 수 있어야 한다.

(훨씬 더 길게 논증을 할 수 있지만 현재로서는 간략하게) 이렇게 한번 생각해 보기 바란다. 성만찬에서 빵과 포도주는 하나님의 새 창조의 일부로서, 예수님이 이미 부활을 통해 동참하고 있는 그 창조의 일부로서 의미를 가진다. 이 의식은 (악수든, 입맞춤이든, 계약서를 찢는 행위든 간에) 암호화된 행동이 가진 매우 강력한 방식으로, 우상 숭배와 죄를 패배시킨 예수님의 죽음과 창조계를 회복시킬 그분의 재림을 동시에 보여 준다(고전 11:26). 우리는 그러한 실재를 기반으로 살아간다. 비록 그것이 어떤 **종류**의 실재인지 개념화하기가 힘들 수 있지만 말이다. 부활절과 최종적 회복 사이의 긴장 속에서 살고 있는 우리는 그 의식을 통해 회복된다는 것을 앎으로써 긴장을 풀고 성례전이 우리에게 주는 모든 것을 즐길 수 있게 된다.

교회가 바로 시간-공간-물질의 세계 안에서 그리고 그 세계를 위해서 자신의 사명을 새롭게 하는 것이라면, 우리는 그 세계를 무시하거나 주변화시킬 수 없다. 오히려 우리는 하나님 나라를 위해서, 예수님의 주되심을 위해서 그리고 성령의 능력 안에서 그 세계를 주장하여 **그 나라를 위해서 일하고, 그 주되심을 선언하고, 그 능력으로 변화시킬 수 있어야 한다**. 우리는 사람들에게 노래를 가르칠 때 먼저 악기부터 없애버리지 않는다. 이와 같이 교회의 사명에도 구조적인 차원에서 우리의 현재 시간과 공간과 물질이 거절의 대상이 아니라 구속의 대상이라는 인식이 있어야 한다. 예수님의 부활과 최종적으로 하늘과 땅에 있는 모든 것이 하나가 되는 때 사이에서 산다는 것은, 하나님이 이 세상을 버리는 것이 아니라 치유하시는 것을 축하한다는 의미다. 하늘과 땅이 다시 한 번 교차하면서 하나님은 공간을 회복하시고, 해와 주와 날이 회복의 언어를 말하면서 시간을 구속하시고, 생명의 회복을 가리키는 성례전을 통해서 물질 자체를 구속하신다. 세례는 그 생명을 씻어 주고 성만찬은 그 생명을 먹여 준다. 시간-공간-물질을 주변화하려는 일부 '이머징 처치' 경향에도 불구하고, 여전히 나는 우리가 나아가야 할 길이, 참된 종말론을 재발견하고, 그 종말론을 예견하는 것에 뿌리를 두고 있는 참된 선교를 재발견하고, 그와 같은 예견을 구현하는 교회의 형식들을 재발견하는 것이라고 확신한다.

부활과 선교

그렇다면 교회가, 회복된 예배로부터 회복된 선교로 나아갈 때의 모습은 어떻겠는가?

교회의 선교란, 성령의 능력 안에서 예수님의 육체적 부활을 실현해 내고, 그럼으로써 하나님이 이 세상을 자신의 영광으로 채우고, 옛 하늘과 땅을 새 것으로 바꾸고, 자신의 백성을 죽음 가운데서 살려내어 회복된 세상을 다스리게 하실 그때를 예견하는 것 이상도 이하도 아니라는 것이, 내가 지금까지 이야기한 것들을 통해서 분명해졌기를 바란다.

만약 그렇다면, '선교'는 오랜 정신분열증에서 빨리 회복되어야 한다. 내가 앞서 말한 것처럼, '영혼 구원'과 '이 세상에서 선한 일을 하는 것'이 서로 분리된 것은 성경이나 복음의 결과가 아니라 서구 세계 안에서 성경과 복음이 문화적으로 속박된 결과다. 시간-공간-물질이 회복될 것이라는 바로 그 약속 때문에 희망도 회복되는 두 장 앞의 내용(정의, 아름다움, 전도)으로 돌아가 보자. 시간-공간-물질은 실재의 사람들이 살아가고, 실재의 지역 사회가 형성되며, 어려운 결정들이 내려지고, 학교와 병원이 복음의 '지금, 이미'를 증언할 때 경찰과 감옥은 '아직'을 증언하는 곳이다. 또한 국회와 시의회에서부터 동네 순찰대에 이르기까지 모든 것이 더 큰 지역 사회의 이익을 위해 설립되고 운영되는 곳이다. 그 지역 사회에 무정부 상태가 오면 언제나 (신체적으로 뿐만 아니라 경제적 혹은 사회적으로도) 힘을 행사하는 자가 이기게 될 것이고, 약하고 힘없는 자들은 언제나 보호가 필요할 것이다. 따라서 사회의 정치적·사회적 구조도 창조주의 구속 계획 속에 포함될 수밖에 없다.

그리고 예수님의 부활 메시지에 의해 회복된 교회는 바로 그 시간-공간-물질 안에서 일하는 교회가 되어야 하고, 그곳을 하나님의 나라, 예수님의 주되심 그리고 성령의 능력이 이루어지는 자리로 앞장서서 만들어 나가는 교회가 되어야 한다. 시의회와 국회는 지혜롭게 행동할 수 있고 종종 그렇게 하기도 한다(이것은 교회가 구비하고자 노력해야 하는 복음의 '이미'의 측면이다). 비록 그들이 때로는 폭력과 부패의 대리인이 될 수 있기 때문에 언제나 면밀한 조사가 필요하고 그들에게 책임을 물어야 하지만 말이다(이것은 교회가 적극적으로 경계해야 하는 복음의 '아직'의 측면이다).

따라서 이 세상으로부터의 후퇴가 아니라 이 세상으로 들어가는 교두보로서 신성한 **공간**을 진지하게 받아들이는 교회라면, 지성소에서 예배를 드리고는 곧바로 시의회의 의원실로 가서 도시 계획의 문제에 대해서, 건축물의 조화미와 인간미에 대해서, 녹지에 대해서, 도로의 교통 체계에 대해서 그리고 (특히 모든 면에서 도움이 필요한 시골 지역들의) 환경 문제와 창의적이고 건강한 농업 기법과 자원의 올바른 사용에 대해서 적극적으로 논쟁을 벌여야 할 것이다. 내가 주장한 것처럼, 온 세상이 이제는 하나님의 거룩한 땅인 것이 사실이라면, 그 땅이 못쓰게 되어 버렸고 손상되어 있는 한 우리는 가만히 있어서는 안 된다. 이것은 교회가 해야 하는 선교의 '추가적' 부분이 아니라 핵심적 부분이다.

예수님이 모든 **시간**의 주님이라는 사실을 진지하게 받아들이는 교회는, 편지나 서류에 날짜를 쓸 때마다 그냥 조용히 축하하지 않을 것이고, 일요일을 하나님의 새로운 창조를 축하하는 날로 지키기 위해서 가능한 노동을 쉬려고만 (그리고 칠일 내내 일하는 인간의 어리석음을 지적하기만) 하지 않을 것이며, 예배와 노동의 적절한 리듬으로 자신의 삶을 정돈할 방법만을 찾지 않을 것이다. 그것을 진지하게 받아들이는 교회는 사무실과 가게의 노동 리듬에, 지역 의회에, 국가 공휴일에, 그리고 모든 공공 생활에, 지혜와 신선한 인간적 질서를 가져오려고 노력할 것이다. 우리 사회에서 일어나는 일들은 당연하게 받아들일 수 있는 것들이 아니다. 내가 사는 동안만해도 온 도시가 성 금요일과 부활절을 지키다가 그 위대한 날이 그저 축구 경기나 더하고 텔레비전에서 옛날 영화나 더 틀어주는 (그나마 예수님이나 복음과 조금이라도 관계가 있는 것은 하나도 없는 경우가 많은) 날들로 바뀌는 엄청난 변화가 있었는데, 그것은 사회가 자신의 뿌리를 잃고 당대의 우세한 사회적 흐름을 따라가면 어떻게 되는가를 보여 주는 지표다. (시간을 단지 자기 자신의 이익을 위해서 '소비하는' 소모품으로 쓰는 것이 아니라, 그리고 그렇게 시간을 소비함으로써 다른 사람에게 또 다른 혹독한 노동거리를 주는 것이 아니라) 시간을 하나님의 좋은 선물로 회복하는 것은 교회가 해야 하는 선교의 '추가적' 부분이 아니라 핵심적 부분이다.

그리고 물론 예수님 안에서 그리고 예수님을 통해서 창조주 하나님이 **물질**의 세계를 다시 한 번 붙드시고 자신의 인격과 현존으로 그것을 변화시키셨으며, 언젠가는 물이 바다를 덮음 같이 그 세계를 자신의 지식과 영광으로 채우실 것이라는 사실을 진지하게 받아들이는 교회는, 그리스도 안에서 오시는 하나님을 성례전 안에서 그리고 성례전을 통해서만 축하하려하지 않고, 세례와 성만찬에 이어서 하나님의 치유하시고 변화시키시는 현존을 실재 생활의 물리적인 문제들 속에서 실현하려 할 것이다. 주교를 하면서 가장 즐거운 일 중 하나는 '평범한' ('평범한' 그리스도인들이 정말로 있다는 것이 아니라, 무슨 의미인지 알 것이다) 그리스도인들이 교회에서 예배를 드린 직후에 거리로 나가서 사람들의 물리적인 생활에 근본적인 변화를 가져오는 모습을 보는 것이다. 한부모 가정의 아이들을 위한 놀이 모임을 운영함으로써, 경제의 최하위층에 있는 사람들이 책임 있게 빚을 갚을 수 있도록 도와줄 수 있는 신용 조합을 조직함으로써, 더 나은 주택 공급을 위해 노력함으로써, 위험한 도로 건설에 반대함으로써, 마약 재활 센터를 세우고 알코올과 관련된 지혜로운 법률을 제정함으로써, 좋은 도서관과 스포츠 시설을 세움으로써, 하나님의 주권적 통치가 구체적인 현실에까지 영향을 미칠 수 있도록 캠페인을 벌임으로써 그러한 일을 구체화하는 것을 볼 때가 가장 즐겁다. 다시 한 번 말하지만 이 모든 것은 교회가 해야 하는 선교의 '추가적'인 부분이 아니라 핵심적인 부분이다.

교회가 시간-공간-물질의 관점에서 자신의 임무를 수행하는 이와 같은 방식이 내가 앞에서 사용한 정의와 아름다움이라고 하는 범주에 꼭 들어맞는다는 사실을 잘 알 것이다. 그러나 그것은 또한 전도와도 직접 연관이 된다. 교회가, 예수님 안에서 보게 되는 하나님을 예배하는 일에서 더 나아가 변화가 절실하게 필요한 실재 세상을 바꾸는 일들을 하게 된다면, 또한 예수님의 식탁에서 밥을 먹는 자들이 가난과 기아를 없애는 일에도 앞장서는 자들이라는 것이 분명해지면, 성령이 자신을 통해 일하시기를 기도하는 사람들이, 상처받고 망가지고 수치를 당한 사람들을 돌보는 일에 더 많은 사랑과 인내를 발휘한다고 인정받게 된다면 사람들은 '종교에는 관심이 없다'고 스스로 생각할지라도 자신이 참여하고 싶은 어떤 일이 일어나고 있다는 사실을 자연스럽게 깨달을 것이다. 사도행전의 저자가 사용했을 법한 용어로 표현하자면, 교회가 하나님 나라를 살아내면, 하나님의 말씀이 왕성하게 전파되고 그 말씀이 알아서 제 할 일을 할 것이다.

물론 이러한 사명의 작은 부분 이상을 시도할 수 있는 개인은 없다. 그렇기 때문에 선교는 교회 전체의 일이고, 언제나 해야 하는 일이다. 어떤 사람들은 하나님이 장애가 있는 어린이들과 일하라고 부추기는 것을 느낄 것이다. 어떤 사람들은 지방 정부에서 일하라는 부름을 느낄 것이다. 또 어떤 사람들은 예술적인 일이나 교육적인 일에 조용한 만족을 느낄 것이다. 모두가 서로에게서 지지와 격려를 받아야 한다. 모두가 예배의 삶을 중심으로 하는 교회로부터 자양분을 받아야 한다. 또한 그 교회는 예수님의 친구들이 이 세상에서 자신이 받은 사명을 따르다가 다시 예배드리러 돌아올 때 자신의 자양분을 받을 것이다.[5]

이러한 활동의 상당 부분은, 다른 믿음을 가지고 있거나 믿음이 전혀 없는 사람들이 하고 있는 일 그리고 그들이 종종 아주 잘하고 있는 일과 자연스럽게 중복될 것이다. 그것은 우리가 예상하고 기쁘게 받아들여야 하는 일이다. (모든 이원론과는 반대로) 한 분이신 참 하나님이 모든 것의 창조주시고, 이 세상에 자신의 증인들을 남겨 두신 것이 정말로 사실이라면 말이다. 바울이 빌립보 교인들에게 한 충고는 낙관적이었다. 비록 그들이 믿음 때문에 고난받고 있고, 이 세상에서 후퇴하여 이원론적이고 분파적인 심리 구조에 빠질 수 있음을 그들도 알았고 바울도 알았지만 말이다. "무엇에든지 참되며 무엇에든지 경건하며 무엇에든지 옳으며 무엇에든지 정결하며 무엇에든지 사랑 받을 만하며 무엇에든지 칭찬받을 만하며 무슨 덕이 있든지 무슨 기림이 있든지 이것들을 생각하라."[6] 이러한 것들을 생각해 볼 때 우리는 예수 그리스도 안에서 그리고 그분을 통해서 창조주 하나님에 대해 더 많은 것을 발견하게 될 것이고, 효과적으로 일할 수 있는 준비를 하게 될 것이다. '이 세상'에 맞서서가 아니라 모든 선의의 씨앗, 생명을 가져오고 향상시키고자 하는 모든 것의 씨앗을 가지고 말이다.

물론 바울은 그 편지에서 우리에게 순진하게 생각하지 말라고 촉구하고 있다. 내가 묘사한 여러 가지 방식들로 교회가 증언을 할 때 기득권 세력, 부패한 정책과 정치가들, 압제자들, 폭력을 쓰는 사람들 그리고 인종적·문화적으로 고착화된 사회들이 위협과 공격을 받는다는 느낌을 가질 수 있는 지점과 상황들이 많이 있다. 오늘날 서구 사회에서 기독교적 상징과 축일들을 금지하는 '정치적으로 올바른' 행위들에 직면한 교회에게 그것은 놀라운 일이 아니다. 더 나은 주택 공급, 농장이나 공장 노동자들을 위한 더 나은 환경 등을 위한 사회 운동을 벌이려는 시도를 해 본 사람들에게도 그것은 놀라운 일이 아닐 것이다. 그들은 은밀하게 그러나 무자비하게 다른 사람들을 착취해 온 사람들이 걷잡을 수 없는 분노를 표출하는 것을 보았다.

그러나 그렇게 착취하는 사람들이 교회에 어떤 말을 할지 생각해 보라. 그들은 교회의 본업인 '영혼 구원'의 일로 돌아가라고 반복해서 말할 것이다. **기독교적 희망의 근본적인 왜곡은 현재의 세상을 그대로 내버려 둠으로써 악이 아무런 저지도 받지 않고 활동할 수 있게 하는 정적주의에 있다.** 바로 이 지점에서 희망의 '놀라움'이 많은 사람들을 불시에 습격한다. 그래서 사람들은 우리에게 그리스도인의 '희망'이 무엇이어야 하는지에 대한 **자신들의** 생각을 말해 준다. 그들이 제시하는 희망은 시간-공간-물질의 현재 세계를 더 나은 곳으로 만들어야 할 필요성과 용기를 모두 **빼앗아** 간다.

바로 이 지점에서 교회는, 타협하지 않으면서 협력하고 이원론에 빠지지 않으면서 대립할 줄 아는 기술을 배워야 한다. 바깥 세상에서 이미 좋은 일들이 행해지고 있고 우리는 거기에 반드시 참여해야 하지만, 복음을 거스르는 행동을 하도록 요청받을 수도 있는 지점을 늘 경계해야 한다. 바깥 세상에서는 나쁜 일들도 일어나고 있고 우리는 언제나 그것에 반대해야 하지만, 이미 하나님의 위대함으로 가득한 이 세상에서 한 발 물러서는 단순한 이원론자들이 되어버리는 지점 또한 늘 경계해야 한다. 이러한 일들은 시기적으로 좋은 때에라도 어려운 일인데, 약 이백 년 동안 이러한 관점에서 생각하지 않고 살아온 서구인들에게는 더욱더 어렵다. 이번에도 우리는 윌리엄 윌버포스와 같은 사람들에게서 배워야 한다. 갑자기 예수님이 말씀하신 그 모든 재치 있는 말들이 와 닿는다. 이제 우리는 21세기라고 하는 실재 세상에서 뱀처럼 지혜롭고 비둘기처럼 순결하라는 말의 의미를 생각해 볼 때다.

나는 '선교 중심의 교회'가 희망이 중심이 되는 선교를 해야 한다고 주장했다. 그리고 예수님의 부활에 뿌리를 두고 있는 진정한 기독교의 희망은, 하나님이 모든 것을 회복시키시고, 타락과 부패와 죽음을 극복하시고, 온 우주를 자신의 사랑과 은혜와 권능과 영광으로 채우시는 것에 대한 희망이라고 말했다. 나는 또한 이와 같은 선교의 일을 정말 효과적으로 하려면, 하나님이 시간-공간-물질을 회복하시는 것에 교회의 삶이 진정으로 그리고 기쁘게 뿌리를 두고 있어야 한다고 주장했다. (다시 한 번 내가 여러 번 사용한 은유를 사용하자면) 뿌리가 파헤쳐진 나무로부터 열매를 얻으려고 하는 것은 쓸모없는 일이다.

물론 나는 "'전통적 교회'를 잘 하면 선교도 따라올 것"이라고 말하는 것이 아니다. '전통적 교회'는, 전통은 지나치게 많고 교회는 충분하지 않은 경우가 너무도 많았다. 내가 말하고자 하는 것은, 복음에 나타난 우리의 희망에 대해서 잘 생각해 보고, 창조의 회복이 그리스도 안에 있는 모든 것의 목표인 동시에 부활을 통해 이미 이루어진 성취임을 깨닫고, 그러한 궁극적인 목표의 예견으로써 그리고 예수님이 자신의 죽음과 부활을 통해 이미 성취하신 일의 이행으로써 정의와 아름다움과 전도의 일을 하고, 공간-시간-물질을 회복하는 일을 하라는 것이다. 이것이 바로 하나님의 진정한 사명으로 가는 길이고 그 사명에 의해서 또 그 사명을 위해서 교회를 형성하는 길이다.

물론 이 말은, 이 사명을 위해 더 큰 세상에서 일하는 사람들은 반드시 자기 자신의 삶에서도 똑같은 것을 살아내고, 모방하고, 경험해야 한다는 뜻이다. 실제적인 사명을 수행하지 않는 사적인 경건성은 궁극적으로 정당화될 수가 없다. 이것은 자신이 삶에서 받는 도전—즉 하나님 나라, 예수님의 주되심 그리고 성령의 능력의 도전—을 피하기 위해서 사회적·문화적 혹은 정치적 영역에서의 활동을 연막으로 사용하는 사람들이 궁극적으로 정당화될 수 없는 것과 마찬가지다. 복음이 우리를 변화시키지 않는다면, 그것이 다른 것을 변화시킬 것이라고 어떻게 알 수 있겠는가?

어떤 관점에서 보면, 이제 내가 이야기하고자 하는 것이 다소 '평범한' 주제로 돌아가는 것처럼 보일 수 있다. 그러나 이 마지막 장의 마지막 부분에서 나는, 기독교 영성의 기본 훈련, 즉 교회가 정의, 아름다움 그리고 전도라는 이 시간-공간-물질의 사명을 수행하기 위한 자양분을 얻는 훈련들이, 이 놀라운 희망—예수님의 부활에 뿌리를 두고 있고 온전하게 다 이루어진 하나님의 새 창조를 예견하는 희망—의 맥락에서 볼 때 가장 잘 이해될 수 있다고 주장하고자 한다.

부활과 영성

지면이 부족하기 때문에 기독교 영성의 여섯 가지 핵심적 측면을 간략하게 제시할 수밖에 없겠다. 그 여섯 가지를 하나님의 놀라운 희망의 일부로 보게 되면, 즉 잠에서 깨어나 하나님의 새로운 세상에서 일어나라고 우리를 부르는 그 부활절의 외침으로 보게 되면 그것들을 새로운 각도에서 볼 수 있을 것이다.

새로운 탄생과 세례

새로운 탄생을 가장 인상적으로 언급하고 있는 본문 중 하나가 바로 베드로전서다. 하나님이 큰 자비로 우리에게, 죽은 자 가운데서 살아나신 예수 그리스도의 부활을 통해서 산 소망의 새로운 생명을 주셨다.[7] 예수님의 부활은 이 새로운 탄생과 그에 따른 결과를 가져오는 직접적인 도구다. 부활절에 일어난 일 때문에 이 모든 것이 가능해졌다. 이 세상에 새로운 실재가 시작되었다. 거룩하게 우리 자신의 부활을 소망하며 사는 새로운 종류의 삶이 내면과 외면 모두에서 시작되었다. 물론 역사적으로 기독교 안에도 새로운 탄생을 설교하고 경험하는 것을 핵심으로 하는 운동들이 더러 있었고, 특히 복음주의 운동이 그러했다. 복음주의가 종종 조롱받고 희화화되기는 했지만(기자들이 지미 카터 대통령을 두고 '너무 자주 태어나는 것' 같다고 비웃듯이 말하곤 했던 것을 나는 기억한다), 여전히 정당하게 자리의 자리를 지키고 있다.

그러나 새로운 탄생을 핵심적인 영적 체험으로 강조한 운동들이 해 내기 힘들었던 일은, 신약성경에서처럼, 그것과 함께 가는 세례의 신학을 만들어 내는 일이었다. 복음주의가 그 일을 해 내지 못했기 때문에 오순절주의의 특징인 성령 세례에 대한 여러 가지 신학들이 생겨나게 되었다. 하지만 그것은 또 다른 이야기가 될 것이다. 세례도 물론 예수님의 부활과 밀접하게 연결되어 있는데, 특히 두 개의 본문에서 찾아 볼 수 있다. 바로 로마서 6장과 골로새서 2장이다.

먼저 세례를 이해하기 위해서는 성례전 신학에 대해서 언급해야 한다. 나는 성례전을 창조와 새 창조의 신학, 하늘과 땅이 겹쳐지는 신학 안에서 이해할 때 가장 잘 이해할 수 있다고 믿게 되었고, 이 책에서 계속해서 그 신학을 살펴보았다. 예수님의 부활은 우주적 역사와 실재에 새로운 상태를 가져왔다. 하나님의 미래가 현재로 들어왔고, (간혹 꿈을 꿀 때 우리가 꿈에서 일어나는 사건을 밖에서 지켜 보면서도 동시에 그 사건 안에 **들어가 있는** 경우처럼) 성례전은 단순히 새 창조의 실재를 보여 주는 징표가 아니라 새 창조의 일부가 되었다. 따라서 세례의 사건—그 행위, 물, 내려갔다가 다시 올라오는 동작, 새 옷—은 새로운 탄생, 새로운 가족의 구성원이 되는 것(모든 탄생은 구성원이 되는 자격을 준다)을 상징적으로 보여 주는 이정표가 아니다. 그것은 실제로 그 구성원이 되는 길이다.

물론 모든 전통에 속한 모든 목사들이 잘 아는 것처럼, 이 세례를 받고도 새로운 가족이나 새로운 삶과는 별개이고 싶어하는 사람들이 많이 있는 것은 사실이다. 그러나 이것은 세례에 대한 바울의 매우 실재적인 표현에 대한 반증이 되지 못한다. (또한 어린아이에게 세례를 주는 것에 대한 반증도 되지 못한다. 나중에 '길을 벗어날 수도 있다'는 문제는 어른들에게 주는 세례도 마찬가지로 안고 있는 문제다.) 사실 고린도전서 10장을 보면 바울 자신도 그러한 문제에 직면한 적이 있는 것 같다. 세례를 받은 사람들이 그것에 합당하게 살기를 거부했던 것이다. 이 문제를 다룰 때 그는 그들이 하나님의 백성이 된 사실을 부인하는 것이 아니라 오히려 전제한다. 그 결과는 엄중한 경고다. 하나님의 자비를 믿고, 구성원이라는 자신의 특권을 믿고, 주제넘게 행동하는 사람은 하나님이 심판하실 것이다.

그렇다면 중요한 것은, 삼위일체 하나님의 이름으로 누군가를 물속에 담그는 단순하지만 강력한 행위에는, 실제로 옛 창조에 대해서는 죽고 새 창조에 대해서는 살아나는 과정이 포함된다는 것이다. 그리고 그 행위를 통해서 탄생한, 아직은 구속받지 않은 세상에서의 새로운 삶에는 모든 위험한 특권과 책임이 함께 따라온다. 세례는 물로 하는 마술도 아니고 단순한 시각적 보조 자료도 아니다. 그것은 예수님 자신이 확립하신, 하늘과 땅이 교차하는 지점, 새 창조와 부활의 생명이 옛 창조 안에 나타나는 지점 중 하나다. 세례와 부활절을 연결시키는 것은 예나 지금이나 올바른 기독교적 본능에서 비롯된 것이라고 하겠다. 많은 그리스도인들이 부활절의 진리를 완전하게 포착해서 그것에 근거해 행동하기보다는 그 진리를 희미하게 바라보는 것처럼, 세례 역시도 눈에 띄지 않는 배경으로만 남겨 둔다. 그러나 사실상 세례는 모든 진지한 기독교적 삶, 죄에 대하여 죽고 그리스도와 함께 살아나는 모든 행위의 근본이 되는 사건이어야 한다.

성만찬

세례를 다루고 나면 이제 자연스럽게 성만찬으로 넘어가게 된다. 우선 성만찬에 대한 세 가지 관점을 대략적으로 제시한 후에, 지금 여기에서 우리와 만나는 새 창조의 신학이 어떻게 성만찬에서 일어나는 일을 더 분명하게 보여 주는지 설명하겠다.

많은 그리스도인들에게 성례전은 마술 공연과도 같은 것이었다. 마술사 같은 어떤 거룩한 사람이 나와서 주문을 외우고 마술의 행위들을 하고 나면, 평범한 음식이 실제로 예수 그리스도의 살과 피로 변하는 놀라운 마법이 일어난다. 다시 한 번 악은 물러가고, 속죄가 이루어지며, 하나님의 진노가 가라앉는다. 특별한 효과를 지닌 기도가 드려지고, 사회적 권력과 통제가 강화되며, 모두가 기뻐한다. 물론 이것은 진정한 신학자들이 믿는 내용을 희화한 것이다. 그러나 많은 평범한 사람들에게는 성만찬이 실제로 그런 모습으로 비춰지는 경우가 많았다. 그리고 그러한 차원에서 보자면 교회의 성례전은 이교의 의식과 별 다를 것이 없다.

물론 종교개혁 때 성례전의 체계 전체가 도전을 받았다. 어느 극단적인 개혁 신학에서는 마술이나 이교주의의 냄새를 풍기는 것이나 사제 계급의 권력을 인정하는 것은 무엇이든 거부했고, 로마 가톨릭이 가르치는 것은 무엇이든 다 부인하고자 했다. 따라서 급진적인 스위스 개혁가들은 성만찬을 그리스도가 우리의 죄를 위해 죽으셨다는 역사적 사실만을 상기시켜 주는 단순한 상징으로 여겼다. 그 사실만 묵상하면 떡을 떼어 먹는 행위에서 얻는 것과 똑같은 영적 유익을 얻을 것이라고, 사실 그러한 묵상 없이 떡을 떼어 먹어도 그 때보다 더 많은 영적 유익을 얻을 수 있을 것이라고 그들은 말했다.

거의 마술과도 같은 의식과 그저 기억만 하는 것 사이에는 좀더 역사적인 근거를 가진 관점이 있는데, 유대인들이 유대교의 성스런 식사(특히 성만찬이 원래 기원하는 유월절 식사)가 어떤 식으로 기능하다고 생각했는지를 보면 알 수 있다. 오늘날까지도 유대인들은 유월절을 기념할 때, 자신들이 원래의 사건과 본질적으로 **다른** 어떤 의식을 행한다고 생각하지 않는다. "오늘 밤 하나님이 우리를 이 집에서 끌어내셨다"라고 그들은 말한다. 식탁에 둘러앉은 사람들은 광야 세대의 후손이 아니라 바로 그 광야 세대의 사람들이 된다. 시간과 공간이 서로 겹쳐지는 것이다. 성례전의 세계에서는 과거와 현재가 하나다. 그 둘은 함께 미래의 사건으로 남아 있는 해방을 지향한다.

성만찬에서 일어나는 일은 이렇다. 예수 그리스도의 죽음과 부활을 통해서 미래의 영역이 분명하게 작용한다. 떡을 떼면서 우리는 그리스도의 몸에 동참하게 되고, 그분을 기억하며 그 떡을 뗀다. 그 순간 우리는 최후의 만찬 식탁에 둘러앉은 제자들이 된다. 그러나 거기에서 멈춘다면 절반의 진실만 이야기하는 것이다. 성만찬에 대한 이해를 진척시키려면 우리는 그것을 단지 하나님의 과거가 (혹은 예수님의 과거가) 우리의 현재로 확장된 것으로만 볼 것이 아니라 하나님의 미래가 우리의 현재로 들어온 것으로도 보아야 한다. 우리는 단지 오래 전에 죽으신 예수님을 기억하는 것이 아니라 살아계신 주님의 현존을 축하하는 것이다. 예수님은 부활을 통해, 변화된 새 세상인 **새 창조 안으로** 앞서서 들어가신 분으로서 그리고 그 새 창조의 원형으로서 살아계신다. 떡과 포도주로 자기 자신을 우리에게 주시는 예수님은 바로 하나님의 새로운 세상의 시작이다. 성만찬 때 우리는 약속의 땅에서 딴 열매를 맛보는 광야의 이스라엘과 같다. 미래가 현재로 들어와 우리를 만나는 것이다.

이와 같은 관점에서 성만찬 때 그리스도가 현존하시는 방식을 이야기하는 것이, 이전의 화체설을 이런저런 식으로 다시 정의해 가며 이야기하는 것보다 훨씬 더 도움이 된다. 화체설은 그것이 오답이어서가 아니라 잘못된 질문에 대한 정답이어서 오히려 문제가 된다. 그리스도의 진정한 현존을 주장한 것은 옳았다. 그러나 당대의 철학이었던 실체와 우연을 구분하는 아리스토텔레스의 관점에서 그 현존을 설명한 것과, '우연'(무게, 색감, 화학적 구성과 같은 사물의 외적 성질)은 건드리지 않으면서 '실체'(빵 한 조각과 같은 사물의 내면적·비가시적 실재)를 변화시킬 수 있는 능력이 사제에게 있다고 가정한 것은 틀렸다. 이것은 중세의 사람들이 이해할 수 있는 언어로 필요한 설명을 하는 한 가지 방식이었지만, 그 후로 온갖 오해와 남용을 낳았다.

그것보다 더 나은 설명은 새 창조에 대한 신약성경의 언어에서 얻을 수 있다. 로마서 8장이 좋은 출발점이 될 것이다. 창조계가 자신의 구속을 기다리며 고통 가운데 신음하고 있다. 그러나 옛 창조의 일부가 이미 변화되었고 부패의 속박에서 해방되었는데, 그것은 바로 십자가에서 죽었으나 이제는 죽음이 건드릴 수 없는 생명을 가진, 살아 있는 그리스도의 육체다. 예수님이 앞서서 하나님의 새 창조 안으로 들어가셨고, 예수님 자신이 마련해 주신 렌즈—즉 그분이 배신당하던 날 밤에 함께 하셨던 식사—를 통해서 그분의 죽음을 돌아볼 때 우리는 창조의 상징인 떡과 포도주를 통해서 그분이 우리를 만나러 오시는 것을 보게 된다. 그리고 그 상징은 그리스도 이야기 안에, 새 창조의 사건 안에 취합되어 하나님의 새로운 세상과 그 세상에 우리를 동참시켜 주는 구원의 사건을 전달하는 운반체가 된다.

이와 같은 틀 안에서 우리는 하늘과 땅이 새롭게 만들어질 때의 만찬, 즉 어린 양의 결혼식 만찬을 예견하는 사건으로서 성만찬을 가장 온전하게 이해할 수 있다. (몇몇 전례들이 이것을 표현하려고 했지만 슬프게도 단순히 '천국'에 대해서 이야기하는 것으로 후퇴하는 경우가 많았는데, 이것은 요점에서 완전히 벗어나는 것이다.) 성만찬은 하나님의 미래, 강림의 미래가 우리의 현재 시간 안으로 뚫고 들어오는 것이다. 모든 성만찬은 작은 부활절일 뿐만 아니라 작은 성탄절이다.

이것은 마술이 아니다. 마술은 하나님이 믿음을 위해서 또한 거룩과 사랑을 북돋아 주기 위해서 은혜로 주시는 것을 개인의 권력이나 쾌락을 위해 교묘한 방법으로 얻으려 한다. 예수님의 부활과 새롭게 만들어진 세상에 대한 약속은 우리에게 성만찬을 새롭게 이해할 수 있는 존재론적이고 인식론적인, 무엇보다도 종말론적인 틀을 제공해 준다. 현재를 사는 우리를 지탱시켜 주기 위해서 하나님의 미래로부터 오는 희망을 박탈하지 말자. 하나님의 새로운 세상이 시작되었다. 그것이 현재의 세상 안으로 뚫고 들어오는 것을 우리가 보지 못한다면, 우리는 기독교적 삶에 동력을 주는 토대를 부인하는 것이다.

기도

세 번째 영역은 기도다. 기도에는 우리가 저 너머를 향해 열려 있다고 말해 주는 무언가가 있다. 적어도 원칙적으로는 우리 자신의 능력을 넘어서는 어떤 능력을, 우리 자신의 인격을 능가하는 어떤 인격을 우리가 인식하고 있는 것이다. 모든 기도가 그렇다. 적어도 그것이 기도의 출발점이다.

그러나 예수님의 죽음과 부활 때문에 그리고 하나님의 미래 실재가 우리의 현재 세계로 뚫고 들어왔기 때문에 신약성경의 저자들은 모든 기도가 가지는 최소한의 공통점인 막연하고 모호한 상태로 우리의 기도가 머물기를 바라지 않았다. 우선 기도를 바라보는 세 가지 서로 다른 방식을 대략적으로 제시한 후 어떻게 진정한 기독교적 관점이 각각의 강점은 보유하면서도 현재 속으로 뚫고 들어오신 미래의 하나님의 부르심을 받아 그것을 뛰어넘는지 설명하겠다.[8]

기도를 이해하는 첫 번째 방식은 일종의 자연적 신비주의인데, 이것은 우리 주변 세상의 아름다움, 기쁨 그리고 능력에 대해 열려 있는 것이다. 그러한 기도는 우리가 눈 덮인 산봉우리를 보고 감탄할 때나 어느 여름 날 밤 도시의 불빛에서 벗어나 별이 가득한 하늘을 보고 경외감에 빠질 때 아무런 도움 없이 자발적으로 일어나는 현상이다. 우리가 깊은 사랑에 빠져 전에는 상상하지 못했던 온전함과 자기 자신을 내어주는 데서 얻는 충족감을 발견할 때 일어나는 현상이다. 이러한 것들은 사람들이 종종 말하는 것처럼 모두 깊은 '종교적' 체험들이다. 우리가 그것을 마음과 생각 속에 간직할 때 그러한 경험들은 일종의 기도로 설명이 될 수 있다. 그것은 우리 자신을 능가하는 무엇을 축하하고 그것의 일부가 되는 경험을 하고, 단조로운 일상을 넘어서는 일종의 연합을 경험하며, 거기에 사로잡히는 기도다. 그와 같은 자연적 신비주의의 느낌은 매우 강력하고 감동적일 수 있으며, 실제로 삶을 변화시키는 경험이 될 수 있다. 어떤 사람들은 그러한 경험을 열렬하게 설명하면서 교회가 인정해 줄 것을 기대한다. 그러나 이것은 신약성경이 그리스도인의 기도를 이해하는 방식이 아니다.

다른 반대의 극단에서는, 멀리 갈 것도 없이 고대의 이교주의에서 흔하게 볼 수 있는 그런 종류의 기도가 있다. 고대의 이교주의는 기도를, 멀리 떨어져 있고 잘 알지 못하며 확실히 변덕스런 그리고 어쩌면 심술궂을 수도 있는 신에게 하는 진정의 행위로 보았다. 바다로 나가는 선원이 있다고 하자. 그는 포세이돈의 신전을 방문해 안전한 항해를 기원하는 희생 제물을 드린다. 그는 제물을 드리고도 다른 사람이 반대 방향으로 바람이 불게 해 달라고 포세이돈에게 더 성공적으로 뇌물을 쓰지는 않았을까 하는 은밀한 두려움을 계속 안고 있다. 혹은 마술 공식의 일부를 잘못 알고 있었던 것은 아닌지, 최선의 노력을 했음에도 불구하고 희생 제물에 어떤 식으로든 흠이 있는 것은 아닌지 계속 염려한다. 많은 사람들이, 심지어 교회 안에서도 기도를 이런 식으로 생각한다. 마치 관심이 있을 수도 있고 없을 수도 있는, 친절할 수도 있고 친절하지 않을 수도 있는, 얼굴 없는 관료에게 멀찍이서 하는 청원처럼 말이다.

그 둘 사이에는 두 가지 요소를 다 가지고 있으면서도 그것을 능가하는 고대 이스라엘의 기도 생활이 있다. 비록 시편에는 이교적인 것에 비교될 만한 요소들이 더러 있기는 하지만, 이러한 기도 모음집은 그 어느 전통에서도 찾아볼 수가 없다. 시편은 창조의 선함을 축하하며 ("이 세상과 그 안에 있는 모든 것이 주의 것이다") 하늘이 하나님의 영광을 선포함을 인식한다. 그러나 시편은 그러한 창조계와의 친밀한 연합을 축하하는 것이 아니라 창조계를 통해서 사랑과 권능을 알리신 창조주 하나님과의 친밀한 연합을 축하한다. 시편 기자는 종종 하나님이 멀리 계시고 거리를 두시는 것처럼 느끼기도 하고, 심지어는 자신을 대항해서 싸우시는 것이 아닌가 하고 느끼기까지 한다. 그러나 그들이 부르짖은 후 아무런 일이 일어나지 않아도 그들은 자신의 상사가 낚시를 하러 갔거나 골프를 치러 간 것이라고는 생각하지 않는다. 그들은 하나님의 개인적 약속을 하나님이 기억하실 때까지, 이스라엘을 대신해서 하신 옛날의 그 위대한 행동들 그리고 무엇보다도 그분의 인격적 사랑을 기억하실 때까지 계속해서 문을 두드린다. 그리고 심지어 어떤 해답을 얻어내지 못할지라도(시 88-89편) 그들은 슬플지언정 결국에는 긴박한 현실을 하나님의 문 앞에 놓아 두는 것에 만족한다. "**주가** 내게서 사랑하는 자와 친구를 멀리 떠나게 하셨다." 하나님이 그들을 죽이실지라도 그들은 욥처럼 여전히 하나님을 신뢰할 것이다." 그리고 시편과 더불어 유대인이 초기 시절부터 현재까지 드리는 하루 세 번의 위대한 쉐마(*shema*) 기도가 있다. "이스라엘아 들으라, 우리 하나님 여호와는 오직 유일한 여호와이시다. 하나님은 한 분이시며, 그분이 바로 **우리** 하나님이시다." 초월성, 친밀성, 축하, 언약. 이것이 바로 성경적 기도의 뿌리다.

이제 신약성경이 특히 예수님의 죽음과 부활에 비추어서 기도에 대해 어떻게 말하고 있는지를 살펴보자. 다른 모든 경우와 마찬가지로 이번에도 기도에 대한 유대교의 이론과 관습에 다시 초점이 맞추어지는 동시에 예수님과 관련된 결정적 사건에 의해 더 진전되는 것을 볼 수 있다. 그렇게 됨으로써 자연적 신비주의와 진정의 기도, 특히 어려움과 위험에 처했을 때의 기도라는 양극이 함께 모아져 새롭게 배치된다.

기도에 대한 위대한 본문 중에서도 요한복음 13-17장의 고별 담론이 단연 두드러지는데, 이 담론의 절정은 예수님이 직접 아버지께 드리는 놀라운 기도다. 그 본문에는 여기에서 충분히 다룰 수 없는 많은 내용이 들어 있는데, 한 가지만 예를 들자면, 예수님은 자신이 '떠나감으로써'-물론 이것은 자신의 죽음과 부활을 요약하는 표현이다-그리고 예수님 자신의 성령을 보내어 그들과 함께 그리고 그들 안에 계시게 함으로써 제자들이 아버지와 맺게 될 새로운 관계에 대해 반복해서 말씀하신다. 이와 같은 관계의 친밀성 안에서 그들은 자신이 원하는 것은 무엇이든지 예수님의 이름으로 구하라는 격려를 받는다. "아버지께서 친히 너희를 사랑하심이라"라고 예수님은 설명하신다.[10]

이제 우리는 서서히 일이 어떻게 되어가는 것인지 깨닫게 된다. 예수님 자신이 아버지와 누렸던 독특하고, 유일무이하고, 친밀한 관계를 이제 모든 예수님의 추종자들도 누릴 수 있게 되었다. 마침내 요한은 부활을 다루는 첫 번째 장에서 왜 그리고 어떻게 그렇게 되었는지를 설명한다. 부활하신 예수님이 막달라 마리아에게 가서 "내 형제들에게 가서 이르되 내가 내 아버지 곧 **너희 아버지**, 내 하나님 곧 **너희 하나님**께로 올라간다 하라"[11]라고 말씀하신다. 예수님 자신이 하나님의 아들로서, 하나님의 사랑받는 자로서, 이스라엘의 소명을 성취하시면서 이제는 자신의 지위와 그 지위의 유익을 자신의 모든 추종자들과 나누신다. 인간을 자신과의 친밀한 교제로 자유롭게 이끄시려는 하나님의 궁극적인 의도가 이제 나사렛 예수를 통해서 우리에게 실현된 것이다. 이것이 바로 부활이 가지는 또 하나의 의미다.

그러나 이와 같은 친밀성이 기도에 대한 신약성경의 핵심적 관점이라 하더라도, 우리가 다른 많은 종교에서 발견하게 되는 그리고 우리 자신도 경험하게 되는 창조 질서와의 하나됨을 저버린다는 의미는 아니다. 계시록 4-5장에 나오는 위대한 하늘의 장면은 교회가 모든 창조계의 찬양을 모아서 하나님의 보좌 앞에 제시하는 모습을 보여 준다. 그러나 그 본문에서도 자연적 신비주의의 핵심적 문제가 지적되고 있고 해결되고 있다. 이 세상은 뒤죽박죽인 상태다. 우리가 현재 있는 그대로의 창조 질서와 조화를 이루게 되면 우리는 죽음을 수용하는 것이 된다. 적자생존의 치열한 자연 뿐 아니라 엔트로피의 차가운 밤을 향해 달려가는 우주도 수용하는 것이 된다. 계시록 5장은 말한다. 선한 창조의 문제는, '하나님의 목적이 어떻게 성취될 것인가?'이다. 하나님의 뜻이 적힌 두루마리가 어떻게 펼쳐지고 읽혀져야 그것이 이루어질 것인가? 그 일을 할 자격이 있는 사람은 아무도 없다. 해답은, 어린 양이기도 한 사자가 세상을 정복했고, 그를 통해서 하나님의 목적이 이루어진다는 것이다. 또한 이 해답을 통해 교회와 창조계의 기도와 예배가 새로운 차원으로 들어가게 되고 새로운 방식으로 이루어지게 된다. 하늘과 땅이 새로운 방식으로 하나가 되었다. 미래와 현재가 새로운 방식으로 만났다. 예수님의 죽음과 부활을 통해서 새 창조가 시작되었고, 새 창조와 함께 새 노래가 시작되었다. 바로 기독교 예배의 핵심이 되는 노래다. "어린 양이…합당하도다."[12]

또한 우리는 하나님의 문을 두드리는 시편 기자의 좌절감을 저버린 것도 아니다. 바울은 자신이 쓴 글 중 가장 절정에 달하는 본문에서(롬 8장) 우리 그리스도인들은 창조와 새 창조 사이에 붙잡혀 있다고 잠시 언급한다. 그 사실은 우리가 어떻게 기도하고 무엇을 위해서 기도하느냐에 나타난다. 아니 오히려 대부분의 경우 우리가 무엇을 위해서 기도해야 할지를 모르고 있다는 사실에서 나타난다. 우리는 예수님을 통해 새롭게 태어나는 새 창조를 얼핏 보았다. 그리고 성령을 통해서 우리 삶에 나타나는 그 새 창조의 능력을 조금 느꼈다. 그러나 그것이 기도의 혼란과 문제에 단순하고 쉬운 답변을 준 것은 아니다. 그것보다는 삼위일체 하나님과 친밀한 삶을 공유하는 놀라운 특권을 우리에게 주었다. 성령께서 친히 우리 속 깊은 곳에서 부르짖고, 아버지를 향해 부르짖고, 이 세상의 고통으로부터 부르짖고, 교회의 고통으로부터 부르짖고, 우리 마음의 고통으로부터 부르짖는다. 우리는 그 부르짖음과 더불어 그리고 하나님 아버지의 응답하시는 사랑과 더불어 바울이 말하는 것처럼 하나님의 아들이신 메시아의 형상을 본받게 된다(롬 8:26-30). 그분은 이 세상의 진정한 중보자가 되기 위해서 이 세상의 고통에 동참하신 분이다. 로마서 8장과 요한복음의 고별 담론은 여러 가지 면에서 서로 깊이 연결되어 있으며, 특히 성부, 성자, 성령이신 하나님 자신의 내면적 삶이 우리를 만나러 오시는 것에 대해서, 하나님의 미래로부터 현재 우리가 있는 이곳으로 오시는 것에 대해서 이야기할 때 더욱 닮은 면이 많다.

이러한 사실이 어떠한 변화를 가져오는지 한번 살펴보자. 만약 우리가 "그런 것은 좀 복잡하고 거창하군. 잘 이해가 되지도 않고. 나는 그냥 바다와 하늘, 나뭇잎 그리고 이 세상에 있는 사랑과 하나 됨을 느끼는 정도에 만족하겠어. 그 정도면 내가 일차원적인 세속 세계에 빠져드는 것을 막기에 충분할 거야"라고 말한다면, 신약성경의 저자들은 경악할 것이다. "하나님의 미래가 당신을 만나러 현재로 들어왔는데, 현재 혼란에 빠진 당신의 기도를 변화시켜서 하나님의 친밀한 삶을 공유하도록 하려고 왔는데, 구속받지 않은 세상, 부활절 때 우리 세상으로 뛰어든 미래의 영향을 받지 않은 세상에서 사는 정도로 만족하겠다니, 말이 되는가?"

물론 변화된 삶이 대가 없이 오지는 않을 것이다. 하나님의 삶을 공유하면서 상처 없이 살아갈 수는 없다. 예수님에게 일어난 일을 보라. 그러나 유대교의 핵심 기도인 쉐마가 기독교 안으로 들어와서 주기도문으로 바뀔 때 어떤 일이 일어나는지 보라. **하늘에서와 같이 땅에서도** 주의 나라가 임하게 된다. 이것이 바로 우리가 이 책에서 계속해서 이야기한 내용이 아니던가? 우리가 달리고 있는 이 경주를 마치면 우리의 신학이 기도로 번역될 터인데, 마지막 장애물 앞에서 포기할 수 있겠는가?

성경

네 번째로 성경이다. 이 주제는, 부활과 새 창조의 주제가 어떻게 기독교 영성과 실천에 반영되는지 그리고 선교의 중심이 되는 미래에 대한 희망이 어떻게 우리의 일상적인 기독교적 삶에 중심이 되어야 하는지의 문제를 생각해 보기 위한 방식으로 거론하기에는 좀 이상해 보일 수 있다. 그러나 앞으로 내가 설명하는 것과 같은 방식으로 생각하지 않는다면, 우리는 성경을 오해하거나 오용하게 될 것이라고 나는 확신한다.[13]

구약과 신약은 모두 창조와 새 창조의 이야기다. 그 틀 안에서 그것은 또한 언약과 새 언약의 이야기이기도 하다. 우리가 그리스도인으로서 성경을 읽을 때 우리는 새 언약의 백성으로서 그리고 새 창조의 백성으로서 성경을 읽는 것이다. 다시 말해서 우리는 성경을 획일적이고 균일한 규칙이나 교리의 목록으로 읽는 것이 아니라 성경을 통해 그 이야기에 동참하라는 부름을 받는다. 우리는 '지금까지의 이야기'를 발견하기 위해서 그리고 '어떻게 끝나도록 되어 있는지'를 알기 위해서 성경을 읽는다. 다르게 표현하자면, 우리는 사도행전의 끝과 계시록의 마지막 장면 사이의 어느 시점에서 살고 있다. 성경을 이해하고 싶고, 성경이 우리를 통해서 일하는 것을 보고 싶다면 우리는 그와 같은 전체적인 이야기의 관점에서 성경을 읽고 이해하는 법을 배워야 한다.

우리가 그룹으로서, 교회로서 그리고 개인으로서 그렇게 할 때 우리는 반드시 하나님이 약속하신 미래의 능력이 자신의 뜻을 펼치도록 허용해야 한다. 복음서를 읽을 때 우리는 복음서가 예수님의 사역을 통해 하늘에서와 같이 이 땅에서도 임한 하나님 나라 이야기, 즉 이스라엘의 위대한 이야기가 성취되고, 악의 세력이 패배당하고, 하나님의 새로운 세상이 시작되었는가에 대한 이야기라는 사실을 끊임없이 상기해야 한다. 그렇게 하지 않으면 서구의 지배적인 문화가 끌어당기는 힘이 너무도 강력해서 우리가 다시 이원론으로 흡수될 수 있기 때문이다. 또한 서신서를 읽을 때는 서신서가, 새 창조의 일을 진행하도록 부름 받은 새 언약의 공동체를 형성하고 그들을 지도하기 위해서 쓰인 문서라는 사실을 반드시 상기해야 한다. 우리가 계시록을 읽을 때는 4-5장의 그 놀라운 하늘의 비전이 이야기의 **마지막** 장면이라고 생각해서는 안 된다. 마치 성경의 내러티브가 (찰스 웨슬리의 찬송가 가사처럼) 구속받은 자들이 보좌 앞에 나아와 자신의 면류관을 던지는 것으로 결말짓게 되어 있는 양 생각해서는 안 된다. 그것은 하늘의 영역에서 바라본, **현재의** 실재에 대한 비전이다. 우리는 계시록 21-22장에 나오는 마지막 비전까지 읽어야 한다. 그 마지막 장들이 그때까지 일어난 모든 일의 궁극적 의미를 말해 준다.

마찬가지로 우리가 구약성경을 읽을 때는 그것이 명백하게 요청하는 대로, 하나님이 어떻게 한 민족을 택하셔서 자신의 창조계를 구출하려는 계획을 진행하셨는지에 대한 길고도 험난한 이야기로 읽어야 한다. 하나님이 어떤 민족을 이 세상으로부터 구출하려고 시도를 했는데 그것이 실패로 돌아가자 어쩔 수 없이 다른 시도를 하게 되었다는 이야기로 읽어서는 안 된다(물론 이것은 희화화라는 것은 나도 알지만, 많은 사람들에게 익숙한 묘사일 것이다). 이 말은, 비록 우리가 그리스도인으로서 구약성경을 '우리의 이야기'로 읽어야 하는 것은 사실이지만, 우리가 아직도 그 시점에서 살고 있는 것처럼 생각해서는 안 된다는 뜻이다. 그 이야기는 자기 이야기 너머의 지점을 가리키고 있다. 마치 한 세트의 평행선이 무한하게 풍성한 복음서의 내러티브와 사도행전과 서신서에 등장하는 갑작스런 새 생명의 분출과 만나는 것처럼 말이다.[14]

따라서 성경은 전체적으로 새 창조의 관점에서 읽을 때 비로소 최상의 뜻을 드러낸다. 성경은 우리에게 새 창조의 일에 **대해서** 마치 초연한 관점에서 말하듯 알려주기 위해 쓰인 것도 아니고, 하나님의 새로운 부활의 삶에 대한 진실한 정보만을 주기 위해 쓰인 것도 아니다. 성경은 성경을 읽는 교회와 그룹과 개인들 안에 새 창조의 일이 **일어나게** 하려고 쓰인 것이다. 즉 성경 안에서 만나게 되는 예수님의 관점으로 자신을 정의하는 사람들 안에, 성경에 의해 자신들의 삶을 형성해 가는 사람들 안에 새 창조의 일이 이루어지게 하려고 쓰인 것이다. 따라서 성경은 창조와 새 창조의 **이야기**이면서 동시에 성경에 영감을 준 성령의 지속적인 사역을 통하여 인간의 삶과 공동체에 새 창조를 이루는 **도구**다.

다시 말해서 성경은 단순히 진실한 교집이나 올바른 도덕적 지침서가 아니다. 물론 그 두 가지 모두가 충분히 들어가 있지만 말이다. 성경은 다양한 사람들이 하나님을 알고 따르고자 노력하면서 생각했던 내용들을 단순히 기록해 놓은 책이 아니다. 물론 그러한 측면도 있지만 말이다. 성경은 단순히 과거의 계시를 기록해 놓은 책이 아니다. 마치 자기 자신도 그러한 계시를 받을지도 모른다는 희망을 가지고 그런 과거의 계시들을 연구하는 것이 중요한 일이라고 생각하는 것처럼 말이다. 성경의 전체 내러티브는 새 창조, 즉 부활에 대한 것이다. 따라서 복음서가 모두 예수님이 죽은 자 가운데서 살아난 것으로 끝을 맺고, 계시록이 죽은 자 가운데서 살아난 하나님의 백성이 거하는 새 하늘과 새 땅으로 결말을 맺는다고 놀랄 것이 아니라 지금까지 계속해서 이야기해 온 것이 궁극적으로 성취되었다고 이해해야 한다. (참고로 덧붙이자면, 이것이 바로 '다른 복음'이 정경에 포함되지 않은 깊은 차원의 이유다. 초대교회가 권력 유지와 통제를 위해 재미있고 전복적인 내용들을 배제시킨 것이 아니다. 그 책들은 더 이상 새 창조에 대해서 이야기하지 않았고 그 대신 사적이고 분리된 영성을 제시하고 있었다. 오늘날 서구 세계의 일부 지역에서 이 '다른 복음'을 갑자기 열렬하게 환영하는 현상은 진정한 기독교의 재발견을 보여 주는 것이 아니라 오히려 그것을 회피하려는 절박한 시도를 보여 주는 것이다. 새 창조는 비록 궁극적으로는 훨씬 더 흥분되는 것이지만 영지주의적 도피주의보다 훨씬 더 감당하기 힘든 것이다.)

따라서 예수님을 주님으로 선포한 결과 남자와 여자와 아이들이 성령의 능력 안에서 예수님을 믿고 순종하게 되는 것처럼 그리고 그분의 구원하시는 주권에 의해 그들의 삶이 변화되는 것처럼 창조와 새 창조의 이야기, 언약과 새 언약의 이야기를 들려주는 것은 단지 그 이야기를 듣는 사람에게 그 내러티브에 대한 **정보를 주는 것**이 아니다. 그 이야기는 **그들을 그 안으로 초대하고**, 그들을 그 안으로 끌어들이며, 그들이 그 이야기의 일원임을 확신시켜 주고, 그 내러티브의 목적을 이루기 위해 그들을 준비시킨다.

이 모든 것이 우리 시대의 가장 큰 도전 중 하나인 거룩의 문제로 이어진다.

거룩

다섯 번째는 거룩이다. 이것이 바로 바울이 고린도전서의 앞 장에서 반복해서 강조하는 내용인데, 고린도 교인들이 부활을 이해하지 못하기 때문에 거룩을 이해하는 데에도 어려움이 있다고 그는 말한다. 또한 그는 현재 우리가 몸을 가지고 하는 일이 중요한 이유는 하나님이 능력으로 주님을 부활시키셨고 우리도 부활시키실 것이기 때문이라고 강조한다. "너희 몸으로 하나님께 영광을 돌리라, 언젠가는 하나님이 그 몸 자체를 영광스럽게 하실 것이기 때문이다." 미래에 사실로 나타날 것은 반드시 현재에도 사실로 나타나기 시작해야 한다. 그렇지 않으면 우리가 애초부터 길을 바로 들어선 것인지 의문이 생길 것이다. 여기에서 다시 한 번 우리는 로마서 6장 그리고 골로새서 3장과 같은 본문에 기초해서 하나님의 새 창조의 일부로서 살아가는 것이 어떤 의미를 가지는지 살펴보고자 한다.

이 주제의 상당 부분에 대한 열쇠를 제공해 주는 것은 바로 로마서다. 그런데 최근의 일부 논쟁을 보면 사람들이 그 열쇠를 던져버린 것 같다. 로마서는 복합적이면서도 통일성 있는 교향악처럼 발전이 된다. 단순히 몇 가지 요점들이 차례로 나오고, 여기에 교리 몇 개, 저기에 윤리 몇 개 하는 식으로 구성되어 있는 편지가 아니다. 특히 1:18-2:16에 나오는 인간의 곤경에 대한 분석은 흔히들 주장하는 것처럼 가상의 악당 무리를 설정해서 그들을 향해 날리는, 없어도 그만인 논박이 아니다. 그 부분은 신중하게 계산해서 편지의 전체 흐름에 통합시킨 부분이다. 바울은 이교도들에게 규범이 되어버린 행동들을 살펴보면서 하나님이 불건전한 **생각에** 그들을 "내어버려 두셨다"라고 말하는데, 1장에서 그가 이교적 부도덕성에 대해서 할 수 있는 최악의 말은 바로 마지막 구절이다. "자기들만 행할 뿐 아니라 또한 그런 일을 행하는 자들을 옳다 하느니라."[15] 죄의 유혹을 받는 것과, 도덕적 잣대를 바꾸어서 선한 것을 악하다고 하고 악한 것을 선하다고 하는 것은 서로 별개의 문제다. 이와 같은 마음의 상태는 곧바로 12:2의 주된 명령과 연결이 된다. 즉 이 세대를 따르지 말고 마음을 새롭게 함으로 변화되어야 하는 것이다. 이것이 바로 이미 시작된 종말론이다. 이것이 바로 부활이 신자의 도덕적 삶 안으로 들어올 때의 모습이다. 바울에게 있어서 거룩은 단지 자신이 만들어진 방식을 찾아내어 그러한 상태로 머물러 있기를 하나님이 바라신다고 생각하는 문제가 결코 아니었다. 또한 임의적이고 시대에 뒤떨어진 규칙들을 맹목적으로 지키는 문제도 아니었다.

그것은 **변화**의 문제였고, 우선 마음부터 변화되어야 했다.

그렇기 때문에 다시 고린도전서로 돌아가서, 5-6장 같은 본문에서 부활이—예수님의 부활과 우리 자신의 부활이—기독교적 행동의 궁극적인 근거가 되는 것이다. '기독교 윤리'란 그리스도인들이 다른 모든 사람과 똑같은 세상에 여전히 살면서 따라야 하는 몇 가지 특이한 규칙과 제한들로 구성된 것이 아니다. 그것은 예수님의 부활이 단지 옛 창조의 세계 안에서 일어난 아주 이상한 '기적'에 불과한 것이 아닌 것과 마찬가지다. 부활은 하나님의 새 창조의 생명이 이 세상 안으로 온전히 뚫고 들어온 사건이었다. '기독교 윤리'는 바로 그 새 창조를 축하하고 구현하는 생활양식이다. 기독교적 거룩의 삶을 살아낸다는 것은 **하나님의 새로운 세상 안에서** 완벽한 의미를 가진다. 우리가 세례를 받을 때 들어가는 세상, 우리가 성만찬을 통해서 양식을 얻는 세상 말이다. 이와 같은 틀 바깥에서 기독교적 생활양식을 유지하려고 하면 당연히 어려울 것이고 어리석기까지 할 것이다. 그것은 마치 교향악단 단원이 다른 연주자들과 떨어져서 자동차 조립 공장의 소음과 날카로운 쇳소리 가운데서 자신이 맡은 부분을 연주하려고 하는 것과 같을 것이다. 물론 마치 부활절이라는 것이 존재하지 않았던 것처럼 요란스럽게 굴러가는 힘겨운 바깥 세상에서 우리가 제자도를 실천하라는 부름을 받은 것은 분명하다. 그러나 부활하신 주님께 진실하려면 우리는 계속해서 우리의 악기를 다시 조율해야 하고 동료 음악가들 곁에서 다시 연습해야 한다.

이제 바울의 표현을 빌자면 가장 좋은 길을 다룰 차례가 되었다.

사랑

마지막으로, 절정에 해당하는 사랑이다. 고린도전서 13장의 아름다운 시를 한번 생각해 보라. 이 본문은 고린도전서 15장에 나오는 부활에 대한 해설을 내다보는 본문이다. 그 시 자체는 완벽하고 정교하다. 그러나 그 내용은 불완전한 무엇, 짜증스럽게도 불완전한 무엇에 대해서 이야기하고 있다.

> 우리가 부분적으로 알고 부분적으로 예언하니, 온전한 것이 올 때에는 부분적으로 하던 것이 폐하리라. 내가 어렸을 때에는 말하는 것이 어린 아이와 같고 깨닫는 것이 어린 아이와 같고 생각하는 것이 어린 아이와 같다가 장성한 사람이 되어서는 어린 아이의 일을 버렸노라. 우리가 지금은 거울로 보는 것 같이 희미하나 그 때에는 얼굴과 얼굴을 대하여 볼 것이요, 지금은 내가 부분적으로 아나 그 때에는 주께서 나를 아신 것 같이 내가 온전히 알리라.[16]

위의 본문은 이 아름다운 장(고전 13장)에서 우리가 보리라고 예상하지 못한 부분이다. 이 시는 단지 사랑이 하나님의 세상에서 가장 위대한 것이라고 칭송하기만 하지 않는다. 냉정한 실천의 부분에서 사랑은 무엇을 의미하는지(인내, 친절, 질투하거나 자랑하지 않는 것 등)를 설명하기만 하지 않는다. 다시 말해서, 단지 시를 통해서 삶의 규칙을 제시해 주는 것도 아니고, 순종을 위한 혹은 그리스도를 닮기 위한 또 하나의 목표를 제시해 주는 것도 아니다. 이 시는 그것보다 훨씬 더 많은 일을 한다. 중요한 다른 모든 일들의 경우와 마찬가지로 사랑에 대한 우리의 경험도 확실히 불완전하다는 사실을 이 시는 안타까워하고 있는 것이다. 현재의 우리 삶은 하나님의 계획 안에서 우리가 앞으로 가지게 될 모습과 비교할 때 마땅히 그리해야 하는 모습을 부분적으로만 가지고 있을 뿐이며, 마찬가지로 그리해서는 안 되는 모습도 부분적으로 가지고 있다. 그러나 바울은 **우리가 미래에 완전하게 될 사람으로서 현재를 살아야 한다**고 촉구하고 있다. 그리고 그 완전함의 징표, 그 미래의 온전함의 징표, 한 실재에서 다른 실재로 넘어가는 다리가 되는 것이 바로 사랑인 것이다.

이 편지의 전체 주제를 기억해 보기 바란다. 신생 교회는 혼란에 빠져 있었다. 개인숭배가 만연했고, 부자와 가난한 자가 사회적으로 분열되어 있었으며, 서로의 은사를 질투하여 영적으로 분열되어 있었다. 그들은 도덕적 부패에 대해서도 관대했다. 그들의 예배는 혼란스러웠고, 복음에 대한 이해는 위태로웠다. 열정은 넘치는 사람들이었다. 의욕은 대단했다. 어느 방향으로 가고 있는지는 몰라도 어딘가를 향해 가고 있는 것은 분명했다. 나는 죽은 교회가 주는 가짜 평화보다는 차라리 문제를 안고 있는 살아 있는 교회가 낫다고 생각한다. 하지만 고린도 교회가 안고 있던 문제들을 동시에 다 겪는 것은 사양한다고 서둘러 덧붙이고 싶다.

바울은 그 문제들을 하나씩 차례대로 다루고 있다. 각각의 내용 모두가 위대한 토론을 구성하면서 진지한 기독교적 사고의 견고한 틀을 형성하고 있다. 그러한 논의 도중에 갑자기, 마치 모차르트의 성가 "찬양하라, 거룩하신 몸"이 시끄러운 공장 안에 울려 퍼지자 기계의 소음이 멈추는 것처럼 13장이 등장한다.

내가 사람의 방언과 천사의 말을 할지라도 사랑이 없으면 소리나는 구리와 울리는 꽹과리가 되고, 내가 예언하는 능력이 있어 모든 비밀과 모든 지식을 알고 또 산을 옮길 만한 모든 믿음이 있을지라도 사랑이 없으면 내가 아무것도 아니요.…

사랑은 오래 참고 사랑은 온유하며 시기하지 아니하며 사랑은 자랑하지 아니하며 교만하지 아니하며 무례히 행하지 아니하며 자기의 유익을 구하지 아니하며 성내지 아니하며 악한 것을 생각하지 아니하며 불의를 기뻐하지 아니하며 진리와 함께 기뻐하고 모든 것을 참으며 모든 것을 믿으며 모든 것을 바라며 모든 것을 견디느니라.…

우리가 지금은 거울로 보는 것 같이 희미하나 그 때에는 얼굴과 얼굴을 대하여 볼 것이요, 지금은 내가 부분적으로 아나 그 때에는 주께서 나를 아신 것 같이 내가 온전히 알리라. 그런즉 믿음, 소망, 사랑 이 세 가지는 항상 있을 것인데 그 중의 제일은 사랑이라.

이것은 단지 편지의 분위기를 바꾸기 위해 집어 넣은 아름다운 시가 아니다. 이 시는 어조나 내용 모두에 있어서 다른 모든 것을 설명해 주는, 말없이 고동치는 심장이다. 이 편지의 나머지 부분에서 바울이 말하고자 했던 모든 것이 이 지점에서 하나로 모인다.

그러나 그는 아직 할 말을 다 한 것이 아니다. 우리의 현재 경험의 불완전함을 주장하는 이 시의 마지막 연은 이 편지에 나오는 마지막 위대한 토론을 가리키는데, 그것이 바로 15장이다. 거기에서 바울은 예수님의 부활과 그것의 의미에 대해서 다른 모든 초기 기독교의 저술들보다도 더 풍성한 설명을 해준다. 예수님의 부활은 현재의 세계 질서 안에서 새로운 세계 질서가 시작되었다는 뜻이다. 하나님의 미래가 부활하신 예수님을 통해서 현재로 들어 왔고, 모든 사람에게 그 미래의 백성이 되라고, 그리스도에게 속한 백성이 되라고, 하나님의 미래의 생명에 참여하기 위해서 현재에 다시 만들어지는 백성이 되라고 요청하고 있다. 우리의 현재 경험은(심지어 우리의 현재 기독교적 경험도) 불완전하다. 그러나 그리스도를 통해서 우리는 그 노래 전체를 들어 보았다. 이제 우리는 그것이 어떤 곡인지를 알고 있고 언젠가는 예수님과 함께 그 곡에 맞춰 노래를 부를 것임을 알고 있다. 온갖 불완전함을 안고 있는 우리의 현재 경험은, 언젠가는 우리가 잠에서 깨어 일어날 것이라는 사실을 알려주기 위한 것이다. 그것이 결국 부활의 요점이 아니던가.

이와 같이 현재의 우리 상태는 불완전하다는 사실에 대한 강조 때문에 사랑에 대한 바울의 시는 ("이렇게 행동하도록 제발 더 애써 주세요!"라는 식의) 단순한 도덕주의에서 벗어나 전적으로 낯설고 더 강력한 무엇으로 변하게 된다. 사람들에게 서로 사랑하라고 말하는 것만으로는 충분하지 않다는 것을 우리는 잘 안다. 사랑과 인내와 용서에 대한 또 한 번의 권고는 우리의 의무를 상기시켜 줄 수는 있다. 그러나 그것을 의무라고 생각하는 한 우리가 그것을 행할 가능성은 별로 없다.

고린도전서 13장의 요점은, 사랑은 우리의 의무가 아니라 우리의 **운명**이라는 것이다. 사랑은 예수님이 사용하신 언어이며, 그분과 대화하려면 우리도 그 언어를 배워야 한다. 사랑은 하나님의 새로운 세상에서 사람들이 먹는 음식이며, 우리는 지금 여기에서 그 맛에 익숙해져야 한다. 그것은 하나님의 모든 창조계가 노래하도록 하나님이 쓰신 음악이며, 우리는 지휘자가 지휘봉을 들 때를 대비해서 지금 그것을 배우고 연습해야 한다. 그것은 부활의 삶이며, 부활하신 예수님은 지금 당장 그분과 함께 그리고 그분을 위해 그 삶을 살라고 우리를 부르신다. 희망이 주는 놀라움의 핵심이 바로 사랑이다. 부활이 우리를 촉구하는 대로 진정한 희망을 가지는 사람들은 새로운 방식으로 사랑을 할 수 있는 사람들일 것이다. 역으로, 이러한 사랑의 규칙에 따라 사는 사람들은 희망하는 방법을 더 깊이 배우는 사람들일 것이다.

이것이 바로 용서하라는 복음서의 명령—물론 이것은 또한 내가 앞에서 이야기한, 빚을 감면해 주라는 명령이기도 하다—이면에 깔려 있는 메시지다. 그러나 용서는 제재가 따라붙는 '도덕적 규칙'이 아니다. 하나님은 그러한 추상적인 규약과 규칙에 기초해서 우리를 다루시지 않는다. 용서는 삶의 방식이며, 하나님의 삶의 방식이고, **생명을 얻는** 하나님의 방식이다. 만약 용서에 마음을 닫는다면 용서 받음에 마음을 닫는 것이다. 이것이 바로 마태복음 18장에 나오는, 엄청난 빚을 탕감받고도 몇 푼의 빚 문제를 해결하려고 동료를 법정으로 끌고 온 어느 종에 대한 끔찍한 비유의 요점이다. 다른 사람에게 연주해 주고 싶지 않다고 피아노를 잠궈 버리면 어떻게 하나님이 당신에게 연주해 주실 수 있겠는가?

그렇기 때문에 우리는 "우리에게 죄 지은 자를 용서하여 준 것 같이 우리의 죄를 용서하여 주시고"라고 기도한다. 이것은 하나님과의 거래가 아니다. 이것이 바로 인간의 삶이다. 용서하지 않는 것은 사람의 가장 깊은 내면에 있는 어떤 기능을 차단하는 것인데, 그 기능이 하필이면 우리가 하나님으로부터 용서를 받게 해주는 바로 그 기능이다. 그리고 하필이면 참 기쁨과 참 슬픔을 경험할 수 있는 바로 그 기능이다. 사랑은 모든 것을 견디고, 모든 것을 믿고, 모든 것을 바라고, 모든 것을 인내한다.

물론 우리의 불완전한 세상에서는, 하나님의 온유한 제안과 요구가 거의 위협과도 같이 두려운 것으로 우리를 압박한다. 그러나 하나님의 제안과 요구는 두려운 것도 아니고 위협적인 것도 아니다. 하나님의 온유한 사랑은 우리가 굴러 들어간 감옥, 용서의 제안과 요구 모두를 거절하는 사랑 없는 감옥으로부터 우리를 해방시키기를 간절히 바란다. 우리는 하나님 앞에서 마치 겁에 질린 새처럼 하나님의 요구가 우리를 완전히 부서뜨릴까 두려워하며 움츠린다. 그러나 우리가 결국 굴복하고 나면, 하나님이 우리를 구석으로 밀어붙이셔서 결국 우리를 그 손으로 붙드시고 나면, 하나님은 무한히 온유하시며, 하나님의 유일한 목적은 우리를 감옥에서 해방시키시는 것, 하나님이 원래 만드신 그러한 사람들이 되도록 우리를 해방시키는 것임을 알고 깜짝 놀랄 것이다. 그렇게 우리가 빛 가운데로 자유롭게 날아다니게 되면 어떻게 그와 똑같은 자유와 용서의 온유한 선물을 주변 사람들에게 제시하지 않을 수 있겠는가? 그것이 바로 기도로, 용서와 빚의 감면으로, 사랑으로 나타나는 부활의 진리다. 그것은 끊임없이 놀라운 일이며, 끊임없이 희망으로 가득 찬 일이다. 그리고 끊임없이 하나님의 미래로부터 우리에게로 와서 우리를 이 세상에서 하나님의 일을 실행할 수 있는 사람들로 만들어 간다.

부록: 두 종류의 부활절 설교[1]

내가 만약에 내기를 하는 사람이라면, 이번 부활절에 강단에서 전해지는 메시지는 기본적으로 다음의 두 가지가 될 것이라는 데 상당한 액수의 돈을 걸 것이다.

프랭크 가스펠맨(Frank Gospelman, 근본주의 혹은 보수주의에 속한 사람임을 암시하는 이름이다—역주) 목사는 예수님의 육체적 부활, 빈 무덤, 천사 등 온갖 초자연적인 것들을 열렬하게 믿는다. 부활절마다 그는 사악한 자유주의자들이 성경이 진리라는 것을 인정하지 않고, 하나님이 정말로 기적을 행하신다는 것을 믿지 않으며, 그 두 가지를 증명하는 예수님의 부활을 믿지 않는다고 공공연히 비난하는데, 특히 길 위에 사는 제러미 스무드텅(Jeremy Smoothtongue, 자유주의적 혹은 진보적 입장을 가진 사람임을 암시하는 이름이다—역주) 목사를 비난한다. 가스펠맨 목사는 (부활을 목격한 사람들이 진실을 말하는 것임을 설명하기 위해서—역주) 어떤 사건을 목격한 사람이 이상한 이야기를 하는 것 같지만 그래도 그것이 진실일 수 있음을 보여 주기 위해서 이목을 끄는 행동도 더러 시도한다. 예를 들어 강단에서 수선화를 먹는 행동 따위 말이다. 혹은 옛 찬송가를 인용하기도 한다. "그가 살아계신지 어떻게 아느냐고? 그가 내 마음 속에 살아계신다!" 그렇다, 예수님이 죽은 자 가운데서 살아나셨고, 따라서 지금도 살아계시며, 우리도 직접 그분을 만날 수 있다.

"그래서 어쩌란 말인가" 하는 식의 반응 앞에서도 그는 똑같이 열정적이다. 죽음 이후의 삶이 정말로 존재한다! 예수님이 천국에 우리를 위한 자리를 예비하러 가셨다! 지금 이 세상 너머에 영광스럽고 복된 세상에서의 구원이 우리를 기다리고 있다. 우리는 바울이 말한 대로 결국 '하늘의 시민'이 아니던가. 따라서 악한 이 세상에서 우리의 일이 끝나면 우리의 영혼이 사로잡혀 그곳에서 영원히 살게 될 것이다. 우리가 사랑하는 사람들을 다시 만나게 될 것이다 (이것을 표현하는 좀더 멋있는 문구, 똑같이 진부하더라도 좀더 멋있는 진부한 문구가 있었으면 하는 생각이 들지 않는가?). 우리는 새 예루살렘의 삶에 참여하게 될 것이다. "잠시 잠깐 여기에 머물다가, 오, 하나님의 어린 양이여, 이제 저 위로 가리니. 경이로움에 빠져 사랑과 찬양 가운데 당신 앞에 우리의 관을 던질 때까지."

아, 그런데 가스펠맨 목사는 요점을 놓치고 있다. 그가 말하는 내용이 많은 부분 맞지만, 대부분이 부활절 이야기가 전달하고자 하는 진리는 아니다.

길 위에 사는 스무드팅 목사는 부활절 심야 기도회 이후 목사관에서 마신 샴페인 기운 덕에 쉴 새 없이 말을 해대고 있다. (이왕이면 사순절 기간의 금식도 멋있게 마무리 하는 게 좋지 않겠는가. 비록 금식 자체도 사실은 들쑥날쑥하게 지켰을 지라도 말이다.) 부활절 이야기의 표면적 의미는 그 저자들이 정말로 의도한 바가 아니라는 것을 우리는 잘 안다. 기적은 일어나지 않는다는 것을, 죽은 사람은 다시 살아나지 않는다는 것을 현대 과학이 보여 주었다. 어쨌거나 그때 역사 속으로 들어와서 혜택받은 한 사람만 구출하고는 홀로코스트 때는 뒷짐 지고 서서 아무것도 하시지 않는 하나님은 도대체 어떤 신이란 말인가? 빈 무덤이니 육체의 부활이니 하는 그런 빤한 것, 그런…**비영적인** 것을 믿다니, 그건 인간의 섬세한 직관에 대한 모독이다. 특히 그런 발언은 기독교가 다른 모든 신앙보다 더 뛰어나다는 의미로 해석될 수 있다. (저 아래에 사는 친구 가스펠맨 목사는 분명 그렇게 생각할 것이다. 불쌍한 근본주의자들이라니.) 하지만 하나님은 근본적으로 포괄적이시며, 모든 종교, 모든 신앙, 모든 세계관은 신에게로 가는 동일하게 유효한 통로가 될 수 있음을 우리는 안다.

따라서…빈 무덤의 이야기는 예수님이 죽고 나서 여러 해 후에 만들어진 이야기일 것이다. 이 박식한 목사는 그 점을 분명하게 전달하고 싶어 한다. 그것은 산상수훈의 묵시적 대단원의 비전에 대해 사회형태론적 혹은 사회병리학적 감정이입을 한 제자들이 원초적 종말론의 드라마를 재신화화한 것이다. 홈…교인들이 이 말도 제대로 이해할 것 같지가 않군. 하긴, 그들도 사순절 기간의 금식을 (샴페인으로) 멋있게 마무리 했으니까.

"그래서 어쩌란 말인가" 하는 반응에 대해서 스무드텅 목사는 단호하다. 이제 우리가 그 천박한 초자연적 헛소리에서 벗어났으니, 거침없이 '진정한 부활'로 나아갈 수 있게 되었다. 그것은 바로 인간의 프로젝트를 새롭게 해석하는 것이다. 옛 금기들을 깨버리고 (여기에서 *그가* 염두에 두는 것은 전통적인 성윤리이지만 그것을 직접 언급하는 것은 격에 맞지 않는 일이라고 생각한다) 새로운 삶의 방식을 발견하는 것이다. 모든 것에 열려 있는 태도, 즉 '포괄적인' 접근을 하는 것이다. 율법주의의 '돌'이 치워졌으니, 이제 '부활한 육체', 우리 각자 안에 숨겨져 있는 진정한 삶과 정체성의 불꽃이 활짝 피어오를 수 있게 되었다. 그리고 당연히 이 새로운 삶은 이제 우리의 모든 관계에 영향을 미쳐야 한다. 우리의 모든 사회 정책에 영향을 미쳐야 한다. 부활은 전근대적인 사람들이 상상해 낸 그리고 퇴영적인 보수주의자들이 주장하는 단회적인 사건이 되어서는 안 되고, 인간과 세상의 해방을 가져오는 진행 중인 사건이 되어야 한다.

스무드텅 목사는 이제 드디어 본론에 도달했다. 그러나 그는 그것이 무엇인지도 모르고 왜 그런지도 모른다.

가스펠맨 목사가 결코 눈치 채지 못하고 있는 것은, 복음서에 나오는 부활의 이야기가 **'사후 천국행' 이야기가 아니라는** 사실이다. 사실 신약성경에는 '사후 천국행'에 대한 이야기가 거의 없다. "하늘의 시민"이 된다는 것(빌 3:20)은 거기에서 끝나는 것을 의미하는 말이 아니다. 많은 빌립보 사람들이 로마 시민이었지만 로마는 그들이 은퇴한 후에 로마로 돌아오는 것을 원하지 않았다. 그들의 임무는 로마의 문화를 빌립보에 전파하는 것이었다.

이것이 바로 모든 복음서가 자기 나름의 방식으로 펼치고 있는 주장이다. 예수님이 부활했다. 따라서 하나님의 새로운 세상이 시작되었다. 예수님이 부활했다. 따라서 이스라엘과 이 세상이 구속되었다. 예수님이 부활했다. 따라서 그의 추종자들에게 이제 새로운 일거리가 생겼다.

그렇다면 그 새로운 일거리란 무엇인가? 하늘의 생명이 실재적이고 물리적인 이 땅의 현실 가운데 탄생하게 하는 것이다. 이것이 바로 가스펠맨 목사가 생각지도 못한 부분이다. (비록 그의 설교가 우연히 그런 결과를 낳는 경우도 있지만 말이다.) 예수님의 육체적 부활은 하나님이 기적을 행한다거나 성경이 진리라는 증거 이상이다. 그것은 그리스도인들이 자신의 경험을 통해서 예수님을 알게 된다는 것 이상이다. (그것은 오순절의 진실이지, 부활절의 진실이 아니다.) 그것은 죽음 이후의 천국에 대한 확신을 훨씬 능가하는 사실이다. (바울은 "떠나서 그리스도와 함께 있는 것"에 대해서 이야기하지만, 그가 주로 강조하는 것은 부활한 몸으로 **다시 돌아와서** 새롭게 탄생한 하나님의 창조계 안에서 사는 것이다.) 예수님의 부활은 하나님의 새로운 프로젝트의 시작이다. 이 땅에서 사람들을 데리고 하늘로 올라가는 프로젝트가 아니라 하늘의 생명으로 이 땅을 식민화하는 프로젝트다. 그것이 결국 주기도문의 요점이 아니던가.

그렇기 때문에 스무드텅 목사의 최종 요지에 일말의 진실이 담겨 있는 것이다. 물론 앞에서 그가 부인했던 모든 내용 때문에 왜 그것이 진실인지 또 그 진실의 원래 모습이 무엇인지를 그가 이해하지 못하겠지만 말이다. 부활은 참으로 이 세상에서 사는, 이 세상을 위해서 사는 회복된 삶의 방식의 토대다. 그러나 그와 같은 사회적·정치적·문화적 결과를 얻으려면, 예수님이나 그 제자들에게 일어났을 수도 있는 '영적인' 사건이 아니라 실제로 육체의 부활이 있어야 한다. 그리고 '현대 과학'에 대한 그의 주장은 (그렇다고 그가 최근의 물리학 관련 연구를 읽은 것도 아니다) 순전히 계몽주의적 수사학이다. 갈릴레오나 아인슈타인이 말해 주지 않아도 죽은 자는 다시 살아나지 않는다는 사실을 우리는 알고 있다.

바울은 자신의 위대한 부활 장인 고린도전서 15장을 "그러니 이제 우리를 기다리는 위대한 미래를 축하하자"라는 말로 끝내지 않는다. 그는 "그러니 너희가 하는 일을 열심히 해라. 주님 안에서 그것이 헛되지 않음을 너희가 알기 때문이다"라는 말로 마친다. 하나님의 새 창조의 중심인 최후의 부활이 일어나면, 현재 세상에서 우리가 예수님의 부활의 능력으로 한 모든 일이 축하되고 포함되며, 적절하게 변화되었음을 발견하게 될 것이다.

물론 혼란에 빠진 그 목사가 부활절의 의미를 '도덕적 억압으로부터의 해방'이나 '우리 각자 안에 있는 전정한 불꽃을 발견하는 것'으로 만들려고 하는 것은 마치 서커스의 사자를 거꾸로 세워 놓고 기교를 부리게 하는 것처럼 진정한 기독교를 그저 또 다른 형태의 영지주의로 만들어 버리는 행위다. 부활절은 새 창조에 대한 것이며, 변화시키는 은혜의 거대하고 충격적이며 신선한 선물이지 잘못되어 있는 옛 세상의 진정한 모습을 찾게 해주기만 하면 되는 사건이 아니다. 로마서 6장, 고린도전서 6장 그리고 골로새서 3장이 그 점에 대해서 분명하게 말하고 있다.

이 두 개의 설교 중에서 하나라도 들어보신 분은 손을 들어 보십시오. 고맙습니다. 제가 얼마나 떴나요?

그러면 이제 바울이 로마서 8장에서 이야기하는 내용을 반영하는 설교나, 복음서의 마지막 장들 혹은 계시록 21-22장의 설교를 들어 보신 분은 손을 들어 보십시오. 그러니까 하나님의 새 창조가 부활절과 함께 이 세상에 시작되었고, 부활절은 창조계 전체의 회복, 구속, 재탄생을 가리키고 있다는 내용의 설교를 들어보신 분은 손 들어 보십시오. 모든 사랑의 행위, 그리스도 안에서 그리고 성령에 의해서 한 모든 행위, 모든 진정한 창조성의 행위, 즉 정의가 시행되고, 평화가 이루어지고, 가족이 치유되고, 유혹을 거절하고, 진정한 자유가 추구되고 성취되는 이 모든 이 땅의 사건들은, 예수님의 부활을 **이행하고** 최종적 새 창조를 **예견하는** 긴 역사의 사건들 안에 있는 것이며, 희망의 이정표 역할을 하면서 뒤로는 초림을 그리고 앞으로는 재림을 가리키는 것이라는 메시지를 들어 보신 분은 손을 들어 보십시오.

그럴 줄 알았습니다. 감사합니다.

주

서문

1) 특히 *The New Testament and the People of God*(1992), 「신약성서와 하나님의 백성」; *Jesus and the Victory of God*(1996), 「예수와 하나님의 승리」); *The Resurrection of the Son of God*(2003), 「하나님의 아들의 부활」(이상 모두 크리스챤다이제스트사) 그리고 *Paul: Fresh Perspective*(2005), 「바울: 새로운 관점」을 보라. 앞에 나오는 세 권의 책은 '기독교의 기원과 하나님에 관한 질문'(Christian Origins and the Question of God)이라고 하는 시리즈의 일부다. 네 권 모두가 런던에서는 SPCK, 미니아폴리스에서는 Fortress Press에서 출간되었다. 마지막 네 번째 책의 미국 판 제목은 *Paul in Fresh Perspective*(「새로운 관점에서 바라본 바울」)이다. 이후에 이 책들이 언급되는 경우에는 NTPG, JVG, RSG 그리고 바울(Paul)로 표기되었다.

1. 잘 차려 입었는데 갈 곳이 없다?

1) *The Cross and the Colliery*(London: SPCK, 2007)를 보라.
2) David Edwards는 자신의 책 *After Death? Past Beliefs and Real Possibilities*(London: Cassell, 1999), p. 101 이하에서 이러한 관점이 현대에 와서는 어떻게 각색이 되었는지를 설명하고 있다.
3) Nigel Barley, *Grave Matters: A Lively History of Death around the World*

[New YorK: Holt, 1997; 이전에 *Dancing on the Grave*(Abacus, 1995)라는 제목으로 출간되었었음] p. 97.

4) "Crossing the Bar" in *The Works of Lord Alfred Tennyson*(London: Macmillan, 1898), p. 894. 「모래톱을 건너서: 테니슨 시집」(선영사), p. 73.

5) Rudyard Kipling의 *Verse: Inclusive Edition 1885-1926*(London: Hodder & Stoughten, 1927), p. 223 이하 "When Earth's Last Picture is Painted".

6) 신앙의 위기 그리고 (비록 신앙의 위기만큼 폭넓은 환호를 받는 것은 아니지만) 그와 거의 동일하게 의심의 위기에 대한 매우 흥미로운 요소들이 Timothy Larson, *Crisis of Doubt: Honest Faith in Nineteenth-Century England*(Oxford: Oxford University Press, 2007)에 나와 있다. Anthony Kenny가 이 논문을 매우 잘 요약했다(The Times Literary Supplement, 2007년 6월 1일자, 33면): "서민 급진주의자들은 초기 단계에 이 [의심의] 질병에 걸렸으나, 상당히 많은 숫자가 길게 혹은 짧게 그 병을 앓고 난 후에 회복되었으며 기독교의 열렬한 옹호자로서 자신들의 생을 마감했다. 반면에 사회의 엘리트 계층은 후기 단계에 가서 빅토리아 시대의 의심이라고 하는 악성 형태의 이 질병에 걸렸고, 자신들의 생애 동안에 결코 거기에서 헤어나지 못했다."

7) *Measure for Measure*, 3막 1장. 이 주제를 다룬 셰익스피어의 가장 유명한 글은 「햄릿」(1막 2장; 3막 1장)에 나오는 두 개의 유명한 독백이다: "O that this too too solid flesh would melt"(오, 이 단단하고 단단한 살이 녹아져 버렸으면) 그리고 "To be or not to be"(사느냐 죽느냐). 「자에는 자로」(성균관대학교 출판부).

8) P. B. Shelley, "Adonais", st. 29, 42-43, 55. (번역된 시의 첫 번째 연은, 오호진, "쉘리의 「아도네이스」에 나타난 영원불멸성의 문제"에서 직접 인용, 나머지는 역자 번역.)

9) Rupert Brooke, "The Soldier"(1914). "병사", 「20세기 영미시 이해」(한빛문화).

10) Edwards, *After Death?*, p. 44에 인용됨.

11) M. Edson, *Wit: A Play*(London: Faber and Faber, 1999).

12) "Victorian Death and its Decline: 1850-1918" in P. C. Jupp and C.

Gittings (eds), *Death in England : An Illustrated History*(New Grunswick, NJ: Rutgers University Press, 1999), pp. 230-255에 나오는 Pat Jalland의 견해와 p. 245에서 그가 Thomas Huxley에 대해서 언급하는 부분을 보라.

13) Dylan Thomas, "Do not go gentle into that good night"(1952) in *The New Oxford Book of English Verse*, chosen and edited by Helen Gardner (Oxford: Oxford University Press, 1972), p. 942. Reproduced by permission of David Higham Associates.

14) Will Self, *How the Dead Live*(London: Bloomsbury, 2000); e.g., p. 390.

15) 이 시는 종종 Mary Elizabeth Frye(1904-2004)가 지은 것으로 여겨지지만, 원저자에 대해서는 때로 논쟁이 일기도 한다.

16) Ted Harrison, *Beyond Dying: They Mystery of Eternity*(Oxford: Lion, 2000), pp. 68, 72에 인용됨.

17) Philip Pullman, *Northern Lights*, *The Subtle Knife* 그리고 *The Amber Spyglass*로 구성된 삼부작 *His Dark Materials*(London: Scholastic, 1997, 2000).

18) Nick Hornby, *Fever Pitch*[London: Penguin, 2000(1992)], p. 63.

19) Hornby, *Fever Pitch*, p. 64. 하이버리는 최근까지 아스날 팀의 홈그라운드였다.

20) 예를 들어 Harrison, *Beyond Dying*, p. 17을 보라.

21) Barley, *Grave Matters*, p. 84.

2. 낙원에 대해 혼란스러워하다?

1) Henry Scott Holland, "The King of Terrors", in *Facts of the Faith: Being a Collection of Sermons Not Hitherto Published in Book Form*, ed. Christopher Cheshire (London: Longmans, Green & Co., 1919), pp. 125-134.

2) "Death, be not proud" in Helen Gardner(ed.), *The New Oxford Book of English Verse*(Oxford: Oxford University Press, 1972), p. 197. 이 시의 마지막 행이 Edson의 연극 *Wit*의 주요 주제가 된다(앞의 13페이지 이하를

보라).
3) '오, 주님, 우리가 마지막으로 깰 때에 천국의 집과 문 안으로 우리를 데려가 주소서'라고 하는 던의 유명한 기도와 비교해 보라. 앞으로 살펴보겠지만, 여기에서 우리는 '천국'(heaven)이라고 하는 단어의 의미를 부활한 삶이라고 명확하게 말해야겠지만, 일단 내가 말하고자 하는 것은 던이 두 단계의 사후 실재에 대해서 분명하게 이해했다는 것이다. 그리고 그는 첫 번째 단계와 두 번째 단계의 관계를 잠을 자는 것과 잠을 깨는 것으로 표현했다.
4) 그렇기 때문에 나는 더글러스 데이비스(Douglas J. Davies)처럼 뛰어난 학자가 "기독교는 죽음을 영화롭게 한다"라고 말하고, 또 "부활절의 존재 자체가" 사람들로 하여금 "인간의 삶을, 인생을 지나 천국의 도시로 가는 여정이라고 말하게 해주었다"라고 말할 수 있다는 것이 놀라울 따름이다. *A Brief History of Death* (Oxford: Blackwell, 2005), p. 7. 데이비스의 책은 부활을 아예 주변화시키거나 아니면 부활을 죽은 후에 천국에서 사는 것으로 그 의미를 붕괴시켜 버린다.
5) Brian Innes, *Death and the Afterlife* (New York: St Martin's Press, 1999).
6) Shakespeare, *Hamlet*, 3막 1장.
8) 페이지 숫자는 표시되어 있지 않다. 이 발췌문이 짤막한 이 책 전체의 주요 메시지를 구성하고 있다.
9) 이러한 온갖 종류의 오해에 대한 건강한 교정을 랜디 알콘(Randy Alcorn)이 쓴 일련의 책, 그중에서도 특히 *Heaven* (Carol Stream, IL: Tyndale House, 2004)이라는 책에서 볼 수 있다. 알콘은 슈라이버와 같은 상투적인 생각에 쉽게 빠질 수도 있었던 배경을 가지고 있지만, 성경 연구를 통해 훨씬 더 건강하고 성경적인 관점을 가지게 되었다. 비록 그가 계속해서 힘주어 이야기하는 것이 새 하늘과 새 땅(new heavens and new earth)에 대한 것인데도 '천국'(heaven)이라는 단어를 여전히 쓰는 것이 아쉬운 점이기는 하지만 말이다. 「헤븐-천국은 이런 곳이다」(요단출판사).
10) 나는 이 부분에 대해서 *Jesus and the Victory of God* (London: SPCK; Minneapolis: Fortress Press, 1996) 그리고 *The Challenge of Jesus* (London:

SPCK; Downers Grove, IL: InterVarsiy Press, 2000)에서 길게 다루었다. 「예수와 하나님의 승리」(크리스챤타이제스트사), 「Jesus 코드 - 역사적 예수의 도전」(성서유니온).

11) '감탄과 사랑과 찬송 가운데/ 우리의 관을 당신 앞에 던질 때까지', '거룩한 사랑, 모든 사랑을 뛰어 넘는'(Love divine, all loves excelling) 중에서. (한글 찬송가 55장 '하나님의 크신 사랑'. 이 부분에 해당하는 한국어 번역 가사는 '크신 사랑 감격하여 경배하게 합소서'로 보인다. 한국어 가사 번역에 따라서 저자가 말하고자 하는 바가 한글 찬송가에는 충분히 반영되어 있지 않을 수 있다. 이후에 나오는 모든 찬송가 인용들의 경우도 마찬가지다—역주).

12) '새 하늘과 새 땅'에 대한 그리고 새 예루살렘이 하늘에서 내려오는 것에 대한 계시록 21장의 분명하고 명확한 가르침을 직접 대면하고도 일부 저자들이 이 모든 것을 여전히 그저 '천국'으로 언급하는 것을 보면 참으로 신기하다. 예를 들어, Roland Chia, *Hope for the World: A Christian Vision of the Last Things*(Downers Grove, IL: InterVarsity Press, 2005), p. 102를 보라. 이것은 그가 나중에 pp. 129-133에서 간략하게 다루는 내용과 대조된다.

13) 예를 들어 Peter Stanford, *Heaven: A Traveller's Guide to the Undiscovered Country*(London: HarperCollins, 2003) 그리고 심지어 Alister E. McGrath, *A Brief History of Heaven*(Oxford: Blackwell, 2003) 도 참조하라. 훨씬 더 빈틈없고 차이가 미묘하기는 하지만, 그래도 여전히 같은 약점을 더러 가지고 있는 책들로는, Colleen McDannell and Bernhard Lang, *Heaven: A History*[New Haven and London: Yale University Press, 2nd edn, 2001(1988)] 그리고 Jeffrey Burton Russell, *A History of Heaven*(Princeton, NJ: Princeton University Press, 1997)이 있다. Ulrich Simon이 옛날에 작업한 책 *Heaven in the Christian Tradition* (London: Rockliff, 1958)은 천국에 대한 전통적인 관점과 부활의 확실성을 결합시키려고 최선을 다하는데("성경은 하늘과 땅을 하나의 세계로 보고 있다. 땅이 공간적이라면 하늘도 마찬가지다." p. 126), 의미심장하고 생각이 깊기는 하지만, 신약성경처럼 제대로 그 문제를 해결하지는

못한다.

14) 이 부분에 대한 놀라운 설명을 보려면 David Edwards, *After Death? Past Beliefs and Real Possibilities*(London: Cassell, 1999), p. 78를 보라. 이 주제에 대한 충분한 논의는 본 책의 8장을 보라.

15) 이와 같은 입장에 대한 전형적 설명은 John Hick, *Evil and the God of Love*(London: Fontana, 1974)에서 볼 수 있다.

16) John Keble, 'Sun of my soul, thou Savior dear'(한글 찬송가 67장 '영혼의 햇빛 예수여'. 인용 구절은 '주님의 사랑 안에서/ 언제나 살게 하소서'이다—역주).

17) J. H. Newman, 'Lead, kindly Light'(한글 찬송가 429장 '내 갈 길 멀고 밤은 깊은데'. 문제가 되는 구절은 '이전에 나를 인도하신 주 장래에도/ 내 앞에 험산준령 당할 때 도우소서/ 밤 지나고 저 밝은 아침에/ 기쁨으로 내 주를 만나리'이다. 마찬가지로 저자가 지적한 번역이 한글 가사에서는 충분히 반영되어 있지 않다—역주).

18) 영어권 사람들이 알고 있는 이 찬송가와 원래의 스웨덴어 찬송가 사이의 차이점을 내게 지적해 준 피터 타이러스 목사(Revd Peter Tyreus)에게 감사한다.

19) '안식'과 '고요함'을 획일적인 최종적 천국의 상태로 다루고 있는 Stephen Smalley는 이 점을 놓치고 있는 듯하다. *Hope for Ever: The Christian View of Life and Death*(Milton Keynes: Paternoster Press, 2005), p. 79. 이것은 우리의 죽음 후에는 '영적인 부활'이 우리를 기다리고 있다는 그의 관점과 일치한다(pp. 17, 78). p. 65 참고: 부활은 '육체적이기보다는 영적이고 관계적인 것이 될 것'이다.

20) 나의 책 *All the Saints? Remembering the Christian Departed*(London: SPCK; Harrisburg, PA: Morehouse Publishing, 2003)를 보라.

21) R. Anne Horton, *Using Common Worship Funerals: A Practical Guide to the New Services*(London: Church House Publishing, 2000). 공정하게 말하자면 '부활'이라는 단어가 한 번인가 두 번은 언급되지만, 실제의 예배를 인용한 글에서만 언급되었을 뿐이다. 부활은 '신학 서문'에서 논의되지도 않았고, 색인에도 나와 있지 않다. '영국 국교회가 가지고 있는 신학

적 이해의 폭을 존중하기 위해 심혈을 기울였다'(p. 61)는 주장에도 불구하고 말이다.

22) *Common Worship: Funeral*(London: Church House Publishing, 2000), p. 6 (p. 260 in the full *Common Worship* book).

23) *Common Worship: Funeral*, p. 39 이하 (p. 373 이하 in the full *Common Worship* book).

24) *Common Worship: Funeral*, p. 51 (p. 330 in the full *Common Worship* book). 이 기도문들 앞에 나오는 '의탁'의 말에서 '영원한 생명으로의 부활에 대한 확실하고도 견고한 소망'이라는 문구를 쓰고 있는 것이 사실이기는 하다. 나의 논지는, 이 예배의 틀과 일반적인 취지 자체가 사람들로 하여금 그와 같은 전통적인 문구들도 그저 '죽으면 천국에 간다'는 의미를 지닌 은유 정도로 취급하게 만든다는 것이다.

25) 예를 들어 D. G. Rowell, *The Liturgy of Christian Burial*(London: Alcuin/SPCK, 1997); P. C. Jupp and A. Rogers (eds), *Interpreting Death: Christian Theology and Pastoral Practice*(London: Cassell, 1997); Paul P. J. Sheppy, *Death, Liturgy and Ritual: Vol. I, Pastoral and Liturgical Theology: Vol. II, A Commentray on Liturgical Texts*(London: Ashgate, 2003) and *In Sure and Certain Hope: Liturgies, Prayers and Readings for Funerals and Memorials*(Norwich: Canterbury Press, 2003)를 보라.

26) Sheppy, *In Sure and Certain Hope*, p. 26. 이처럼 육체의 부활을 제대로 구분하지 못하는 현상에 대한 신학적인 기반을 Sheppy의 *Death, Liturgy, and Ritual*, p. 81 이하에서 분명하게 볼 수 있다. 여기에서 Sheppy는 자신이 영혼/육체의 이원론을 버린다고 강력하게 주장함에도 불구하고 육체의 부활은 그것과 상관이 없는 것인 양 지나치고 있다. "육체의 부활이란 우리가 죽음에서 벗어나 궁극적으로 하나님에게로 그리고 그리스도에게로 편입된다는 뜻이다." 이 주장에 대해서 할 수 있는 유일한 답변은, "아닙니다. '육체의 부활'은 그런 뜻이 아닙니다" 뿐이다.

27) 나의 책 *Scripture and the Authority of God*(London: SPCK, 2005; US title, *The Last Word*, San Francisco: HarperSanFrancisco, 2005)을 보라.

28) Wright, *For All the Saints?*

3. 역사적 배경에서 살펴본 초기 그리스도인들의 희망

1) K. R. Popper, *The Open Society and its Enemies* [Princeton, NJ: Princeton University Press, rev. edn, 1971(1945)].
2) David Edmonds and John Eidinow, *Wittgenstein's Poker: The Story of a Ten-Minute Argument between Two Great Philosophers* (London: Faber and Faber, 2001).
3) 이 모든 내용과 그 외에 다른 많은 것들에 대해서는 나의 책 *The Resurrection of the Son of God* (London: SPCK; Minneapolis: Fortress Press, 2003)을 보라. 예수님을 보고 세례 요한이 죽음에서 부활한 것인지도 모른다고 했던 헤롯 안티파스의 추측(막 6:16)은 오히려 규칙을 입증해주는 예외다.
4) 막 6:14-16 그리고 그 외의 유사 구절들.
5) 요 11:24.
6) 이 논의 전체에 대해서는 J. D. Levenson의 중요한 연구인 *Resurrection and the Restoration of Israel: The Ultimate Victory of the God of Life* (New Haven and London: Yale University Press, 2006)를 보라.
7) 막 12:18-27; 마 22:23-33; 눅 20:27-40.
8) 막 9:10. 흥미롭게도 오직 마가복음에서만 이 부분을 기록하고 있다.
9) A. D. 70년의 예루살렘 성전 파괴에 대해서 Johanan ben Zakkai가 한 말이라고 보고되고 있는, "성전 파괴에 대해서는 걱정하지 말라. 성전만큼이나 좋은 것이 우리에게는 있다. 바로 토라다!"라는 말을 한 사람도 없었다.
10) David Lawrence, *Heaven: It's Not the End of the World! The Biblical Promise of a New Earth* (London: Scripture Union, 1995).
11) 눅 23:43; 요 14:2; 빌 1:23 그리고 3:9-11, 20-21.
12) 고전 15:12.
13) 딤후 2:18.
14) Wright, *RSG*, pp. 534-551를 보라.
15) Stephen Patterson은 *Journal of Religion*, 84(2004), p. 636 이하에 쓴 *RSG*의 서평에서 이것은 고전 15:44에 대한 '새로운 관점'이라고 주장하고 있다. 그러나 그렇지가 않다. 내가 pp. 347-360에서 제시한 논거가 그것을

흠잡을 데 없이 증명하기에 충분할 것이다.
16) 마 13:43.
17) 빌 2:15.
18) 창 5:25; 왕하 2:11-12.
19) 예수님이 "부활 때에는"을 "세상이 새롭게 되어"라는 표현과 나란히 쓰시는 것을 주목해 보라. 마 19:28, 22:30.
20) 행 1:6, 또한 롬 11:15도 보라.
21) Josephus, Antiquities 20.200-3, 이 부분에 대해서는 나의 책 *The New Testament and the People of God*(London: SPCK; Minneapolis: Fortress Press, 1992), p. 353 이하를 보라. 여러 가지 저항 운동에 대해서는 *NTPG*, pp. 170-181를 보라. 「신약성서와 하나님의 백성」(크리스챤다이제스트사).
22) Josephus, *Jewish War* 7. pp. 153-157를 보라.
23) 나의 책, *Paul: Fresh Perspective*(London: SPCK, 2005; 미국 판 제목, *Paul in Fresh Perspective*, Minneapolis: Fortress Press, 2005) 4장을 보라.
24) 나의 책 *Judas and the Gospel of Jesus*(London: SPCK; Grand Rapids, MI: Baker, 2006), 특히 5장을 보라. A. D. 177년에 리옹에서 일어난 박해에 대해서 이교도들이 제시한 박해의 이론적 근거를 특히 주목해서 보라. 또한 교회 자체가 갈수록 제국이 되어가던 중세 때에 '부활'의 중요성이 심각하게 축소되는 것도 주목해서 보라.

4. 부활절의 특이한 이야기

1) 소위 베드로 복음이라고 불리는 것에 나오는 매우 다른 이야기는 고려의 대상에서 제외했다. N. T. Wright, *The Resurrection of the Son of God* (London: SPCK; Minneapolis: Fortress Press, 2003), pp. 592-596를 보라.
2) 이후의 내용은 *RSG*, pp. 599-608의 내용을 요약한 것이다.
3) *RSG*의 서평을 쓴 사람 중 하나는 내가 네 개의 내러티브들이 서로 독립적이라고 하는 것을 충분히 증명해 보이지 못했다고 주장했다. 헬라어 본문을 면밀하게 연구하는 것만으로도 나의 주장이 충분히 입증될 것이다. 복음서 저자들은 심지어 같은 이야기를 들려줄 때에도 그들은 상당히 다른 어법을 구사하고 있다.

4) '가현설'(docetism)은 헬라어로 '~인 듯하다' 혹은 '~처럼 보이다'라는 뜻의 단어에서 온 말이다.
5) 이 모든 논의에 대해서는 *RSG*, pp. 697-701를 보라.
6) 이 부분에 대해서는 *RSG*, pp. 701-706를 보라.
7) John Updike, "Seven Stanzas at Easter" in *Telephone Poles and Other Poems*(New York: Alfred A. Knopf, 1964), p. 72 이하.
8) 심지어 많은 무신론자들에게도 말도 안 되게 들릴 이 논거는 S. J. Patterson, *The God of Jesus: The Historical Jesus and the Search for Meaning*(Harrisburg PA: Trinity Press International, 1998) 7장에서 진지하게 제안이 되고 있다. Patterson은 *Journal of Religion*, 84(2004), p. 637에 쓴 자신의 논평에서도 같은 주장을 반복하고 있다. "예수의 부활을 사실로 받아들인 사람들은 죽임당한 순교자에 대한 순전한 헌신에서 그리고 많은 경건한 유대인들이 가지고 있던 신념, 즉 의로우신 하나님께서는 결코 적에게 최종적 발언권을 주시지 않을 것이라고 하는 확신에서 그렇게 했을 것이다." 이러한 주장에 대한 짤막한 답변은, 바로 그와 같은 상황에 직면했던 경건한 유대인들을 우리는 상당히 많이 알고 있는데, 다른 그 어떠한 경우에도 그들은 자신들의 죽임당한 의로운 순교자가 이미 죽은 자 가운데서 부활했다고 말하지 않았다는 것이다.
9) 행 12:15, 그리고 *RSG*, p. 134를 참고하라.
10) 이 질문에 상당한 주의를 기울인 두 저자는 William Lane Craig[예를 들어, *Assessing the New Testament Evidence for the Historicity of the Resurrection of Jesus*(New York: Edwin Mellen Press, 1989)]와 Gary Habermas[예를 들어, *The Case for the Resurrection of Jesus*(Grand Rapids, MI: Kregel Publications, 2004)]이다. 그들의 많은 작업은 변증적 논의를 진전시키는 데 상당한 기여를 했다. *RSG*에서 내가 Craig나 Habermas를 인용하지 않은 것이 유감이다.
11) 하루에 해가 두 번 지는 것을 본 적이 한 번 있기는 하다. 어느 겨울날 오후 나는 해가 지자마자 애버딘(Aberdeen)을 출발했는데, 올라가면서 서쪽으로 태양이 다시 떴고 그리고서 잠시 후에 찬란하게 두 번째로 다시 졌다. 하지만 물론 그렇게 하는 것은 속임수다.

12) 예를 들어, Lesslie Newbigin, *Living Hope in a Changing World*(London: Alpha International, 2003). 「변화하는 세상 가운데 살아 숨 쉬는 소망」 (서로사랑), p. 36.
13) 몇몇 사람들은 그 길을 택해서 온전한 신앙으로 가는 길을 찾기도 했다. 예를 들어 Frank Morrison, *Who Moved the Stone?*(London: Faber and Faber, 1930, 최근에 재판이 나왔다).
14) *Easter Oratorio*, Paul Spicer 작곡, Tom Wright 작사. Birmingham Back Choir가 녹음을 했고 Farringdon Records에서 구할 수 있다. www.easteroratorio.com을 보라.
15) 특히 Gerald O'Collins, *Easter Faith: Believing in the Risen Jesus*(London: Darton, Longman & Todd, 2003), pp. 32 이하, 106 이하를 보라.
16) L. Wittgenstein, *Culture and Value: A Selection from the Posthumous Remains*, ed. G. H. von Wright et al., tr. Peter Winch (Oxford: Blackwell, 1998), p. 39. 이 본문 전체가 참으로 놀라우며 면밀하게 주의를 기울일 만한 가치가 있다.
17) 이 경우에도 비트겐슈타인은 이 사안 전체에 대해서 매우 그럴듯한 고찰을 하고 있다. 예를 들어, L Wittgenstein, *Lectures and Conversations on Aesthetics, Psychology and Religious Belief*, ed. C. Barrett (Berkeley and Los Angeles: University of California Press, no date)를 보라.
18) 앞에서 이미 언급한 서평(*Journal of Religion*, 84, p. 637)에서 Patterson은 이러한 생각이 아이러니컬하다고 주장하는데, 아마도 그 의미는 상대방을 윽박질러서 굴복시키고자 하는 것은 바로 나 자신이라는 뜻일 것이다. 우리는 계몽주의의 자녀들이기 때문에 이러한 고대의 미신을 믿을 수는 없다고 지시하는 폭정을 짜증스러워하던 사람들이라면 내 말이 무슨 뜻인지 이해할 것이다.
19) Oscar Wilde, "Salome" in *Complete Works of Oscar Wilde*[London and Glasgow: Collins, 1966 (1948)], p. 565.

5. 우주의 미래: 진보인가, 절망인가?
1) 신학자들은 내가 이 책의 제2부에서 지난 세대의 위대한 독일 신학자 두

사람과 계속해서 암시적인 대화를 나누고 있다는 사실을 알아챌 것이다. 바로, Wolfhart Pannenberg[예를 들어 그의 *Systematic Theology*, vol. 3 (Grand Rapids, MI: Eerdmans; Edinburgh: T. & T. Clark, 1993), 15장과 그 외에 많은 부분들], 그리고 Jügen Moltmann[예를 들어, *Theology of Hope*(London: SCM Press, 1967) 그리고 *The Coming of God: Christian Eschatology*(Minneapolis: Fortress Press, 1996)]이다. 이 대화의 연장선의 일부로서 아예 책 한 권이 별도로 쓰일 텐데, 이 책은 아니다. Moltmann에 대해서는 특히, R. J. Bauckham, *God Will Be All In All: The Eschatology of Jügen Moltmann* [Edinburgh: T. & T. Clark, 2005 (1999)]을 보라.

2) 이어지는 장들에서 내가 유용하게 쓴 자료 중에는 다음의 것들도 포함된다. John Polkinghorne and Michael Welker (eds), *The End of the World and the Ends of God: Science and Theology on Eschatology*(Harrisburg, PA: Trinity Press International, 2000); John Colwell (ed.), *Called to One Hope: Perspectives on Life to Come*(Carlisle: Paternoster Press, 2000). 후자에는 내가 원래 1993년에 했던 강의 'New Heavens, New Earth'가 포함되어 있는데, 이 책의 몇 가지 측면이 그 강의에서 이미 예견되고 있으며, 특히 이어지는 장들의 경우 더욱 그렇다. 나의 책 *The Myth of the Millennium*(London: SPCK, 1999)도 보라. 미국에서는 *The Millennium Myth*(Louisville, KY: Westminster John Knox Press)라는 제목으로 출판이 되었다. 최근의 저자들 중에서는 Richard Bauckham이 가장 많은 글을 써내고 있으며 내가 보기에는 대체로 바로 노선에 서 있다. 예를 들어 그가 Trevor Hart와 같이 쓴 *Hope against Hope: Christian Eschatology in Contemporary Context*(Grand Rapids, MI: Eerdmans, 1999)를 보라.

3) Colwell (ed.), *Called to One Hope*에 실린 Bauckham의 글을 보라. pp. 240-251.

4) 다윈을 무비판적으로 수용한 이유에 대해서는, 흥미롭게도 L. Wittgenstein, *Lectures and Conversations on Aesthetics, Psychology and Religious Belief*, ed. C. Barrett (Berkeley and Los Angeles: University of California Press, no date), p. 26 이하를 보라.

5) Ursula King, "Teilhard de Chardin, Pierre" in *The Oxford Companion to Christian Thought*, ed. A. Hastings (Oxford: Oxford University Press, 2000), pp. 694-696 중에서 p. 695.
6) King, "Teilhard de Chardin", p. 696.
7) ("변하지 않는 권능과 영원한 빛의 하나님…"으로 시작하는) 이 기도문은 1912년의 Scottish Book of Common Prayer에서 비롯된 듯하다.
8) 나의 책 *Evil and the Justice of God* (London: SPCK; Downers Grove, IL: InterVarsity Press, 2006)을 보라. 「악의 문제와 하나님의 정의」(IVP).
9) 이 모든 문제에 대해서는, Polkinghorne and Welker, End of the World, pp. 1-13; W. R. Stoeger in *End of the World*, 1장 (pp. 19-28); 그리고 Polkinghorne in *End of the World*, 2장 (pp. 29-41)을 보라. Polkinghorne 은 테야르 드 샤르댕의 이론의 '과학적인' 측면에 의문을 던지는 것으로 자신의 글을 시작하고 있다.
10) 나의 책 *Judas and the Gospel of Jesus* (London: SPCK; Grand Rapids, MI: Baker, 2006) 그리고 거기에서 언급하고 있는 다른 책들도 보라.
11) Joni Mitchell, "Woodstock" (1970).
12) Stuart Holroyd, *The Elements of Gnosticism* (Shaftesbury: Element, 1994), 특히 1장과 7장을 보라.
13) 빌 3:20 이하, 벧전 1장 등에 대해서는 이 책의 pp. 111 이하, 145, 163 이하를 참조하라.

6. 이 세상이 기다리고 있는 것

1) 학 2:6 이하, 롬 8:18-26을 보라.
2) 골 1장에 대해서는 나의 책 *The Climax of the Covenant* (Edinburgh: T. & T. Clark; Minneapolis: Frotress Press, 1992), 5장을 참조하라. 관련 본문을 현재 장의 마지막 즈음(p. 118)에 전문으로 실어 놓았다.
3) 고전 15:20, 23; 그리고 롬 8:23; 11:16; 16:5; 고전 16:15; 살후 2:13; 약 1:18도 참고하라.
4) 때로는 심지어 예수님의 부활조차도 어떤 종류의 진화적 과정에서 나타난 새로운 갈래의 증거일 수도 있다는 식의 암시를 하려는 시도가 있다.

그러니까 예수님이 우리보다 더 많이 '발달'했고, 따라서 '자연적' 방법에 의해서 그가 죽음을 통과해 새로운 삶으로 나아갈 수 있었다는 것이다. 예를 들어, Stephen Holt in S. E. Porter, M. A. Hayes and D. Tombs (eds), *Resurrection*, JSNT Supplement Series 186 (Sheffield: Sheffield Academic Press, 1999), p. 11.

5) Contra Kathryn Tanner in John Polkinghorne and Michael Welker (eds), *The End of the World and the Ends of God: Science and Theology on Eschatology*(Harrisburg, PA: Trinity Press International, 2000), p. 232.

6) 이러한 식의 오해를 사람들은 당연하게 받아들이는데, 예를 들어, Alister E. McGrath, *A Brief History of Heaven*(Oxford: Blackwell, 2003), p. 12이하를 보라. McGrath는 이러한 해석(혹은 오해)이 '바울 신학의 주요 주제 중 하나'라고까지 말한다.

7) 빌 3:20 이하에 대해서는 나의 책 *The Resurrection of the Son of God* (London: SPCK; Minneapolis: Fortress Press, 2003), pp. 229-236를 보라.

8) 예를 들어, Jügen Moltmann, *God in Creation: An Ecological Doctrine of Creation*(London: SCM Press, 1985), pp. 86-93를 보라.

9) 사 11:9; 합 2:14.

10) 물론 바울도 이 개념을 알고 있었다. 갈 4:26; 히 12:22-24도 참고하라.

11) 이 번역은 나의 책 *Paul for Everyone: The Prison Letters*(London: SPCK; Louisville, KY: Westminster John Knox Press, 2002), p. 148에서 가져왔다.

7. 예수님, 천국, 새 창조

1) 시 110:1. 이것은 초기 그리스도인이 매우 좋아하던 구절이었다. 마 22:44 그리고 그 병행 구절들; 막 16:19(물론 '좀더 긴 결말'의 경우다); 행 2:34 이하; 엡 1:20; 골 3:1; 히 1:13; 10:12; 벧전 3:22; 계 3:21 참고; 눅 19:27; 고전 15:25을 참고하라.

2) 예를 들어, 롬 8:34; 엡 1:20; 2:6.

3) Douglas Farrow, *Ascension and Ecclesia: On the Significance of the Doctrine of the Ascension for Ecclesiology and Christian Cosmology* (Grand Rapids, MI: Eerdmans, 1999). G. S. Dawson, *Jesus Ascended:*

The Meaning of Christ's Continuing Incarnation(London: T. & T. Clark International, 2004)도 보라.
4) 특히, T. F. Torrance, *Space, Time and Resurrection*(Edinburgh: Handsel Press, 1976), pp. 110, 123-126를 보라; 또한 그의 *Space, Time and Incarnation*(London: Oxford University Press, 1969)도 보라.
5) 마 28:19.
6) 고후 4:5.
7) 예수님이 계속해서 인간을 위해서 하시는 일(human work)에 대해서는 특히 히브리서(예를 들어 7:25; 9:24)를 보고, Torrance, *Space, Time and Resurrection*, pp. 130, 133를 참고하라.
8) Farrow, *Ascension and Ecclesia*, pp. 130-132, 153 이하. 더 자세하게는 J. Pelikan, *The Christian Tradition: A History of the Development of Doctrine*, 총 5권(Chicago and London: University of Chicago Press, 1971-1989), 3권 p. 160 이하를 보라.
9) 마찬가지로 그리고 마지막으로 예수님이 이 세상의 주라는 사실과 그분이 마지막으로 나타나실 때 모든 무릎이 종국에는 그분 앞에 꿇게 될 것이라는 사실을 우리가 이해할 때에만 진정한 '그리스도 우리 왕'(Christ the King) 축일은 승천일 자체거나 아니면 대강 주일이라는 것을 깨달을 것이고, 다른 때에 그러한 이름으로 축일을 가지는 것은 단지 범주적 오류일 뿐만 아니라 혼란에 빠진 그리고 사실상 파괴적인 신학적 사고의 징후라는 사실을 깨달을 것이다. 로마 가톨릭과 성공회 내부에서 그러한 '축일'을 대강절 전의 마지막 주일날 가지는 아주 최근의 혁신이 너무도 뻔하게 암시하는 것과는 달리, 예수님은 점진적으로 이 세상의 왕이 되시는 것이 아니며, 그분의 나라는 결코 교회의 증언 그리고 영향력의 확장과 일대일로 동일시 될 수 없다. 나의 책 *For All the Saints? Remembering the Christian Departed*(London: SPCK; Harrisburg, PA: Morehouse Publishing, 2003), p 63-70를 보라.
10) 다시 한 번 Torrance, *Space, Time and Resurrection*, p. 133 이하를 보라.
11) Hal Lindsay, *The Late Great Planet Earth*(Grand Rapids, MI: Zondervan, 1971).

12) 이러한 모든 운동에 대한 비판이자 매우 도움이 되는 요약은 Craig C. Hill 의 책 *In God's Time: The Bible and the Future*(Grand Rapids, MI: Eerdmans, 2002)가 가지고 있는 많은 장점 중 하나다. pp. 199-209를 보라.
13) 무엇보다도 시 96편과 98편을 보라.
14) 나의 책, *Simply Christian*(London: SPCK; San Francisco: HarperSan-Francisco, 2005), 2장을 보라. 「톰 라이트와 함께하는 기독교 여행」(IVP).
15) 전체 논의를 위해서는 나의 책, *The New Testament and the People of God* (London: SPCK; Minneapolis: Fortress Press, 1992), 10장을 보라. 그리고 특히 *Jesus and the Victory of God*(London: SPCK; Minneapolis: Fortress Press, 1996), pp. 207-209를 보라. 이것과는 급격하게 다른 용법과 역사적 주장은, J. D. Crossan, *The Birth of Christianity*(San Francisco: HarperSanFrancisco, 1998), 특히 15-18장에서 볼 수 있다. A. Hastings (ed.), *The Oxford Companion to Christian Thought*(Oxford: Oxford University Press, 2000), pp. 206-209에 나오는 Richard Bauckham의 글이 큰 도움이 될 것이다.

8. 그분이 나타나실 때

1) 그 아름다운 찬송가를 해체하는 참에 한 가지 덧붙이자면, 성경이나 기독교 전통은 예수님의 추종자들을 그분의 자녀로 묘사하지 않는다(사 8:18을 인용하고 있는 히 2:13만이 유일하게 가능한 예외가 될 수 있을 것이다). '그의 형제들'이 더 나은 표현일 텐데, 오늘날과 같이 정치적 올바름에 민감한 세대에는 '그의 형제자매들'이라고 하는 것도 괜찮을 것이다. 이 행은 아마도 그 찬송가에 내재되어 있는 가현설이, 예수님과 그 아버지 사이의 중요한 구분을 무너뜨리면서 비집고 나오는 현상일 것이다.
2) 나의 책 *Jesus and the Victory of God*(London: SPCK; Minneapolis: Fortress Press, 1996), 8장, 13장, *The Challenge of Jesus*(London: SPCK; Downers Grove, IL: InterVarsity Press, 2000), 2장, 5장을 보라.
3) 막 13:26; 14:62 (그리고 병렬 구절들).
4) 예를 들어, 마 25:14-30; 눅 19:11-27; 그리고 12:35-48과 그 외의 본문에

나오는 작은 시나리오들. 이 부분에 대해서는 *JVG*, pp. 632-639를 보라.
5) 예를 들어, 말 3:1; 슥 14:5를 참고하라. 그 외에 다른 본문들은 *JVG*, pp. 615-624를 보라.
6) 행 1:11.
7) 특히 예를 들어 행 3:19-21을 보라.
8) 특히 *Paul: Fresh Perspectives*(London: SPCK, 2005; US title, *Paul in Fresh Perspective*, Minneapolis: Fortress Press, 2005) 7장을 보라.
9) 예를 들어, Josephus, *Antiquities* 3.80, p. 203를 보라.
10) 살전 5:2; 고전 1:8; 5:5; 고후 1:14; 빌 1:6, 10; 2:16; 벧후 3:10.
11) C. J. Setzer in J. T. Carroll (ed.), *The Return of Jesus in Early Christianity* (Peabody, MA: Hendrickson, 2000), pp. 169-183를 보라.
12) *Paul* 4장과 거기에 언급되어 있는 다른 자료들을 보라.
13) 데살로니가 사람들이 받은 박해에 대해서는, 예를 들어 1:6; 2:14; 3:3 이하를 참고하라.
14) 고전 16:22.
15) 골 3:4.
16) 계 1:7; 2:25; 3:11; 12:20; 16:15; 22:7.
17) 약 5:7-8도 중요하고, 히 9:28도 중요하다. 벧전 1:20 이하와 5:4는 예수의 초림과 재림 모두에 대해서 '나타나다'는 단어를 사용하고 있다.
18) C. H. Talbert in *Vigilae Christianae*, 20 (1966), p. 142 [J. S. Siker, 'The Parousia of Jesus in Second and Third Century Christianity' in Carroll(ed.), *The Return of Jesus*, p. 148에 인용됨]를 보라. 그리고 이 모든 본문들에 대해서는 나의 책 *The Resurrection and the Son of God* (London: SPCK; Minneapolis: Fortress Press, 2003)에서 관련된 부분들을 보라. 특히 벧후 3:5-13에 대해서는 *RSG*, p. 462 이하를 보라.
19) Siker in Carroll(ed.) *The Return of Jesus*, 그리고 특히 나의 책 *The New Testament and the People of God*(London: SPCK; Minneapolis: Fortress Press, 1992), pp. 459-464를 보라.

9. 심판하러 오시는 예수님

1) 시 98:8. 이 시편 전체가 이 주제와 관련되며, 그 파트에 속한 다른 시편들도 마찬가지다.
2) 특히 Miroslav Volf, *Exclusion and Embrace: A Theological Exploration of Identity, Otherness and Reconciliation*(Nashville, TN: Abingdon Press, 1994)을 보라.
3) 행 10:42; 17:31을 참고하라.
4) 이 모든 논의에 대해서는 나의 책 *What Saint Paul Really Said*(Grand Rapids, MI: Eerdmans, 1997; Oxford: Lion, 2003) 7장 그리고 *Paul: Fresh Perspectives*(London: SPCK, 2005; US title, *Paul in Fresh Perspective*, Minneapolis: Fortress Press, 2005), 6장을 보라. 또한 "Redemption from the New Perspective" in S. T. Davis, D. Kendall, G. O'Collins (eds), *Redemption*(Oxford: Oxford University Press, 2004), pp. 69-100; "4QMMT and Paul: Justification, 'Works', and Eschatology" in San-Won (Aaron) Son (ed.), *History and Exegesis: New Testament Essays in Honor of Dr E. Earle Elllis for his 80th Birthday*(New York and London: T. & T. Clark, 2006), pp. 104-132; 그리고 "New Perspectives on Paul" in Bruce L. McCormack (ed.), *Justification in Perspective: Historical Developments and Contemporary Challenges*(Grand Rapids, MI: Baker Academic, 2006), pp. 243-264를 보라.
5) 나의 책, *Romans* in the *New Interpreter's Bible*, vol. X (Nashville, TN: Abingdon Press, 2002), pp. 393-770; *Paul for Everyone* 시리즈에 속한 여러 책들 (London: SPCK; Louisville, KY: Westminster John Knox Press: *Galatians and Thessalonians*, 2002; *The Prison Letters*, 2002; *1 Corinthians* and *2 Corinthians*, both 2003; *Romans*(2 vols), 2004); 그리고 *The Climax of the Covenant*(Edinburgh: T. & T. Clark; Minneapolis: Fortress Press, 1992), 특히 7, 8, 10, 그리고 13장을 보라.
6) 예를 들어, 딤후 4:1; 벧전 4:5를 참고하라.
7) 요 5:22-30.
8) 예를 들어 요 16:8-11. 여기에서는 이것에 대해서 더 이상 논의할 자리

가 없다.
9) Douglas Farrow, *Ascension and Ecclesia: On the Significance of the Doctrine of the Ascension for Ecclesiology and Christian Cosmology* (Grand Rapids, MI: Eerdmans, 1999), p. 271를 보라.
10) 고전 11:27-34.
11) 특히 T. F. Torrance, *Space, Time and Resurrection* (Edinburgh: Handsel Press, 1976), p. 158를 보라.
12) 고후 4:5.
13) 이것이 바로 예를 들어 고전 15:58 이면에 있는 논리다. 나의 책 *The Way of the Lord: Christian Pilgrimage in the Holy Land and Beyond* (London: SPCK; Grand Rapids, MI: Eerdmans, 1999), 9장 그리고 이 책의 13장을 보라.

10. 우리 몸의 구속
1) 나의 책, *The Resurrection and the Son of God* (London: SPCK; Minneapolis: Fortress Press, 2003)을 보라.
2) 요일 3:1 이하.
3) 요 5:25-29.
4) 요 14:2.
5) 눅 23:43.
6) '낙원'(paradise)이라는 단어에 대한 배경을 탐구하는 일에 관심을 가지고 있다면, J. N. Bremmer, *The Rise and Fall of the Afterlife* (London and New York: Routledge, 2002), pp. 109-127에서 더 자세한 내용을 접할 수 있을 것이다. 내가 *RSG*를 집필할 때 참고하기에는 너무 늦게 이 책이 나온 것을 유감스럽게 생각한다.
7) 빌 1:23.
8) 마 6:20; 19:21; 눅 12:21; 딤전 6:19 참조.
9) 벧전 1:3.
10) *RSG*, 6장과 7장 참조.
11) 고후 5:17 참조.

12) 토마스 아 켐피스가 지은 것으로 추정되는 "Light's abode, celestial Salem"에서. J. M. Neale 번역. [불행히도 Neale은 이 찬송가를 *The Celestial Country: Hymns on the Joys and Glories of Paradise*(하늘나라: 천국의 기쁨과 영광에 대한 찬송 모음집, London: Seely & Co., 1866)라는 제목의 모음집 안에 출판했다. 우리가 앞에서 논의한 바에 의하면 이 모음집의 제목은 전형적으로 잘못된 19세기의 방식이다.]
13) 고전 15:44.
14) 고전 15:50. 예를 들어, *RSG*, p. 515에서 논의하고 있는 Irenaeus, *Against Heresies* 5.9.1-4를 보라.
15) 자세한 내용은 *RSG*, 11장을 보라.
16) C. S. Lewis, *Miracles*[London: Fontana, 1960 (1947)], p. 155. 여기에 인용된 문장이 들어있는 'Miracles of the New Creation'('새 창조의 기적')에 대한 장은 성경적 그림을 가장 간결 명확하게 보여 주는 진술 중 하나다.
17) Jeffrey Burton Russell, *A History of Heaven*(Princeton, NJ: Princeton University Press, new edn, 1998), p. 119 이하.
18) C. S. Lewis, *The Great Divorce*(London: Macmillan, 1946, frequently republished).
19) 딤전 6:16.
20) 예를 들어, 로마서 5:17; 고린도전서 6:2-3; 디모데후서 2:12; 계시록 1:6; 5:10; 20:4; 22:5. (해석에 따라서) 누가복음 19:17, 19도 해당이 될 것이다.
21) 이것은 예를 들어, D. J. Davies, *Death, Ritual and Belief: The Rhetoric of Funerary Rites*[New York: Continuum, 2003 (1997)], p. 128의 입장인 것 같다. "그리스도인들에게 있어서 부활은, 구원을 온전하게 알 수 있는 하늘의 영역으로 들어가는 방식일 것이다." 이것은 몇 가지 오해가 겹쳐져서 나온 결론이다.
22) 계 6:9-11.
23) 공정하게 말하자면, 문제가 되고 있는 이 노래는["When the trumpet of the Lord shall sound", by James M. Black(1893)](한글 찬송가 168장 '하나님의 나팔소리'-역주) 그 다음에 나오는 가사로 처음에 지니고 있던

자신의 플라톤주의를 해체시켜 버린다. '그리고 영원토록 아침이 오리니, 밝고 아름다우리.' 아침이 온다면 시간이 멈추었다는 것은 사실일 수가 없다.

24) Lewis, *Miracles*, p. 153. 「기적에 대하여」(홍성사).
25) 전체 논의에 대해서는 J. Polkinghorne, *The God of Hope and the End of the World*(London: SPCK, 2002), 특히 pp. 107-112를 보라.

11. 연옥, 낙원, 지옥

1) 딤전 1:18; 6:12; 또한 딤후 4:7도 보라.
2) Stephen Greenblatt, *Hamlet in Purgatory*(Princeton: Princeton University Press, 2001), 그중에서도 특히 2장은 연옥의 개념이 어떻게 발전되었는지에 대한, 내가 본 것 중 가장 뛰어나고 매력적인 연구다. Greeblatt의 결과적인 주제—즉「햄릿」에는 텍스트 이면의 의미가 있는데 그것은 암묵적인 개신교도 아들이 (극중에서 햄릿은 비텐베르그에서 공부했다) 아직도 사후의 고통을 겪고 있는 암묵적인 가톨릭 부모의 망령과 대면하게 된다는 것이다—도 대단하지만, 마찬가지로 연옥의 개념이 어떻게 생겨나고 발전되었는지 그리고 그것이 중세 후기의 문화를 얼마나 장악하고 있었는지에 대한 역사적이고 문화적인 연구도 대단하다. 또한 J. N. Bremmer의 매우 도움이 되는 연구인 *The Rise and Fall of the Afterlife*(London and New York: Routledge, 2002) 5장을 보라.
3) K. Rahner, *On the Theology of Death*(ET. New York: Herder & Herder, 1961)를 보라. Rahner의 가르침은 William J. La Due, *The Trinity Guide to Eschatology*(New York and London: Continuum, 2004), pp. 51-57에 잘 요약이 되어 있다.
4) Joseph Ratzinger, *Eschatology: Death and Eternal Life*(vol. 9 of Johann Auer and Joseph Ratzinger, *Dogmatic Theology*) (ET. Washington: Catholic University of America Press, 2988), pp. 218-233를 보라. 또한 예를 들어, Dermot A. Lane의 지혜로운 해설인, *Keeping Hope Alive: Stirrings in Christian Theology*[Eugene, OR: Wipf & Stock, 2005 (originally pub. Paulist Press, 1996)], pp. 143-148를 보라. Lane은 신학자

들 사이에서 '연옥을 장소 개념으로 보는 것에서 벗어나 하나님의 사랑과 직접 대면해서 변화되는 순간으로 보는'(p. 148) 시각의 전환이 일어나고 있음을 설명하고 있다.
5) 우리가 앞의 2장에서 논의한 Scott Holland의 유명한 설교가 선택한 것이 바로 이러한 입장인 것으로 보인다.
6) 빌 1:23(원서에는 1:26. 번역상 한글 성경에서는 23절이 맞음—역주).
7) 롬 8:1.
8) 롬 8:33 이하.
9) 눅 13:3, 5. 이 주제 전체에 대해서는 나의 책 *Jesus and the Victory of God* (London: SPCK; Minneapolis: Fortress Press, 1996) 8장을 참고하라.
10) 눅 12:35-59; 16:19-31.
11) 마 25:31-46.
12) Miroslav Volf, *Exclusion and Embrace: A Theological Exploration of Identity, Otherness and Reconciliation*(Nashville, TN: Abingdon Press, 1994); Desmond Tutu, *No Future Without Forgiveness: A Personal Overview of South Africa's Truth and Reconciliation Commission* (London: Rider, 2000).
13) 딤전 6:16을 보라.
14) 롬 2:8; 11:31.

12. 구원을 다시 생각하다: 하늘, 땅 그리고 하나님 나라
1) J. D. Crossan과 했던 나의 최근의 토론에 대해서는 특히 Robert B. Stewart (ed.), *The Resurrection of Jesus: John Dominic Crossan and N. T. Wright in Dialogue*(Minneapolis: Fortress Press, 2006)를 보라.
2) 앞으로 이어질 내용의 상당 부분이 Richard Bauckham and Trevor Hart, *Hope against Hope: Christian Eschatology at the Turn of the Millennium* (Grand Rapids, MI: Eerdmans, 1999)과 겹친다. 물론 그 책의 내용은 나와는 별개로 발전된 논의다. Bauckham의 그 책과 다른 많은 작업들[예를 들어, *Bible and Mission: Christian Witness in a Postmodern World* (Grand Rapids, MI: Baker Academic, 2004)]은 여전히 강력하고 획기

적이다.
3) 고전 15:19.
4) *Mission Shaped Church*(London: Church House Publishing, 2004).
5) Adrian Plass, *Bacon Sandwiches and Salvation: An A-Z of the Christian Life*(London: Authentic Media, 2007).
6) Plass, *Bacon Sandwiches*, p. 163.
7) Plass, *Bacon Sandwiches*, p. 164 이하. 강조는 내가 한 것이다.
8) 막 5:23, 28, 34.
9) 마 9:22.
10) 이 점에 대해서는 상당히 많은 근거 자료가 있다. 마 8:25; 14:30; 막 6:56; 10:52; 눅 8:36; 8:50; 17:19; 18:42; 행 4:9; 14:9; 16:30-31; 23:24; 27:20, 31, 34, 43-44; 28:1, 4.
11) 우선은 나의 책 *Evil and the Justice of God*(London: SPCK; Downers Grove, IL: InterVarsity Press, 2006), 3장부터 보라.
12) 롬 8:19.
13) 마 28:18; 계 11:15.
14) 이 부분에 대해서는 *Jesus and the Victory of God*(London: SPCK; Minneapolis: Fortress Press, 1996)에서 더 자세하게 연구했다.
15) 특히 *Paul: Fresh Perspectives*(London: SPCK, 2005; US title, *Paul in Fresh Perspective*, Minneapolis: Fortress Press, 2005), 2장을 보라.
16) 예를 들어 나의 책 *Evil and the Justice of God*, 3장; *The Challenge of Jesus* (London: SPCK; Downers Grove, IL: InterVarsity Press, 2000), 4장; *JVG*, 12장; *The Meaning of Jesus: Two Visions*(with Marcus Borg, London: SPCK; San Francisco: HarperSanFrancisco, 1999), 6장을 보라.
17) 소위 '다른 복음'으로 불리는 것들―도마의 복음과 그 나머지 것들―은 다음의 특징들로 구분된다. 즉 그 내용을 보면 하나님 나라가 하늘에서와 같이 땅에서도 임하는 것을 원하지 않으며, 예수님의 구속적 죽음에 대해서 알고 싶어 하지 않는다. 그렇기 때문에 그 책들이 오늘날, 그것이 기록되던 당시에도 그랬던 것처럼, 도피적 철학과 자기 발견의 영성을 선호하는 사람들에게 그토록 매력이 있는 것이다. 이 모든 것에 대해서는 예를

들어, Nicholas Perrin, *Thomas: The Other Gospel*(London: SPCK, 2007); Darrell L. Bock, *The Missing Gospels: Unearthing the Truth Behind Alternative Christianities*(Nashville, TN: Thomas Nelson, 2006)를 보라.

13. 하나님 나라를 위한 건설
1) 출 3:6을 언급하는, 막 12:18-27 그리고 그 병렬 구절들. 나의 책 *The Resurrection of the Son of God*(London: SPCK; Minneapolis: Fortress Press, 2003), pp. 416-429을 보라.
2) Eric Metaxas, *Amazing Grace: William Wilberforce and the Heroic Campaign to End Slavery*(San Francisco: HarperOne, 2007)를 보라.
3) 예를 들어, F. A. Hayek, *The Road to Serfdom: Text and Documents*, ed. Bruce Caldwell (Chicago: University of Chicago Press, 2007).
4) 독일 계몽주의 안에서 스피노자의 노선을 따라서, 인간이 무엇이든 자기가 하고 싶은 대로 할 수 있는 길을 활짝 열어준 무신론으로 가게 된 지적 운동에 대해서 '사두개파'라는 명칭을 쓰는 것에 대해서는, Jonathan I. Israel, *Radical Enlightenment, Philosophy and the Making of Modernity 1650-1750*(Oxford: Oxford University Press, 2001), pp. 154, 367 등을 보라.
5) 이 주제에 대해서는 나의 책 *Simply Christian*(London: SPCK; San Francisco: HarperSanFrancisco, 2005) 1부를 보라.
6) 고후 5:17.

14. 사명을 위한 교회의 재구성(1): 성경적 근거
1) 이번 장은 내가 C. J. H. Wright, *The Mission of God: Unlocking the Bible's Grand Narrative*(Downers Grove, IL: InverVarsity Press, 2006)를 읽기 전에 초안이 작성되었다. Christopher Wright는 (나와 친척 관계가 아니다) 그 책으로 오늘날 세계에서 탁월한 성경적 선교학자 중 하나로 자신의 자리를 계속 지키고 있다.
2) 누가복음 24장에 대한 또 다른 고찰들에 대해서는 예를 들어 나의 책, *The Challenge of Jesus*(London: SPCK; Downers Grove, IL: InterVarsity Press, 2000) 7장을 보라.

3) 이 부분에 대한 더 자세한 내용에 대해서는 나의 책, *Challenge* 8장, *The Resurrection of the Son of God*(London: SPCK; Minneapolis: Fortress Press, 2003), 17장, 그리고 다른 장르의 것으로는, *Easter Oratorio*, Paul Spicer 작곡, Tom Wright 작사, recorded by the Birmingham Bach Choir를 보라. 이 음악은 Farringdon Records에서 구할 수 있다. www.easteroratorio.com을 보라.
4) 사 55:11-13.
5) 요 20:21.
6) 비슷한 종류의 질문들을 흥미롭게 제시한 글로는, J. L. Martyn, "Epistemology at the Turn of the Ages" in W. R. Farmer, C. F. D. Moule and R. R. Niebuhr (eds), *Christian History and Interpretation: Studies Presented to John Knox*(Cambridge: Cambridge University Press, 1967), pp. 269-287을 보라.
7) 요 20:28.
8) Ludwig Wittgenstein, *Tractatus Logico-Philosophicus*(London: Routledge & Kegan Paul, 1974), p. 74.
9) 행 1:6. 사도행전에 대해서는 나의 책, *Acts for Everyone*(London: SPCK; Louisville, KY: Westminster John Knox Press, 2008)을 보라.
10) 시 72:8; 예를 들어 사 9장, 11장, 42장 등에 나오는 다윗의 전 세계적 왕권에 대한 비전도 참고하라.
11) 행 1:8.
12) Josephus, *Antiquities* 19.434-450.
13) 행 28:31.
14) 행 4:2.
15) 행 17:31. Aechylus, *Eumenides* 647 이하를 보라. (*RSG* p. 32에서 논의가 되었다.)
16) 빌 1:23.
17) 마찬가지로 시 8편을 사용하고 있는 히 2:8 이하와 비교하라.
18) 이 표현(consider yourself)은 NRSV의 번역이다. 이러한 표현은 틀릴 수도 있는 하나의 의견처럼 들릴 수 있다. 그러나 바울의 강력한 의도는, 그

리스도 안에 있는 모든 자에게는 그것이 반드시 사실이어야 한다는 것이다. '생각'이 필요한 이유는 그것이 자명한 진리가 아니기 때문이다. 그러나 일단 잘 따져보고 나면 그것이 분명히 사실이라는 것을 깨닫게 될 것이다.

19) 롬 10:9-10 참조.
20) 골 3:5-9.
21) 엡 4:21-5:20.

15. 사명을 위한 교회의 재구성(2): 미래를 살다

1) 특히 John Inge, *A Christian Theology of Place*(London: Ashgate, 2003)을 보라.
2) 요 4:24.
3) 나의 책 *The Myth of the Millennium*(London: SPCK, 1999; US title, *The Millennium Myth*, Louisville, KY: Westminster John Knox Press, 1999)을 보라.
4) 요 20:1, 19; 고전 16:2을 보라.
5) 그리스도인의 삶을 이러한 관점에서 설명한 놀랍고도 감동적인 글은, Samuel Wells, *God's Companions: Reimagining Christian Ethics* (Malden, MA and Oxford: Blackwell, 2006)에서 볼 수 있다.
6) 빌 4:8.
7) 벧전 1:3.
8) 여기에서 나는 *Simply Christian*(London: SPCK; San Francisco: HarperSanFrancisco, 2005) 12장에서 내가 연구하기 시작한 일부 내용을 따라가고 있다.
9) 욥 13:15.
10) 요 16:27.
11) 요 20:17.
12) 계 5:12.
13) 나의 책 *Scripture and the Authority of God*(London: SPCK, 2005; US title, The Last Word, San Francisco: HarperSanFrancisco, 2005)을 보라.

14) 이 글을 쓰고 나서 나는 (유대인이었던) 비트겐슈타인의 의견을 우연히 보게 되었다. "구약성경은 머리가 없는 몸체로 보아야 하고, 신약성경은 그 머리로 보아야 하고, 사도들의 서신서는 그 머리에 쓰인 관으로 보아야 한다. 유대교의 성경인 구약성경만을 놓고 보자면, 나는 그 몸체에 머리가 (여전히) 없다고 말하고 싶다. 거기에 나오는 문제에 대한 해결책이 보이지 않는다. 거기에 나오는 희망에 대한 성취가 보이지 않는다. 하지만 나는 머리에 반드시 관이 있어야 한다고는 생각하지 않는다." *Culture and Value: A Selection from the Posthumous Remains*, ed. G. H. von Wright et al., tr. Peter Winch (Oxford: Blackwell, 1998), 40e.

15) 롬 1:32.

16) 고전 13:9-12.

부록: 두 종류의 부활절 설교

1) 2003년 부활절에 'Ship of Fools' 웹사이트 <www.shipoffools.com/Featrues/frameit.htm?0403/wright_wrong.html>에 올린 원본을 약간 수정하였다.

성경 색인

창세기
1   *163, 177, 308, 363*
1-2   *225, 255, 339*
1-3   *246*
2-3   *164*

출애굽기
3:6   *462*

사무엘상
4-5   *393*

욥기
13:15   *414, 464*

시편
2   *225*
8   *170, 464*
72:8   *366, 463*
88-89   *414*
96   *200, 454*

98   *200, 454*
98:8   *223-224, 456*
110:1   *183, 452*

이사야
8:18   *454*
9   *463*
11:1-11   *225*
11:9   *173, 452*
42   *463*
52:7-12   *310*
55:11-13   *361-362, 463*
65-66   *173*

에스겔
37   *98, 239*

다니엘
7:9-14   *206, 216, 224*
12   *95, 239*

12:3   *86, 110, 246*

하박국
2:14   *452*

학개
2:6   *451*

스가랴
14:5   *455*

말라기
3:1   *455*

에스라 4서
   455

마카베오 2서
7   *92, 98*

마태복음
6:20 457
8:25 461
9:22 306, 461
13:43 86, 447
14:30 461
18:23-35 429
19:21 457
22:23-33 83, 446
22:44 452
25:14-30 455
25:31-46 460
28:18 461
28:19 453

마가복음
5:23 306, 461
5:28 306, 461
5:34 306, 461
6:56 461
9:10 88, 446
10:52 461
12:18-27 86, 446, 462
12:24 332
13:26 455
14:62 455
16:19 452

누가복음
1:46-55 367-368
8:36 461
8:50 461
12:21 457
12:35-48 455

12:35-59 277, 460
13:3 460
13:5 460
14:14 86
16:19-31 277, 460
17:19 461
18:42 461
19:11-27 207, 455
19:17 458
19:19 458
19:27 452
20:27-40 85, 446
23:43 90, 239-240, 446, 457
24 357, 463
24:21 88
24:36-49 359
24:42-43 111
24:44-46 359

요한복음
4:24 464
5:22-30 228, 457
5:25-29 238-239, 457
5:29 86
11:24 85, 446
13-17 415
14:2 90, 239, 446, 457
16:8-11 457
16:27 415, 464
20-21 361-363
20:1 361, 464

20:17 184, 415, 465
20:19 361, 464
20:19-23 364
20:21 362, 463
20:26-29 132
20:27 111
20:28 463
21 135, 364
21:15-19 135-136, 362-363

사도행전
1-12 367
1:6 98, 366, 447, 463
1:8 367, 463
1:11 194, 210, 455
2:34 452
3:19-21 455
4:2 463
4:9 461
10:42 456
14:9 461
16:30-31 461
17:31 226, 369, 456, 463
23:24 461
27:20 461
27:31 461
27:34 461
27:43-44 461
28:1 461
28:4 461
28:31 463

468 마침내 드러난 하나님 나라

로마서
1:18-2:16　*423*
1:32　*425, 465*
2:1-16　*279*
2:8　*287, 460*
2:16　*226*
5:9-10　*306*
5:17　*458*
5:21　*375*
6:1-11　*375-376, 406,*
　　　　436
8　*174-175, 416*
8:1　*268, 460*
8:9-11　*238*
8:18-25　*159, 410,*
　　　　436
8:19　*175, 461*
8:21　*175*
8:22-25　*174-175*
8:23　*175, 235, 451*
8:24　*305*
8:26-30　*417*
8:33　*460*
8:34　*452*
8:38-39　*269*
10:9-10　*464*
11:16　*451*
11:31　*287, 460*
12:1　*423*
14:9-10　*226*
16:5　*451*

고린도전서
1:8　*455*

3:10-17　*232, 267*
5-6　*423*
5:5　*455*
6　*298, 436*
6:2-3　*458*
6:14　*68*
10　*406*
11:26　*395*
11:27-34　*457*
13　*425-427*
13:9-12　*465*
15　*94, 109, 170, 172,*
　　175, 246
15:12　*91, 446*
15:12-28　*372*
15:19　*295, 461*
15:20　*168, 451*
15:23　*210, 373, 451*
15:23-27　*214, 215*
15:25　*373, 452*
15:28　*172*
15:44　*247, 458*
15:50　*248, 458*
15:51-54　*214, 215*
15:58　*69, 297, 318,*
　　　457
16:2　*464*
16:15　*451*
16:22　*218, 455*

고린도후서
1:14　*455*
4-5　*243*
4:5　*188, 366, 453,*

　　457
4:17　*253*
5:10　*226, 239, 246*
5:17　*347, 458, 462*

갈라디아서
4:26　*452*

에베소서
1:10　*177*
1:15-23　*179*
1:19-20　*171*
1:20　*452*
2:6　*194, 452*
4:21-5:20　*464*
5:14　*380*

빌립보서
1:6　*455*
1:10　*455*
1:23　*240, 266, 372,*
　　　446, 457, 460,
　　　464
1:26　*460*
2:6-8　*230*
2:10-11　*230*
2:15　*95, 447*
3:9-11　*90, 446*
3:20-21　*170, 214,*
　　　　446
4:8　*401, 464*

골로새서
1:15-20　*151, 166, 167*

성경 색인　469

1:23　*167*
2:9-12　*406*
2:12　*377*
2:16-3:4　*346, 377*
3:1　*452*
3:1-4　*194, 220, 237,*
　　　422, 436
3:4　*455*
3:5-9　*464*
3:11　*379*

데살로니가전서
1:6　*455*
2:14　*455*
3:3　*455*
4:15　*210*
4:16-17　*211, 214*
5:2　*455*

데살로니가후서
2:13　*451*

디모데전서
1:18　*262, 459*
6:12　*262, 459*
6:16　*71, 460*
6:19　*457*

디모데후서
1:10　*71*
2:12　*458*
2:18　*92, 446*
4:1　*457*
4:7　*459*

히브리서
1:13　*452*
2:8-9　*464*
2:13　*454*
7:25　*453*
9:24　*453*
9:28　*455*
10:12　*452*
11-12　*179*

야고보서
1:18　*451*
5:7-8　*455*

베드로전서
1:3　*243, 405, 458,*
　　　464
1:20-21　*455*
3:22　*452*
4:5　*457*
5:4　*455*

베드로후서
3:5-13　*179, 221, 455*
3:10　*455*

요한일서
2:28　*220*
3:1-2　*219-220, 238,*
　　　457
3:2　*220*

요한계시록
1:6　*458*

1:7　*455*
2:25　*455*
3:11　*455*
3:21　*452*
4-5　*51, 419*
5:10　*458*
5:12　*416, 465*
6:9-11　*458*
11:15　*310, 461*
12:20　*455*
16:15　*455*
20:4　*458*
21-22　*52, 159, 176,*
　　　419, 443, 437
21:22　*178*
22:5　*458*
22:7　*221, 455*

인명 색인

Aeschylus 139, 369, 463
Aidan, St 268
Alcorn, R. 442
Alexander, Mrs C. F. 204
Anselm 251
Aquinas, Thomas 250, 251, 262, 264
Athenagoras 249
Auer, J. 459
Augustus 170

Bach, J. S. 319
Barley, Nigel 23, 40, 439, 441
Barrett, C. 449, 451
Barth, K. 152-280
Bauckham, R. J. 450, 454, 460-461
Begbie, Jeremy 339
Benedict XVI, Pope Ratzinger, J.를 보라.
Bernard of Clairvaux 251
Black, James M. 459

Blake, William 157
Bock, D. L. 462
Borg, Marcus 461
Bowler, H. A. 24
Bermmer, J. N. 457, 459
Brooke, Rupert 31, 440
Buddha 155

Caldwell, B. 462
Carroll, J. T. 455
Carter, Jimmy 405
Chia, R. 443
Cicero 130
Clement (of Rome) 93
Colwell, J. 450
Craig, W. L. 448
Crossan, J. D. 97, 293-294, 454, 460
Cuthbert, St 268

Dagon 393

Dante 50, 261-264, 269
Darby, J. N. 196
Darwin, Charles 148-149, 450
Davies, D. J. 442, 458
Davis, S. T. 456
Dawson, G. S. 453

Eliot, George 31
Enoch 96

Faithful, John 24
Farmer, W. R. 463
Farrow, D. 184, 453, 457
Francis, St 48, 371
Frye, M. E. 441

Galen 93
Gardner, Helen 441
Gerhardt, Paul 56
Gittings, C. 441
Gledhill, Ruth 34
Golding, William 35
Greenblatt, S. 459
Gregory the Great 251

Habermas, G. 448
Harrison, Ted 441
Hart, T. 450, 460
Hastings, A. 451, 454
Hayek, F. A. 333, 462
Hayes, M. A. 452
Hegel, G. W. F. 22, 147
Herod Antipas 83, 88, 140, 446
Hezekiah, King 211

Hick, John 444
Hill, C. C. 454
Hoddle, Glenn 18, 35
Holbein, Hans 113
Holroyd, S. 157, 451
Holt, S. 452
Homer 130, 139
Hornby, Nick 38-39, 441
Horton, R. Anne 444
Hugh of St-Victor 251
Hume, David 130
Huxley, T. 441

Ignatius of Antioch 249
Inge, J. 464
Innes, B. 442
Irenaeus 91, 93, 249, 458
Israel, Jonathan I. 462

Jalland, P. 441
James (brother of Jesus) 101, 119
Jenkins, David 79, 294
Jenkins, Jerry 197
Johanan ben Zakkai 446
John the Baptist 83, 88, 446
Josephus 101, 221, 367, 447, 455, 463
Jung, C. G. 157
Jupp, P. C. 441, 445
Justin Martyr 91, 93, 249

Keats, S. John 29
Keble, John 54, 444
Kempis, Thomas à 458

Kendall, D. 456
Kennedy, John F. 49
Kenny, A. 440
King, U. 451
Kipling, Rudyard 25-26, 46, 48, 440
Knox, J. 463

La Due, W. J. 459
LaHaye, T. 197
Lane, Dermot J. 460
Lang, B. 443
Larsen, T. 440
Lawrence, D. 446
Lewis, C. S. 192, 250, 253, 255, 282, 393, 458-459
Lindsey, Hal 197, 454
Lonergan, Bernard 135
Luther, Martin 263, 320

McCormack, B. L. 456
McDannell, C. 443
McGrath, A. E. 443, 452
Martyn, J. L. 463
Marx, Karl 68, 149, 151-152
Mary Magdalene 189
Mary, mother of Jesus 189, 268
Metaxas, Eric 462
Mitchell, Joni 157, 451
Moltmann, J. 450, 452, 173
Morison, F. 449
Moule, C. F. D. 463
Mozart, W. A. 426

Neale, J. M. 458
Nero 84
Newbigin, L. 181, 449
Newman, J. H. 54, 263, 444
Niebuhr, R. R. 463

O'Collins, G. 449, 456
Origen 89, 249-250

Pannenberg, W. 450
Patterson, S. 446, 448, 449
Paul, St 13, 그리고 곳곳에
    Areopagus에서 89-90, 269, 369
Pelikan, J. 452
Perrin, Nicholas 14, 462
Peter, St 135, 137
Philo 84
Plass, Adrian 301, 461
Plato 22, 130, 144, 155-156
Polkinghorne, J. 181, 258, 450, 451, 452, 459
Popper, Karl 75-77, 79, 446
Porter, S. E. 452
Poseidon 413
Presley, Elvis 40, 84
Prometheus 148
Pullman, Philip 38, 441

Rahner, K. 263, 270, 459
Ratzinger, J. 263-264, 270
Rembrandt 113
Rogers, A. 445
Rowell, D. G. 445
Russell, Bertrand 76-77

Russell, J. B.　443, 458

Schubert, F.　126
Schwarzenegger, Arnold　49
Scott Holland, Henry　43-46, 441, 460
Self, Will　35, 36, 441
Setzer, C. J.　455
Shakespeare, William　27, 188, 287, 442
Shelley, P. B.　29, 30, 36, 54, 440
Sheppy, Paul　66, 445
Shriver, Maria　49, 442
Siker, J. S.　455
Simon bar Giora　102
Simon, Ulrich　443
Smalley, S. S.　444
Son, S.-W.　456
Sophocles　240
Spicer, P.　449, 463
Spinoza, B.　462
Stanford, P.　443
Stewart, R. B.　460
Stoeger, W. R.　451

Talbert, C. H.　455
Tanner, K.　452
Teilhard de Chardin, P.　149-153, 181, 451
Temple, William　78, 338
Tennyson, Alfred Lord　24, 54, 440
Teresa, Mother　371
Tertullian　89, 249-250
Thomas Aquinas Aquinas, Thomas 를 보라.

Thomas, Dylan　35, 441
Thomas, St　119, 132-133, 135, 362
Tombs, D.　452
Torrance, T. F.　453, 454, 457
Tutu, Desmond　281, 460
Tyreus, Peter　444

Updike, John　118, 448

Vaughan, H.　55
Volf, M.　281, 456, 460
von Wright, G. H.　449, 465

Watts, Isaac　55
Welker, M.　450, 451, 452
Wells, Samuel　464
Wesley, Charles　51, 194, 419
Wilberforce, W.　69, 330-331, 371, 375, 403, 462
Wilde, Oscar　139, 449
Winch, P.　449, 465
Wittgenstein, L.　75-81, 107, 136, 363-364, 449, 450, 463, 465
Woolman, John　331
Wright, C. J. H.　462

Yeats, W. B.　157

주제 색인

9월 11일, 2001년(September 11, 2001) 19

거대한 폭발[Big Bang, '거대한 냉각'('Big Cool-Down'), '거대한 부숨'('Big Crunch')] 98
거룩(holiness) 422-424
게헨나(Gehenna) 276
공간의 구속(space, redemption of) 388-391
공산주의의 붕괴(Communism, fall of) 370
'과학적' 논의('scientific' discussion) 부활(resurrection)을 보라.
구속의 계획(redemption, plan of) 165-167
구원(salvation) 9, 그리고 12장 곳곳에
'그리스도 우리 왕'의 축일('Christ the King', feast of) 453
기도(prayer) 411-418

나그함마디 도서관(Nag Hammadi library) 158
낙원(paradise) 270-275, 457
'네 번의 결혼식과 한 번의 장례식'(Four Weddings and a Funeral) 32

「다빈치 코드」(Da Vinci Code, The) 158
다윈주의(Darwinism) 334-336
달에 착륙(moon, landing on) 124
대강절(Advent) 59, 195

「레프트 비하인드」시리즈(Left Behind series) 197
루비콘(Rubicon) 124
리옹의 순교자들(Lyons, martyrs of) 93, 258, 447

만인구원설(universalism) 29, 53, 56, 264, 276, 279, 282-284

주제 색인 475

매장 관습[burial customs, 고대 유
대교(ancient Jewish)] 1장 곳
곳에, 115
메시아됨/메시아주의(Messiahship)
88-89, 99-103
모든 성인의 날(All Saints' Day)
58-59, 261-262
무덤, 빈(tomb, empty) 114-117

바리새인(Pharisees) 104
복음의 목적(gospels, purpose of)
311-312, 355-357
'다른 복음'('other gospels') 420-
421, 461-462
복음주의(evangelism) 342-349
부채, 지구적 차원의(debt, global)
331-332
부활(resurrection) 9, 34, 62-63, 3장,
4장, 10장 곳곳에
고대 사회에서의 의미(meaning
of in ancient world) 82-89,
120-121
부활에 대한 '과학적' 논의('scientific' discussion of) 124-127, 134-135
부활의 '증거'('proof' of) 123-124
부활절(Easter)의 이야기(accounts
of) 107
부활의 의미(meaning of) 34,
60, 111-113

설교(sermons) 112
어떻게 축하할 것인가(how to
celebrate) 383-386
찬송가(hymns) 112, 294-295,
385-386
빌립보의 전쟁(Philippi, battle of)
170

사두개인/사두개파(Sadducees) 85-
86, 326-327, 332-333, 368, 462
사랑(love) 424-430
사명/선교(Mission) 3부 곳곳에, 특
히 396-404
선교 중심의 교회(Mission-shaped
Church) 299, 403, 461
사해 사본(Dead Sea Scrolls) 92
'사회적 복음'('social gospel') 328
삼위일체의 교리(Trinity, doctrine
of) 189-190
새로운 탄생(new birth) 405-407
새 창조(new creation) 창조를 보라.
성경(scripture) 418-422
성령(Holy Spirit) 189-190, 258-
259, 329, 그리고 곳곳에
성만찬(eucharist) 407-411
성인들(saints) 266-267, 270-275
성인들의 성만찬(communion of)
271
성인의 이름을 부름(invocation
of) 273-274
성전의 파괴[Temple, fall of(AD 70)]

124, 209
성탄절의 장소(Christmas, place of) 59-60
세대주의(dispensationalism) 196-197
속죄 이론(atonement, theories of) 307
시간의 구속(time, redemption of) 391-393
시스티나 성당(Sistine Chapel) 229
심판(judgement) 9장 곳곳에
   행위에 따른 그리고 믿음에 의한 칭의(by works and justification by faith) 226-227
썬더 베이, 온타리오 주(Thunder Bay, Ontario) 198

아름다움(beauty) 337-341
아마겟돈(Armageddon) 198, 218
악의 성질(evil, nature of) 163-165
악티움 전쟁(Actium, battle of) 171
영국 국영 방송(British Broadcasting Corporation) 369
'영생'('eternal life') 258
영원(eternity) 258
'어쩌면 꿈꾼다는 것'('Perchance to Dream') 32
여정, 사후의(journey, post-mortem) 52, 236
연옥(purgatory) 53, 236, 251, 262-270, 459

영지주의(gnosticism) 156-158, 320, 461
영(spirit) 성령(Holy Spirit)을 보라.
영혼(soul) 70-71, 242-245
   영혼에 대한 신플라톤주의적 관점(Neoplatonic vision of) 30
   영혼에 대한 플라톤의 관점(Plato's vision of) 144
영혼 멸절설(annihilationism) 조건적 불멸성(conditional immortality)을 보라.
에세네파(Essenes) 97
예루살렘(Jerusalem), 새(new) 52, 58, 178
   또한 성전(Temple)도 보라.
예수님의 승천(ascension of Jesus) 7장 곳곳에
예수님의 '재림'('second coming' of Jesus) 195-202
   또한 파루시아(parousia)도 보라.
오클라호마시티 연방청사 폭파 사건(Oklahoma City bombing) 17
우상숭배(idolatry) 281-282
웨스트민스터 성당(Westminster Abbey) 40
위령의 날(All Souls' Day) 59, 265
유추에 의한 논거(analogy, argument from) 124-125
'이머징 처치'('emerging church') 323, 387-388, 394-395

이징턴 탄갱(Easington Colliery) 19-20
'인지적 부조화'('cognitive dissonance') 117
인식론(epistemology) 135-137, 362-364
사랑의(of love) 135-137, 362-364
일요일(Sunday) 121, 392-393
「예술을 통한 신학」(Theology through the Arts) 339

장례식(funerals) 32-36 60-67
공간의 신학(place, theology of) 389-390
정의(justice) 325-337
조건적 불멸성(conditional immortality) 283-284
종말론(eschatology) 곳곳에, 예를 들어 12, 201-202
'협력적 종말론'('collaborative eschatology') 97
'주의 날'('Day of the Lord') 213
죽은 자(dead, the) 11장 곳곳에
  죽은 자를 위한 기도(prayers for) 271
  죽은 자를 위한 선물(gifts for) 39-40
  죽은 자의 기도(prayers of) 272-273
죽음(death) 곳곳에

패배당한 적으로서(as defeated enemy) 48
죽음에 대한 은유로서 '잠'('sleep' as metaphor for death) 270-271
죽음 이후의 삶(death, life after) 곳곳에
죽음에 대한 무슬림들의 믿음 (Muslim beliefs about) 22
죽음에 대한 불교 신자의 믿음 (Buddhist beliefs about) 23, 37, 54, 61, 155-156
죽음에 대한 아프리카의 (전통적) 믿음 [African (traditional) beliefs about)] 23
죽음에 대한 유대교 신자의 믿음 (Jewish beliefs about) 23, 2장 곳곳에
죽음에 대한 힌두교 신자의 믿음 (Hindu beliefs about) 18, 22-23, 36, 61
중생(regeneration) 346
지옥(hell) 275-286
진리와 화해를 위한 위원회(Commission for Truth and Reconciliation) 281, 370
'진보'의 신화('progress', myth of) 145-155
'진보'의 신화의 진짜 문제점(real problem with) 151-152
진화(evolution) 148-149

창조의 선함(creation: goodness of) 162-163
새 창조(new creation) 6장 곳곳에, 387-404, 420-422

파루시아(parousia) 210-212 또한 '재림'(second coming)도 보라.
피조물로서 인간의 지위(creatures, human status as) 190

하나님 나라(kingdom of God) 309-315, 13장 곳곳에
'하나님 나라 시즌'('Kingdom Season') 60
하늘/천국(heaven) 20, 52-53, 186, 191-192, 236-237, 266, 379, 410-411, 그리고 곳곳에

새 하늘과 새 땅(new heavens and new earth) 20, 그리고 곳곳에
하늘/천국 '의 시민'('citizens of') 170-172
하이버리 축구장(Highbury football ground) 39
할로윈(Hallowe'en) 59
합리주의, 어설픈(rationalism, soggy) 188
화장(cremation) 18, 60-61
회심(conversion) 346-347
'휴거' 신학('rapture theology') 196-197, 200, 217-218
힐즈버러 참사(Hillsborough disaster) 17
희망(hope) 곳곳에

주제 색인 479

옮긴이 양혜원은 서울대 불문과를 졸업하고 수년간 기독교 서적 전문 번역가로 일했다. 이화여대 대학원에서 여성학 석사를 수료했으며 미국 Claremont Graduate University에서 종교학 석사 및 박사 학위를 받았다. 일본 난잔종교문화연구소에서 객원 연구원으로 연구 활동을 했고 현재 이화여대 연구교수로 있다. 지은 책으로 『유진 피터슨 읽기』(IVP), 『교회 언니, 여성을 말하다』, 『교회 언니의 페미니즘 수업』, 『종교와 페미니즘 서로를 알아가다』(이상 비아토르)가 있고, 『페미니즘 시대의 그리스도인』(IVP)과 『사랑하며 춤추라』(신앙과 지성사)를 공저했다. 옮긴 책으로 『현실, 하나님의 세계』를 제1권으로 하는 유진 피터슨의 영성 시리즈, 『동성애에 대한 두 가지 견해』, 『사랑하는 친구에게』, 『눈뜬 자들의 영성』, 『인간의 번영』(이상 IVP), 『물총새에 불이 붙듯』, 『하나님의 진심』(이상 복있는사람) 등이 있다.

마침내 드러난 하나님 나라

초판 발행_ 2009년 5월 8일
초판 16쇄_ 2024년 9월 10일

지은이_ 톰 라이트
옮긴이_ 양혜원
펴낸이_ 정모세

펴낸곳_ 한국기독학생회출판부
등록번호_ 제2001-000198호(1978.6.1)
주소_ 04031 서울 마포구 동교로 156-10
대표 전화_ (02)337-2257 팩스_ (02)337-2258
영업 전화_ (02)338-2282 팩스_ (02)080-915-1515
홈페이지_ www.ivp.co.kr 이메일_ ivp@ivp.co.kr
ISBN 978-89-328-1110-9

ⓒ 한국기독학생회출판부 2009

책값은 뒤표지에 있습니다.
무단 전재와 복제를 금합니다.